MONTBÉLIARD

AU

DIX-HUITIÈME SIÈCLE

PAR

Cl. DUVERNOY

MONTBÉLIARD
IMPRIMERIE ET LITHOGRAPHIE VICTOR BARBIER

1891

MONTBÉLIARD

AU

DIX-HUITIÈME SIÈCLE

L'impression de ce travail, extrait des Mémoires de la Société d'Emulation de Montbéliard, a été votée en séance générale du 6 novembre 1890, sur le rapport de la Commission de lecture.

MONTBÉLIARD AVANT 1676

MONTBÉLIARD

AU

DIX-HUITIÈME SIÈCLE

PAR

Cl. DUVERNOY

MONTBÉLIARD
IMPRIMERIE ET LITHOGRAPHIE VICTOR BARBIER
1891

A Messieurs les Membres de la Commission
de lecture.

Chers Collègues,

Voici le manuscrit demandé. Vous en ferez ce que vous voudrez : taillez, corrigez, amendez, à votre aise. N'oubliez pas d'ailleurs que ce travail a été pour moi un amusement de vieillesse, et nullement une œuvre d'étude en vue du public. Vous le prendrez pour ce qu'il vaut, et surtout n'ayez aucun scrupule à me le renvoyer. Que si au contraire vous jugez à propos de le garder, tout ce que je puis souhaiter, c'est qu'il occupe un instant les loisirs des personnes qui s'intéressent encore à notre vieux Montbéliard.

Votre bien dévoué collègue.

Octobre 1890.   Cl. D.

PREMIÈRE PARTIE

LA VILLE ET SES HABITANTS

I.

Beethoven, dans un des plus charmants épisodes de la Symphonie pastorale, nous transporte en plein XVIIIe siècle : c'était encore de son temps et il peignait au vif. Il y a grande fête au village : les paysans réunis sous les ormeaux, célèbrent joyeusement ce beau jour. Des tables sont dressées à l'ombre des grands arbres, et de vertueux vieillards, comme on disait alors, réparent avec quelques verres de bon vin offerts par une main généreuse, leurs forces fatiguées d'un long labeur. Les jeunes gens se livrent au plaisir de la danse, et les échos du vallon répètent gaîment les sons du fifre et de la musette. Des jeunes filles parées de leurs plus beaux atours, mais plus belles encore de leur fraicheur et des grâces naïves qu'elles doivent à la main de la seule nature, saluent en passant le seigneur du lieu, et offrent des bouquets de fleurs champêtres à la noble et élégante société qui l'accompagne. Il a daigné s'associer à la fête, et sourit avec bienveillance à ces simples réjouissances. Tout-à-coup les sourds grondements du tonnerre se font entendre au lointain; le vallon frémit, l'effroi glace les cœurs : tout fuit, et les derniers accords de la musette se perdent au milieu du tumulte des éléments et des éclats de la foudre.

Ainsi s'offre à nous la fin du XVIII° siècle : l'idylle précédant le drame ; c'est le moment des petits moutons, des petits amours, des bergères enrubannées ; et le chevalier de Florian visitant la cour d'Etupes, conduit par la main d'Estelle, y paraît comme l'incarnation de son temps.

Et tout cela dure jusqu'au moment où le grand sabre de la Révolution vient faucher cette friperie.

Chose singulière : aucune époque ne célébra davantage la nature, les beautés de la nature, l'homme de la nature, et aucune ne réussit moins à la sentir, à l'exprimer dans sa simplicité et sa grandeur. On l'aimait, on la cherchait, mais en la prenant par le petit côté, et non content qu'elle fût belle, on voulait encore qu'elle fût jolie. La réaction qui se produisit contre le classique majestueux et en quelque sorte d'ordonnance sous le grand roi, entraîna pendant un temps dans de capricieux sentiers, où ne se rencontrèrent souvent qu'un art amoindri et des grâces artificielles. Lorsque plus tard la recherche de la nature se produisit à la suite des doctrines humanitaires prêchées par les philosophes et de leurs tendances à rapprocher les différentes classes de la société, ce ne fut tout d'abord qu'une conception vague, indécise, encore enveloppée de mignardises qui la rendaient parfois méconnaissable. A son apparition, elle avait été accueillie avec effusion, mais comme simple conception de poète ou de philanthrope, en tous cas comme chose inoffensive et absolument étrangère à quelque théorie sociale que ce fût. Bien mal venu eut été auprès de Monsieur le duc ou de Monsieur le marquis quiconque eut laissé entendre que cette vogue de sentimentalisme pastoral le rapprochait de ces paysans dont on lui prônait les vertus, et préparait avec eux l'égalité des droits et des conditions. On vivait d'idéal, et le mot de réalisme n'était point encore inventé. Vers la fin du siècle se produisit un retour marqué vers l'antique, mais sans toutefois faire disparaître ce qui existait; et de là naquit un art indécis et sans caractère qui, tout en affectant des formes plus rigides et des lignes plus sévères, garda cependant l'élégance maniérée des temps passés, et ne réussit pas à posséder ce fond solide et sérieux des époques dont le génie est fortement marqué et pour lesquelles il n'y a ni doute ni hésitation.

En fait, chaque époque entend la nature et l'exprime à sa façon : on peut même rester dans le vrai en l'envisageant aujourd'hui sous tout autre aspect qu'on faisait hier. En ce temps, toute chose tournait au sentiment, et, tandis que le poète chantait les bois et les ruisseaux et les vertus modestes de l'homme des champs, la femme sensible faisait son apparition au château voisin. Frêle et pâle, accessible à toutes les émotions, il lui était de bon ton de tomber en syncope à la lecture du roman nouveau, et elle eut manqué à toutes les convenances en n'allant pas répandre des larmes brûlantes sur la tombe de son petit chien. Elle avait ses nerfs qu'il fallait ménager, et un flacon d'eau de senteur se promenait constamment dans ses poches pour combattre les vapeurs. Encore ne suffisait-il pas de toute une longue existence passée dans le respect de l'étiquette et l'observation des bienséances : la mort même n'en affranchissait pas, et un galant homme n'entrait honnêtement chez Pluton que le sourire aux lèvres, le jarret tendu et la pointe du pied en avant. Avec cela on vivait de mièvreries, de banalités et d'indifférence.

Il est vrai qu'en dehors de ce monde raffiné et frivole il y avait une autre couche sociale infiniment plus épaisse, plus compacte, active, laborieuse, supportant le poids du jour jusqu'à succomber à la peine. On appelait cela le peuple ; mais il était si loin, si bas qu'on ne l'apercevait qu'au travers d'un brouillard trop obscur pour le reconnaître. On pouvait bien l'idéaliser et se le représenter sous les plus aimables couleurs ; on pouvait bien s'y intéresser, et c'était même une belle occasion de faire montre de sentiment : mais s'associer à ses souffrances et sentir ses misères réelles, songer que l'impôt lui arrachait le dernier morceau de pain à donner à ses enfants, que des mères gémissaient dans les cachots, livrées au fouet du bourreau pour n'avoir pas voulu renier leurs croyances, cela eut été de mauvais ton et les nerfs des marquises en eussent été agacés. D'ailleurs ces gens là étaient rudes, grossiers, ne sachant rien des belles manières, et c'eut été perdre un temps précieux que de s'en occuper : mieux valait parfiler.

Et puis, que de bonnes raisons pour les condamner. N'est-ce pas leur obstination qui leur a mérité les sévérités du roi ? S'ils sont pauvres, n'est-ce pas leur inconduite qui a causé leur ruine ? Voyez plutôt la fille du fermier, comme elle est pimpante avec son bonnet tout brodé, le dimanche, à la danse.

Chaque siècle, chaque quart de siècle présente ainsi sa physionomie particulière et des traits qui lui sont propres. Pour lors, c'était la haute société qui donnait le ton ; et, comme la mode réglait toutes choses, même le destin des empires, le goût qui trop souvent lui est subordonné, fut affecté et artificiel comme elle l'était elle-même.

Est-ce à dire cependant que pour s'être affranchi des formes rigides et solennelles du XVII° siècle, et même pour n'avoir pas toujours été simple et vrai dans les innovations plus ou moins capricieuses où il se laissa entraîner, l'art ne conservât pas un mérite très réel? En tous cas, à défaut du caractère magistral de ses productions antérieures, on ne peut lui refuser une bonne volonté aimable, un désir de plaire, une grâce ingénieuse et spirituelle que ne remplaça pas toujours avec avantage le retour au classique de l'antiquité et la raideur théâtrale des temps qui suivirent. L'art aussi était de bonne compagnie et savait se plier aux circonstances. Nous nous laissons gagner aux séductions de Vatteau, de Fragonard ou de Boucher, comme nous nous plaisons aux opéras de Gretry, aux gracieuses romances de Monsigny, aux petits amours d'Eisen, aux sentimentalités de Greuze, comme nous recherchons les marqueteries et toutes ces mignardises qu'un jour on appela rococo, mais dont la finesse et l'élégance n'en font pas moins aujourd'hui les délices des curieux.

La poésie nous offre toutefois une pierre de touche plus délicate et une mesure différente de la vraie valeur de l'époque. A force de trier, d'expurger, d'apurer la langue de tout mot mal sonnant, on avait fini par l'amener à n'être plus que l'ombre d'elle-même. De l'appauvrissement du dictionnaire était résulté l'appauvrissement de la pensée : la langue s'était quintessenciée ; mais à l'inverse du remède qui, sous un petit volume, conserve toute son énergie, elle avait perdu toute saveur, tellement que le poète n'ayant plus à sa disposition les mots nécessaires pour exprimer ce qu'il voulait dire, en était réduit à un certain nombre de formules consacrées qui dégénéraient facilement en lieux communs. Ainsi condamnée à n'exprimer plus que des idées générales, à n'être que fade et déclamatoire, la poésie ne réussit pas à remplacer par des séductions factices, par la correction du langage, par l'élégance de la forme, ce qui lui manquait en vigueur de pensée et en forte spontanéité d'expression. Elle eut beau se faire aimable et spirituelle autant qu'il était possible, user de toutes les séductions qui lui restaient, elle n'en fut pas moins condamnée à n'être qu'ingénieuse, compassée, monotone; en cela moins heureuse que l'art qui, à défaut de pénétrer jusqu'à l'âme, peut encore charmer les yeux et les oreilles, si bien que tout en feuilletant les belles illustrations des artistes, nous gardons bien de toucher au texte des auteurs. Toutes les coquetteries du monde ne remplacent pas la fraîcheur de la jeunesse, mais on peut admirer encore l'élégance et la richesse de la toilette.

Il est clair que sur ces nuances un peu effacées se détachent de nombreuses et brillantes exceptions, comme autant de perles fines sur la robe aux teintes fondues de Madame de Pompadour. Je ne parle d'ailleurs ni des sciences, ni des œuvres philosophiques, infiniment plus nombreuses et plus marquantes au XVIIIe siècle qu'au siècle précédent; et l'on peut même observer d'une manière générale combien est plus large et plus ouvert le cercle des études, combien plus nombreuse la liste des auteurs: mais de toutes ces choses je n'ai point à m'occuper, je ne ne veux ici qu'encadrer mon texte. Au surplus tout ceci lui est peut-être moins étranger qu'il ne paraît, et si, avant de l'aborder de front, nous essayons de nous faire par avance une idée succincte de la situation, c'est qu'il ne semble pas hors de propos de connaître le terrain sur lequel on doit marcher et d'avoir en main comme qui dirait la clef du logis.

Non pas évidemment que nous songions à sortir de notre cadre local et à établir un rapprochement quel qu'il soit entre la grande société française ou allemande, et ce qui se voyait dans notre petit monde de Montbéliard. Cependant quelles que soient les distances et les traits originaux restés propres aux uns comme aux autres, on appartient toujours par quelque endroit à son temps et à son entourage. Comme l'Océan enveloppe et pénètre les continents et les îles qui de leur côté lui opposent les caps et les promontoires, ainsi en est-il des diverses nationalités en présence de l'esprit du siècle ; et si notre petite cour d'Etupes nous en offre de curieux reflets, notre bourgeoisie au contraire ne laisse pas que de lui opposer des contrastes piquants et inattendus.

Le temps que dura l'administration du duc Charles-Eugène, le dernier de nos princes, fut certainement pour le pays de Montbéliard une époque de paix et de tranquilité que de longtemps on n'avait pas goûtée. Ses incartades de jeunesse n'étaient pas venues jusqu'à nous ; et, n'eut été l'inégalité des conditions, certain arbitraire qui présidait encore à la répartition des impôts, la sévérité des lois sur la chasse et la persistance de quelques vieux abus que la Révolution seule pouvait détruire, nos populations n'eussent point été trop malheureuses. Déjà même, en maintes occasions, le gouvernement du prince avait pris l'avance et renoncé à l'exercice de divers droits qu'il tenait des temps anciens, et que leur rigueur ou leur caractère avait rendus inapplicables.

Toutefois si les traits que je viens d'indiquer marquent particulièrement dans la physionomie de cette dernière moitié du siècle, ils ne sont pourtant pas les seuls à signaler. Au sentimentalisme doucereux de la société élégante et à sa bienveillance pour le menu peuple, souvent affaire de mode et plus affectée que réelle, s'opposent la hauteur aristocratique du grand seigneur et la morgue insolente des hobereaux de province, la rusticité des gens de la campagne, l'orgueil égoïste et jaloux de la bourgeoisie impatiente de dignités et de pouvoir. Chacun de ces traits se retrouve dans les populations d'alors, et quelque étroit que soit le chemin que nous avons à parcourir, nous ne laisserons pas de les y rencontrer parfois.

On raconte que le vieux marquis de la Fayette faisait manger ses tenanciers à sa table, et ne souffrait pas que ses gens restassent debout devant lui; mais que l'un d'eux vint à s'asseoir ou à se couvrir sans invitation réitérée de sa part, aussitôt le grand seigneur se dressait de toute sa hauteur et drapait d'importance le croquant qui, lui présent, se permettait pareilles privautés.

II

Or, à l'époque dont nous voulons particulièrement nous occuper, c'est-à-dire vers le milieu de la seconde moitié du XVIIIe siècle, le pays de Montbéliard formait aux confins de la Suisse, entre l'Alsace et la Comté de Bourgogne, un petit Etat demeuré à peu près indépendant à partir des temps reculés du Moyen Age. Il avait survécu à la ruine du régime féodal, et subsistait dans son entourage comme un des derniers débris de ce monde morcelé que les empereurs n'avaient point encore réussi à faire disparaître en Allemagne, mais que dès longtemps les rois de France avaient absorbé dans leur toute puissance.

A l'origine, l'Etat de Montbéliard, aussi grand qu'un département, s'étendait depuis au-delà d'Altkirch, de Porrentruy et de St-Hippolyte, jusque dans le voisinage de Lure et au-delà de L'Isle-sur-le-Doubs. Il occupait à peu près tout entière la haute vallée qui s'ouvre entre les Vosges et le Lomont et que partage en deux versants la ligne de faîte du Valdieu, jetant d'un côté les eaux dans le Rhin par l'Ill et la Larga, de l'autre dans l'Allan, le Doubs et l'Ognon, par la Magdeleine, la rivière de St-Nicolas, la Savoureuse et le Rahin.

Le Comté de Ferrette en avait été le premier distrait (1125)[1], en vertu du partage intervenu entre Frédéric de Mouçon qui obtint toute la partie orientale de l'Etat avec Altkirch, Ferrette, Porrentruy, et Thierry II qui garda Montbéliard. Le Comté de la Roche St-Hippolyte avec les terres de Clémont qu'il comprenait alors et qui plus tard furent acquises par les sires de Neufchatel, en fut détaché avant 1136, comme dot d'Hermentrude, fille de ce même Thierry, mariée à Simon de Nolay. Les premiers Montfaucon étendirent considérablement leurs domaines, mais bientôt survinrent de nouveaux démembrements. A la mort de Thierry III, que l'on avait surnommé le Grand baron (1292), la seigneurie de Bélieu fut cédée, à titre de fief, à Guillaume d'Arberg, petit-fils de ce prince, et ne fut réunie de nouveau au domaine qu'en 1424. D'autre part, les terres de Blamont et du Châtelot, jusqu'alors comprises dans l'ensemble du Comté sans désignation particulière, furent attribuées à la maison de Neufchatel en Bourgogne, comme part d'héritage de Marguerite de Montbéliard, femme de Thiébault III, mais à la condition toutefois que Thiébault IV, fils de Marguerite, les reprendrait en fiefs de Renaud de Chalon devenu souverain de Montbéliard. Par convention postérieure (1294) entre Renaud et son frère Othon de Bourgogne, Blamont passa, paraît-il, sous la suzeraineté de ce dernier, tandis que la vassalité des terres du Châtelot était maintenue au profit de Renaud. Des guerres malheureuses que ce seigneur eut à soutenir contre les évêques de Bâle, entraînèrent la perte

---

(1) Les dates sont d'ancien style. On ne commença dans nos pays qu'en 1700 à employer le calendrier grégorien.

du Porrentruy que Richard avait recouvré. A la mort de Renaud, en 1321, Héricourt, le château de Belfort et la suzeraineté du Châtelot, furent attribués à sa fille Jeanne, mariée en premières noces à Ulric II de Ferrette, puis à Raoul Hetz marquis de Bade, et en dernier lieu à Guillaume de Katzellenbogen. A la mort de Jeanne, en 1340, Belfort passa à Jeanne de Ferrette, sa fille, qui avait épousé le duc d'Autriche Albert le sage devenu ainsi l'origine de la puissance autrichienne dans le Sundgau. Au contraire, les terres d'Héricourt et la suzeraineté du Châlelot restèrent à la maison de Bade, d'où elles passèrent par des mariages dans celle de Linange, et finirent, en 1376, par être rachetées par les princes de Neufchatel, au prix de 11,200 florins payés aux archiducs Albert et Léopold d'Autriche qui en étaient devenus possesseurs par suite d'échanges avec la maison de Linange.

Dans le lot de Jeanne de Montbéliard n'avaient pas été comprises les terres du Magny et d'Etobon dont Renaud avait disposé par acte de 1287, en faveur de son frère Hugues de Bourgogne, mais à titre viager seulement. Lorsque ce seigneur mourut, elles furent momentanément accaparées par le duc Eudes de Bourgogne, et ce n'est qu'au décès de ce dernier qu'elles revinrent à leurs maitres légitimes Henri de Montbéliard et Raoul Hetz, tous deux gendres de Renaud. Henri racheta les droits des héritiers de Raoul, et dès lors la seigneurie d'Etobon demeura partie intégrante du Comté de Montbéliard auquel elle fut incorporée définitivement en 1620. Etobon perdit alors son titre de cheflieu, et cette situation se maintint jusqu'à la Révolution. Le château, brûlé dans les guerres que le duc Ulric de Wurtemberg soutint contre Guillaume de Furstenberg, n'avait pas été relevé (8 mai 1519).

Un peu avant cette époque, en 1526, ce même duc Ulric avait racheté de la maison de Neufchatel qui, comme je viens de l'indiquer, avait fini par les posséder toutes quatre, les seigneuries d'Héricourt, de Blamont, de Clémont et du Châtelot; mais il ne put conserver la possession que de la seule terre de Blamont; les autres avaient été accaparées par Guillaume de Furstemberg et Félix de Wardemberg au détriment de leurs cousins Jean de Montaigu et Ferdinand de Neufchatel, héritiers légitimes [1], mais comme ayant droit en qualité de gendres de Claude de Neufchatel, dernier représentant mâle et direct de la branche aînée. Cependant ne se sentant pas de force à garder ces conquêtes, ils les avaient vendues à Ferdinand d'Autriche, frère de Charles-Quint, qui les avait rétrocédées à son trésorier Gabriel de Salamanque, comte d'Ortenbourg; et ce fut seulement sous l'administration des tuteurs du comte Frédéric, en 1561, qu'elles furent à leur tour réunies au Comté de Montbéliard.

Outre ces quatre seigneuries, nos comtes possédaient encore la grande baronie de Granges qui comptait jusqu'à 56 villages et les seigneuries de Clerval et de Passavant en Franche-Comté; le comté d'Horbourg et la seigneurie de Riquehewihr en Alsace; enfin celle de Franquemont dont le chef-lieu était Goumois, et qui, rachetée des barons de Gilley par le comte Frédéric, 13 mars 1595, pour 42,000 écus d'or, dépendait partie de la Bourgogne, partie de l'évêché de Bâle.

---

(1) Institués par testament de Thiébaut IX en 1463. Des difficultés interminables sortirent des substitutions établies par ce testament.

Chaque portion de ces territoires était soumise à un régime et à des institutions différentes, ce qui donnait lieu à des difficultés sans nombre et de toute nature. Le comté de Montbéliard, malgré les prétentions de Louis XIV qui avait voulu à tout prix le rattacher à la France, était resté sous la mouvance de l'empire d'Allemagne dont il était fief direct et féminin. Il n'appartenait à aucun cercle, ne supportait aucune charge; néanmoins ses comtes avaient droit de suffrage dans les diètes où ils occupaient le 47ᵉ rang dans le banc des princes. Comme Etat souverain, il était soumis au droit public qui régissait le corps germanique, et justiciable à ce titre du Conseil aulique et de la Chambre impériale siégeant à Wetzlar; mais en dehors des questions de souveraineté et sauf certains cas réservés, il s'administrait librement et en vertu de lois qui lui étaient propres. Dans les temps très anciens, les droits féodaux séparés des droits de justice, appartenaient les uns au comte tandis que les autres étaient exercés par des avocats impériaux portant le titre de hauts justiciers. Certaines familles de Montbéliard avaient été jadis investies de cette dignité; mais depuis longtemps ces deux sortes de pouvoirs étaient réunis dans les mêmes mains. Nos princes possédaient ainsi tous les droits régaliens: droit de coin et de monnayage, droit de haute, moyenne et basse justice, droit de conclure des alliances, de faire la guerre, de lever des troupes et de bâtir des forteresses, droit de conférer certaines dignités, de publier des lois et ordonnances, etc. Le titre de Prince leur avait été attribué par l'empereur Rodolphe II en 1597; et, par rescrit du 3 octobre 1703, ils reçurent de Léopold I celui d'Altesse Sérénissime qui remplaça la qualification de Votre Grâce.

Les seigneuries de Granges, de Clerval et de Passavant, annexées au comté de Montbéliard par les Montfaucon, et restées à la mort d'Etienne, dans le lot de la comtesse Henriette, étaient soumises, en qualité de fiefs de la comté de Bourgogne, aux lois et coutumes de cette province, et, depuis la conquête, faisaient parties des terres de France. Horbourg et Riquewihr, achetés en 1324 des frères Walter et Burkard, par Ulric III de Wurtemberg, pour la somme de 4,400 marks d'argent fin et pur poids de Colmar, avaient été de tout temps attribuées aux membres de la famille en possession du Montbéliard, tout en restant d'ailleurs terres libres et allodiales sous l'immédiateté de l'empire.

Il était plus difficile de déterminer la condition des quatre seigneuries restant, et les réclamations des divers prétendants avaient été l'occasion de luttes et de procès interminables. Ces malheureux pays, perdus en quelque sorte dans le plus grand partage des terres féodales, étaient restés parties intégrantes de l'ancien comté de Montbéliard, dont les maîtres n'avaient fait qu'étendre la main pour en prendre possession. Ils les avaient occupées, comme le reste, de temps immémorial et en toute souveraineté. A la suite de longues guerres, Rodolphe de Habsbourg les avait contraints à reconnaître la suzeraineté de l'empire; et, lorsqu'à leur tour les comtes de Neufchatel furent devenus possesseurs des quatre terres, en vue de se ménager la faveur et la protection des comtes de Bourgogne, ils leur inféodèrent certaines portions de ces territoires, et en particulier la terre de Blamont, passée entre leurs mains comme héritage de Marguerite de Montbéliard, mais dont le comte Renaud s'était cependant réservé l'hommage. Lors des guerres de

Bourgogne (1474) presque toutes les terres des Neufchatel qui naturellement avaient pris parti pour le duc Charles, furent occupées les unes par les Suisses, les autres par les Autrichiens. Bien qu'elles n'eussent pas été mentionnées dans le traité de Zurich, Claude de Neufchatel en obtint la restitution tant de l'évêque de Bâle pour les Suisses que de l'archiduc Maximilien pour l'Autriche.[1] : Toutefois elles ne revinrent aux Neufchatel qu'à titre de concession gracieuse, et telles que le droit de la guerre les avait faites, c'est-à-dire affranchies désormais de toute obligation féodale antérieurement contractée à leur sujet. Aussi lorsque les comtes de Montbéliard en eurent recouvré la possession, les quatre seigneuries pouvaient être considérées comme dégagées de toute espèce de lien envers la Bourgogne, d'autant plus que, comme l'ancien comté de Montbéliard dont elles dépendaient jadis, elles étaient fiefs immédiats de l'empire germanique, qu'en conséquence elles n'avaient pu être inféodées à qui que ce fût sans le consentement de l'empereur, et que ce consentement n'avait jamais été donné.

Nous n'entendons pas entrer dans le détail des procès que fit naître cette situation, tantôt contre la maison de Rye, des comtes de Poitiers, alliés aux Neufchâtel dont ils se prétendaient les héritiers, et en cette qualité contestant la validité de la cession faite au duc Ulric, tantôt contre les archiducs d'Autriche comme représentants des droits de l'Espagne sur la Comté dont ils avaient le gouvernement, tantôt enfin contre la France. Toujours est-il que

---

[1] 1478. Relatio controversiarum, p. 12, 131 et 132.

lorsque Louis XIV eut conquis les provinces adjacentes, cette malheureuse principauté de Montbéliard se trouva devant lui comme une pierre d'achoppement et un obstacle permanent pour les communications de ses armées alors en Alsace et en Bourgogne, et qu'il fit tout au monde pour la faire disparaître. « Je crois, dit à ce propos le conseiller Perdrix dans sa Chronique, que le Français a envie de nous avoir à quelque prix que ce soit ; il attend seulement son temps ; mais le bon Dieu qui tient les cœurs des rois et des princes entre ses mains, qui nous a préservés jusqu'ici de sa pure miséricorde, ne permettra pas que nous soyons ravis de la domination de notre bon prince et seigneur ; ains nous maintiendra contre les efforts et les assauts de tous nos ennemis, et nous fera la grâce d'être toujours éclairés de la lumière de sa parole, et de mourir dans la vraie et orthodoxe religion dans laquelle nous vivons. O bon Dieu ! suggère toujours de bons conseils à nos conducteurs ; qu'ils ne donnent aucun sujet de mécontentement à ceux qui sont plus forts que nous. »

Vainement un arrêt formel du parlement de Grenoble, provoqué par Henri IV en personne (15 juillet 1614), vainement le traité de Westphalie, et plus tard ceux de Nimègue et de Bade avaient-ils reconnu les droits positifs de la maison de Wurtemberg et de l'Empire : le roi ne voulut rien entendre. Il porta l'affaire d'abord devant le parlement de Dôle, puis devant les chambres de réunion instituées dans cette même ville après le traité de Nimègue et dont il eut naturellement gain de cause, enfin devant le parlement de Besançon. Ce corps, par arrêt du 1er septembre et du 31 août 1680, déclara nul et non avenu l'arrêt de Grenoble dont les feuillets avaient été arrachés dans le registre, et, écartant toute prétention quelle qu'elle fût, prononça que le Comté de Montbéliard dépendait de celui de Bourgogne en qualité de fief, et ordonna au comte George d'en faire foi et hommage au roi dans les six semaines sous peine de commise. Le comte protesta et quitta Montbéliard le 31 octobre de la même année; mais le marquis de Montauban et M. de Chauvelin, envoyés du roi, firent prêter serment au Conseil de Régence, au corps ecclésiastique, au Magistrat et à toute la bourgeoisie. Dans la suite des temps (1698), après que les grands revers eurent succédé aux grands succès, comme cela arrive toujours tôt ou tard, et après que les désastres de la fin de son règne l'y eurent contraint, Louis restitua le comté proprement dit, mais il maintint ses garnisons dans les seigneuries, mit le séquestre sur les revenus [1], si bien que pour rentrer tout au moins en possession du domaine utile, les princes wurtembergeois furent contraints de renoncer pour ces terres à la vassalité de l'Empire et de se soumettre à celle de la France. Un traité fut conclu le 10 mai 1748, à Versailles, entre M. de Keller, plénipotentiaire pour l'Empire et le Wurtemberg d'une part, et M. de Puiseulx pour la France d'autre part, en vertu duquel les neuf seigneuries dépendantes du comté de Montbéliard furent restituées avec tous les droits afférents à la sérénissime maison de Wurtemberg qui, de son côté, s'engageait tant pour le présent que pour l'avenir, à reconnaître la suzeraineté du roi de France,

---

(1) Le séquestre ne fut formellement établi dans les Seigneuries qu'à la mort de Léopold-Eberhard en 1723, sous prétexte de sauvegarder les droits de ses enfants illégitimes; mais la France percevait les revenus depuis l'occupation.

et à lui prêter le serment de foi et hommage. Le culte luthérien devait être toléré dans les seigneuries; mais les revenus perçus pendant le séquestre, et qui s'élevaient depuis la paix de Riswick à la somme de 150,210 livres 10 sols pour Héricourt, de 124,695 livres 5 sols pour Blamont, de 80,334 livres 15 sols pour le Châtelot, de 26,611 livres 5 sols pour Clémont, de 21,075 livres pour les villages mi-parti des terres du roi et des terres des seigneuries, en total 411,127 livres 5 sols, y compris 4,200 livres de dons gratuits payés par les ministres des églises, restaient acquis à la France qui, de son côté, renonçait à soutenir les prétentions des enfants illégitimes de Léopold Eberhard, et s'engageait à pourvoir à leur entretien [1].

Quelques jours après la conclusion de ce traité, le duc Charles passa par Montbéliard, allant prêter entre les mains de Louis XV, le serment exigé.

C'est sous ce régime que s'écoula la fin du XVIIIe siècle. Des conférences eurent lieu à diverses reprises, d'abord le 5 février 1742, et plus tard, le 21 mai 1786, entre M. Gérard, préteur royal à Strasbourg au nom de Louis XVI, et le baron de Rieger pour le duc de Wurtemberg, dans le but de rectifier les frontières et de procéder à l'échange des

---

(1) Les charges supportées par la ville de Montbéliard, par le comté et les Seigneuries depuis l'occupation jusqu'à la paix de Riswick, ont été évaluées à 3,664,476 livres. Celles postérieures à la paix se montèrent encore à plus de 768,000 livres. La ville avait payé pour sa part pendant les 21 ans d'occupation antérieurs à 1697, la somme de 564,365 livres. Dans ces chiffres n'est pas comprise l'évaluation des dommages occasionnés par les pillages et les dégats des soldats, par l'enlèvement du matériel des forteresses, des collections, objets de valeur, etc.

territoires mi parti [1]; elles n'aboutirent qu'au moment où l'annexion à la France trancha la difficulté.

On comprend les ambitions des rois de France à l'endroit d'une terre étrangère enclavée dans leurs Etats comme l'était Montbéliard; mais il faut le reconnaître, leur gouvernement avait été dur et singulièrement arbitraire envers des populations qu'il avait tout intérêt à ménager et avec lesquelles il n'avait jamais eu que des relations absolument pacifiques. Il est vrai que la religion avait été pour beaucoup dans les rigueurs exercées contre nous. En effet, le pays était protestant dès les premiers temps de la Réformation. Déjà en 1523, le duc Ulric, forcé par la ligue de Souabe de quitter le Wurtemberg, y avait apporté les premiers éléments des doctrines nouvelles, et l'œuvre de son chapelain, Jean Gayling, avait été vigoureusement poursuivie par Guillaume Farel et ses adhérents. Farel fut le véritable réformateur de Montbéliard : sa puissante parole, secondée par la tolérance, peut-être par le bon vouloir du prince, avait exercé dans le pays une action décisive. Ce fut un véritable réveil; et lorsque les seigneuries eurent à leur tour été réunies au comté, elles accueillirent aisément les institutions déjà adoptées à Montbéliard, et qui, dès 1538, avaient reçu un commencement d'organisation de la part du gouvernement ducal. Les princes. curateurs du comte Frédéric, pendant leur administration, avaient substitué le luthéranisme de la Confession d'Augsbourg aux doctrines de la réforme française prêchées par Farel; mais cette substitu-

---

(1) Il y avait dans le Comté, y compris la Seigneurie d'Etobon, 53 villages dont 14 mi-parti.

tion, un instant assez vivement combattue, n'avait pas changé l'esprit protestant parmi nos ancêtres ; et, lorsque Louis XIV, dans sa toute puissance, vint à les rencontrer sur son chemin, il se trouva étrangement choqué d'avoir à débattre avec cette petite population opposée à la fois à sa politique et à ses croyances. Dès lors les seigneuries furent soumises à toutes les vexations imaginables, plus encore de la part de l'administration provinciale et du Parlement de Besançon que de la part du gouvernement du roi. Non seulement on gênait l'exercice du culte, mais les biens et les revenus ecclésiastiques étaient séquestrés ou confisqués, les dîmes des églises étaient retenues au profit des curés dans des villages où il n'y avait pas un seul catholique ; il fallait que les communautés protestantes contribuassent à l'ornementation et à l'entretien des temples qui leur étaient enlevés, qu'elles fêtassent les jours fériés et les mêmes saints que les catholiques ; on les soumettait à des taxes vexatoires, à des exécutions militaires violentes, souvent cruelles. Enfin, après la ratification du traité de 1748, lorsque la Régence qui administrait Montbéliard au nom du duc de Wurtemberg, essaya de rétablir les pasteurs dans les villages qui en étaient privés, ils en furent aussitôt violemment expulsés, et avec eux les instituteurs ; tellement que nombre de communes se trouvèrent pendant près d'un demi-siècle, privées à la fois de l'enseignement religieux et de l'enseignement laïque ; et il fallut l'édit de 1787-1788 par lequel Louis XVI rendit aux protestants leurs droits civils, et celui du 9 septembre 1790, émané de l'Assemblée nationale, pour mettre enfin un terme aux souffrances des religionnaires et leur rendre le libre exercice de leur culte. A cette époque, il ne restait pour les quatre seigneuries, que deux pasteurs dans celle de Blamont et deux dans celle d'Héricourt.

Au milieu de ces divers territoires, la ville de Montbéliard formait comme une petite république indépendante ; et, lorsque ses bourgeois avaient payé l'impôt de douze deniers par toise de façade que leur avait imposé leurs franchises, et qui, dès l'an 1283, avait subsisté invariable comme ces franchises elles-mêmes, ils étaient merveilleusement quittes envers leur souverain seigneur et maître. Dans les temps anciens, plusieurs autres villes et bourgs de la principauté avaient également obtenu de leurs seigneurs des immunités plus ou moins importantes ; mais depuis l'occupation française elles avaient disparu, ou du moins il n'en était resté que ce que le gouvernement du roi avait toléré.

Ainsi constitué, l'Etat de Montbéliard comptait vers le milieu du siècle, 11,721 habitants pour le comté proprement dit (1760), et 8,840 pour les quatre seigneuries (1748). En 1790, le total s'élevait à 26,000 habitants pour ces mêmes territoires, et à 47,000 habitants en y ajoutant Horbourg, Riquewihr, Granges et les autres seigneuries franc-comtoises. La population de la ville avait subi de son côté des variations assez remarquables. Elle était en 1586, de 2,355 habitants ; en 1608 elle en comptait 3,500, et 2644 seulement en 1712. Vers le milieu du siècle, elle s'était relevée à 3,143 habitants, à 3,728 en 1758, enfin en 1798, elle renfermait 3,993 habitants. Ces chiffres, un peu différents de ceux donnés par Bonzen, sont en quelque sorte le thermomètre de sa prospérité. En 1748, malgré les efforts de la France et l'intrusion de l'élément français dans les seigneuries, on n'y comptait encore que 878 catholiques. Le territoire n'avait pas plus de 8 à 9 lieues dans sa plus grande longueur, depuis le Magny jusqu'à Montécheroux, et cinq ou six de largeur depuis Baucourt ou Allanjoie jusqu'à Beutal ou Blussanjeau; mais, si minime qu'il fût, l'Etat n'en restait pas moins important par sa situation topographique, curieux et intéressant par ses institutions, respectable par ses traditions et l'ancienneté de son origine.

NOTE DU SURINTENDANT BONZEN

ÉTATS DES QUATRE DÉNOMBREMENTS FAITS DES NEUF GUETS OU QUARTIERS DE LA VILLE DE MONTBÉLIARD, POUR SAVOIR LE NOMBRE DES PERSONNES QUI Y SONT DOMICILIÉES.

On a compté :	1° en 1714	2° en 1734	3° en 1769	4° en 1772	5° en 1775	en 1778.	en 1781.
I. Dans le guet ou quartier de Saint-Martin.	273	354	315	316	341		
II. Dans celui des Fèves.	229	267	335	317	334		
III. Dans celui du Bourg et de la Neuve Ville.	830	837	830	815	850		
IV. Dans celui de la rue Derrière-dessus ou de la Croix-d'Or.	306	334	304	279	329		
V. Dans celui de la vieille Ecole latine ou de la rue Derrière-dessous.	298	283	353	331	357		
VI. Dans celui des Aiguillons, compris l'Hôpital.	318	298	240	294	246		
VII. Dans celui de la rue Surleau.	331	325	258	281	322		
VIII. Dans celui de l'Estuve.	249	275	270	290	314		
IX. Dans celui de la rue des Granges.	260	227	235	250	243		
	3094	3200	3143	3173	3336	âmes.	les environs de la ville.
					80		
					3416	totalité.	les quatre annexes.
					490		
					3906	total.	

III

L'histoire de notre comté de Montbéliard n'est pas dépourvue d'intérêt : pittoresque et parfois dramatique à l'intérieur, elle prend, dès qu'on l'envisage dans ses rapports avec le monde extérieur, un sens plus large et des proportions qui souvent dépassent les limites de l'Etat. Du haut de sa tour, le prince de Montbéliard pouvait apercevoir au levant les montagnes lointaines de la Souabe émergeant des brouillards du Rhin ; au nord c'étaient les ballons des Vosges aux frontières de l'Alsace et de la Lorraine ; au midi, les longues arêtes du Jura helvétique et du Lomonf franc-comtois, tandis que dans la vallée serpentait l'Allan paresseuse. Mais si nos campagnes étaient douces et souriantes à la vue, si leur position en quelque sorte internationale facilitait, en temps de paix, les communications avec nos voisins et donnait aux transactions commerciales une certaine importance, d'un autre côté, elles faisaient de notre pays un champ toujours ouvert aux rivalités et aux luttes des puissances dont nous étions enveloppés. A chaque quart de siècle et par chacune des vallées qui, comme les plis d'un éventail, venaient aboutir sous les murs de Montbéliard, nous arrivaient des hordes d'étrangers avec lesquels le plus souvent nous n'avions rien à débattre, mais auxquels notre pays offrait une proie trop facile pour ne point s'en saisir. Tantôt c'était la trouée de Belfort et les vallées sous-vosgiennes, tantôt c'étaient les gorges du Doubs et le pont de Voujaucourt qui leur donnaient accès; et, depuis les Suèves du roi Arioviste jusqu'aux Uhlans de l'empereur Guillaume, il ne s'est pour ainsi dire jamais passé un quart de siècle sans que l'Allan ait vu les cavaliers ennemis abreuver leurs chevaux dans ses ondes et fourrager ses prairies. Est-il nécessaire de rappeler les innombrables invasions de Alemans, des Hongrois, des Wallons de Charles le téméraire ou des Ecorcheurs du dauphin Louis, les Lorrains du marquis de Pont-à-Mousson, les Croates de Gallas, les Suédois du duc de Weimar, les soldats de Luxembourg? ce serait à n'en pas finir. Il y eut des moments où nos contrées n'offraient réellement plus qu'un champ de ruine et de désolation, et je pourrais faire de toutes ces calamités un tableau émouvant; mais ce n'est pas de cela qu'il s'agit. Laissons la sentinelle veiller sur les remparts; et, encore qu'on ne nous donne pas le loisir de les oublier, que chaque génération nouvelle ajoute une page de plus à ces lugubres souvenirs, cependant écartons de notre travail cet ordre d'idées, étranger au cercle que nous avons à parcourir; et, pour l'instant, bornons-nous à établir, par un fil aussi tenu que possible, la relation existant entre les différentes familles et les branches de ces mêmes familles qui ont successivement occupé le pouvoir dans notre comté de Montbéliard, de manière à arriver par un chemin à peu près frayé à la fin du XVIIIe siècle.

La maison de Mousson qui la première fit un Etat distinct de l'ancien Comitatus Alsgaudensis, et le transforma en comté de Montbéliard, était originaire de Lorraine, mais se rattachait aux anciens comtes alsaciens du Nordgau peut-être par une descendance directe et masculine, plutôt par une alliance avec une princesse de cette maison [1], héritière des terres de l'Elsgau et de nombreux domaines tant en Alsace que dans la Séquanie et dans les diverses régions où avaient jadis régné ses ancêtres.

Louis de Mousson, fils de Thierry et d'Hildegarde (1032), père de Thierry I, fut, dit-on, le premier à prendre le titre de comte de Montbéliard. Ses descendants régnèrent sur nos contrées jusqu'à 1162, époque de la mort de Thierry II, dont la fille Agnès, ou Sophie ou encore Adélaïde, en épousant Richard de Montfaucon, porta une première fois les terres du comté dans cette puissante maison [2]. Cependant Richard ne régna pas sur Montbéliard, et les Etats de Thierry II, qui lui avait survécu, passèrent directement aux mains d'Amédée, puis d'un second Richard (1192), puis de Thierry III que l'on surnomma le grand Baron (1237). Celui-ci fut le dernier de sa lignée : à sa mort (1285), sa petite-fille, Guillaumette de Neufchatel outre Joux, femme de Renaud de Bourgogne-Chalon, transmit à cette

---

(1) Suivant les uns cette héritière serait Hildegarde, sœur du pape Léon IX, devenue la femme d'un comte de Chiny nommé Thierry; selon d'autres ce serait Hermentrude de Bourgogne, fille de Guillaume II.

(2) Richard avait deux frères : Hugues de Charmoille et Amédée qui, suivant M. de Guinguins, fut l'origine de la maison de Neufchatel en Bourgogne et le fondateur du château de ce nom, près de Pont-de-Raide. Ce fait est très contesté.

famille la plus grande part de l'héritage de son aïeul. Mais l'état d'imbécillité de leur fils Othenin, reconnu incapable de gouverner, fit revenir le comté aux Montfaucon dans la personne d'Henri, époux d'Agnès, sœur d'Othenin. Etienne leur fils, régna à son tour de 1367 à 1397 : il fut à Montbéliard le dernier représentant mâle de cette illustre maison dont les chefs s'étaient rendus fameux par leur esprit entreprenant et leur vaillantise. Associés aux princes de Brienne et aux Lusignan dont ils étaient parents, ils prirent presque tous part aux expéditions d'outre-mer, tandis que ceux qui restaient en Europe, ne cessaient de guerroyer avec leurs voisins. Henri d'Orbe [1], fils d'Etienne, suivant l'exemple de ses pères, accompagna Jean sans peur à Nicopolis, mais on ne sut jamais quel avait été son sort, et sa fille Henriette, en épousant Eberhard de Wurtemberg lui apporta le comté de Montbéliard, avec les terres de Granges, de Clerval, de Passavant et la seigneurie de Franquemont, qui, sauf cette dernière, restèrent dans cette maison jusqu'à la Révolution française (1397-1796).

Plusieurs branches de la famille occupèrent successivement le pouvoir; il y eut même des moments où elle se trouva presque dépossédée. A la mort d'Henriette, 14 février 1444, Montbéliard échut à son fils Louis qui déjà avait partagé les Etats wur-

---

(1) Les Montfaucon avaient reçu la seigneurie d'Orbes et diverses terres dans le Jura oriental, de Frédéric Barberousse, en récompense de leurs services et de leur fidélité. D'autres domaines dans ces mêmes contrées, provenaient du mariage d'Amédée de Montbéliard avec Béatrix de Granson. Après la mort de sa sœur Marguerite, dame d'Orbe et d'Echallens, etc. Henriette de Montbéliard vendit sa part d'héritage au comte Amédée VIII de Savoie au prix de 6,000 écus d'or au soleil (135,000 fr,)

tembergeois de son père avec son frère cadet Ulric le bien aimé. A la mort de Louis, ses fils Louis II et Eberhard le barbu lui succédèrent et régnèrent conjointement jusqu'au décès du premier survenu le 2 novembre 1457. Le Wurtemberg était sur le point de se disloquer, lorsque le traité d'Urach, conclu le 12 juillet 1473 en présence des Etats provinciaux, entre Ulric et son neveu Eberhard le barbu, en consacrant l'inaliénabilité du domaine, écarta les prétentions des fils d'Ulric, si ce n'est que Henri, le cadet, obtint Montbéliard avec les terres de Comté et d'Alsace, au prix de 40,000 florins. Par suite de l'état de folie occasionné chez ce prince par les mauvais traitements qu'il avait endurés de la part de Charles le téméraire, le comté de Montbéliard fit un instant retour à son frère aîné Eberhard II le jeune; mais le traité de Munzingen, du 14 décembre 1482, en consacrant le droit de primogéniture et l'indivisibilité du domaine [1], le fit retomber aux mains d'Eberhard le barbu qui, dès lors, régna seul jusqu'à sa mort survenue le 24 février 1496. L'empereur Maximilien l'avait élevé à la dignité ducale, et comme il ne laissait pas d'héritier direct, ses Etats revinrent encore une fois à son cousin Eberhard le jeune, que les Etats provinciaux déposèrent deux ans après à cause de sa mauvaise administration.

On connaît la vie agitée de son successeur et neveu Ulric, fils d'Henri. Tour à tour vainqueur et vaincu dans ses guerres contre l'Electeur palatin et la ligue de Souabe, mis au ban de l'Empire par

---

(1) Ce pacte fut confirmé par lettre ducale de 1495, mais sans mention des terres de la rive gauche du Rhin, ce qui permit au duc Christophe de les détacher au profit du comte Georges.

Charles-Quint, expulsé de ses Etats de Wurtemberg par ses sujets révoltés et réduit à chercher un asile dans son comté de Montbéliard, il parvint, grâce à l'appui de la France et du landgrave Philippe de Hesse, à remporter la victoire décisive de Lauffen et à reconquérir le Wurtemberg qui cependant ne fut restitué définitivement par l'empereur que sous la condition de demeurer fief de l'Autriche à laquelle il avait été attribué pendant l'exil du duc. Cette situation subsista jusqu'au règne du comte Frédéric qui se fit relever de cette vassalité. (24 janvier 1599).

Christophe, fils d'Ulric et son successeur, céda en toute souveraineté le comté de Montbéliard et ses dépendances à son oncle Georges qui devint la souche d'une première branche de sa maison exclusivement montbéliardaise. A la mort du duc Louis, fils de Christophe, qui ne laissa pas d'héritier, les Etats de Wurtemberg et de Montbéliard se trouvèrent de nouveau réunis (9 août 1593), entre les mains de Frédéric, fils de Georges Ier. Le règne de ce prince fut en quelque sorte le point culminant de la puissance wurtembergeoise dans nos contrées. Toutes les seigneuries étaient réunies au comté qui n'avait encore éprouvé ni les ravages de la guerre de 30 ans, ni les amoindrissements qui provinrent de l'occupation française. Frédéric, en quittant Montbéliard pour prendre possession de son duché, y laissa de nombreux témoignages de l'intérêt qu'il portait aux sciences et aux arts. Son fils aîné Jean Frédéric hérita de tous ses Etats; mais bientôt intervint le traité des cinq frères, conclu le 28 mai 1617, qui attribua le comté de Montbéliard au second fils Louis Frédéric qui devint ainsi l'origine de la deuxième branche montbéliardaise proprement dite. Il eut pour successeur Léopold Frédéric, son fils aîné, prince extrêmement débonnaire et affable, décédé le 15 juin 1662; puis son second fils, Georges II, frère consanguin du premier, décédé à son tour le 11 juin 1690; enfin Léopold Eberhard, fils de Georges, et dernier descendant légitime de cette lignée. Cette période fut constamment troublée par des guerres désastreuses, et nos princes eurent assez à faire de se maintenir tant bien que mal au milieu des dangers dont ils étaient entourés.

Ces préoccupations ne purent toutefois prévenir les désordres de Léopold Eberhard, qui, reconnaissant lui-même l'inhabileté de ses enfants à lui succéder, conclut avec son cousin Eberhard Louis, de la branche wurtembergeoise, le traité de Wilbaden (18 mai 1715), confirmé par rescrit impérial du 9 avril 1723, en vertu duquel toutes les terres constituant la principauté de Montbéliard, devaient rentrer à sa mort, survenue le 23 mars 1723, en la possession du duc de Wurtemberg. Eberhard Louis à son tour ne laissa pas d'héritiers, et sa succession revint à son cousin Charles Alexandre, de la branche de Neustadt, feld-maréchal général au service de l'Autriche, qui régna de 1733 à 1737. Ses trois fils, Charles Eugène, Louis Eugène et Frédéric Eugène occupèrent successivement le pouvoir dans le Wurtemberg; mais le premier seul posséda la principauté de Montbéliard. Au moment de sa mort (24 août 1793), nos contrées étaient dès le mois d'avril de la même année, réunies à la République française.

Depuis qu'ils en avaient recouvré la possession au décès de Léopold Eberhard, les ducs de Wurtemberg avaient administré Montbéliard et les seigneuries par l'organe d'un Conseil de régence qu'avait institué jadis l'empereur Maximilien pendant la minorité du duc Ulric, et par des gouverneurs représentant la personne du prince, dont le premier fut le comte de Grœvenitz et le dernier le baron d'Uxcull.

Frédéric Eugène qui lui succéda avec le titre de Stathouder, était, comme nous venons de l'indiquer, troisième fils du duc Charles Alexandre, et frère du duc régnant Charles Eugène. Il était né à Francfort le 21 janvier 1732, et avait par conséquent 37 ans lors de son arrivée à Montbéliard. Sa mère était Marie Augusta, fille d'Anselme Frédéric, prince de Tour et Taxis. Ainsi que ses deux frères, il avait été élevé à Berlin. Son père le destinait à l'état ecclésiastique, et il avait même reçu la tonsure et le canonicat à Constance. Mais ne se sentant pas la moindre vocation de ce côté, il retourna à Berlin et, changeant de régiment, entra dans les armées du roi de Prusse où il gagna le grade de général. Il avait reçu dans un combat contre les Autrichiens, une blessure dont il était resté boiteux et qui l'empêchait de marcher longtemps. Il circulait presque toujours en voiture, et, dès que l'on apercevait son carosse, fut-il vide ou non, toutes les bonnes gens de Montbéliard, assis devant leur porte, se levaient aussitôt et saluaient respectueusement. En récompense de ses services, le roi de Prusse lui avait fait épouser (29 nov. 1758) sa nièce Frédérique Dorothée Sophie, fille de Frédéric Guillaume, margrave de Brandbourg-Swedt. Avant leur venue à Montbéliard, ils avaient habité Treptow, ville de Poméranie non loin de Stettin. Cinq fils et trois filles leur étaient nés pendant leur résidence dans cette ville : l'aîné, Frédéric Guillaume, âgé de 15 ans, devint, en 1806, premier roi de Wurtemberg ; l'aînée des filles, Dorothée, née le 25 octobre 1759, et alors âgée de 10 ans, fut impératrice de Russie ; la seconde, Frédérique, épousa le coadjuteur de Lubeck, prince de Holstein ; et la troisième, Elisabeth, alors âgée de 4 ans, devint grande duchesse de Toscane et fût montée sur le trône impérial d'Allemagne avec son mari, l'archiduc François de Lorraine, si la mort ne l'eût emportée au moment où ce prince allait arriver au pouvoir (18 février 1790). Trois autres enfants naquirent encore pendant le séjour de la famille ducale à Montbéliard.

Jusqu'à 1786, Frédéric Eugène vécut parmi nous en simple particulier, sans aucune fonction administrative autrement qu'à titre provisoire. Ce fut seulement alors que, par rescrit du 10 mars, son frère lui conféra le titre de Stathouder à vie, mais sans qu'il en résultât pour lui ou pour sa descendance aucun droit sur le pays dont l'administration lui était confiée. Le 16 mars, il présida pour la première fois le Conseil de régence et reçut les félicitations des avocats appartenant aux différentes justices. Il commandait les milices, avait la haute main sur les fonctionnaires, touchait les revenus dont il eut dès lors la libre disposition : à cela se bornaient généralement ses attributions, et il fallut la mort de ses deux frères, décédés sans postérité, pour qu'à son tour, il obtint le pouvoir (1795) [1].

---

(1) Voici comment la princesse Catherine, petite-fille de Frédéric Eugène, et femme de Jérôme Bonaparte, roi de Westphalie, parle de son grand-père : « Guerrier intrépide, il s'était fait chérir du grand Frédéric, et l'avait puissamment secondé dans ses plus brillantes campagnes de la guerre de 7 ans, lorsqu'une blessure dangereuse, qu'il reçut à la bataille de Rossbach, dont les suites

sont devenues incurables, le força de se retirer du service de Prusse... En quittant la Prusse, mon grand-père se retira dans les apanages de sa maison à Montbéliard. La fortune de mon grand-père et de ma grand-mère surtout, leur permettait d'entretenir à Montbéliard une cour fort agréable. Peu loin de cette ville, ils avaient bâti une maison de plaisance charmante. Dirigés par le goût éclairé de ma grand-mère, ils en avaient fait une superbe habitation. La beauté des sites, l'heureux choix des embellissements de l'art, la grandeur et l'affabilité tout à la fois de leurs manières y attiraient toujours un grand nombre d'étrangers... C'est à Montbéliard, et avant l'époque qui m'y a conduite, que mon grand-père et ma grand-mère élevaient en silence et loin des tracas des grandes résidences, trois princesses charmantes, dont deux ont porté les deux premières couronnes de l'Europe. La famille de mon aïeul avait été nombreuse; il a eu douze enfants dont mon père, le roi Frédéric, était l'aîné. *Mem. du roi Jérôme*, t. 3.

CHATEAU DE MONTBÉLIARD

IV

Il y eut grande réjouissance parmi les habitants bourgeois et manans de Montbéliard, lorsque le 7 juillet 1769, cette petite cour vint s'établir au milieu d'eux, et rendre un peu de vie et de mouvement à la vieille cité qui, depuis un demi siècle, n'avait vu qu'au passage les princes wurtembergeois. Les milices bourgeoises se portèrent à leur rencontre, le Conseil de régence, le Magistrat, et tous les corps constitués vinrent les saluer et les complimenter. Le Maître bourgeois en chef offrit à la princesse sur un plat d'argent, une belle bourse en velours contenant trois mille francs ; et tout ce qu'il y avait de lettrés à Montbéliard, depuis les écoliers du gymnase jusqu'aux graves pasteurs en rabats, se mit en frais d'imagination pour célébrer soit en prose, soit en vers, la bienvenue de Leurs Altesses Sérénissimes [1]. Tel était alors l'entrain poétique qu'il n'y avait marmot à sa naissance,

---

(1) Voici les vers qu'adressèrent à cette occasion MM. les Surintendant et Ministres de l'Eglise française. Nous les donnons, non comme étant les meilleurs ou les plus mauvais de ceux qui parurent alors, mais comme étant les plus courts, et simplement à titre d'échantillon du savoir-faire de nos grands-pères :

fillette à son mariage, qui n'obtint les honneurs de l'ode ou tout au moins du quatrain, galamment imprimés sur ruban vert ou rose, n'importaient d'ailleurs Minerve et les muses.

Le cortège franchit la grande porte de fer qui fermait alors le château; et les nouveaux arrivés vinrent occuper le pavillon qu'avait fait construire

Sentiments et vœux patriotiques
à l'occasion de l'heureuse arrivée
de Son Altesse Sérénissime
Monseigneur le Prince Frédéric Eugène de Wurtemberg...
avec Sa Sérénissime et Royale Epouse
Madame Elisabeth Frédérique Sophie, margrave de Brandebourg...
dans le château de Montbéliard,
le 7 juillet 1779.
humblement présentés par le Surintendant et les Ministres
de l'Eglise...

Prince, issu de héros, qui, dans les champs de mars
Surent de la fortune affronter les hazards,
Tu te montras toujours, et dès ton plus tendre âge,
Héritier de leur nom et de leur grand courage.
L'Allemagne et la Prusse admirent tes exploits;
Ce sont de vrais témoins qui d'une même voix
Attestent qu'aux combats, il n'est de résistance
Supérieure à celle, où l'on voit ta présence.

   Toute chose a son temps, comme dit Salomon:
Temps de guerre et de paix; mais en toute saison
Le sage doit cueillir les fruits de la prudence,
De ses rares vertus et de sa prévoyance.

   Faut-il sauver un peuple? Un prince avec plaisir
Se présente, combat. Ensuite le désir
De jouir du repos saisit son âme entière,
Pour réfléchir souvent sur son heure dernière.

   Qui souhaite ardemment de faire son salut,
Doit faire des efforts pour atteindre à ce but;
C'est à ce but qu'il vise autant qu'il est possible,
Dans une solitude agréable et paisible.
Tel sera le château que tu viens habiter,
Où les grands à l'envi viendront te visiter;

quelques années auparavant (1751), le baron de Gemmingen, alors gouverneur de l'Etat de Montbéliard.

Jusqu'à cette époque, on voyait accolé aux grandes tours, un vieil édifice antérieur déjà au XIV° siècle, à moitié démantelé par les soldats de Louis XIV, et près de tomber en ruines. C'était la demeure des anciens comtes : il avait lui-même succédé comme habitation à des constructions de

> Tu pourras écarter d'une telle retraite
> Tout objet qui pourrait rendre ton âme inquiète.
>   Sérénissime Prince, en fixant ton séjour
> Dans ce château ducal, tu fixes notre amour ;
> Nous, nos fils et les fils de notre descendance
> Se souviendront toujours avec reconnaissance
> Que Henri, Georges, Ulric ont ici résidé,
> Et que pour ce château ton goût fut décidé.
>   Puisses-tu, Prince aimable et chéri de ton frère,
> Dans nos murs fortunés, passer ta vie entière :
> Puisses-tu dans la paix et le plus doux repos,
> Te voir dédommager des pénibles travaux
> Que subit ta valeur, en conjurant l'orage,
> Qu'excitaient à tes yeux tes ennemis en rage,
> Et qui devait servir à réduire à néant
> Le Salomon du Nord, devenu ton parent.
>   Puissent tes huit enfants et leur royale mère
> Pendant ta longue vie, à Montbéliard se plaire.
> Puisse de ta maison l'heureux accroissement
> De l'univers entier causer l'étonnement.
> Puisse aux siècles futurs un Mézerais de France
> Dire qu'à des héros ton sang donna naissance,
> Et qu'il ne fut jamais de mortels plus heureux
> Que ceux que Dieu voudra faire vivre pour eux.
> Puisse Charles le bon transmettre sous tes yeux
> Ses grâces, ses faveurs à nos derniers neveux.

Ces braves pastours ! tenons leur compte de l'intention, mais il faut avouer que nous ne sommes guère encouragés à multiplier les citations.

date inconnue, situées à l'extrémité occidentale du long promontoire qu'occupe la forteresse, au-dessus des rochers qui dominent l'angle formé par la rue des Aiguillons et par la rue de Belfort. On avait installé en dernier lieu dans les vieilles batisses qui subsistaient encore en cet endroit, ce qui restait de la bibliothèque, les archives, les écuries et divers services. C'est là qu'était à l'origine le donjon occupé par les comtes de Mouçon et de Montfaucon, et il avait lui-même pris la place d'une station gallo-romaine. Ce ne pouvait être alors qu'une haute tour flanquée de quelques travaux de défense, d'aspect plus ou moins farouche, où s'entassaient les engins de guerre et le matériel de la maison. L'enceinte du fort ne dépassait pas le bâtiment transversal qui clôt aujourd'hui ce qu'on appelle la cour des chèvres, et la sépare de l'esplanade qu'occupait l'église St-Mambo et le groupe de maisons dont se composait alors la ville. Le fossé qui isolait le château, coupait ainsi le promontoire à la hauteur de la porte d'entrée actuelle, et selon toute apparence, il avait succédé au vallum romain. Ce fort prit le nom de Castrum anterius après que Thierry III eut élevé à l'emplacement des grandes tours, quelques travaux de défense qui, par opposition, furent désignés sous le nom de Castrum posterius ou Chatel-derrière. Thierry fut probablement le premier à isoler l'esplanade du château des hauteurs voisines auxquelles elle se soudait. Sauf cette coupure, la trace de ces travaux a dès longtemps disparu. C'était le moment où la ville commençait à descendre dans la vallée; mais ce fut seulement beaucoup plus tard (1507), qu'on tailla dans le rocher la Tranchée qui devait isoler des hauteurs du Thiergarten le fort Saint-Nicolas particulièrement destiné à couvrir l'avant du château. Un fossé de date inconnue, mais sans doute contemporain des travaux de Thierry, les séparait du bourg voisin de l'église. Il fut comblé au XVIIIe siècle lors de la construction du château actuel, et vers le même temps on transforma en promenade le préau de l'ancien châtel devant.

D'anciens dessins nous représentent le vieux bâtiment démoli en 1751, comme s'élevant à pic au-dessus des rochers, ainsi qu'une véritable forteresse. Il était percé de nombreuses fenêtres irrégulières, et par son air de vétusté rappelait en plein le Moyen âge. Une sorte de moucharabié appendu aux murailles, apparaissait comme un souvenir des Croisades.

Au rez-de-chaussée était une grande salle avec des peintures à fresques représentant les armoiries du Wurtemberg, de Montbéliard, de la Bavière, de Salm et des nombreux vassaux du Comté et des Seigneuries. On l'appelait la salle des fiefs parce que c'était là que le comte, assis dans un grand fauteuil de velours rouge surmonté d'un dais, prenant dans ses mains les mains des vassaux à genoux devant lui, recevait leur hommage et leur serment de fidélité. Au milieu de la salle était une grande table couverte d'un tapis noir à franges d'or, sur laquelle étaient déposés les sceaux de l'Etat et les parchemins constatant les reprises de fiefs. De hauts fauteuils à dossiers sculptés et des banquettes en drap rouge, attendaient les témoins et les assistants. Dix-huit candélabres montés sur de grands piédestaux, éclairaient les fêtes et les cérémonies. Les appartements étaient désignés sous les noms de chambre rouge, chambre bleue, suivant la couleur des tentures, la plupart en point de Hongrie ou en tapisseries de Bergame. La chambre noire était celle qu'avait occupée le duc Ulric dans les années de son exil, et, pendant plus d'un siècle, elle garda le même ameublement. La salle à manger était décorée de tableaux de chasse entremêlés de têtes de cerfs ou de daims ; elle contenait un buffet d'orgues dont on jouait pendant les repas, et sur les côtés on voyait de hautes crédences chargées d'anciens hanaps et de lourdes pièces d'orfèvrerie. Pendant la guerre de 30 ans, une aiguière en or massif, enrichie de pierreries, mise en gage chez un banquier de Bâle, ne put jamais être recouvrée. L'intérieur de l'édifice était encore rempli de passages secrets, d'escaliers dérobés, de mystérieux réduits, restes d'un monde disparu, et dont les débris survivants ne sont plus aujourd'hui qu'un objet de curiosité ou d'étude archéologique.

Il fallut tout démolir et tout réédifier. Avec le château disparut l'ancien fossé qui le séparait du reste de l'esplanade, et tellement profond, au dire d'un chroniqueur, qu'on eût pu y nourrir des lions et des ours sans avoir rien à redouter de leurs atteintes. On le remplaça par une grille en fer qui fermait la cour réservée devant le nouveau pavillon, et dont la porte enlevée pendant la Révolution, resta jusqu'à la construction du collège actuel, à l'entrée du verger dont il a pris la place. En même temps furent démolis une haute tour qui défendait le pont-levis jeté sur le fossé, une autre tour à l'angle de la terrasse, puis l'ancienne chancellerie située à peu près vis-à-vis du vieux château et dont la tour s'élevait non loin de Saint-Maimbœuf, enfin les derniers vestiges de l'arsenal, à l'angle nord-est de la cour des Chèvres à côté de la herse. Cet arsenal était, paraît-il, une véritable forteresse dans une autre forteresse. Un double fossé l'entourait, et il était défendu par une enceinte de tours détruites lors de l'occupation française; déjà les plans de Vauban n'en font plus mention. L'aspect général fut ainsi complétement changé. Les constructions pittoresques et les nombreuses tourelles qui garnissaient les remparts, les échauguettes où veillaient les sentinelles, les remparts eux-mêmes déjà en grande partie démolis ou ébranlés par la sape et la mine, achevèrent de disparaître, et à leur place fut bâti l'édifice assez froid que nous voyons maintenant. Les rochers furent enveloppés de grands murs de soutenement; et le château au lieu de s'élever à pic comme son devancier au-dessus du chemin de ronde, fut reculé de quelques toises de manière à faire place à la terrasse qui règne sur toute la façade, et d'où la vue s'étend sur le cercle des collines environnantes.

Des tilleuls remplacèrent le dernier survivant des cèdres qu'Eberhard le barbu avait rapportés jadis de son voyage de Palestine; et, de toute cette partie du château, il ne resta que les grandes tours, bâties, celle du nord ou tour bossue par la comtesse Henriette en 1424, et celle du sud, tour rouge ou tour sur l'ogive, par le comte Frédéric en 1572 et terminée par Schikardt en 1595. Dans la première était une chapelle privée avec un plafond en marqueterie assez remarquable. L'autre avait renfermé pendant un temps les collections archéologiques recueillies par Jean Bauhin; plus tard elle devint l'appartement particulier des princesses, filles de Frédéric Eugène; et, jusque dans ces derniers temps, on voyait encore dans les salles les restes de leur ancienne décoration. Sous les cuisines, était un caveau appelé le trou aux ours où, paraît-il, on avait nourri anciennement quelques-uns de ces animaux. Devenu plus tard une prison, ce caveau fut en partie comblé dans les années 1812 et 1813. A la base de la tour était une poterne servant d'entrée à un souterrain qui conduisait dans l'intérieur du château. Grillé en 1728, lors du blocus que soutint Georges de Sponeck, il fut définitivement fermé en 1843. La légende parle d'oubliettes et, en particulier dans la tour neuve, d'un puits profond, hérissé de lames d'acier qui déchiraient au passage les corps des victimes. Tout cela est plus que fabuleux; en tous cas, il n'en est resté aucun témoignage sérieux. Ces tours, réparées une première fois en 1710, le furent de nouveau en 1776, et l'on parvint jusqu'à la boule en fer blanc qui couronne la tour rouge. Les ouvriers y trouvèrent, dans deux boîtes cylindriques, les inscriptions qui y avaient été mises une première fois lors de la construction de la tour, une seconde fois lors des réparations de 1710: Deux nouvelles boîtes furent ajoutées aux anciennes, l'une avec diverses monnaies de Louis XV, des ducs Frédéric, Charles Alexandre et Charles Eugène, l'autre contenant sur une feuille de parchemin, la désignation des membres de la famille du prince et des principaux fonctionnaires de l'Etat. Toutes quatre ont été retrouvées lors des travaux exécutés sous la direction de M. le capitaine Perboyre, le 22 septembre 1882.

On ne toucha pas aux parties du château situées à l'angle de la rue de Belfort et de la rue de l'Aiguillon. Ce que l'on appelait l'hôtel du Bailli ou du Gouverneur, et qui, depuis la reconstruction de la résidence du prince, était désigné sous le nom de Vieux château, avait été rebâti en 1632, à la suite d'un incendie qui l'avait détruit presque en totalité. Le bâtiment transversal, à droite de l'entrée, s'était écroulé en 1660, et avait été reconstruit dans les années suivantes. L'antique tour de Saint-Mambo, haute de 134 pieds (de 150 suivant d'autres), et couverte d'une brillante coupole en cuivre rouge, entourée d'une galerie extérieure qui permettait de circuler à son sommet, s'était effondrée en 1628; et, par suite de difficultés survenues entre la Seigneurie et les bourgeois de la ville qui, les uns et les autres, réclamaient la propriété de l'édifice, elle n'avait point été réparée, encore qu'un devis présenté par J. Flamand en 1718, ne dépassât pas 5,040 francs. L'église elle-même, dévastée par les Français, était près de tomber en ruines. Les tombeaux des princes avaient été violés et pillés, les vases sacrés enlevés; il ne lui restait que sa chaire et son autel, richement sculptés en bois, que l'on était parvenu à relever et à restaurer. L'édifice était du reste peu remarquable et de dimensions assez restreintes. Il se composait dans sa partie antérieure d'une nef centrale et de deux bas côtés; il n'y avait pas de transepts. Au chœur étaient accolées, du côté du midi, les chapelles des princes, à peu près vis-à-vis de la chaire; et un peu plus loin on trouvait les tombeaux de Renaud de Bourgogne et de Guillaumette, sa femme. Une sacristie avait été ajoutée en appentis, à côté de la chaire, et joignait une seconde pièce, à gauche de la nef, où se trouvaient les sépultures des Sponeck. Quelques piliers à l'entrée du chœur étaient encore de style roman; le reste était gothique. Antérieurement à la Réforme, vingt-sept chapelles entouraient la nef. Outre les tombeaux de Renaud et de sa femme, le chœur en contenait un troisième élevé en l'honneur de Louis de Champagne, comte de la Suze, gouverneur de Montbé-béliard pour Louis XIII et inhumé en 1636. Il y avait trois caveaux sous la nef ; celui du milieu renfermait les tombeaux des princes. Un journal de famille provenant des Masson, rapporte qu'en 1812, lorsqu'on acheva de démolir la vieille église et que l'on construisit le dépôt de mendicité, on rencontra un caveau inconnu qui n'avait jamais été ouvert. On y trouva un cavalier tout armé, botté, éperonné, avec quelques pièces d'argent. Qu'y a-t-il de vrai dans ce récit et quel était l'emplacement exact de ce caveau ? je l'ignore. En 1880, on ouvrit, pour la construction des citernes actuelles, deux des souterrains situés sous la nef ; celui de droite, du côté du vieux château, était assez bien conservé, mais ils ne renfermaient tous deux que d'informes déblais. L'église avait achevé de s'écrouler en 1809 : dans les années suivantes s'opéra le déblaiement, et en même temps disparurent les vieilles constructions qui entouraient la cour des Chèvres, ainsi qu'une forte tour qui faisait peut-être partie de l'ancien arsenal, et à laquelle était fixée, en avant du fossé et de la herse, la lourde porte de fer qui fermait le château (1813). Cette porte fut transportée à l'entrée de la cour de l'hôtel de ville où elle resta jusqu'à 1874.

Mais les murs et les édifices que contenait l'enceinte du château, n'avaient pas été seuls à souffrir de l'occupation française et des dégradations de toutes sortes qui l'avaient accompagnée. Le pillage avait suivi la ruine. La riche collection d'armes anciennes que renfermait l'arsenal du prince et celui des bourgeois à l'hôtel de ville, canons de tout âge et de tout calibre, dagues, mousquets, armures du Moyen-âge et de la Renaissance, tout avait été enlevé. Il y avait, au dire des Notaux, plus de cent canons au château, vingt à la mairie; et leur enlèvement, joint au pillage des arsenaux d'Héricourt et de Blamont, occasionna une perte évaluée à plus de deux millions. La bibliothèque, fondée par le duc Georges en 1554, particulièrement riche en monuments des premiers temps de l'imprimerie et de la Réforme, augmentée de nombreux manuscrits et d'ouvrages précieux recueillis par le comte Frédéric dans ses voyages et par ses successeurs, avait déjà subi pendant la guerre de 30 ans des spoliations qu'il avait été impossible de réparer entièrement. Les soldats de Louis XIV suivirent l'exemple de leurs devanciers : les tableaux et les objets d'art rapportés par Schickard particulièrement d'Italie où il avait accompagné le prince; les belles collections d'histoire naturelle et d'archéologie formées par Jean Bauhin et considérablement accrues sous les règnes de Jean-Frédéric et de Louis-Frédéric, toutes les richesses accumulées depuis des siècles, furent pillées, dilapidées, jetées au vent. On transporta à Besançon neuf grandes caisses de nos archives les plus précieuses. Des musées étrangers se peuplèrent de nos dépouilles; il n'y eut pas jusqu'aux plombs des fenêtres et aux ferrures des portes dont on ne fit butin. — Après les Reitres, après les soldats de Louis XIV, vinrent mesdames de l'Espérance qui firent main basse sur tout ce qui avait été oublié, et en particulier sur le riche mobilier qu'avait reconstitué le duc Léopold Eberhard; et croyez bien que ni les étoffes de prix, ni les vases ciselés, ni les beaux meubles ne furent négligés. Ce qu'on ne pouvait enlever et les restes des anciennes collections furent transformés en argent comptant. Je ne sais combien de fourgons chargés de dépouilles suivirent Georges Léopold de Sponeck, lorsqu'il quitta Montbéliard dont il avait espéré un instant devenir souverain, pour chercher un asile en France. Enfin l'occupation française de 1733 à 1736 acheva l'œuvre de dévastation, de sorte qu'à l'arrivée de Frédéric Eugène et de sa famille, le nouveau château était tout entier à meubler et à décorer.

Au reste, cette grande maison peuplée de dramatiques souvenirs, hantée de fantômes et encore vide de tout ce qui pouvait en rendre le séjour agréable, ne semblait pas une habitation bien attrayante pour cette jeune famille avide de grand air, de lumière et éprise des goûts champêtres de l'époque. Aussi, dès son arrivée le duc songea-t-il à se créer une résidence plus intime et plus gaie, mieux assortie aux habitudes et aux mœurs nouvelles que ne l'était une forteresse du moyen-âge, vainement rajeunie par la reconstruction de l'ancien manoir des comtes. D'ailleurs le pays était riant et varié; et, parmi les sites gracieux qui de tous côtés présentaient leurs frais paysages, il n'y avait réellement que l'embarras du choix.

V

La ville de Montbéliard ne s'était pas relevée du rude coup que lui avait porté Louis XIV, et il y avait loin de son état au XVIII° siècle à la fière et libre forteresse du comte Frédéric. Elle venait alors d'échapper aux hordes des Guises, et sous l'administration vigoureuse de ce prince, elle voyait successivement s'élever la tour sud du château (1572), l'aile droite du bâtiment des Halles, le Collége ou Académie, et l'église Saint-Martin; ses fortifications étaient développées de manière à tenir contre un siége en règle, et elle s'augmentait de tout le quartier de la Neuve-Ville particulièrement destiné aux religionnaires émigrés de France. Un dessin de 1589 nous la représente en un jour de fête, avec des feux allumés sur toutes ses tours, pavoisée de tous ses drapeaux armoriés; et elle a véritablement grand air avec ses hauts remparts hérissés de tourelles aigues, les flèches de ses églises chargées de banderolles flottantes, et son château dominant la plaine comme une sorte d'Acropole. Cependant il est curieux de se la représenter telle qu'elle pouvait être au siècle dernier; et, bien souvent en parcourant ses abords, j'ai cherché à me rendre compte de l'état où elle se trouvait et de l'aspect qu'elle présentait il y a cent ans. Aucun temps n'a été plus fécond que celui qui s'est écoulé dès lors, en grands et mémorables évènements ; aucun n'a amené dans la situation matérielle et politique des peuples, dans leurs conditions d'existence, une transformation plus radicale ; et, en présence de ces bouleversements de la société, il peut être curieux de rapprocher ce que nous sommes aujourd'hui de ce que nous étions alors.

Aussi longtemps que Louis XIV avait espéré conserver Montbéliard, il avait songé bien plus à en augmenter les travaux de défense qu'à démanteler la place. Il existe même des plans de Vauban embrassant dans l'enceinte projetée non pas seulement l'ancienne citadelle, mais une grande partie de la colline voisine dans la direction du Mont-Chevis ; et de différents côtés les remparts devaient être garnis de bastions ou protégés par des demi-lunes. Mais lorsque les évènements de la guerre l'eurent mis dans la nécessité de renoncer à la possession du Comté, le roi ne voulut pas laisser derrière lui, entre les mains de l'ennemi, une place forte considérable, dans une position aussi importante que l'était celle de Montbéliard ; et, malgré l'avis contraire de Vauban et du maréchal de Duras, un ordre de Louvois en prescrivit la démolition.

Ce fut le 10 janvier 1677 (n. st.) que trois cents paysans des environs et cent individus de la ville, appelés par les officiers du roi, commencèrent à abattre les redoutables fortifications dont l'avaient successivement entourée Renaud de Bourgogne, Marc de Stein, le duc Ulrich, Schickhart et Claude Flamand. L'énorme tour construite sur la Croste à la suite des guerres de Charles le Téméraire, le cavalier de la Miche de pain, les tours du Grand-Pont et de la Prison, l'enceinte casematée, le fort Saint-Nicolas disparurent ou ne laissèrent après eux que d'informes vestiges; on ne sauva qu'à force d'instances l'église Saint-Martin, le château et le bâtiment des Halles que trente mineurs envoyés de Giromagny par M. de la Grange, intendant d'Alsace, avaient ordre de faire sauter. Dès lors il ne resta plus rien à la ville de cet aspect formidable et parfois si pittoresque des vieilles forteresses du moyen-âge, et pendant longues années elle ressembla à une véritable ruine. Délaissée par ses princes, ou livrée à la déplorable administration de Léopold Eberhard, elle ne cessa pas seulement d'exister comme place de guerre importante, mais elle vit sa population s'amoindrir, le commerce et l'industrie disparaître; les travaux littéraires cessèrent, et pendant près d'un siècle, elle fut dans un état complet de dépérissement et d'abandon.

C'était du reste une toute vieille ville, faite de pièces et morceaux, et remontant jusqu'aux temps mérovingiens [1]. Il en est question dès le IX° siècle,

---

(1) Si l'on veut se faire une idée de l'emplacement qu'occupe la ville actuelle, dans les temps antérieurs à sa fondation, il faut d'abord se représenter le massif sur lequel est construit le château, comme étant soudé sans interruption au côteau du Thiergarden ou de Beauregard. D'un côté la Luzine serpentait dans la vallée au pied des rochers de la Croste ; de l'autre côté, sur le flanc sud du promontoire, l'Allan, que ne retenaient ni l'écluse de Brevière, ni celle des Moulins-Neufs, coulait claire et rapide, découpant quelques îles à l'endroit des Graviers, au milieu de paquis qu'elle couvrait de ses eaux à chaque débordement. Il n'y avait de pont d'aucune sorte, et on la traversait à gué au lieu désigné sous le nom de Poudreries. Un peu plus bas, à l'abreuvoir des Graviers, était le confluent des deux rivières. Il ne faudrait pas

peut-être dès le VIII°; encore ne faisait-elle que
succéder à des constructions plus anciennes, probablement d'époque gallo-romaine. A l'origine, elle
était tout entière sur la terrasse qui entourait
l'église Saint-Maimbœuf, ou plutôt l'église alors
consacrée à Saint-Pierre, car c'est sous ce vocable
qu'elle était désignée avant d'avoir reçu la dépouille du moine irlandais, assassiné près de Froidefontaine entre 895 et 913. Nous ne savons rien de
la ville antérieurement au XIII° siècle, et, selon
toute probabilité, ce n'était qu'un groupe de maisons pressées autour de l'église. Peu à peu elle descendit de son rocher; et il se forma alentour une
première enceinte comprenant la rue du Patet, la
rue de Vacéville et la rue de l'Aiguillon. La première
devait son nom à Guyot du Patet qui y possédait
une maison (1293); elle porta ensuite les noms de
rue Pouhat (1358), rue du Pesteux (1471), rue Der-

---

d'ailleurs s'imaginer que, antérieuremenr aux époques historiques,
notre pays ait été inhabité et réduit à l'état de désert. Aussi loin
que nous pouvons remonter et dès les temps préhistoriques, nous
voyons des espèces de troglodites occuper toutes les cavernes et
abris des environs ; plus tard d'autres populations s'établirent sur
toutes les cimes escarpées ou d'un accès difficile. Des grattoirs,
des pointes de flèches, des haches taillées d'abord, puis des haches
polies ont été recueillies à la Chaux, au Parc, sur les rochers de la
Citadelle, au-dessus de Sainte-Suzanne, au Mont-Bart, au Chataillon; et il n'est pas douteux que, comme le Chataillon de Vonjaucourt, le promontoire qu'occupe le château de Montbéliard n'ait
été habité par quelque tribu de l'âge de pierre, avant de devenir un
poste gaulois, puis une station gallo-romaine. L'époque peut-être
la plus obscure de notre histoire locale est celle qui suivit les invasions des Barbares, du V° au XI° siècle. Elle ne nous a pour ainsi
dire rien laissé, ni monuments, ni souvenirs d'aucune sorte ; et, pendant ce long espace de cinq ou six siècles, nous ne savons réellement pas en quelle situation s'est trouvé notre pays. Ce sont pour
nous cinq siècles de silence et d'oubli de l'histoire.

rière-dessus (1446), et enfin rue de Belfort. La rue Vacéville, ainsi désignée du nom d'un chanoine qui y demeurait (1325), fut appelée plus tard rue Devant (1535), puis rue Derrière-dessous ou rue Basse. Ces deux rues étaient coupées perpendiculairement par la rue de l'Aiguillon, qui avait pris son nom d'un pré voisin des Graviers, où se trouvait l'hôpital avant d'avoir été transporté (1464) à l'emplacement qu'il occupe actuellement [1]. Ces trois rues, au nombre des plus vieilles de la ville, enveloppaient toute la région ouest du château, alors perché précisément à l'intérieur de l'angle qu'elles dessinent. Il y avait une première porte à peu près à la hauteur de la maison de M. Villars, c'était la porte Pouhat. Une autre, désignée sous le nom de porte Saint-Nicolas-sous-Chastel, était voisine de l'ancienne monnaie du prince (moulin de la Schliff). Une troisième a été mise récemment à découvert lors de la construction de la maison Hess; cette dernière ouvrait sur un canal qui se déversait jadis dans l'Allan, à l'abreuvoir voisin des constructions de la Société Immobilière.

Il faut remarquer d'ailleurs qu'en cet endroit se trouvait le confluent primitif de l'Allan et du ruisseau de la Luzine, que l'on détourna successivement de son cours pour embrasser d'abord le bourg Saint-Martin, puis le bourg de l'Aule ou de la Halle; et ce n'est qu'alors qu'elle fut définitivement transportée dans le lit qu'elle occupe actuellement. On a retrouvé l'ancien lit en creusant les fondations des maisons voisines de l'Immobilière.

Vers la fin du XIIIe siècle, on commença à cons-

---

(1) Construit par Thierry III en 1249 sur son propre alleu, au-delà du pré dit d'Aiguillon; détruit par les Armagnacs en 1444.

truire dans la vallée, au pied du château, le bourg Vauthier ou Gauthier, et un peu plus loin le bourg Saint-Martin (1293). Ils furent tous deux entourés de fortes murailles dont quelques rares vestiges subsistent encore, et dès cette époque on commença à détourner les eaux de la Luzine pour les jeter dans leurs fossés. Pendant un temps, ces bourgs formèrent deux groupes distincts et isolés au milieu de la plaine. Bientôt ils s'augmentèrent de la rue des Granges (1321) et de la rue Neuve qui lui fait suite (1394), de la rue Sur l'eau (1327), bâtie le long d'un bras de la Luzine qui continuait de baigner le pied du château, de la rue des Febvres construite en 1350, et enfin de la rue de l'Etuve en 1368. Ainsi se trouva constitué l'ancien bourg : la rue des Etaux, bâtie en 1334 en amont et en aval du pont Guyot, et plus tard la rue du Pont-du-Moulin [1] lièrent cette nouvelle partie de la ville au quartier situé sur la rive gauche du ruisseau ; et la porte de l'Horloge, à l'extrémité de la rue des Febvres, devint le point de raccordement entre le bourg Saint-Martin et le bourg de l'Aule ou de la Halle qui commençait à s'élever.

Le bâtiment des Halles actuelles fut commencé en juin 1536. L'aile droite remonte à 1572, l'aile gauche à 1624. Il succédait à des constructions beaucoup plus anciennes, en bois, et paraissant avoir eu dès l'origine la même destination que le nouvel édifice. Il s'y trouvait une tour du haut de laquelle les veilleurs faisaient le guet, et où fut suspendue une cloche le dernier jour de mai 1602. Mais déjà le comte Etienne, en 1376, achetait une maison devant

---

(1) Au mois de juillet 1601 fut parachevé le pont de pierre du moulin. Ce moulin fut supprimé vers 1750.

Société d'Émulation de Montbéliard

TEMPLE SAINT MARTIN

PROJET PRIMITIF

la Halle, entre la maison Milatte de Bavans et la porte devant la Tour ronde, ce qui nous montre que dès ce temps, ce quartier était plus ou moins bâti et peuplé. C'est particulièrement à ce prince, et peut-être déjà à son père, que nous devons faire remonter les grands travaux de défense qui entouraient la Place, la double enceinte de remparts, la tour et la porte de la Prison, le fossé qui amena le déplacement du confluent de la Luzine aux Graviers et est devenu le lit actuel de cette rivière.

La comtesse Henriette poursuivit les travaux de ses devanciers. En 1431, elle fit construire le Grand-Pont [1], et obtint de l'empereur Sigismond (4 mars) la faculté d'y établir un péage. On ajouta plus tard à l'entrée et à la sortie du pont, deux fortes tours rattachées par divers travaux à la porte et au pont de la Prison. Le tout fut entouré d'un canal nommé le Bateau, dérivé de la Luzine à la hauteur de l'abreuvoir de l'Enclos et rejoignant l'Allan sous la grande tour d'entrée du Grand-Pont à laquelle il servait de fossé. Le pont aux Oignons, jeté au travers, à l'emplacement de la rue de Saint-Hippolyte, conduisait dans la direction de Sainte-Suzanne. Il était fermé par une porte avec guérite; et une autre porte faisait face à la porte Tallenay ou de la Prison, à l'entrée du quartier que l'on désigna dès lors sous le nom d'Entre-les-Portes. Il s'y trouvait un corps de garde et un poste chargé de surveiller cette entrée de la ville.

L'église Saint-Martin, commencée le 5 mars 1601, fut inaugurée le 18 octobre 1607 par une magnifique prédication du ministre Samuel Cucuel; elle succédait à une autre église construite en 1491, mais

---

(1) Les quatre voûtes remontent au XVIIIe siècle.

devenue insuffisante [1]. Déjà en 1600, on avait commencé de bâtir sur les plans de l'architecte Henri Schickart le quartier de la Neuve-Ville comprenant la place de l'Enclos, la rue du Faubourg, la rue Saint-Georges et celle des Potiers. Il était particulièrement destiné aux nombreux religionnaires qui fuyaient la France, et qu'attiraient la tolérance du comte Frédéric et la courageuse protection des bourgeois de la ville. L'église Saint-Georges fut bâtie dans ce nouveau quartier en 1674, par le comte Georges dont elle reçut le nom ; mais elle ne fut consacrée au culte qu'en 1739, le 8 juin, après que les trois corps municipaux en eurent pris possession, en vertu d'une donation faite à la ville dès 1733 par le duc Eberhard Louis. La dédicace eut lieu le 29 décembre 1733 et le premier sermon ordinaire y fut prêché par le surintendant G. Nigrin, le 10 novembre de l'année 1740. L'église fut d'abord desservie par le diacre de Saint-Martin puis par les professeurs du gymnase ; il n'y eut de pasteurs titulaires qu'après 1744, et c'est seulement en 1765 que l'on construisit la tribune et le clocher ; on y plaça deux cloches en 1783, mais les premières orgues qu'elle posséda furent celles de Saint-Maimbœuf.

La rue d'Entre-les-Portes ou de Saint-Hippolyte fut la dernière bâtie ; elle remplaça à la fin du XVIIe siècle les travaux de fortification élevés à son emplacement et détruits lors de l'occupation française. Le canal du Bateau fut comblé, et c'est seulement aussi à cette époque que l'on commença à construire le quartier des Tanneries précédemment occupé par un bastion ou cavalier.

(1) Celle-ci succédait déjà à une plus ancienne dont la première mention remonte à 1293.

Les agrandissements successifs de la ville avaient déplacé à maintes reprises l'enceinte des fortifications, et de là vient qu'on retrouve de tous côtés les restes des anciens murs enveloppant tantôt un quartier, tantôt un autre. Les derniers travaux avant l'occupation par le maréchal de Luxembourg, avaient eu pour objet la défense de la Neuve-Ville que Claude Flamand ceignit d'un fossé et d'un rempart partant de la citadelle pour aboutir à la rivière de l'Allan. Une porte fortifiée, la Porte-Neuve, surmontée d'une tour carrée, à la hauteur de la maison Duvernoy, donnait passage à la route dans la direction de Sainte-Suzanne [1]; et dès là, à l'exception des Moulins-Neufs, il n'y avait pas au siècle dernier, une seule habitation jusqu'à ce village. Il ne se composait d'ailleurs, outre la ferme du prince, que d'un petit nombre de maisons groupées autour de la vieille église. La tour désignée sous le nom de tour Truchot, et probablement dépendant de l'ancien fief de Murbach, avait disparu; un moulin, à la sortie de la grotte, recevait les eaux de la fontaine qu'une conduite en bois déversait sur la rue; et, une fois passé le village, le chemin s'égarait sous de vieux chênes dont les derniers survivants n'ont disparu que de nos jours.

Dans les temps très reculés, la ville était couverte à la fois par le rempart et par les murs des maisons qu'en séparait un chemin de ronde, et qui faisaient office de fausses-braies. Plus tard, dans son état d'intégrité, l'enceinte se composa, du moins dans une grande partie de son parcours, d'un premier

---

[1] Non loin de cette porte existait dans les temps anciens l'hospice des Lépreux fondé par Thierry III. Il fut compris en 1610 dans l'enceinte des fortifications, à l'emplacement de la tuilerie, puis démoli en 1633. Ses biens furent donnés à l'hôpital.

mur en moellons, plongeant dans la rivière ou dans le fossé, et soutenant à une certaine hauteur un chemin de ronde que couvrait la saillie crénelée du rempart. De l'autre côté du chemin s'élevait un second mur de vingt pieds de haut, très solide, s'appuyant sur des casemates et des travaux intérieurs considérables. Il était couronné par une galerie couverte qui permettait de circuler à l'abri de l'ennemi. En certains endroits, ce mur avait jusqu'à trois mètres d'épaisseur ; il était percé d'embrasures et de meurtrières, et l'on avait ménagé, pour y atteindre facilement, d'étroits passages entre les maisons, qui permettaient en même temps d'arriver jusqu'au fossé ou à la rivière en cas d'incendie. Plusieurs de ces ruelles existent encore en différents quartiers de la ville. Au faubourg, le long de l'Allan, il n'y avait pas de murs, mais une estacade en forts palis. A l'est et au midi de la ville, du côté des jardins du prince et le long de la rue Basse, le fossé était double, l'un baignant les murs de la ville, l'autre à quelque distance plus en avant ; et en différents endroits, on peut voir encore aujourd'hui les blocs de pierres à bossages des assises inférieures.

Ces détails se rapportent pour la plupart à des temps déjà bien éloignés de ceux qui nous occupent ; aussi ne les donnons-nous qu'à titre rétrospectif et en qualité de simple curiosité. Essayons maintenant de nous rapprocher de l'époque actuelle.

Il y a un siècle, les vestiges des murs d'enceinte se voyaient encore à peu près dans tout leur parcours, ainsi que les soubassements des anciennes portes dont quelques-unes étaient même dans un certain état d'intégrité.

Le rempart se détachait du château près de l'ancien polissoir, à l'emplacement des ateliers monétaires du prince, et dessinait tout d'abord une sorte de lacet, jusqu'à la porte Saint-Nicolas. Il avait été complété en 1617 par la construction de la tour Estaive, ainsi désignée du nom d'une femme veuve précédemment propriétaire du sol. Près de là se trouvait encore très probablement une ancienne chapelle désignée sous le nom de Saint-Nicolas hors des murs. Détruite dans les guerres des Armagnacs, et relevée par Regnault Chapuis en 1455, elle fut abandonnée ainsi que la chapelle Saint-Jacques, aux Bannots, lors de la Réformation. Un pont en bois était jeté sur le fossé, dont les eaux fournies par la Luzine, s'arrêtaient aux rochers du château, pour s'écouler, de là, vers l'intérieur de la ville en formant angle droit avec le canal de la Mouche. A partir de 1707, les eaux de la Luzine furent remplacées dans ce ruisseau par celles de la Savoureuse, amenées de Charmont, et qui servirent dès lors aux moulins de la ville établis près du pont qui en a gardé le nom. Le rempart enjambait ce canal et se dirigeait en droite ligne vers le nord, jusqu'à l'angle de la rue de l'Etuve, si ce n'est que vers le milieu de son parcours, il était interrompu par un petit ouvrage saillant qui le divisait en deux courtines et que Vauban avait songé à remplacer par une demi-lune. On en voyait encore les vestiges il y a quelque soixante ans. A l'angle de la rue de l'Etuve se trouvait une tour barlongue, joignant une porte pratiquée sous une maison, et un pont en bois jeté sur le fossé de la Mouche. A peu près du même point partait, dans la direction du nord, un second pont qui franchissait non la Mouche, mais la rivière de Luzine, et allait aboutir au terrain actuellement occupé par la fabrique Marti, où se trouvait alors le moulin de la Rigole. Vis-à-vis, à côté de l'embouchure de la Mouche, s'ouvrait dans la direction de la gare des marchandises, un second fossé qui bientôt tournait à droite, et se dirigeait vers le fort Saint-Nicolas qu'il séparait du coteau voisin, en passant par la Tranchée d'où il rejoignait les fossés qui couvraient le front méridional de la place.

A partir de l'angle de la rue de l'Etuve, le rempart se dirigeait vers l'ouest, le long de la Luzine, jusqu'à la porte de la Rouchotte. Cette porte (1426), était une des principales issues de la ville : c'est par là qu'on sortait pour aller soit à Héricourt, soit à Belfort en passant par Charmont. La garde en appartenait aux bourgeois. Elle était défendue par une tour carrée contre laquelle s'appuyait la voûte, à l'emplacement de la maison Wild, et par une tour ronde au niveau de la rivière. Elles ont subsisté jusqu'au commencement du siècle.

Deux demi tours, accolées au mur et plongeant dans la rivière, partageaient l'espace entre la Rouchotte et l'angle de la rue des Granges. Il y avait là une porte dont le nom n'est pas connu, peut-être la porte de Beveuges, et d'où l'on montait au château de la Croste placé directement au-dessus. On a retrouvé récemment derrière la maison Tuetey, sous les sables de la rivière, les poutres de l'ancien pont et, du côté de la maison West, un petit caveau probablement caché sous la tour de défense. Vis-à-vis de la brasserie actuelle, de l'autre côté de la rivière, s'ouvrait un fossé sans eau, allant aboutir au pied de la Croste, où il se soudait aux fossés intérieurs de la citadelle. Derrière ce fossé, une levée de terre et un mur cachaient le chemin couvert qui conduisait au fort. On voit encore, à la montée des Huisselets, les restes d'une tour contre laquelle s'appuyait le rempart, et il n'est pas impossible que, outre le chemin couvert, se trouve sous le vallum un souterrain destiné à le remplacer en cas de nécessité. Dans les dépendances de la tour voisine de la maison West, ont été recueillis, il y a quelques années, différents objets anciens, une coquille d'épée, un vase en argent et quelques monnaies du XVIe siècle. Cette porte qui n'avait d'autre objet que de conduire au fort, n'eut plus de raison d'être et fut fermée lorsque, à la suite de l'extension de la ville, on eut ouvert, à partir de la place de la Halle, la nouvelle voie, désignée sous le nom de Chemin des canons, qui conduit à la citadelle à travers les vignes.

Jusqu'au moment où ce quartier de la Halle eut été bâti et entouré de murs, la rivière, à partir de l'angle des deux rues des Granges, rejoignait directement près des vieilles boucheries, et en passant devant la porte de l'Horloge, le canal du moulin venu du Bourg-Vauthier. Un peu plus loin s'y ajoutaient les eaux des fossés qui enveloppaient les deux rues Derrière, et tous ensemble s'en allaient se jeter dans l'Allan à l'abreuvoir voisin de l'Immobilière. C'est là, comme on sait, qu'était l'embouchure primitive et naturelle de la Luzine. Elle enceignait ainsi tout l'ancien bourg; mais lorsque le quartier de la Halle y eut été ajouté sous les derniers Montfaucon, le canal qui passait devant l'Horloge et séparait les deux bourgs, fut comblé; et la rivière, jetée dans le fossé qui protégeait le nouveau quartier, s'en alla se réunir à l'Allan au Grand-Pont, comme elle fait encore. En même temps le canal du Moulin fut prolongé de manière à couvrir le front sud de la Place. On fortifia d'une tour l'angle de raccordement de la rue des Granges et de la rue des Halles. Une autre tour fut construite au tournant de la rivière, et protégea une petite porte qu'on ouvrit à l'emplacement de la grange du Lion-Rouge et qu'on appela la porte Regnault-Pussin, du nom d'un propriétaire du pré qui occupait alors la place de l'Enclos. Enfin une autre forte tour, désignée sous le nom de tour de la Prison, protégeait la porte Tallenay qui conduisait au Grand-Pont. C'était la principale entrée du côté de la Comté, et la garde en appartenait au prince.

Nous avons vu subsister jusqu'à nos jours (1813) les vestiges des ponts-levis et de la tour extérieure qui protégeaient l'entrée du pont; mais dès l'époque du démantèlement de la ville avaient disparu les deux ponts-levis intérieurs, ainsi que la grande tour carrée, à machicoulis, sous laquelle passait la route à la hauteur de la maison Lecomte. A cette entrée aboutissait un chemin que l'on désignait sous le nom de boulevard de l'Hôpital, parce que antérieurement à la construction du quartier, il longeait à l'intérieur le canal du Bateau, vis-à-vis du cimetière établi vers 1542 dans un terrain hors des murs, appartenant à l'hôpital des lépreux. Le passage entre le Grand-Pont et la porte Tallenay était couvert par d'épaisses murailles appuyées sur des travaux intérieurs. La tour de la Prison, à moitié démolie en 1677, n'acheva de disparaître qu'en 1816. Elle appartenait à la municipalité et l'on y logeait les prisonniers dont le séjour devait se prolonger. C'était une masse énorme, couvrant tout le pâté de maisons avoisinant, jusqu'à la place des Halles.

La porte à Gaudet, ou porte Saint-Antoine, ou porte de la Pierre aux Poissons, est la dernière des voûtes donnant issue à la place des Halles, qui ait échappé à la destruction; et je ne sais vraiment pas à quel titre, car je ne vois rien dans ce qui en reste qui lui ait valu ce privilège. Elle était flanquée de deux tours, et ses vieilles murailles laissent encore apercevoir les rainures dans lesquelles glissait la herse et où jouait le pont-levis jeté sur le canal de devant la Place. Un peu plus loin, le chemin qui conduisait aux jardins des bords de l'Allan et aux anciennes Poudreries, passait sous une seconde porte désignée sous le nom de porte des Graviers ou des Fossés. Signalée dès 1432, elle n'a disparu que vers 1830. Elle consistait simplement en une voûte surmontée d'une galerie couverte qui permettait de passer d'un côté à l'autre. Dans ce même quartier se trouvait encore une porte que nous avons déjà mentionnée, à l'extrémité de la rue des Aiguillons, entre l'hospice de la Croix d'or et la maison qui lui fait face. La grande tour carrée qui la surmontait, disparut ainsi que la porte elle-même, lors de l'occupation française.

Au fossé passant devant la porte à Gaudet, venaient aboutir les diverses défenses qui, depuis le fort le Chat, enveloppaient le front sud de l'ancienne ville. Ces défenses paraissent avoir subi de fréquentes transformations, et l'aménagement des eaux en a été plusieurs fois modifié. Au moment où je décris ces vieux souvenirs, j'ai sous les yeux un ancien dessin de 1589, plein d'irrégularités, mais cependant pouvant donner quelque idée de l'ensemble et des points essentiels; puis un plan topographique de la vallée à partir de Montbéliard, probablement de la main de Claude Flamand, et dont la date peut être fixée entre 1613 et 1622 ; vient ensuite le plan de Vauban, tombé je ne sais comment entre les mains de M. Wetzel ; une ancienne gravure antérieure à 1677, dont l'original possédé par la Société d'Emulation, a été enlevé par les Prussiens, mais dont il existe diverses reproductions, une entre autres de M. Haag ; enfin le plan cadastral d'Hittel, à la date de 1715 à 1717, déposé à la mairie de la ville. Or, de ces divers documents aucun ne donne exactement les mêmes indications que l'autre. Toutefois, malgré les changements de détail qui peuvent nous échapper, voici dans leur ensemble, quel était l'aménagement des travaux.

Immédiatement au pied des maisons des deux rues Derrière était un premier fossé que nous voyons baigner les rochers du château, passer sous l'ancienne porte Pouhat, et se prolonger ainsi depuis le voisinage du fort Saint-Nicolas, jusqu'à son raccordement avec la Luzine venue de la place de la Halle. Un second fossé, faisant suite aux eaux de la Tranchée, alors que n'existait point encore le canal de la Prairie, passait à l'emplacement de la porte Saint-Pierre et, circulant parallèlement au premier, venait également rejoindre la Luzine non loin de la porte située à l'entrée de la rue des Aiguillons. Lors du déplacement de la Luzine, ce dernier fossé fut dirigé directement vers le Grand-Pont, et enveloppa pendant un temps le bastion qui occupait alors le terrain des Tanneries. Mais lorsque, au démantèlement de la place, ce bastion eut disparu, que le fossé qui longeait les maisons eut été comblé, le second canal fut de nouveau déplacé, et déjà le plan de Vauban nous le montre dans son lit actuel, rejoignant le canal du Moulin immédiatement au-dessous de la porte à Gaudet. C'est le ruisseau qui longe aujourd'hui la promenade des Fossés, seulement au lieu de s'alimenter des eaux de la Savoureuse, il s'alimentait alors de celles de la Luzine.

Le rempart détaché de la porte à Gaudet rejoignait la porte des Aiguillons, celle des Graviers, touchait au bastion du Fer à cheval et se prolongeait en remontant le ruisseau, jusqu'à la porte Saint-Pierre. Ce bastion du Fer à cheval avait été construit en 1500, par le duc Ulrich qui paraît avoir considérablement augmenté les défenses de la ville. La tour dont il se composait, était particulièrement destinée à battre les approches du Grand-Pont; deux tourelles, servant d'échauguettes, appuyaient l'ouvrage principal. Un peu plus loin, vers l'emplacement de la chapelle, une grosse tour ronde, à plusieurs étages, servit pendant un temps d'arsenal. De tous ces travaux il ne restait déjà plus au siècle dernier que les soubassements du Fer à cheval récemment démoli; quant au ruisseau, il paraît avoir été déplacé en plusieurs points, tellement qu'on en retrouve l'ancien lit sur la face sud des maisons qui bordent la promenade actuelle.

La porte Saint-Pierre ou porte à Pierrot, démolie seulement en 1796, devait son nom à une image du saint qui s'y trouvait peinte. Elle était un peu en avant de l'ancienne porte Pouhat qui paraît avoir subsisté en même temps : c'est du moins ce qu'indique le dessin de 1589 où elles figurent toutes deux à la fois. Il y avait encore dans le voisinage un petit fortin avancé, destiné à battre la plaine de Sochaux, et que rappelle probablement le nom du pont Châtel. A partir de la porte Saint-Pierre, le rempart enveloppait le pré désigné sous le nom de Petites-blanchisseries, et rejoignait de là les murs du château et le fort Saint-Nicolas ou fort le Chat, construit par le duc Ulrich, et dont nous avons vu les ruines subsister jusqu'au moment où la construction de la gare en a amené la démolition.

Il y avait encore la porte Bricardet mentionnée en 1512, et la porte de Beveuge en 1588, mais on n'en connaît pas l'emplacement précis. Il est possible que cette dernière ait été à l'angle des deux rues des Granges, l'autre à l'origine de la rue des Aiguillons.

Ce fut seulement sous le règne du comte Frédéric que Schikhart d'abord, puis Claude Flamand exécutèrent les travaux de la Citadelle proprement dite. Jusqu'alors il y avait eu seulement à l'extrémité orientale du plateau, l'ancien fort de la Croste, dominant directement la vieille ville, vis-à-vis du château avec lequel il communiquait peut-être par un passage souterrain. Les premiers travaux sur ce point paraissent remonter aux époques gallo-romaines, comme le nom même du promontoire. Le 14 avril 1488, à la suite des guerres de Bourgogne, Marc de Stein, gouverneur de Montbéliard, jeta les fondations de l'énorme tour qui le dominait et qui donnait à la forteresse un aspect si pittoresque. Sur le devant étaient des terrassements pour recevoir des canons; et lorsque le chemin des vignes eut été tracé, on construisit à l'entrée de la citadelle deux autres tours, plus petites, qui en défendaient la porte, et dont on peut encore par les temps secs, reconnaître les vestiges. Dans le plateau même fut creusé, en plein roc, un profond fossé, couvrant, du côté nord, un ouvrage à cornes lié à la Miche de pain. Au-delà, à l'extrémité sud-ouest du fort, se trouvait un troisième cavalier qui en défendait la face occidentale, et dont il subsiste encore quelques pans de murs dans la propriété Rossel. Le bastion de la Miche-de-Pain, dont le nom indique la forme actuelle, présentait un hexagone régulier soutenu par un double escarpement superposé en retrait, garni d'échauguettes et dominé par une tour au centre. Sur le devant du plateau, au midi, étaient deux demi-lunes, l'une au-dessus de la Neuve-Ville dans les propriétés Fallot et Beurnier, l'autre couvrant le chemin des canons. A l'intérieur étaient des casemates, une grande caserne et un puits dont l'emplacement s'est perdu; un souterrain sous la Miche-de-Pain, conduisait, dit-on, au château. Une forte palissade, montant depuis la Luzine, enveloppait tout le côté sud, et redescendait jusqu'à l'Allan depuis le dernier cavalier.

D'après les plans de Vauban, deux demi-lunes devaient protéger la face ouest de la Neuve-Ville. Au midi, la rivière formait une dernière ligne de défense; mais dans les vieux temps, son lit, ses abords et le régime des eaux différaient sensiblement de ce qu'ils sont aujourd'hui, et même de ce qu'ils étaient au siècle dernier.

Elle était bordée d'une digue qui servait à la fois de défense contre les inondations et l'ennemi extérieur, deux fléaux presque aussi redoutables l'un que l'autre. Les jardins des Fossés et des Tanneries avaient issue de ce côté sur un chemin qui circulait derrière la digue depuis le Grand-Pont jusqu'au-delà des Poudreries. Il constituait au bord de l'eau une fort agréable promenade. Le lit de la rivière était encombré d'îles dont nous avons vu disparaître les dernières, enlevées du bassin des Graviers. Au commencement du XVIIe siècle, outre l'île formée par le chenal de la Raisse ou Rase, (scierie), il y en avait trois autres dont l'une comprenait à peu près tout le jardin Goguel. Avant l'installation des écluses de cette usine et de celle des Moulins-Neufs construits avant 1550, l'Allan ne figurait qu'un assez faible courant d'eau, rapide, et tel à peu près que nous la voyons au-dessus de Sochaux. Le bras qui longeait les jardins des Graviers, n'était probablement à l'origine qu'un prolongement du lit de la Luzine, et l'île qui le séparait du courant principal, une suite des alluvions déposées par l'une et l'autre rivière. La construction des barages fit refluer les eaux ; les îles disparurent peu à peu et à leur place se forma le bassin que l'on voit actuellement en amont du Grand-Pont.

Avant la construction de ce pont, on traversait la rivière au gué situé entre les anciennes Poudreries et l'usine de la Raisse. Le chemin qui y conduisait subsiste encore entre les jardins des Fossés. Au bord de la rivière existait antérieurement au XVIIe siècle, un vaste bâtiment où se fabriquait la poudre. Il sauta par accident (9 avril 1638) et ne fut reconstruit que partiellement.

De l'autre côté de la rivière, on ne voyait, antérieurement à la seconde moitié du siècle dernier, que des paquis marécageux où les chemins circulaient au hasard des inondations. La ferme de la Petite-Hollande n'existait pas encore en 1760, et il n'y avait au-delà du Grand-Pont qu'un cabaret, à l'entrée du champ de foire et, un peu plus loin, la maison de tir. Le chemin d'Audincourt faisait suite au gué des Poudreries, et plus tard fut raccordé au Grand-Pont ; il traversait les Côteaux par le vieux chemin d'Arbouans, près de la Tuilerie, longeant la forêt du Chénois qu'il fallait traverser pour gagner Belchamp. Un autre chemin, parallèle au canal actuel, conduisait à Exincourt et à Etupes. C'est à peine si, en beaucoup d'endroits, ces chemins étaient marqués autrement que par les roues des chariots; et, pour peu qu'on s'éloignât de la ville, il ne restait plus qu'à se diriger à vue de clocher. Il y a loin de ces sentiers pierreux à nos chemins de fer; mais que sera-ce donc dans cent ans.

Le XVIIIe siècle amena cependant dans la ville des améliorations réelles, et fit disparaître une partie des ruines qu'avait laissées le siècle précédent. Il n'était pas resté pierre sur pierre de la citadelle; les matériaux mêmes, employés à construire un grand nombre de maisons du faubourg, avaient disparu pour faire place au désert aride et nu que nous voyons maintenant. Pour aider à l'enlèvement des décombres qu'on rencontrait encore de tous les côtés, le gouvernement du prince donna à titre d'accensements, c'est-à-dire moyennant un cens qui devait se payer à perpétuité, mais qui du reste était très modique, le terrain des fortifications aux propriétaires riverains qui en firent des jardins ou y élevèrent des constructions. De là vient que les restes des murs de ville se retrouvent fréquemment dans les caves ou dans les rez-de-chaussées occupant la place des anciens remparts, et que nombre de maisons sont composées d'un double corps de logis, l'un donnant sur la rue, l'autre sur le fossé ou le jardin, et séparés par une petite cour qui, à l'origine, n'était autre chose que le chemin de ronde intérieur. Ces accensements ont été rachetés peu à peu par les propriétaires voisins; ceux de la rue des Boucheries achevèrent de s'éteindre seulement en 1841.

VI

Au milieu du XVIII⁰ siècle, la ville ne dépassait pas l'enceinte des anciennes fortifications, et l'espace même qu'elles enveloppaient au faubourg, était loin d'être entièrement occupé. Pour dissimuler les ruines que les accensements n'avaient pas fait disparaître, on imagina de les planter d'arbres et de les transformer en boulevards. Jusqu'alors les habitants de la ville n'avaient possédé comme lieu de promenade que le jardin du prince ou Grand-Jardin. Il était situé au pied du château et couvrait tout l'amphithéâtre de collines dont la gare occupe le centre. La grande avenue de tilleuls et de maronniers qui le traversait, avait été plantée par Jean Bauhin à qui la ville avait été autrefois redevable d'un des plus anciens jardins botaniques de l'Europe. Le duc Léopold Eberhard y avait ajouté de nouvelles avenues et l'avait ouvert au public. Une ordonnance du 2 août 1702, défendait d'y arracher aucune fleur, herbe de senteur ou de jardinage sous peine d'amende. Il renfermait une maison de plaisance ou plutôt de jardinier, une grande pièce d'eau, un jeu de paume et un manége. La colline du Thiergarten, dont il couvrait la pente au couchant, avait été occupée anciennement par le Parc des princes avant que le comte Georges l'eut transporté à son emplacement actuel. Au Thiergarten était un pavillon entouré d'un parterre de fleurs, une grande volière avec la basse-cour pour l'usage du château; au midi, sur la pente du côteau désigné sous le nom de Beauregard, étaient plantés des vergers et des vignes, et au pied se trouvait, dit-on, une carpière.

A cette promenade et pour rajeûnir quelque peu la vieille cité, on ajouta successivement celle de l'Enclos plantée en 1758, celle des Fossés en 1765, enfin celle de Sous-le-château plantée en 1780, à l'emplacement des anciens ateliers monétaires du prince et de différents immeubles, granges, maisons, ayant autrefois appartenu à la comtesse de Sponeck [1].

Il fallut aussi rebâtir l'Hôtel de ville, vieille construction antérieure à 1470, et tombant de vétusté. On n'a conservé aucun dessin de l'ancien édifice; on sait seulement qu'il était de quarante pieds moins long que le bâtiment actuel, et qu'il anticipait sur la place Saint-Martin d'environ vingt pieds. Il était composé de deux corps de bâtiment parallèles, séparés par une cour. Au-dessus s'élevait une tour ou beffroi avec une cloche appelant le peuple aux élections, et à l'étage au-dessous, était une chambre encore pleine de vieux meubles et d'anciennes armes, restes de l'arsenal possédé jadis par les bourgeois et dédaignés par les Fran-

(1) En 1717, les propriétés de cette dame s'avançaient à peu près jusqu'à la rue des Etaux, et elle avait pour jardin le terrain situé à droite en montant la rue de l'Aiguillon. Ce local aujourd'hui planté d'arbres remplace l'ancienne promenade devenue propriété particulière et dont les tilleuls ont disparu.

çais. Sur la façade régnait un lourd balcon en pierres sculptées dont les derniers débris ont disparu seulement lors de la construction du théâtre. Il y avait d'anciens vitraux peints, d'une grande beauté, représentant les armes de la ville, du comté et des seigneuries. Par un hasard extraordinaire, on les conserva, et ils figurèrent jusqu'à la Révolution française dans le nouvel édifice, avec les portraits des princes et un grand tableau représentant l'entrée à Montbéliard du duc Louis-Frédéric, le 16 mai 1625. Tout cela fut livré aux flammes par Bernard de Saintes peu de jours après son arrivée, comme si l'esprit de destruction faisait partie de la nature humaine, et constituait l'un des éléments nécessaires du progrès. C'est ainsi d'ailleurs que chaque âge fait place à l'âge qui suit, et ménage aux curieux et aux chercheurs le soin de reconstituer les époques écoulées et d'en raviver les vieux souvenirs.

Sur le devant était la Chambre des audiences, celle des Notables et un autre vaste appartement qu'on appelait le Poële du billard; derrière était la Chambre des Dix-huit et le logement du valet de ville. Il y avait à côté un cabaret où les Maîtres-bourgeois après leurs séances, venaient prendre leur réfection; à gauche était le four banal, et tout autour s'étendaient des vergers et des jardins dont le dernier existant à fait place au collège actuel; l'un d'eux contenait une loge ou maisonnette que l'on décorait du nom de maison de plaisance.

Le nouvel édifice construit sur les plans de l'architecte français La Guépière, fut commencé le 14 mai 1776, sous la direction de l'inspecteur G.-L. Morel. Le 23 mai, en présence du Magistrat, on jeta les fondations; mais ce fut seulement le 12 septembre qu'eut lieu la cérémonie officielle et la pose de la première pierre du socle, à l'angle septentrional du bâtiment. Les trois corps municipaux, ayant à leur tête le maire, le sieur Melchior Jeanmaire, tous en habit noir, le Noble conseil, le corps des Pasteurs et toutes les autorités vinrent se ranger en ordre sur la place Saint-Martin pour recevoir les princes Guillaume, Ferdinand, Charles, Alexandre et Henri, qui, accompagnés de leur gouverneur et des personnes alors au château, avaient daigné se rendre à l'invitation du maire. Madame la princesse Elisabeth arriva à son tour, avec sa suite; et le sieur Urbain Rayot, maître-bourgeois en chef, lui présenta sur un plat d'argent, une truelle dorée et un marteau également doré, dont les manches étaient couverts de velours cramoisi, avec un ruban fond bleu, broché de fleurs en argent. On peut les voir encore aujourd'hui parmi les reliques conservées à l'hôtel de ville. La princesse prit du mortier et le jeta avec beaucoup de grâce à la place où la première pierre fut posée. On présenta ensuite le marteau à Leurs Altesses et aux personnes notables qui assistaient à la cérémonie, et chacun frappa trois coups sur la pierre en donnant sa bénédiction. On déposa dans une boîte en plomb plusieurs médailles offertes par les assistants et destinées à consacrer la mémoire de cet événement. Une plaque en cuivre sur laquelle le Magistrat avait fait graver d'un côté une inscription latine et de l'autre les armes de la ville, fut également placée dans la boîte que l'on scella dans un creux de la pierre taillée à cet effet.

Voici l'inscription :

```
DEO. O. M. IVVANTE REGNANTE S. PRINCIPE
   CAROLO EVGENIO DVCE WVRTEMBERG
      CVRIAM HANC MVNICIPALEM
    SVMPTIBVS PVBLICIS ÆDIFICANIT
  CIVITAS MONTISBELGARDVM . AM. R. S.
             MDCCLXXVI
```

 Un service solennel fut célébré à l'église Saint-Martin par le premier ministre, le sieur pasteur Grammont, et termina la cérémonie. Le duc Frédéric Eugène et la princesse royale, alors à Berlin où ils avaient conduit leur fille Dorothée pour son mariage avec le grand duc Paul, n'avaient pu y assister.

 Le 13 novembre 1778, les trois corps de la ville réunis de nouveau, prirent possession du nouvel Hôtel de ville, après que le ministre Grammont eut fait un magnifique discours pour la circonstance. Les plans de La Guépière n'avaient été exécutés qu'en partie. La façade richement décorée qui figure dans l'avant-projet, avait été abandonnée; on laissa également de côté toute la seconde partie de l'édifice qui devait former un vaste carré, avec deux cours intérieures séparées par une galerie ou salle des pas-perdus prolongeant le premier palier dans la direction du théâtre actuel. Mais la ville avait déjà dépensé plus de 80,000 francs empruntés à l'hospice et aux autres établissements de charité, et elle se trouvait hors d'état de poursuivre son œuvre.

 La construction de l'Hôtel de ville, et celle de la maison du conseiller G. F. Rossel, bâtie dans le même temps, sur les plans du même architecte, donnèrent à la place Saint-Martin à peu près l'aspect qu'elle a conservé dès lors. Elles aidèrent à la débarrasser des vieilles bâtisses dont on voyait encore les fondations au ras du sol derrière l'église et devant l'Hôtel de ville, avant que les réparations de 1881 les eussent dissimulées. Ainsi se compléta l'œuvre de Schikhart. Déjà en 1601, lors de la construction du temple, il avait fait disparaître, outre l'ancienne chapelle et le cimetière qui en était voisin, une grande partie du bourg de 1293, depuis longtemps dans le plus piteux état. La fontaine, érigée également sous le règne du comte Frédéric, vers 1592, pour venir en aide aux quinze ou seize puits qui fournissaient l'eau à la ville, se composait, ainsi que celle de la place des Halles, construite dans le même temps, d'une cuve octogonale au centre de laquelle se trouvait une colonne d'où l'eau jaillissait quelquefois. La date de 1788, inscrite sur le bassin, indiquait des réparations faites à cette époque sans grand résultat. Elle a fini par disparaître, il y a quatre ou cinq ans. En 1835, on érigea la statue de Georges Cuvier, enfin les améliorations apportées au pavé et la plantation de quelques arbres en 1881, finirent par mettre ce quartier en état de propreté à peu près suffisant.

On avait également reconstruit en 1758, toute la façade de l'hospice; cependant malgré tous ces travaux et ces améliorations, Montbéliard n'en était pas moins resté une laide ville et, il faut bien le reconnaître, aujourd'hui encore elle n'est pas devenue une belle ville. Aux constructions bizarres et parfois si pittoresques du moyen-âge, dessinant sur le ciel clair leur brune silhouette de clochetons, de tourelles aux toits pointus, de pignons dentelés, chargés de trèfles, de fleurons, de girouettes criardes, avait succédé un assemblage confus de vieilles

Société d'Emulation de Montbéliard

BORDS DE LA LUZINE
A MONTBÉLIARD

maisons maussades, tristes et sans caractère. Les rues assez larges pour le temps, mais sales et tortueuses, étaient, il est vrai, pavées depuis 1460, mais mal entretenues et à se tordre le pied à chaque pas sur les cailloux pointus dont elles étaient hérissées. De trottoirs, d'égoûts ou de chénaux au bord des toits, il n'était évidemment pas question, de sorte que l'infortuné passant qui voulait éviter les éclaboussures ou les cornes des bœufs, ne pouvait manquer en temps de pluie, d'avoir les pieds dans le ruisseau et la tête sous les gouttières. Dans les dernières années du XVIII° siècle, on avait introduit dans la ville un commencement d'éclairage, et durant les soirées de profondes ténèbres, on suspendait pour quelques instants à des crochets de fer, des pots en terre où brûlait dans l'huile un gros méchon de filasse dont la lumière douteuse aidait à se heurter à tous les obstacles et à donner dans tous les immondices. Les rues, malgré les recommandations de la municipalité, restaient obstruées de débris de toutes sortes, de tas de bois ou de pierres, de charettes, sans compter les porcs et les canards, qui prenaient leurs ébats dans les fumiers et venaient ensuite vous donner dans les jambes. C'est aux inondations qu'il appartenait de procéder tous les ans au grand nettoyage. La rue des Febvres à l'ombre de la haute tour de l'Horloge, avec ses maisons surplombant d'étage en étage, était un cloaque perpétuel. Reconstruite en 1712, cette tour avait succédé à une autre plus petite, de forme rectangulaire, accolée à la voûte sous laquelle passait la voie; elle présentait en dernier lieu une lourde masse carrée, de couleur rougeâtre, percée de petites fenêtres et surmontée d'un clocheton où chaque matin et chaque soir on sonnait le lever du jour et la tombée de la nuit. La place des Halles était encore encombrée d'échoppes de barbiers, de selliers, de marchands de clous ou d'allumettes; un vieux corps de garde joignait la tour de l'Horloge; au milieu était le pilori sous la forme d'une grosse poutre, à côté de la pierre au poisson d'où se faisaient les criées; enfin, à l'autre extrémité, la tour de la Prison, bien qu'à moitié démolie, couvrait encore de son ombre tout ce côté de l'espace. On ne pouvait sortir de la Place sans passer sous quelque voûte basse et sombre, d'où semblait s'exhaler encore comme un reste des nauséabondes émanations du moyen-âge. Le pont des Etaux était bordé de chaque côté par de vieilles maisons branlantes, soutenues par d'énormes poutres plongeant dans la rivière. La rue Sur l'eau n'avait d'autre issue à son extrémité que l'étroit passage conduisant au Bourg-Vauthier. Au pied du château se prolongeait, le long du canal du Moulin, une double suite de voûtes semblables à celles qui subsistent encore du côté de la rue Sur l'eau. Vis-à-vis du quai de l'Hôpital s'en trouvait un parallèle avec une voûte à l'entrée, comme celle qui existe encore aujourd'hui. Le quai de droite, acquis par les riverains de la rue des Febvres, à titre d'accensements, a été transformé en jardins au profit des maisons voisines. Au faubourg, le cimetière, au milieu duquel était une ancienne chapelle dédiée à Saint-Sébastien, occupait depuis 1542 l'espace compris entre la rivière de l'Allan et la rue de Besançon jusqu'à la hauteur de l'église. En divers endroits, on voyait encore les anneaux de fer où, dans les temps antérieurs, on fixait les chaînes destinées à arrêter la circulation pendant la nuit et durant les services religieux. Il y avait certains quartiers mal famés où l'on ne s'aventurait le soir qu'avec crainte et tremblement. La rue du Pont-du-Moulin passait pour être hantée par les mauvais esprits; c'était un endroit lugubre où l'on n'entendait que le bruit du vieux moulin battant de sa roue l'eau noire du ruisseau. Dans les nuits d'automne, une laie avec ses petits se montrait à minuit à l'entrée des voûtes; aussi n'était-ce qu'en se garant et en évitant soigneusement de regarder derrière soi, que le bourgeois attardé à ses affaires, se hasardait après le couvre-feu dans la ruelle étroite et sombre qui conduisait au pont. De nos jours, quelques vieilles bâtisses du Bourg-Vauthier ou des Tanneries et les restes des voûtes lézardées de la rue Sur l'eau, peuvent seules nous donner une idée de ce qu'était notre Montbéliard d'autrefois.

Les maisons, à un ou deux étages, étaient surmontées de toits immenses, aussi hauts que la maison elle-même et percés de lucarnes du plus triste aspect. Nombre d'entre elles, bâties en bois, laissaient voir à leur surface les croisillons que dessinaient les poutres. Des auvents, couverts de bardeaux, protégeaient à la fois l'entrée et le banc de pierre qui en était voisin, et où l'on venait causer dans les soirées d'été. La porte, encadrée de nervures diverses, était assez fréquemment surmontée d'un cartouche portant la date de la construction, ou d'un écusson aux armes du propriétaire. Les fenêtres trilobées, ou même à quatre ouvertures séparées par des meneaux sculptés, étaient garnies de petites vitres rondes ou losangées, fixées dans un chassis de plomb. La faitière, taillée en accolade, rappelait les constructions de la Renaissance. Aux façades étaient appliqués de petits cabinets faisant saillie, en forme de miradors ou de balcons, fermés par des vitrages et et décorés avec un certain soin, sortes de retraits d'où la vue plongeait dans la rue de manière à voir tout ce qui s'y passait. A l'intérieur des cours et quelquefois à l'extérieur, circulaient des galeries de bois faisant communiquer les différentes parties du logis. Chaque maison de maître avait sa tourelle ou viorbe, enveloppant un escalier à vis aux marches étroites, glissantes, difficiles. Parfois elle donnait à une bicoque délabrée un faux air seigneurial dont le propriétaire était très fier, et je doute fort que feu noble Virot, de père en fils bandelier de la ville de Montbéliard, assis le soir sur le banc près de sa porte et clignant l'œil vers son pigeonnier aux armes, rêvât dans Gênes la superbe, palais plus beau que son manoir.

Les belles maisons étaient du reste bien clair semées à Montbéliard. L'hôtel qu'occupait sur la place Saint-Martin Monsieur le vice-président de Goll, avait été bâti vers 1720, à l'emplacement d'anciennes maisons possédées par la famille de Florimond, Jean Rodolphe de Sponeck, frère d'Anne Sabine Hedwiger, première femme de Léopold Eberhard. avait dépensé plus de quarante mille livres à le construire. Le vice-président de Faber, qui en était devenu momentanément propriétaire, l'avait revendu à la ville en 1767 pour 20,000 livres; sur cette somme, il avait fait don de 9,000 francs, à la condition d'en employer l'intérêt en œuvres de bienfaisance: 100 francs pour l'entretien des orphelins de l'hospice, 60 francs pour celui des vieillards, 100 pour l'apprentissage de jeunes garçons, autant pour doter des jeunes filles. Dix ans plus tard le Magistrat céda cette maison pour 24,000 francs à M. de Goll, d'où elle passa aux Macler et aux Masson pour revenir à M. Frédéric Rossel, arrière-petit-fils du conseiller.

Pendant ce temps, une branche des Sponeck occupait, à la rue Sur l'eau, une maison provenant de la famille d'Odelans qui passa plus tard aux Kœnigseck, tandis qu'une autre branche s'installait à la rue Derrière ou rue de Belfort, dans la maison de M. Villars. Au commencement du dernier siècle, les Gueldrich de Sigmarshofen, originaires d'Allemagne et seigneurs d'Allanjoie, possédaient encore cet hôtel bâti en 1559, et faisant à l'origine partie du domaine. Le colonel Pierre de Gueldrich l'avait reçu du comte Frédéric en récompense de ses services, avec toutes les terres qui l'entouraient des deux côtés de la rue, jusqu'à la Chapelle où elles confinaient aux jardins du conseiller Duvernoy et du médecin Binninger.

Ce dernier habitait alors à la rue des Febvres la maison actuellement possédée par M. Bainier-Lods. Reconstruite par le procureur général G. David Rossel, elle passa aux mains du conseiller Gropp pour revenir une seconde fois à la famille Rossel, en suite du mariage de Mlle Gropp avec le fils du conseiller, plus tard maire de la ville. Les tentures de Beauvais qui décoraient ses salons, les peintures, les bustes qui couronnaient les portes, ont disparu dès longtemps, et il ne reste de son ornementation d'origine que les lambrequins fouillés dans la pierre qui encadraient, au-dessus de l'entrée, l'écusson armorié du fondateur.

Une branche de la famille Beurnier avait possédé pendant un temps la maison de la Croix d'or, ancienne auberge qui, en 1717, appartenait encore à un Laurillard. Pierre Joseph Beurnier, mort célibataire, l'abandonna à la ville avec une dotation de 40,000 francs, pour y élever six jeunes garçons pauvres et six jeunes filles. L'acceptation du testament fut ratifiée par le duc Charles Eugène le 26 décembre 1770 ; cependant l'hospice ne reçut jamais que des filles dont le nombre fut porté à douze. Les autres membres de la famille Beurnier avaient continué d'habiter une maison située à l'angle de la place des Halles et de la rue de la Prison, jusqu'au moment où le mariage de M. G.-D. Beurnier, châtelain de Franquemont, avec Mlle Louise Rossel, fille du conseiller, le mit en possession de l'hôtel que le père de cette dame venait de faire construire sur la place Saint-Martin.

Les barons de Forstner étaient restés en possession de la maison bâtie en 1602 par Schickart, derrière le temple de Saint-Martin. Le chancelier Christophe l'avait reçue en don des princes wurtembergeois en retour de ses longs travaux; mais la famille s'était partagée; une des branches habitait, à la rue Sur l'eau, une ancienne maison bâtie en 1680 par Barbaud de Florimont, originaire d'Héricourt.

Les Sattler, venus du Wurtemberg, avaient longtemps habité la maison d'angle de la rue des Febvres et de la rue des Granges, actuellement à M. Canel. Leur famille, à la fin du dernier siècle, était représentée par M. Urbain Sattler, grand forestier et conseiller de Régence, établi alors sur la place Saint-Martin, dans une vieille et lourde maison héritée de Mlle de Thévenot, d'Audincourt. Les Sahler, arrivés de Dourlach vers le milieu du siècle, occupaient, à la rue des Granges, la maison de l'avocat Perdrix, encore marquée d'une perdrix sculptée au-dessus de la porte de l'escalier. Dans

MAISON FORSTNER
DERRIÈRE LE TEMPLE SAINT-MARTIN

la même rue, les Bouthenot avaient habité la maison Leconte, jusqu'au moment où le conseiller Ch. Frédéric fit construire la maison que leurs descendants occupent encore; cependant leur résidence de prédilection était Bethoncourt, où ils possédaient des propriétés et où le père du précédent avait bâti la cure actuelle. A côté d'eux, également rue des Granges, était l'avocat Fallot dans la maison de la brasserie actuelle; puis le conseiller Jeanmaire. En 1717, le café du commerce était occupé par le conseiller Brisechoux; et vis-à-vis était la maison de Jules Frédéric Duvernoy, recteur des Ecoles latines. Sur la place Saint-Martin, le procureur général Binninger possédait la maison devenue l'auberge de la Couronne; et, c'est à son fils, secrétaire des commandements du prince Frédéric Eugène, qu'est due la construction de la maison Macler au Faubourg. Au conseiller Georgii remonte la maison Jordan, à l'Enclos.

Les Berdot, médecins avaient longtemps possédé à la rue Sur l'eau une ancienne maison qui passa plus tard à la famille Fauser. A son retour d'Amérique, le commandant Berdot acheta tout à côté, les bâtiments désignés sous le nom d'Hôtel de l'intendance, occupés en dernier lieu par la gendarmerie. Ils étaient habités en 1717 par des familles Cramer et Bartholomée et, jusqu'à leur disparition, ils conservèrent de nombreux souvenirs des siècles passés. L'antique viorbe subsistait encore et avec elle les fenêtres trilobées, à meneaux sculptés. Dans le salon, autour du plafond, circulait une inscription en allemand gothique, portant des versets des évangiles, avec cette date 1538. La poutre médiane, dans cette même pièce, était encore chargée de fines dentelles ogivales, sculptées dans le bois.

Plusieurs salles avaient leurs dessus de portes et divers panneaux décorés de paysages peints par les artistes qui avaient travaillé à Etupes. Un d'eux, représentant l'ancien château de Montbéliard, était probablement l'œuvre du vieux Hillen. Quelques restes de boiseries sculptées subsistaient encore de divers côtés, les uns remontant au XVIe siècle, d'autres seulement au siècle dernier. Dans nombre de maisons on avait profité de la présence des peintres au château pour faire appel à leurs talents, et l'on trouve encore en divers lieux les traces de leurs travaux. C'est ainsi que dans la maison du docteur Raisin, à la rue des Febvres, on voyait, il y a quelque temps, et peut-être voit-on encore au deuxième étage, sous des treillis couverts de fleurs, un Tircis en culottes courtes, faisant face à une Amarillis armée de la houlette de rigueur. Sur les volets sont peints en grisaille, ici une tête de vieillard à barbe blanche, quelque Numa Pompilius sans doute, là un Léonidas casqué. Tout cela est des plus médiocre, et cependant nous montre que nos pères n'étaient pas indifférents à la recherche d'une certaine élégance.

Chaque quartier dans la ville avait en quelque sorte sa spécialité. A la rue des Febvres étaient particulièrement les artisans, et l'on y entendait sans cesse les serruriers, les chaudronniers frappant l'enclume de leur martean; à la rue Derrière et à la rue du Château dominait le bruit des navettes des tisserands. Les merciers, les épiciers étaient installés sur la place des Halles; les tanneurs ont laissé leur nom au quartier qu'ils habitaient, et la rue des Granges, outre les logis de quelques conseillers, était encore en grande partie occupée par des maisons de ferme.

Depuis ces temps où je viens de me reporter, bien des familles ont changé de situation ou même ont complétement disparu de la ville; et, si parfois j'ai rappelé certaines maisons d'intérêt assez médiocre, ça été tout particulièrement pour avoir occasion de mentionner leurs propriétaires, dont les noms se retrouvent plus ou moins fréquemment dans nos anciennes histoires. A ces noms j'en pourrais ajouter beaucoup d'autres dont les propriétés sont portées dans les anciens plans : les Coligny l'Espérance qui sur l'espèce de cadastre dressé par Hittel, figurent à tous les coins de la ville comme propriétaires de maisons, de vergers ou de jardins; la famille Jaquin qui possédait l'emplacement de la Sous-Préfecture avec toutes ses dépendances; les Cramer et les Oswald à la rue Sur l'eau, Mme Billot dans la maison du pasteur Jeanmaire, l'apothicaire Malblanc dans la maison Pfister et à côté le conseiller Nardin, Mme Darne et les Pontois à la rue des des Febvres, le boulanger Bois de Chêne à la Rouchotte, etc.

Quelques-unes des maisons que j'ai indiquées, sont restées au nombre des plus belles de la ville; du reste, nous en pouvons juger puisque nous les avons sous les yeux : les unes, il est vrai, un peu rajeunies, les autres un peu plus délabrées qu'elles n'étaient alors. Au dessus du faubourg se dressait, comme une sorte de forteresse, l'antique édifice destiné par son fondateur à devenir une académie, et transformé depuis l'occupation française en une église et une cure catholique. Un ancien dessin nous le montre tel qu'il était à l'origine, avec ses pavillons et ses tourelles, et il ne semble pas avoir manqué d'une certaine originalité. Le gymnase n'était guère moins maussade alors que nous l'avons connu sous le nom de collège; et le bâtiment des Halles avec son toit gigantesque et ses échoppes, montrait sur la place à laquelle il donnait son nom, sa face plus rébarbative encore qu'elle ne l'est aujourd'hui.

Ainsi se présente le XVIII° siècle : des améliorations sensibles se produisent. Mais que devait-ce donc être que notre ville à la fin du siècle précédent et surtout à la suite de l'occupation française, quand nous entendons Perdrix nous dire à la date du 23 juin 1665 : « Tandis qu'on estait à l'église, est tombée une maison en la rue de la Rouchotte »; et au 10 juillet : « Les sieurs maîtres-bourgeois Dargent et Tuefferd ont esté faire visite par la ville, avec maître Etienne le charpentier, pour voir les maisons ruineuses et y mettre du remède ». De son côté, un vieux chroniqueur de 1702 s'exprime en ces termes : « Qu'on fasse la revue de la ville; n'y trouvera-t-on pas des palais en comparaison des maisons mal bâties et ruineuses que les sujets habitaient avant la rentrée de Son Altesse dans ses Etats ? Qu'on regarde leur habillement et leur mise : on verra le bourgeois et la bourgeoise couverts de fin drap, d'étoffe de soie, chargés d'argent et de joyaux; et qui ne les connaitra pas, ne pourra faire aucune différence entre le noble et le roturier. » Ne dirait-on pas Henri IV répondant à l'ambassadeur d'Espagne, émerveillé de la prospérité de la France au sortir des guerres civiles : « Le père de famille était absent et tout était en souffrance ; aujourd'hui il est de retour au milieu de ses enfants, et tout prospère dans la maison. » Il y a loin cependant d'Henri IV à Léopold Eberhard; mais chaque âge s'émerveille toujours du progrès accompli et apparaît aisément à ses contemporains comme le siècle par excellence. De fait, si chaque âge n'avait pas, jusqu'à un certain point, foi en soi-même, où en seraient la sécurité, la confiance ou même simplement le désir du mieux ? Nul n'oserait rebâtir sa maison ou acheter une paire de souliers. — Voici, du reste, sur les revenus et sur les dépenses de la ville quelques indications sommaires, fournies par les registres de la mairie, qui ne donnent pas bien haute idée de sa situation financière.

C'était d'abord, pour les revenus : 1° Une contribution annuelle de 16 gros, soit une livre, 1 sou et 4 deniers que payait chaque bourgeois. — 2° Le droit d'Angal sur le débit de vin en détail dans la ville et dans la banlieue. — 3° Une contribution de six livres par habitation pour les étrangers, et de 1 livre 12 sous pour les sujets résidant en ville. — 4° Portion des droits d'entrée sur les vins étrangers. — 5° Un tiers de l'impôt de la boucherie. — 6° Une somme de 120 francs payée par chacun qui se fait recevoir bourgeois. — 7° Le prix d'amodiation des propriétés de la ville, jardins, prés, vergers, etc., du droit d'étalage. — 8° Le suif que le maire et les neuf bourgeois jurés touchent des bouchers. — A cela doit sans doute s'ajouter le tiers des amendes prononcées par le tribunal de la mairie et le produit de la vente des bois communaux.

Les charges étaient: 1° L'entretien des chemins communaux. — 2° Le curage et le nettoyage des puits et des rues. — 3° Le guet et la garde en temps de péril, aux jours de foire et en tous cas de réquisitions. — 4° L'entretien du pont de la Rigole, de la maison du maître des hautes œuvres, de la tour de l'Horloge, du tourniquet. — 5° 70 francs à payer à la seigneurie pour entretien des fontaines et bouillons. — 6° Les gages des maîtres-bourgeois en charge, du greffier de la mairie, des portiers et autres employés de la ville, etc.

VII

Si la commune n'était pas riche, la bourgeoisie ne semble pas l'avoir été davantage. Dans le silence des siècles passés, bon nombre de villes grandes ou petites, profitant d'une situation commerciale avantageuse, ou de quelque industrie fructueuse qui, par un hasard quelconque, s'y était implantée, ont réussi à prospérer et à s'enrichir d'une manière tout à fait remarquable. Certaines d'entre elles ont continué dès lors à grandir et à se développer: mais d'autres, soit par le fait du déplacement des voies commerciales, soit par la concurrence d'industries rivales et mieux outillées, ont vu disparaître les sources de leur prospérité; et, tout en gardant peut-être la fortune acquise, sont demeurées stationnaires ou même devenues rétrogrades. Elles ont pris une physionomie vieillotte, l'herbe croît dans leurs rues, et elles ressemblent assez à quelque douairière vénérable retirée à l'ombre de son clocher, ne sortant désormais qu'une ou deux fois l'an dans son carosse antique, pour visiter ses fermes, toucher ses redevances ou présider à la vendange. Il n'en a pas été ainsi pour Montbéliard. Par suite de l'étroitesse de nos frontières et de l'absence de relations suivies avec notre entourage, nos industries ne se développèrent pour ainsi dire qu'en raison des besoins locaux ; elles se multiplièrent dans des genres variés, mais toujours dans des proportions exigues ; et le commerce de son côté, gêné par les guerres continuelles, entravé par les lignes de douanes qui lui étaient comme autant de barrières, n'obtint dans le comté qu'un développement restreint et constamment interrompu. Ce ne fut en réalité qu'à l'époque actuelle, et par suite du changement survenu dans notre situation politique, que les affaires prirent quelque extension et que l'industrie commença à introduire dans le pays prospérité et richesse. Jusqu'alors les fortunes ne se composaient guère que du gain journalier de l'artisan ou, pour quelques-uns en petit nombre, du produit asez mince des propriétés foncières. Il n'y avait pas de misères profondes parce que la charité publique ou privée venait en aide aux nécessiteux ; mais il n'y avait pas davantage de grosses fortunes ; et, en dehors de quelques familles qui approchaient de la cour et qui, croyant de leur condition d'afficher un certain luxe, se ruinaient peu à peu, la grande majorité des habitants en était réduite à une aisance bourgeoise qui ne dépassait pas un très médiocre niveau.

On peut en tous cas le présumer à la manière de vivre de nos grands pères, et à la vue de ce qui a survécu de leur mobilier, de leurs bijoux et des différents objets dont ils faisaient usage. Une maison bourgeoise était tenue avec une simplicité extrême, et l'état de vétusté intérieure répondait dans le plus grand nombre à l'état de délabrement extérieur. Sauf deux ou trois de construction récente, elles étaient toutes à peu près disposées sur un même plan aussi simple que primitif. On entrait par une allée ou couloir étroit, obscur, donnant accès d'un côté dans la chambre de ménage ou salle à manger, et de l'autre dans la boutique ; plus loin était la porte de la cuisine et vis-à-vis celle de la cave ou d'un arrière-magasin. Au bout de l'allée, mais déjà dans la cour, était la tourelle ou viorbe contenant l'escalier parfois remarquable par l'élégance de la courbe, par sa légèreté et sa hardiesse. Dans les constructions plus modernes, on remplaça l'ancienne viorbe par un escalier à rampes droites, garni d'une solide balustrade en vieux chêne, que l'on fit rentrer dans l'intérieur de la maison ; mais au commencement du siècle dernier, c'était encore l'exception. Dans les bonnes maisons, les appartements étaient lambrissés ; c'était alors un usage plutôt qu'un luxe ; ils étaient peints en gris clair suivant la mode du jour. Chez les pauvres, les murs étaient simplement blanchis à la chaux, ou plutôt noircis par la fumée, car bien souvent la cuisine ne faisait qu'un avec la chambre de ménage. On trouvait parfois des restes d'anciennes tentures en cuir ou en lainages : c'est ainsi qu'au château d'Allanjoie étaient représentées des scènes champêtres dans le genre de Boucher ou de Watteau ; à la Croix d'or le salon était tendu en bergamasques qui, d'après la volonté du testateur M. Beurnier, devaient être soigneusement conservées. A coup sûr, les tapisseries de Beauvais n'abondaient pas, fut-ce au château ; les papiers étaient rares et ne remontaient qu'aux dernières années du siècle.

Les appartements étaient peu élevés et la distribution aussi peu commode que possible. On redoutait le froid plus que l'obscurité. La chambre où se tenait habituellement la famille, au rez-de-chaussée, était assez fréquemment entourée d'une banquette et meublée de quelques chaises ou escabelles en chêne ou en noyer ; une grande table en occupait le centre et servait à la fois pour les repas et pour le travail des enfants. Parfois une horloge à poids cachés dans une gaine et descendant jusqu'au plancher, était fixée au mur. Dans les angles, des armoires ou encoignures servaient à serrer les objets d'un usage habituel, le linge de table et la vaisselle, le pain, le tricot, le fil, les livres de prière et les cahiers de classe. La hauteur des fenêtres mettait souvent dans la nécessité de surélever le plancher au moyen d'un marche-pied en bois logé dans le contre-cœur. C'était là que cousait, brodait ou tricotait la dame du logis, assise devant sa petite table ou son chiffonnier en marqueterie, dont les tiroirs renfermaient son dé en argent, ses affiquets d'ivoire, ses aiguilles, son étui et autres menus objets qu'elle voulait avoir sous la main. Au bas de cette sorte d'estrade, où venait parfois s'installer vis-à-vis de la maîtresse de la maison, une vieille cousine ou quelque bonne commère du voisinage, se plaçaient les filles du logis, la servante avec son rouet, et, dans les temps plus anciens, avec ses fuseaux et sa quenouille toujours ornée d'un ruban aux brillantes couleurs. A cette époque, le rouet nouvellement introduit, était l'objet d'un véritable luxe ; les plus grandes dames ne dédaignaient pas d'y mettre la main ; elles étaient très fières de la finesse et de l'égalité de leur fil ; et comme dans chaque maison se faisait le linge de table et de lit, voire même les chemises et le trousseau des filles, le rouet était devenu un meuble nécessaire et constamment occupé ; c'était à qui entasserait dans ses armoires les pièces de toile les plus fines et les plus beaux damassés.

Dans un coin de la chambre était un énorme poêle, presque un monument ; on le chauffait de l'extérieur et le bois n'y était pas ménagé. Tantôt il affectait la forme d'une haute pyramide, plus souvent celle d'un parallèllipipède formé de quatre platines de fonte sur lesquelles figuraient des armoiries, des fleurs ou des personnages en relief. Quelques-uns étaient en belle faïence de Strasbourg, élégamment décorée. Le plus beau, à ma connaissance qui se soit conservé, est formé de deux cubes superposés et d'inégale dimension. Des urnes, reliées par des galeries ajourées, occupent les quatre coins de la corniche, et un grand vase se dresse au centre du plateau supérieur. Chaque brique, richement encadrée d'arabesques de couleur bleu turquoise, porte sa décoration particulière de fleurs et de feuillage peint avec beaucoup de soin et d'élégance. Un autre poêle de même origine, avec les armes des Gueldrich, a longtemps existé au château d'Allanjoie, d'où il a été enlevé dans ces dernières années. Au XVI⁰ et au XVII⁰ siècle, on paraît avoir fait grand usage dans nos pays de poêles en terre rouge, émaillés de vert ou de brun. On en a retrouvé de beaux moulages en faisant la percée qui conduit de la rue Basse aux Fossés, ce qui nous montre qu'on les fabriquait à Montbéliard ; et, récemment encore, à Colombier-Fontaine, en furetant dans les ruines d'une ancienne maison, nous en avons rencontré de curieux fragments où figuraient en relief les mois de l'année sous forme de personnages symboliques.

Les portes, généralement basses et étroites, étaient garnies intérieurement de grandes peintures découpées et étamées. On les fermait au loquet pendant le jour; mais pendant la nuit elles étaient assujetties au moyen de lourdes barres de bois que l'on faisait disparaître, en ouvrant, dans un trou ménagé à cet effet dans l'épaisseur du mur. Plusieurs de ces anciennes portes existent encore, encadrées de nervures plus ou moins compliquées, ou portant au fronton les armes effacées du propriétaire.

Les salons étaient rares à Montbéliard et le mobilier n'en était pas somptueux. Un canapé en velours d'Utrecht, ou plutôt ce qu'on appelait une bergère, un ou deux fauteuils de forme antique et aussi incommodes que médiocrement garnis, quelques chaises en bois ou en canne, un petit miroir dont l'encadrement en étain rappelait les vieux temps, une table à jeu et assez souvent une pendule à console avec quelques fleurs peintes sur bois ou sculptées dans l'encadrement: tel était à peu près tout l'ameublement, encore ne le rencontrait-on que dans les maisons les plus opulentes. Ajoutez deux flambeaux en porcelaine ou en étain sur une tablette entre les fenêtres, peut-être un petit secrétaire ou une commode ventrue avec un médaillon en marqueterie, et quelque plat venu de Delft ou de Saxe : mais de tapis, de coussins, de glaces, il n'en était pas question, pas plus que de ces mille bibelots de toutes sortes dont nos dames chargent actuellement leurs étagères; tout au plus chez quelque élégante, une boite à mouches où quelque bergère tenant à la main sa houlette de porcelaine, et faisant face à son berger en petit chapeau et jouant du flageolet. On n'imaginait pas qu'un livre, fut-il couvert des illustrations de Fragonard ou de Lancret, pût avoir sa place ailleurs que sur les rayons poudreux d'une bibliothèque; il est vrai que les beaux livres arri' aient bien rarement jusqu'à Montbéliard où ne se voyaient habituellement que de vénérables bouquins de droit allemand ou de théologie, soigneusement rangés, mais qu'on se gardait bien de toucher autrement que pour les épousseter une fois dans l'année. Dans beaucoup de salles à manger on voyait encore le grand buffet hérité des aïeux, avec ses colonnes torses, ses panneaux sculptés et son fronton richement découpé ; mais on en faisait peu de cas ; on le trouvait massif, encombrant, en comparaison des meubles contournés et maniérés alors à la mode ; et, n'eut été les services qu'il rendait, on l'eût volontiers relégué au vestibule, à la cuisine ou même au grenier.

C'était aussi aux étages supérieurs qu'étaient logées les grandes armoires où l'on renfermait le linge de la famille, le trousseau des filles et les provisions. La huche à pain, aux larges ferrures étamées qui, durant les siècles passés, occupait les premières places dans tous les ménages, avait successivement gravi toutes les rampes de l'escalier pour se réfugier sous les combles. Avec elle avaient disparu ces immenses lits carrés, à colonnes cannelées, enveloppés d'amples courtines rayées de bleu, où pouvait dormir une famille entière, et dont la tradition s'est perpétuée jusqu'à nos jours dans les villages. Cependant il y avait dans certaines vieilles maisons des placards creusés dans le mur, dont la porte s'abaissait chaque soir avec le matelas et la couchette qu'elle tenait enfermés. Au matin, on relevait la porte, et le lit disparaissait dans l'épaisseur du mur.

Il y avait cependant au siècle dernier une pièce infiniment mieux meublée, plus brillante et plus

gaie qu'elle ne l'est aujourd'hui : c'était la cuisine. A la place du fourneau triste et maussade que nous connaissons, brûlait constamment sur le large foyer un feu clair et réjouissant. D'antiques landiers y soutenaient les tournebroches, et tout autour étaient rangés des régiments de marmites, casseroles, poëlons de toute forme et de toute dimension. Au mur s'appuyait une crédence de style ancien, chargée de quelques poteries, mais surtout d'assiettes et de plats d'étain, de cruches et de gobelets de même métal. Aux parois étaient suspendus des chaudrons de cuivre rouge, des mortiers étincelants, et tout un attirail d'objets brillants que sont bien loin de rappeler les fers battus de la Roche et nos pâles assiettes de porcelaine ou de faïence. La maîtresse du logis semblait se complaire au milieu de ces richesses, et bien souvent elle anticipait sur les attributions de sa cuisinière qu'elle envoyait sarcler le jardin, pendant qu'elle-même veillait à la soupe tout en recousant les boutons de culotte de ses enfants ou en racommodant leurs bas. A côté de la cuisine était la cave également intéressante et objet de soins non moins sérieux ; mais c'était au mari qu'en incombait l'administration et aussi l'usage.

Vers la fin du siècle, quelques familles suivant l'exemple de la cour, et ne faisant d'ailleurs que se conformer à la mode du jour, écartèrent peu à peu le vieux mobilier pour faire place à des objets de fabrication plus moderne. Le chêne et le noyer des temps anciens disparurent, remplacés par le bois de rose, le palissandre, l'acajou. Nos ébénistes s'appliquèrent non sans succès à ce genre tourmenté qui marque particulièrement le règne de Louis XV, mais qui, pour avoir mérité les sévérités des critiques, n'en reste pas moins par ses qualités artistiques, un objet de convoitise pour les amateurs et les curieux. Les vieux bahuts montèrent d'un étage, et l'on eut en leur lieu toute une série de petits meubles, secrétaires ornés de riches médaillons, fins chiffonniers avec leurs cuivres historiés, tables de jeu, etc., tous plus ou moins maniérés, mais où l'élégance ne laissait pas de le disputer souvent avec avantage à la profusion et la recherche. On figurait ainsi avec des bois de diverses couleurs des mosaïques, des bouquets de fleurs, des édifices, même des paysages : c'est ainsi que récemment, à Bade, en Suisse, on a retrouvé un petit secrétaire où était reproduit le château de Montbéliard. Cependant le grand-père gardait toujours dans son retrait près du poêle, le vieux fauteuil d'autrefois avec ses pieds tournés et son haut dossier qu'une crémaillère permettait de rabattre et de transformer en une couchette. Sous Louis XVI, la mode changea; les lignes commencèrent à prendre plus de rigidité, et on essaya de réagir contre l'excès du caprice et de la fantaisie, mais on surchargea les plates-bandes de guirlandes et de roses. On trouve encore dans la ville quelques chaises ou fauteuils de cette époque dont les dossiers droits et les pieds cannelés se sont substitués aux lignes ondulées et aux pieds de biche de l'âge précédent; et, bien que peut-être moins élégants, ces meubles sont infiniment plus rares que leurs devanciers. Je pourrais encore citer un grand canapé, provenant du château d'Etupes, entièrement couvert de fleurs et de guirlandes fouillées dans le bois; l'étoffe, en épaisse soie jaune pâle, a été, dit-on, brodée par la main des princesses; mais une bonne dame a fait scier les urnes et les roses qui couronnaient le dossier afin de pouvoir plus facilement couvrir le tout d'une housse.

Autant ces meubles furent délaissés sous le premier empire et même au temps de la Restauration, autant ils ont été dès lors appréciés. Les temps sont vieux et on s'attache aux choses anciennes, comme les vieilles gens s'attachent aux vieux souvenirs. Pendant un temps, l'ébénisterie prit dans la ville une certaine importance et, encore que ses produits, comme œuvres d'art et de goût, laissent parfois à désirer, le travail en était solide et soigné, et les prix ne pouvaient manquer d'être passablement élevés; aussi ont-ils toujours été considérés comme un objet de luxe, et ce n'est que par exception qu'on les rencontre en dehors des anciennes familles qui les ont possédés à l'origine.

A côté des meubles proprement dits, les pièces artistiques et les bibelots divers survivant au XVIIIe siècle, sont peu nombreux; mais du moins ont-ils conservé le caractère de l'époque et, en nous rappelant les goûts et la vie d'autrefois, nous aident à nous faire idée de la prospérité et de la richesse locale. On pourrait d'ailleurs s'étonner de rencontrer dans l'usage habituel, même dans les plus modestes ménages, des ustensiles qui aujourd'hui nous paraîtraient d'un prix excessif; et nous ne nous expliquons leur présence qu'en admettant que leur valeur vénale a complétement changé, ou qu'elle était compensée par la solidité et la durée. C'est ainsi que toute la bourgeoisie mangeait sur de l'étain, et certaines pièces, plats, aiguières, étaient presque des œuvres d'orfèvrerie. A la cour même, jusque vers le milieu du XVIIe siècle, le couvert était de ce métal; on avait des cuillers, mais ce fut seulement au commencement du dernier siècle que se répandit l'usage des fourchettes. Dans certaines familles, la collection des étains constituait un véritable capital. On avait aussi quelque argenterie, mais elle ne voyait le jour qu'aux plus solennelles occasions. Les fabriques de Saxe, de Franckenthal ou de Ludwigsbourg nous envoyaient leurs porcelaines et leurs faïences; mais ces débris deviennent de plus en plus rares, et déjà ne figurent plus sur les étagères qu'à titre de curiosité [1]. Non moins rares étaient les verres et les cristaux que remplaçaient presque toujours la cruche et le gobelet d'étain. En somme, la vaisselle de table à peu près tout entière était de ce métal; on fabriquait ainsi des rafraichissoirs pour le vin, et jusqu'à de larges bombonnes et de petits barils que l'on transportait aux vignes lors de la vendange pour éviter la casse des bouteilles. L'étain à trois marques était le plus pur et le plus apprécié; on l'employait pour les objets de valeur, particulièrement pour les vases

---

(1) Voici, d'après inventaire en date du 18 septembre 1667, de quoi se composait la vaisselle de table du sieur maire Hector Titot, en son vivant avocat à Montbéliard.

Vaisselle blanche ou de fayance (sic).

Une douzaine de plats.
Une douzaine d'assiettes.
Une éguière (sic).
Deux salières.

Etain.

Seize grands plats d'une même façon qui est étain d'une marque, pesant quarante livres.

Une douzaine d'assiettes fin étain pesant dix-sept livres et demie.

Une douzaine d'assiettes de deux marques pesant treize livres et demie.

Onze assiettes d'étain d'une marque pesant douze livres et demie.

d'église. Mais quelque commun qu'il fût alors, il n'était cependant pas à la portée de tout le monde ; aussi à la campagne et chez les pauvres gens se servait on habituellement de terre grossière et même de cuillers ou d'assiettes de bois, quand assiettes il y avait. Dans les repas d'apparat et au

Dix autres assiettes d'étain de deux marques, pesant dix livres et demie.

Vingt-trois plats, tant grands que petits, de diverses façons pesant quarante livres.

Deux écuelles avec leurs couvercles pesant trois livres les deux, l'une un peu plus grande que l'autre.

Trois kerles-souppe, l'un plus grand que l'autre, trois saulieurottes, un couvercle d'écuelle et une petite écuelle pesant neuf livres et demie.

Un grand flacon tenant environ cinq pots pesant quatorze livres.

Un autre plus petit contenant deux pots, pesant six livres.

Quatre autre flacons, l'un à quatre carrés, les trois autres à six, dont l'un est sans couvercle, pesant douze livres et demie.

Deux autres flacons de diverses structures, pesant six livres et demie.

Un autre flacon contenant trois chauveaux environ, pesant trois livres.

Un grand pot en forme ronde, à mettre beurre, pesant douze livres et demie.

Quatre cimaires (sic), l'une plus petite que les autres, pesant quatorze livres et demie.

Un grand pot à channe, tenant environ deux channes, pesant huit livres.

Six pots de channes pesant vingt-cinq livres.

Trois autres pots, l'un d'une pinte, l'autre de trois chauveaux, pesant six livres.

Une pinte d'étain.

Un grand plat bassin figuré, avec des chandeliers, éguières, kennel, salières de même, pour l'assortiment d'un buffet, pesant en tout treize livres.

Un autre grand plat bassin avec les flambeaux et éguière tout plain, pesant dix livres et demie pour assortiment de buffet.

Un lave-main assorti de fer-blanc.

dessert, on employait la faïence ou la porcelaine, mais c'était toujours sur de l'étain qu'on mangeait la soupe, le bœuf bouilli et le légume qui faisaient le fond d'un dîner bourgeois. L'usage de l'étain se maintint pendant les vingt ou trente premières

Un lave-main assorti d'étain, engagé par Jean Faillard, pesant quinze livres.
Une demi-douzaine de salières pesant quatre livres et demie.
Une huillière pesant deux livres et demie.
Un autre grand plat bassin uni pesant quatre livres et demie.
Deux lampes, un moutardier, une vinaigrette, une éguière rompue et un flacon à l'antique avec une chainette en fer, pesant en tout cinq livres et demie.
Autre lave-main d'étain assorti, toutefois sans couvercle, pesant neuf livres.

Argenterie.

Dix-sept cuillers d'argent de diverses façons, pesant deux marcs, une once et cinq trézeaux.
Une coquille de mer enchassée d'argent doré, verrée, pesant trois marcs, que la d. dame veuve a dit que le sieur défunt avait donnée à Jean Georges Titot son fils, il y eut un an Noël passé, lequel aussi en aurait écrit des lettres de remerciements au d. défunt son père.
Deux chandeliers d'argent pesant trois marcs six onces et demie.
Trois tasses vermeil dorées pesant une livre quinze onces et demie.
Deux gobelets verrés, dorés sans couvercles, pesant treize onces et demie.
Trois autres dorés, verrés avec couvercles, pesant deux livres, huit onces et demie.
Deux raisins dorés, verrés, pesant une livre six onces.
Trois gobelets de table et un petit billond'argent, pesant quatorze onces, sur l'un desquels il y a un couvercle qui est pesé.
Une salière unie pesant dix onces, que la dame veuve a déclaré lui appartenir pour lui avoir été donnée de meindre (sic), par Mademoiselle Suzanne Virot.
Un gobelet de table sur lequel sont gravés les noms de Thierry le Bault et Perrin Bouillon, du nombre des sieurs neuf bourgeois, pesant...

années du siècle actuel. Depuis lors il a disparu au point de devenir une rareté; et ainsi se perdent peu à peu dans nos villages ces belles assiettes peintes de grandes fleurs et de coqs splendides qui depuis quatre-vingts ou cent ans, ont fait la gloire des méterots et le bonheur de nos ménagères campagnardes.

Il y a quelque quarante ans, il eut encore été possible de dresser une table avec le mobilier du siècle dernier : assiettes, plats, cruches, soupières et tout l'assortiment eussent été retrouvés, bien qu'on eut cessé d'en faire usage : aujourd'hui ce serait chose difficile. On ne songeait pas alors à ménager l'ancien mobilier, parce qu'il était abondant; et, comme de toute chose, c'est la rareté qui en fait le prix. Aujourd'hui, ces vieux souvenirs ne subsistent que dans quelques maisons où se sont perpétuées les anciennes familles, et où une certaine aisance a permis de les ménager. Quand par hasard un meuble de valeur se rencontre dans une famille pauvre, il disparaît bien vite soit par l'usage constant qu'on en fait, soit par la vente et l'exportation.

Cependant quelques maisons ont conservé leur caractère ancien et, en cherchant bien, nous ne laisserions pas d'y retrouver les traces de leur ornementation d'origine. Ainsi se rencontre encore la belle grille en fer forgé qui donne entrée dans les cours, ou la haute porte cochère surmontée de son écusson; puis vient le large escalier garni d'une solide rampe en fer ou en vieux chêne, le balcon, ouvragé avec soin, suspendu à la façade et sur lequel s'ouvre le salon. Les fenêtres tribolées du XVIe ou du XVIIe siècle, avec leurs acolades et leurs meneaux, ont fait place au siècle suivant, à de hautes verrières qui répandent largement la lumière dans les appartements; autrefois dans les rez-de-chaussées elles étaient protégées par un solide grillage. A l'intérieur, la salle à manger est encore revêtue de ses anciennes boiseries montant du plancher au plafond. Dans un buffet vitré ou sur un antique dressoir, on voit des porcelaines de Saxe ou du Japon, de vieux argents, des verres de Venise, etc. Quelques natures mortes sont suspendues au mur, et peut-être, au milieu de fleurs et de fruits, verrons-nous se carrer un magnifique perroquet rouge, venu d'Etupes et signé W. von Roye, 1684. Dans une niche est un grand poêle en faïence. Jusque dans les vestibules se retrouvent d'anciens panneaux et des dessus de portes peints de paysages et de scènes champêtres. Nous ignorons les noms des artistes dont plusieurs probablement venaient d'Allemagne; mais véritablement nous chercherions loin aujourd'hui pour trouver dans les maisons nouvelles soit de la ville, soit des environs. un pareil luxe de décors. Du salon ont disparu les tentures de Beauvais; mais nous y voyons quatre grands panneaux où sont peints en grisaille les attributs des arts; et, au-dessus des portes de petits amours continuent depuis cent cinquante ans à aiguiser leurs flèches et à fourbir leurs arcs. Autour du plafond se déroule un encadrement rocaille chargé de guirlandes de fleurs et de feuillage. Deux cheminées en marbre griotte, font face à des consoles contournées et surmontées de glaces bisautées; des amours sculptés dans le bois, leur servent de couronnement. Sur une table est un grand plat venu de Delft; ailleurs une pendule avec incrustations d'écaille et garnie de bronze doré. Voici dans un petit salon, un fin secrétaire, décoré par les Couleru dans leur bon temps, et au-dessus une glace de Venise dans son encadrement d'argent. De chaque côté des portraits de famille, quelques médaillons sauvés du château, entre autres un beau pastel représentant une jeune et jolie dame que l'on dit être la princesse Elisabeth : puis, chez l'un, quelque vase en vieux Saxe, chez l'autre, une grande coupe de Bohême. Au reste, si les habitations d'aujourd'hui sont plus commodes et plus confortables que dans les siècles passés, il faut aussi reconnaître que les quelques belles maisons qui furent construites à Montbéliard au dernier siècle, l'emportent par les larges dégagements, le grand air et l'ampleur des proportions.

VIII

La soupe, le bœuf bouilli, un légume, tel était, comme nous venons de l'indiquer, le menu ordinaire d'un dîner bourgeois; et nous pourrions croire, à le voir si modeste, que la sobriété et la tempérance comptaient parmi les vertus de nos ancêtres si, dans l'occasion, ils n'avaient su se dédommager amplement, et protester contre la parcimonie de la ménagère à qui la bourse assez mal garnie ne permettait pas de faire mieux.

Anciennement on mangeait à dix heures et le soir à six heures; mais au siècle dernier comme de nos jours, on dînait à midi, et on soupait habituellement à sept heures. Mais si le morceau de bœuf bouilli figurait régulièrement au repas du matin, le rôti de veau ou le gigot de mouton était loin de paraître chaque jour au repas du soir, et bien souvent on le remplaçait par quelque grosse soupe à la farine ou aux oignons, ou par quelque épaisse bouillie accompagnée d'un entremet au lait et aux œufs, des crêpes par exemple, qui devenait le plat essentiel. Rarement on mangeait deux fois de la viande dans le même jour. A l'approche de Noël, dans la plupart des ménages, on faisait venir de la ferme ou l'on achetait au marché, un porc engraissé dont la chair transformée en saucisses, en lard, en jambons soigneusement fumés au genièvre, devenait pour l'hiver une ressource précieuse. Pendant la semaine entière on se régalait des abattis; on invitait au festin les voisins et voisines qui avaient aidé à la confection des boudins et des andouilles, et l'on arrosait le tout d'un petit vin blanc de Bart ou de Fleur d'épine qui rendait tout le monde joyeux. Parfois le dimanche, une belle tranche de lard doré ou un morceau de bajoue couronnait un grand plat de choux verts ou de quartiers de pommes et de poires séchés légèrement au four, que l'on désignait sous le nom alsacien de schnitz. C'était un plat très apprécié et d'aucuns s'en régalent encore. On cultivait beaucoup les fèves, les haricots, les lentilles et une espèce de pois dont la gousse, assez coriace, était cependant comestible. Les pommes de terre ne remontaient guère dans nos pays au-delà de 1740; et dans bien des villages elles n'étaient pas encore dimées en 1771; les choux, les carottes, les raves en tenaient la place. Au reste, comme chacun avait son verger à Fleur d'épine, son jardin aux Fossés ou aux Bannots, sa vigne à la Chaux, à Bondeval ou à Saint-Symphorien, le légume et le fruit ne manquaient pas; et comme on ne faisait absolument rien venir de l'extérieur, il y avait nécessité réelle de donner aux vergers et à la culture maraichère des soins auxquels on ne songe plus guère aujourd'hui. Mais si l'économie ne portait pas sur les produits du jardin, on marchandait sur le beurre, sur la viande qu'il fallait acheter, car l'argent était rare et l'on n'aimait pas à débourser ; aussi la préparation des légumes et des mets en général était-elle plus que médiocre, et il fallait parfois une bonne dose d'habitude et aux enfants la crainte plus que salutaire du fouet, pour ne pas manifester de répugnance : on se jetait alors sur les pommes et les prunes; la présence d'un gâteau sur la table était une véritable fête.

Le gibier, le poisson, bien qu'assez abondants, non plus que la volaille de basse-cour, n'entraient pas dans la consommation habituelle et ne figuguraient que dans les galas de noces ou les très rares dîners de cérémonie. La chasse comme la pêche étaient d'ailleurs soigneusement gardées, et les délits punis des peines les plus sévères. Généralement la pêche des rivières était louée aux communes ou à des particuliers qui vendaient le poisson; mais la table du prince prélevait toujours ce qui lui était nécessaire; le surplus seulement était livré au commerce. Le café, devenu d'un usage si habituel jusque dans nos moindres communes, était alors presque inconnu, et le thé ne s'employait guère qu'en cas de maladie; cependant nous le voyons paraître en certaines réunions où déjà son usage paraît être le même qu'aujourd'hui. Dans les veillées, on cassait des noix et on croquait des pommes; au château seulement on servait quelques verres de sirop ou d'eau sucrée; pour notre monde bourgeois, le sirop n'existait qu'en pharmacie, et l'on n'y recourait que dans les cas graves; le sucre même était une denrée coûteuse et à ménager. Quelquefois on offrait une sorte de galette de pâte beurrée, saupoudrée de sel qui, avec les pains d'épices et les andouilles, semble avoir constitué une des spécialités de la cuisine montbéliardaise.

Lors de son voyage à Paris en 1721, le jeune comte Léopold Eberhard de Sponeck, après avoir rappelé que le menu du jour dans l'hôtel où il logeait (hôtel de Bruxelles, rue Saint-Martin), se composait d'une soupe, du bouilli (sic), d'une purée de pois avec du petit salé, d'une fraise de veau avec une sauce au vinaigre, se mit à parler au dessert de choux et de mangers : ce sont ses expressions. Il demanda si l'on ne mangeait point de raves dans ce pays ? Ses convives lui répondirent que non. Sur quoi il demanda si l'on ne mangeait point de nantilles (sic), de pois, de choux ? On lui répondit que ce n'étaient que les laboureurs qui mangeaient de cela. Alors, M. de Hiller qui accompagnait le jeune comte avec M. Klotz, son gouverneur, demanda si l'on ne mangeait point de choux farcis ? Ce qui leur fut comme un miracle ; ils riaient tous et dirent que c'était la viande qu'on farcissait et non pas les choux. » N'y a-t-il pas dans le propos du jeune homme comme un regret des raves et des choux de la cuisine maternelle, et comme un ressouvenir des mets habituels dans une des bonnes maisons de Montbéliard ?

En général, le pays suffisait à l'entretien de sa population qui ne connaissait guère les produits étrangers. Dans les bonnes années, on était amplement pourvu du nécessaire ; mais dans les mauvaises, malheureusement trop nombreuses, la disette ne tardait pas à se faire sentir et devenait par moments désastreuse. C'était aussi la production locale qui remplissait les caves ; une bouteille de vin de Bourgogne était une rareté, une bouteille de vin de Bordeaux un phénomène, une bouteille de vin de Champagne un miracle. Autrefois, chaque village avait ses vignes ; cependant les paysans conservaient rarement du vin en cave. Un grand nombre d'entre elles étaient possédées par les bourgeois de la ville, et le restant des récoltes était vendu aux cabaretiers dont la provision était insuffisante; c'était même l'objet d'un commerce assez important. Dans les villages on ne buvait pas de vin hors du cabaret, encore devait-on l'aller chercher dans la commune voisine, et il en était de même à Montbéliard pour les artisans. Mais il fallait voir dans les maisons opulentes les belles collections de tonneaux, foudres, bariques grandes et petites qui remplissaient les caves à la place des quelques hectolitres qu'on rencontre aujourd'hui dans les celliers les mieux meublés. Chacun avait son pressoir, ses cuves, et faisait lui-même son vin; et les belles fêtes au moment de la vendange sous les feuillées jaunies des vergers; après le festin, les rondes et les danses de la jeunesse sur le gazon; comme tout cela était gai et joyeux; mais où sont les neiges d'antan. Il fallut l'arrivée de fonctionnaires étrangers pour faire cesser ces jeux que la parenté et l'intimité des relations pouvaient seules autoriser. D'un autre côté, la facilité des transports, et l'importation peu onéreuse de vins étrangers, de beaucoup supérieurs aux nôtres, a fait négliger nos vignes, dont la plus grande partie a été défrichée et mise en culture.

Mais si la cuisine au logis était maigre et chétive, elle prenait dans les jours de galas et dans les repas de corps des allures pantagruéliques dont peuvent encore donner une idée les menus du temps qui se sont conservés. Il y avait bien certaines vieilles ordonnances qui, pour les baptêmes, noces ou fiançailles, limitaient le nombre des convives au chiffre encore fort respectable de soixante, celui des viandes à cinq ou six plats et la durée de la fête à un jour, ne permettant d'ailleurs que des danses honnêtes, non la nuit sur rue ou lieux scandaleux, mais en la Maison de ville ou autres maisons convenables. Une ordonnance du comte Frédéric, en date du 15 avril 1585, désigne les personnes qui peuvent être invitées à un festin de noces, interdit tout excès de dépense de table et condamne à une livre d'amende pour tout invité en dehors de ceux autorisés. Une autre ordonnance de 1650 alla jusqu'à réduire à seize le nombre des conviés ; c'était peu en raison des 218 invités qui, le 11 juillet 1626, avaient assisté au mariage du fils d'Albert Binninger, châtelain de Blamont : elle proscrivait en outre à peine de 50 livres d'amende, toute espèce de danse, en quelque lieu que ce fût, si bien que le conseiller Perdrix se vit citer devant la Régence pour ne s'être point conformé à ses prescriptions et avoir permis quelques rondeaux à ses noces (26 novembre 1661).

En 1731, on revint encore sur cette vieille réglementation et, par ordonnance du 9 juillet, on fixa pour les noces, le nombre des conviés à vingt, limitant la fête à un jour, et interdisant toute espèce de scandale, exigence du droit par les garçons, charivaris, etc. Mais ce rigorisme n'était qu'intermittent, et, de toutes ces lois ou ordonnances, on ne paraît pas s'être beaucoup soucié ; la Régence elle-même ne semble en avoir fait usage qu'en cas d'abus et comme exemple. D'ailleurs, toutes les occasions étaient bonnes pour faire ripaille ; et quand elles manquaient, on les faisait naître ; nos pères ne s'y gênaient pas. Il y avait grand régal à l'Hôtel de ville à chaque élection des Maîtres-bourgeois : les nouveaux élus festoyaient les anciens, et ceux-ci leurs successeurs ; les délibérations, même les exécutions criminelles étaient toujours suivies d'un goûter et de copieuses libations : c'était la ville qui payait ; les femmes n'avaient rien à y reprendre.

Le cabaret de la mairie était toujours le plus florissant et le mieux achalandé de la cité ; et quand les Maîtres-bourgeois donnaient l'exemple, le reste de la population se faisait un devoir et un plaisir de les suivre d'aussi près qu'il était possible. Oyez plutôt ce que nous racontent à la date de 1786, les Notaux de messieurs les Dix-huit :

« Il est d'un usage constant, dont l'origine est aussi ancienne que celui des élections annuelles qui se pratiquent parmi nous, que les Dix-huit élisent, outre sept personnes qu'ils choisissent dans le corps des Notables, deux autres personnes qu'ils prennent dans le corps des Dix-huit notables, et ces neuf personnes composent le corps du Magistrat.

« Ces deux derniers qu'on appelle vulgairement Novices, ou Maîtres-bourgeois nouveaux, sont invités le premier jour de l'an, de la part des Dix-huit, à souper avec eux, ainsi que le Maître-bourgeois en chef s'il est également nouveau ; ce repas qu'ils donnent au chef de la ville, et à deux autres membres du Magistrat, est toujours un repas somptueux, et servi avec profusion et délicatesse. Le vin que l'on y boit, blanc et rouge, est ordinairement bien choisi ; une compagnie aussi nombreuse et composée de toutes les classes de bourgeois, peut-elle manquer de se bien amuser à une aussi bonne table ? et chacun n'a-t-il pas la faculté de se satisfaire, soit pour le boire, soit pour le manger, en tablant depuis sept heures jusqu'à onze, minuit et quelquefois plus tard ? Certainement personne ne le supposera. Cependant, l'usage que nous tenions de l'antiquité la plus reculée et qui a été observé jusqu'à cette année, était que en sortant de table, le corps des Dix-huit en entier, reconduisait les Maîtres-bourgeois chez eux, au reste en commençant par le chef. On trouvait chez ces messieurs une table garnie de pâtisseries, de sucreries, de fruits, de vins, de liqueurs, de café, de thé, etc., et une nouvelle compagnie composée des parents et amis de la maison, avec lesquels il fallait faire de nouveau paroli, et recommencer de plus bel à trinquer : tant peu que l'on se soit arrêté chez un chacun de ces messieurs, la nuit s'écoulait et le jour commençait à paraître.

« Qui ne dira avec nous qu'un pareil usage méritait d'être réprouvé et aboli. Certainement chacun qui aime ses amis, qui fait quelque cas de sa santé, et qui respecte le bon ordre et la police, ne pourra en disconvenir.

« Le corps des Dix-huit, pour parvenir à ce but salutaire, prévint messieurs les Maîtres-bourgeois en les invitant à souper (afin de leur éviter les frais de l'apprêt), qu'on ne leur ferait pas la conduite après souper, comme il était d'usage. Ces messieurs, qui reconnaissaient l'abus de cette conduite de cérémonie, approuvèrent beaucoup ce plan, et convinrent qu'il serait à souhaiter qu'il fut suivi par nos successeurs, et c'est dans la vue de les y porter que nous donnons ce détail.

« Quelqu'un pourrait penser que le motif de l'approbation de ces messieurs était dicté par l'intérêt particulier ; mais pour mettre un frein à la médisance, et donner essor aux sentiments de reconnaissance qui nous animent, nous disons ici que, quoi qu'ils aient approuvé et consenti à la suppression de cet usage, ils lui en substituèrent un autre non moins dispendieux, mais beaucoup plus en place ; voici comment :

« Chacun sait que le second dimanche de l'année,

les deux corps de ville en exercice vont en cérémonie prendre possession de leurs places dans l'église du Faubourg appartenant à la ville, et qu'en sortant de l'église, ces deux corps se dispersaient en tirant chacun contre chez soi.

« Cette année, la chose s'est passée d'une manière beaucoup plus digne d'une cérémonie pareille. Sortant de l'église, ils s'en retournèrent dans le même ordre qu'ils étaient venus, en l'hôtel de ville et notamment au poële des Dix-huit, où messieurs les Maîtres-bourgeois en chef et Maîtres-bourgeois nouveaux avaient fait servir un dîner auquel ils invitèrent Messieurs leurs collègues avec les Dix-huit. C'est ainsi qu'un événement en a occasionné un autre non moins remarquable, puisqu'il ne s'est peut-être jamais vu que le Magistrat revêtu ait mangé chez les Dix-huit. »

Nous avons donné cet article dans son entier et dans sa naïveté, parce qu'il nous a paru reproduire d'une manière expressive une face des anciennes habitudes de notre cité. En 1550, on avait dû, pour prévenir les abus, fixer les prix de la table d'hôte à trois sols balois, pour un repas de quatre bons et raisonnables mets, deux sortes de vins et du fruit. Les hôteliers durent mettre des enseignes, et il fut interdit de fréquenter les cabarets du lieu où l'on habitait. Malheureusement ces restrictions étaient d'autant moins observées que ceux qui les imposaient étaient les premiers à y manquer. Les neuf bourgeois étaient spécialement chargés de la police des cabarets et des tavernes qu'ils fréquentaient assidûment pour s'assurer que les vins n'avaient pas été frelatés. Après la tenue des assises, chaque membre de la justice recevait pour sa réfection une indemnité payée en nature, suivant un tarif qui se réglait à quatre channes ou pots de vin, une livre de raisins secs et une livre de figues. Tout fonctionnaire pouvait être indemnisé de même façon, et les amendes se transformaient fréquemment en pintes et en pots de vin que le coupable payait à ses juges : c'était monnaie courante. Les statuts de la corporation des médecins, chirurgiens, apothicaires, réduisent toutes les pénalités encourues à un quartal de vin au profit de la compagnie, qui n'en mettait pas moins ses malades au régime. C'était la cave qui payait pour tous, et Dieu sait si l'on y puisait à même. Lors de la prestation du serment de fidélité au duc Léopold Eberhard par les bourgeois de Montbéliard, le Magistrat offrit au prince et à sa suite un banquet où les jeunes gens de la ville furent chargés du service d'honneur. Les frais s'élevèrent à 1,466 francs, et l'on consomma soixante et onze pots de vin de dessert. Divers auteurs ont reproduit les détails piquants d'un repas que messeigneurs du Noble Conseil offrirent le 4 octobre 1661, à Audincourt, au sieur Paul de Forstner, fils du chancelier Christophe. Nous n'en rapporterons pas le détail pour éviter un double ou triple emploi ; mais à voir figurer sur la table quinze sortes d'entrées ou rôtis avec autant d'assiettes de hors-d'œuvre, gâteaux, légumes, plats de dessert, arrosés de dix-neuf pots de vin, nous pouvons présumer que nos grands-pères jouissaient d'une santé robuste et d'un fort bon appétit. La carte payante s'éleva à 71 francs. « Tout le monde avait été fort joyeux, et chacun s'en trouva si bien que deux jours après nos seigneurs du dit Conseil y ont été de rechef avec leurs femmes, où après avoir bien beu, le S^r conseiller Duvernoy print dispute avec

Mons. le prevôt (Pierre Vurpillot); même le sieur Duvernoy (Georges) pensant être le prevôt, après avoir lasché son pistolet, en donna un grand coup sur la teste au sieur Thevenot, registrateur, lequel se sentant offensé et pensant se révenger, mit la main au pistolet qui par bonheur n'était point chargé, et, en pensant donner un coup du bout au sieur Duvernoy qui l'avait excédé, s'en alla donner un coup sur la teste au sieur procureur général (Jérémie Duvernoy) qu'il ne voyait point pour être bien huict heures dans la nuict, tellement qu'il y eut grand vacarme, le sieur conseiller Duvernoy voulant tout tuer. »

Ainsi raconte dans sa Chronique le sieur conseiller Perdrix, témoin oculaire de ce bel exploit. On en fut pour 14 quarts d'écus de verres rompus (14 fr. ou 11 livres 4 sols tournois). Mais que faisaient nos dames pendant la bagarre? Sans doute, elles étaient à respirer le frais au bord du Doubs, ou est-ce par hasard qu'elles étaient familiarisées avec pareille aventure? Dinerait-on encore aujourd'hui dans les hôtelleries d'Audincourt aussi bien qu'on faisait en 1661 dans ses cabarets? ce serait à vérifier.

Vers la fin du XVIIIe siècle, on semble s'être considérablement relâché du rigorisme somptuaire imposé par les anciennes ordonnances, au point qu'un repas d'enterrement ressemblait presque à un festin de noces. On en pourra juger par les documents ci-joints.

Etat détaillé des plats servis au repas mortuaire de M. le baumestre Lalance, donné le 10 sept. 1781.

Orge avec la poule	1 l. 10 s.
Choux-fleurs à la sauce.	1 » 10 »
Trois pigeonneaux avec mousserons	2 » »» »
Une truite à la sauce.	2 « »» »
Une tourte de poulets	3 » 10 »
Un lièvre	1 » 16 »
Un canard	1 » 4 »
Trois dindonneaux	3 » 12 »
Un plat d'écrevisses	1 » 4 »
Un plat de beignets de pommes . .	1 » 10 »
Salade	» » 10 »
Dessert	2 » »» »
Pain	» » 10 »
Un pot et une bouteille de vin rouge	1 » 16 »
Un pot de vin blanc	1 » »» »

Le lendemain ce fut à recommencer ; et il ne s'agit pas, comme on voit, d'un personnage particulièrement marquant. La note, signée Isaac Surleau, au Lion-Rouge, s'éleva pour les deux jours, à 34 fr. 4 sous.

Voici maintenant tel qu'il est figuré, le dîner servi aux noces de G. David Rossel et de demoiselle Magdeleine Beurnier, le 20 août 1754. Cinquante convives y assistaient. (V. le tableau ci-après.)

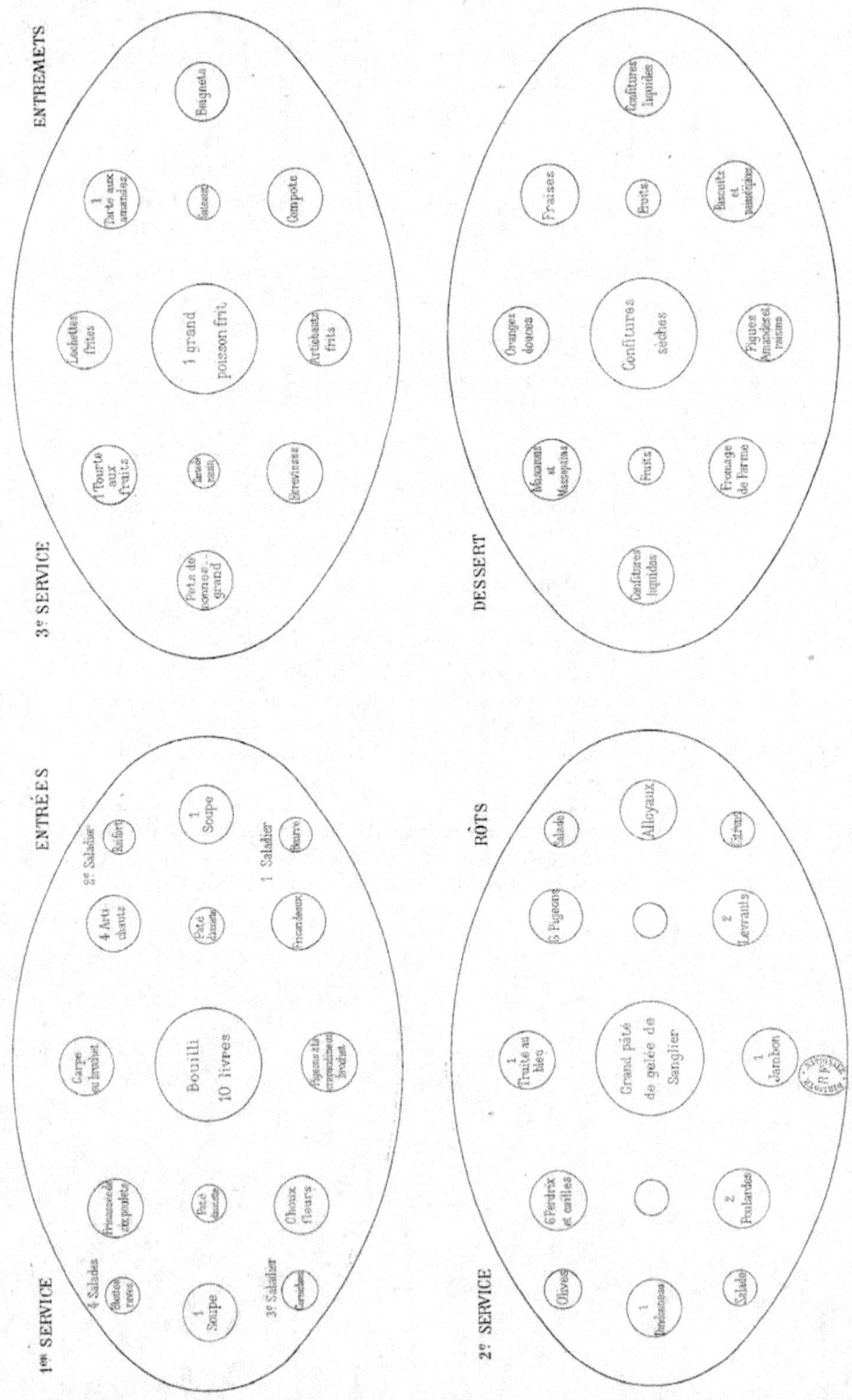

IX

Notre pays de Montbéliard au siècle dernier était plutôt agricole qu'industriel, et la raison en est simple. Comme on ne pouvait pour ainsi dire rien faire venir de l'extérieur, de même qu'il était très difficile d'exporter quoique ce soit, les terres devaient forcément subvenir à l'entretien de la population, et l'industrie de son côté ne fabriquait qu'en raison de la consommation locale ou tout au moins environnante. Aujourd'hui c'est le contraire qui arrive : nous envoyons à l'extérieur les produits de nos industries, nous recevons en retour les denrées alimentaires, et nos champs restent déserts.

Déjà dans les temps anciens, nos princes s'étaient sérieusement occupés de la culture. Les immenses forêts qui, depuis le moyen âge, couvraient toutes nos collines, ne laissant qu'un étroit espace pour les villages et les terres cultivées, avaient été percées de divers côtés. Le comte Frédéric, en particulier, y avait fait de vastes abattis : il avait fondé le hameau d'Essouaivre dans les bois de Saunot, le village de Frédéric-Fontaine dans ceux de Clairegoutte ; aux abords de la ville, il avait transformé en vignes et en vergers la forêt qui couvrait la pente méridionale de la Chaux et la plus grande partie de la Vouaivre de Sochaux; il avait fait abattre plus de mille arpents de la forêt du Chénois qui occupait tout le terrain des Côteaux jusqu'au chemin d'Audincourt [1]; enfin, au nord, pour dégager la citadelle et en assurer la défense, il fit reculer la forêt qui s'avançait presque jusqu'aux glacis de la place. D'un autre côté, l'abolition des corvées et des charges qui pesaient sur les terres (1593), remplacées par des abonnements et des prestations en nature, ainsi que les encouragements accordés aux améliorations qui étaient apportées à l'agriculture, en lui donnant de plus grandes facilités, amenèrent un progrès considérable.

Les successeurs de Frédéric suivirent son exemple. Malheureusement les dévastations auxquelles nos pays furent exposés, tant de la part des Lorrains que de celle des Allemands ou des Suédois pendant la guerre de 30 ans, et des Français sous Louis XIV, arrêtèrent le mouvement, et pendant plus d'un siècle, le découragement fut tel que les paysans abandonnaient leurs champs en friches et laissaient périr leurs bestiaux faute de soins. Les campagnes s'étaient de nouveau couvertes de forêts et de broussailles, et les loups battaient librement le pays. Le comte Léopold Frédéric avait vainement menacé les émigrés de la confiscation de leurs terres s'ils ne revenaient en prendre possession (ordon. de 1654); vainement encore le comte Georges avait essayé de remplacer ceux qui avaient

---

(1) Les terres du Chénois étaient données à charge de défrichement à divers habitants de Montbéliard et d'Arbouans, moyennant un cens d'un sol par journal, payable annuellement et à perpétuité.

succombé, et de repeupler le pays en appelant des Allemands et des Suisses que, pour un temps, il libérait de toute espèce de redevance; (ordon. du 14 août et du 19 sept. 1662) : ce ne fut en réalité que vers le milieu du XVIII° siècle, alors que le pays parut goûter quelque sécurité, que l'on commença à se remettre au travail, et que le gouvernement ducal reprit l'œuvre de progrès et d'amélioration agricole si longtemps négligée.

Déjà en 1747, le baron de Tornaco, alors gouverneur de l'Etat de Montbéliard, avait fait sentir l'importance d'un système régulier d'irrigation pour les prairies; et des travaux immédiats avaient été prescrits sur les territoires d'Allanjoie, de Fesches, d'Etupes, d'Exincourt et de Sochaux. En 1765, on commença d'épurer et d'assainir la Vouaivre qui jusqu'alors n'avait produit que des joncs et des fièvres paludéennes. De vastes terrains, régulièrement noyés ou dévastés par les inondations, furent ainsi rendus à la culture. Les trèfles et l'esparcette, introduits dans le pays en 1739 par Antoine Brégentzer, directeur des forges d'Audincourt, permirent de multiplier les prairies artificielles; un peu plus tard vinrent les luzernes. Les pommes de terre commencèrent à se répandre en plus grande abondance; le bétail devint plus nombreux et moins cher, et permit de réparer les désastres des temps antérieurs; enfin une ordonnance du 23 août 1771, par laquelle le duc Charles invitait les habitants des villages à mettre les friches en culture, à diminuer l'étendue des jachères et à régulariser l'assolement des terres qu'il affranchissait de la vaine pâture, amena de nouveaux progrès, et l'on put dire avec raison (colonel Beurnier) que ce dernier demi siècle fut pour le comté un temps de réelle prospérité.

Cependant ces améliorations ne furent pas accueillies sans difficulté. Les paysans qui avaient coutume de dire qu'il fallait laisser les bornes où Charlemagne les avait plantées, eurent beaucoup de peine à se départir de leur routine, et de l'état de paresse ou d'indifférence issu des épreuves passées, mais devenu une habitude.

Dans la ville, les femmes de la bourgeoisie s'occupaient volontiers de leur jardin; mais les propriétés rurales étaient habituellement confiées à des fermiers, pour la plupart venus de l'étranger. Presque tous étaient anabaptistes, et depuis, ils ont gardé à la fois leur culte et leurs spécialités agricoles. Quant aux vignes alors répandues dans presque tous nos villages, elles se cultivaient de compte à demi, c'est-à-dire à moitié de la récolte avec le métayer qui restait chargé de tous les travaux d'aménagement. Leur régime avait été régularisé par diverses ordonnances, mais particulièrement par celle du 8 janvier 1754; et quatre visiteurs nommés à cet effet, étaient chargés de s'assurer que ses prescriptions étaient observées. Les bons fruits étaient recherchés; et, encore qu'on ne possédât pas les espèces délicates que le climat ne comporte pas, nous avions néanmoins des pommes, des poires, des cerises, des prunes de bonne qualité et en plus grande abondance qu'aujourd'hui. La culture s'est étendue depuis par le défrichement de nombreux communaux et de plusieurs morceaux de forêts; mais au siècle dernier, malgré les travaux du comte Frédéric, la ville était encore comme enveloppée au levant par le bois du Parc, au midi, par le Chénois qui s'avançait jusqu'au dessus de la Petite-Hollande; la Vouaivre était couverte d'arbres, et au nord, le bois Clef, défriché à son tour il y a une cinquante d'années, s'étendait jusque dans le voisinage de la ferme du Mont-Chevis et du côteau Girard qui lui-même était resté longtemps à l'état de pâture.

Quelques grandes propriétés existaient encore entre les mains de certaines familles peu nombreuses, mais surtout dans celles de la Seigneurie. C'est ainsi que les Forstner possédaient d'importants domaines à Dambenois, M. de Goll à Allanjoie, M. Rossel à Brognard, le conseiller Duvernoy à Exincourt; M. Gropp et le docteur Raisin avaient chacun une belle ferme à Grand-Charmont, les de Wehlen avaient leurs terres à Seloncourt; les de Thevenot conservaient à Audincourt des restes importants de leur ancienne fortune, enfin les descendants des l'Espérance Coligny possédaient encore, particulièrement au Lomont, plusieurs fermes acquises autrefois par Léopold Eberhard qui leur en avait fait des gracieusetés. Les Sponeck avaient vendu en 1769 leur fief de Bondeval; le reste commençait à se partager en parcelles infinies. Un jour, ce brave duc Léopold Eberhard, qui avait bien des appétits à satisfaire autour de lui et qui, du reste, n'y allait pas par quatre chemins, se trouvant sans doute à court d'argent ou de terres à distribuer, s'était avisé de faire procéder à un nouveau cadastre du sol (4 août 1710); et toute propriété dont on ne put justifier, ou qui n'avait pas pour elle une possession ancienne et déterminée, fut confisquée au profit de Son Altesse Sérénissime; seulement on rapprocha l'une de l'autre les parcelles respectées, en ayant soin de commencer toujours par les plus mauvaises, de sorte qu'à l'extrémité de chaque canton, se trouvèrent des lots de prés ou de champs, quelquefois considérables et des meilleurs, dont le duc constitua des fermes, et qui lui permirent de continuer ses largesses à ses maîtresses et à ses bâtards. A la mort de leur patron, ces gens possédaient des maisons et des jardins dans tous les quartiers de la ville, et des biens-fonds dans tous les coins de la principauté.

Dans la suite des temps, quelques-uns de ces domaines furent reconfisqués par les successeurs de Léopold Eberhard; mais on ne les restitua pas aux anciens détenteurs; et la seigneurie, tant par le fait des accaparements qu'en qualité de légitime propriétaire, resta en possession de la ferme des Gouttes, du Mont-Chevis, de la Souaberie [1], de la Petite-Hollande, du Grand-Cerf, d'Etupes, de la Grange-la-Dame, de Sainte-Suzanne, etc. Dans les temps anciens, le comte Frédéric avait fondé un haras à Belchamp; des brebiseries à Marchelavillers, à Blamont, à Dasle, à Voujaucourt; des vacheries à la ferme de la Souaberie qu'il avait créée, et à la Grange-la-Dame achetée par lui des héritiers Virot au prix de 8,300 livres. Il y eut des biens domaniaux à Verlans, Couthenans, Luze, Essouaivre, Trémoins, Bavans, Courcelles, Belverne, Bethoncourt, Clairegoutte, Frédéric-Fontaine, le Magny, Etobon, la Giégoutte, Montécheroux où se trouvaient les fermes de Clémont et de Montglio, à Fesches-le-Châtel et dans nombre de localités. Une grande partie de ces terres provenait d'anciens fiefs rachetés par les comtes. Elles étaient généralement

(1) La maison de ferme de la Souaberie était primitivement à l'emplacement de l'ancien Collège. Lorsque le duc Eberhard Louis abandonna ce local à la ville pour y établir le Gymnase, elle fut transportée dans la maison qu'occupe actuellement M. Edgard Sahler et que possédaient alors avec ses dépendances les L'Espérance Coligny.

accensées au taux de 5 0/0, ce qui était à peu près le prix de location pour les particuliers. A la fin du siècle dernier, un journal de bonnes terres arables (25 ares, 06) rapportait 14 livres, un journal de vignes, 12 livres, une fauchée de bons prés, 18 livres, et le journal de forêt, 14 livres. — A la seigneurie appartenaient encore les étangs de Franquemont, Bremont, Brevoux, ceux de Chagey, de Ropet, de la Morte-Goutte. L'étang de Bians avait été mis en culture dans les premières années du XVI° siècle, et celui de Rainans fut converti en prairie en 1774. De tous les côtés s'étendaient de vastes forêts dont véritablement on ne savait que faire. Lors de la création des forges de Chagey (5 décembre 1586), concédées aux frères Joseph et Nicolas Morlot, de Fontenoy en Vosges; et 30 ans plus tard, en 1616, lors de la création des forges d'Audincourt [1], le comte Frédéric attribua à ces établissements, pour

---

(1) Résumons brièvement l'historique de cet établissement : A l'origine, ce n'était qu'un moulin à égruger, établi par Paul Payer de Schaffouse, alors fermier de la forge de Chagey. Trois ans après il lui substitua un haut-fourneau, puis des feux de forges. La propriété passa en différentes mains jusqu'au moment où le domaine, déjà en possession de la forge de Chagey (1591), l'acquit du chancelier Lœfler en 1628, pour la somme de 7,700 florins, et l'afferma immédiatement. Les premiers produits des baux s'élevèrent de 7 à 10,000 francs. En avril 1635, l'établissement fut réduit en cendres par l'armée du duc de Lorraine. Relevé en 1650, il commença à prendre un développement important. Les sieurs Barbaud, Jaquin, Chemilleret, fermiers successifs, l'améliorèrent, sans toutefois négliger leurs propres intérêts, tellement que le sieur Etienne Barbaud, originaire d'Héricourt, put acheter la seigneurie de Florimont dont il s'intitula dès lors. Toutes les mines de fer du comté de Montbéliard leur avaient été concédées gratuitement, et plusieurs milliers de toises de forêts domaniales leur étaient attribuées chaque année à un taux fort au-dessous du prix ordinaire. En 1670, on forgea à Audincourt 663,450 livres de fer, exporté particulièrement

l'alimentation des fourneaux, de grandes portions de bois qui leur sont restées et sont devenues une de leurs principales richesses. Malgré les soustractions et les défrichements qui avaient été effectués à différentes reprises, le domaine possédait encore en 1779, 5,315 arpents de forêts dans le comté, 6,562 arpents dans les seigneuries, et 4,312 arpents dans les terres d'Horbourg et de Riquewihr. Quant aux propriétés ayant autrefois appartenu à l'abbaye de Belchamp, au chapitre de Saint-Maimbœuf, au prieuré de Vaux, ce qui n'en avait pas été vendu appartenait à la Recette ecclésiastique, sauf les forêts que la seigneurie s'était réservées.

En outre des forges d'Audincourt et de Chagey, on avait essayé de fonder un haut-fourneau à Blussangeaux (1649), une tréfilerie et un martinet à Saint-Valbert (1651), un martinet à Bart (1725); mais ces établissements n'eurent qu'une durée très éphémère.

Quelques industries cependant avaient pris pied momentanément à Montbéliard et aux environs. En 1729, une fabrique de toiles de coton et d'in-

---

en Suisse et en Franche-Comté. Onze ans après le prix du bail était porté à 13,000 livres. Léopold Eberhard dépensa de grosses sommes pour reconstruire les bâtiments et mettre l'usine en état. Il la mit en régie et son exemple fut suivi pendant tout le XVIII° siècle : vers 1750, le régisseur était M. Meiner, originaire de Saxe. En 1764, on y annexa une manufacture de fer-blanc, de sorte qu'on y voyait alors réunis un haut-fourneau, quatre feux de forge, une ferblanterie, un lavoir à mine, des halles à charbon, des habitations pour plus de cinquante familles. En 1787, le bail pour Audincourt et Chagey donnait 36,000 livres tournois. Ces deux établissements, aliénés par le gouvernement français en 1796 et 1797, sont restés dès lors entre les mains d'une compagnie anonyme. En 1844, Audincourt occupait 300 ouvriers et produisait pour une valeur annuelle de 2,000,000 de francs. (Annuaire de 1844.)

diennes avait été fondée à Sainte-Suzanne par un nommé Girtanner, originaire de Saint-Gall. Vers la fin du siècle, un autre nommé Kœnig, également suisse d'origine, introduisit dans ce même village l'industrie des mousselines brodées, et pendant plusieurs années, on vit toutes les femmes de la localité et du voisinage occupées à travailler pour la fabrique. Vers le temps que Girtanner, G. Lalance créait au Magny-d'Anigon une manufacture de tabac. Une autre fut créée aux Moulins-Neufs à Montbéliard, et une troisième à la Raisse. En 1749, P. Friez établit dans la ville une fabrique de draps qui, comme toutes les autres, ne subsista que peu de temps. A Sochaux, un moulin d'écorce fut installé en 1720 par un sieur Fendt de Taubenheim, chambellan de Léopold Eberhard, et y devint probablement le point de départ de la tannerie actuelle. Dans ce même village, le sieur Pierre Etienne Menoîte fonda en 1749 une fabrique d'indiennes qui se maintint jusqu'aux invasions de 1815. Mais de toutes les localités du pays celle qui, vers la fin du siècle, paraît avoir eu le plus d'activité industrielle, ce fut Clairegoutte où non-seulement était prospère la distillerie du kirsch, mais où s'était introduite une foule de petites industries de couteliers, de cloutiers, de teinturiers, de bonnetiers, de forgerons qui attiraient les détaillants dans le village et en firent, pendant un temps, un centre d'affaires d'une certaine importance.

A Montbéliard, Jacques Frédéric Rau, natif de Balingen dans le Wurtemberg, établit en 1770 une fabrique de toiles de coton et d'indiennes qui disparut en 1790. Cependant cette industrie fut reprise par la maison Ferrand Rau qui, pendant un temps, parut travailler avec succès. Ses teintures surtout étaient réputées. Mais ces heureux résultats ne furent pas poursuivis : à la mort des fondateurs, la maison commença à décliner, et déjà en 1820 elle avait cessé d'exister. Une ordonnance du 21 juin 1764 autorisa G. Samuel Sahler, originaire de Dourlach, à établir à Montbéliard ou en quelque lieu qu'il lui conviendrait dans le comté, une manufacture en filage et tissure de coton. Bientôt ce fut le tour de Frédéric Japy qui, après quelques essais à la Grange-la-Dame dont son beau-père était fermier, commença en 1774, la construction des ateliers de Beaucourt. On préludait ainsi à la grande industrie de l'époque actuelle; cependant la plupart de ces établissements prospéraient médiocrement par suite de la difficulté des communications, du manque de capitaux et de l'insuffisance des débouchés. D'ailleurs la notion du grand commerce et de la grande industrie n'existait pas encore dans la population de Montbéliard. On envoyait bien ceux de nos jeunes gens qui se vouaient au négoce, faire à Bâle ou à Francfort une sorte d'apprentissage ; ils y étudiaient la tenue des livres, le maniement d'une boutique d'épicier; l'artisan de son côté, s'en allait faire son tour de France ou d'Allemagne; il apprenait à se servir plus ou moins habilement de sa lime ou de son rabot; mais une fois rentré à domicile, on se remettait au train habituel auquel on ajoutait pour un temps quelque procédé nouveau ou l'idée d'une mode nouvelle dans la fabrication d'un meuble ou d'une étoffe : à cela se bornait le progrès, et il en était à peu près de même dans toutes les petites villes, encore fallait-il que la corporation voulut bien s'y prêter. Il y avait cependant des tanneries, des mégisseries à Héricourt et à Montbéliard, des fabriques de bas, des ateliers de menuisiers, d'ébénistes, de serruriers, de couteliers, des ateliers de potiers d'étain, de chaudronniers, surtout des tisserands dont les immenses métiers occupaient toute une chambre et dont l'industrie s'était répandue dans tous les villages voisins. A la place des pianos d'aujourd'hui, on entendait partout le bruit des navettes courant sur la trame, et partout sur les prés, on voyait des toiles étendues et séchant au soleil; de là, les noms de grandes ou petites blanchisseries attribuées à certaines portions de prés au bord des rivières. Une papeterie avait été établie à Courcelles en 1575, par Eusèbe Episcopius, imprimeur à Bâle; elle fut détruite par les Guises dans l'hiver de 1587 à 1588. Le comte Frédéric en fit établir une autre vers la porte des Graviers en 1597; elle disparut vers 1610. En 1613, l'imprimeur Foillet, ne pouvant se procurer facilement le papier dont il avait besoin pour son industrie, obtint, par acte du 28 avril, la cession d'un journal et demi de terrain, vis-à-vis de l'ancienne abbaye de Belchamp, avec faculté d'y construire une écluse et les bâtiments nécessaires à l'exploitation, sous la charge de payer chaque année au trésor une somme de 100 francs, en déduction de laquelle devaient venir toutes les fournitures faites à la Chancellerie. Cette papeterie subsista jusqu'à 1628, et dès lors, jusqu'à 1663, cette industrie cessa d'exister dans le pays. Ce fut seulement à cette époque qu'une nouvelle papeterie fut créée à Glay, par Etienne Ponnier, procureur fiscal à Héricourt, et par le provencier de la cour (économe) Kœpfel. Cet établissement avait passé entre les mains d'une dame Génin de Porrentruy, lorsque en 1707, il fut racheté par Léopold Eberhard pour 4,500 livres, et attribué à ses enfants adoptifs, les L'Espérance Coligny. En 1671, le Conseil de Régence avait autorisé Jean Vurpillot d'Audechaux, à créer l'établissement de Meslières, moyennant un cens de 20 francs. Une autre papeterie fut encore établie à Etupes en 1771, par le duc Frédéric. Elle ne dura qu'autant que la cour occupa cette résidence.

En 1755, il y avait à Montbéliard 55 tisserands, 30 cordonniers, 28 tailleurs, 12 menuisiers, 10 tanneurs, 10 chamoiseurs, 25 boulangers, 30 métiers de bonneterie. On fabriquait des verquelures, des trôsses ou trausses, des droguets ou tiercelins auxquels on donnait les noms bizarres de *diablement forts, de velours de gueux*, et qu'employaient particulièrement les ouvriers et les gens de la campagne. La plupart de ces produits se consommaient dans le pays; cependant nos fabricants suivaient assez régulièrement les foires et les marchés des environs, transportant leurs produits tantôt à dos d'hommes, tantôt sur des charettes, un jour à Belfort, un autre jour à Porrentruy, à Bâle, à Colmar, ou même à Besançon quand la situation politique le permettait.

Les petites industries locales semblaient plus prospères que les grandes, parce que n'ayant pas de hautes exigences, elles réalisaient plus facilement ce qu'elles pouvaient prétendre. Cependant les boutiques étaient peu nombreuses et surtout mal assorties, encore que toutes les spécialités, même les plus opposées, s'y trouvassent réunies. Elles avaient le plus triste aspect et ressemblaient bien moins à des magasins qu'à des échoppes. Aux vitres de la porte, basse et cintrée, ouvrant habituellement à deux vantaux, étaient accrochés quelques paquets d'épices, des chandelles jaunies, des rouleaux de chicorée, des allumettes, des cornets fabriqués avec de vieux livres, contenant du tabac, du sucre, des bonbons médiocrement appétissants, puis comme spécialités locales, des guirlandes de saucisses ou de pains d'épices. Ailleurs, sur une planchette, était étalée quelque pièce d'étoffe ou de bonneterie, indiquant le genre de commerce de la maison. Au dedans, un petit vieillard maussade ou quelque chambrière médiocrement accorte, voulait bien vous montrer la marchandise, tout en grommelant bien fort si, par hasard, vous lui faisiez ouvrir un paquet dont le contenu ne vous convenait pas. En dehors des produits du pays ou des objets de première nécessité, on ne trouvait rien ou à peu près; il semblait qu'on songeât bien plus à écarter un acheteur incommode qu'à attirer et encourager la clientèle. En 1725, ce même comte de Sponeck dont nous parlions tout à l'heure, voulant renouveler sa garde-robe, et n'ayant pu se fournir à Montbéliard, s'en alla faire ses acquisitions à Belfort. Il nous a laissé la note de son fournisseur que nous reproduisons à titre de curiosité :

9 ½ aulnes de camelot à 3 liv. 10 batz . . 33 liv. 5 batz
6 aunes de toile jaune à 2 liv. 10 batz . . 15 »
4 ½ aunes dentelles argent à 6 l. l'aune . . 27 »
1 aune bougran . . . . 16 »
3 onces fil de Paris . . . . 1 » 4 »
Une garniture boutons d'argent . . 13 »
1 ½ poil . . . . 1 » 4 »
½ once soye . . . . 1 » 4 »
_____
92 liv. 13 batz

Ces différents métiers étaient pour la plupart organisés en corporations ou *chompfes*, comme on les appelait dans le pays du mot allemand zumpf. Plusieurs d'entre elles, d'origine très ancienne et antérieures de beaucoup à leur réglementation officielle, furent, paraît-il, florissantes et prospères. Etaient-elles un mal industriel et un obstacle au progrès, ou au contraire avaient-elles pour résultat de maintenir les bonnes traditions et d'exciter l'émulation par le fait de l'esprit de corps, de la surveillance exercée sur les membres de l'association et des épreuves par lesquelles il fallait passer pour être admis dans son sein? ce sont des questions d'économie sociale que nous n'avons pas à examiner ici; mais il est à présumer qu'une grande partie des motifs qui leur avaient donné naissance, n'existaient plus à l'époque de la Révolution, que leur esprit avait changé, que ce qui était protection et secours à l'origine, était devenu étroitesse et restriction égoïste; en tous cas, elles avaient cessé d'être populaires pour devenir un objet de jalousie et de fâcheuses rivalités.

Il y en avait jusqu'à 17 à Montbéliard au moment où elles furent supprimées. Elles possédaient leurs jurandes et maîtrises; chacune d'elles avait son trésor, sa bannière, ses armes, et leurs statuts avaient été approuvés par l'autorité gouvernementale, voire même par l'empereur. Les tanneurs ou escofiers avaient été admis dans la ville en 1483, et leurs réglements, approuvés par le bailli Frédéric Krapler, dataient du 6 mars 1501. Les merciers et drapiers avaient reçu leurs réglements de Marc de Stein, et Maximilien les avait approuvés à la date du 28 octobre 1491; ils avaient été les premiers organisés. A Héricourt, la Société des tisserands avait eu son réglement sanctionné dès 1485. Les statuts des couturiers ou tailleurs, approuvés par Marc de Stein, dataient du 20 mai 1494; ceux des chapeliers du 25 novembre 1497. Ceux des bouchers remontaient à 1496, et avaient été approuvés par le bailli Krapler, le 18 février 1500. Il y avait encore les cordiers, les tisserands ou filandiers, les marchands de la grande verge ou marchands de bestiaux, les serruriers et armuriers de la corporation de Saint-Eloi, les magnins et potiers de cuivre, les charpentiers et tonneliers, les cordonniers, les bonnetiers et chausseniers, les teinturiers, les gantiers. Les statuts des médecins, chirurgiens et apothicaires ne remontaient qu'au 12 janvier 1575, mais ils paraissent avoir succédé à une réglementation plus ancienne à laquelle ils se réfèrent, et dont la trace s'est perdue. Ils furent de nouveau révisés en 1687, et l'on y ajouta une taxe pour les soins donnés aux malades et pour les opérations chirurgicales. L'article 9 prescrit que « tous ceus qui seront receus en la compagnie, soient diligens à soulager les pauvres malades, tant qu'il leur sera possible étans requis par aumosne; les médecins et les chirurgiens ne plaignant leur peine, et les apothicaires fournissant les médicaments sans rien gaigner, au prix coûtant ». Déjà l'art. 33 du réglement de 1575 prescrivait que l'argent reçu à la Chompfe soit employé pour médicaments pour les pauvres, pour instruments de chirurgie et études anatomiques. — Presque toutes les corporations eurent leurs réglements révisés dans le courant du XVIIIe siècle et remis au niveau des exigences du temps; quelques-uns même, ceux des teinturiers et des gantiers entre autres, ne remontent qu'à cette époque. Il nous a paru curieux de mentionner tout au moins sommairement les industries qui florissaient dans notre pays avant la Révolution, et de les rapprocher de celles qui s'y rencontrent aujourd'hui. Leurs statuts abondent d'ailleurs en renseignements qui feraient pour notre histoire locale le sujet d'un chapitre des plus intéressants. Les jurés, dont le nombre variait autour de cinq, étaient nommés à l'élection par tous les membres de la chompfe. On ne pouvait en faire partie en qualité de maître qu'à la condition d'avoir produit ce qu'on appelait un chef-d'œuvre, ou d'avoir fait ses preuves soit devant les jurés, soit devant une commission spéciale. Le nombre des apprentis et la durée des années d'apprentissage étaient déterminés ; on ne pouvait employer que les matières premières et les procédés autorisés ; il fallait payer à la caisse de la Société une somme déterminée, et fournir à la ville un seau de cuir pour les incendies. Les réunions avaient lieu après convocation d'un serviteur fidèle, sous la présidence du maître ou chef, dans une chambre ou poêle qui prenait le nom de la corporation. Les œuvres de charité étaient expressément recommandées ou prescrites. Il était interdit d'exercer deux métiers à la fois et de faire partie de deux corporations. En 1683, 14 avril, un nommé Pierre Curie fut condamné pour avoir pratiqué en même temps la profession de tanneur et celle de cordonnier. Les contraventions aux statuts étaient punies d'un quartal de vin. Dans les cérémonies, ces corps marchaient bannières déployées, venaient saluer les princes à leur arrivée, ou les complimenter dans les occasions solennelles : ils délivraient des diplômes et y apposaient le sceau de leurs armes. Nous avons conservé quelques-uns de ces diplômes et plusieurs des cachets armoriés dont ils scellaient leurs actes. Décrivons-en deux ou trois par curiosité.

Le plus ancien, celui des merciers, remonte au XV° siècle. Il est rond, son diamètre est de 30 millimètres : la légende est en minuscules gothiques entre deux grenetis ; dans le champ une balance.

S. DV. M(AITRE) DES. MERCIERS D(E) MONBELIAR

Ces mêmes merciers possédaient un second sceau ovale ; de 35 millim. sur 31. Dans le champ navigue un trois mâts ; autour, sur un bandeau saillant, on lit :

SCEAV DES MARCHANDS DE LA VILLE DE MOMBELIARD. 1754.

Le sceau des médecins, chirurgiens et apothicaires est rond ; il a 37 millim., et est bordé d'une guirlande laurée. Dans le champ est un creuset sur des flammes, accosté d'une fiole, d'une cornue, de bistouris ; du creuset sortent deux simples et un caducée avec la devise : A DEO MEDICINA. La légende porte :

SIGIL. MED. CHIR. ET PHARM. CIVIT. MONTISBELICARD.

J'ai sous les yeux un diplôme d'apprentissage délivré à un nommé Frédéric Grammont par la corporation des boulangers et pâtissiers ; la pièce est sur parchemin ; en tête figurent les armes de la ville, peintes selon les couleurs, encadrées d'un paysage à l'encre de Chine. La première ligne est en belles lettres majuscules d'or, la seconde en lettres rouges, et le tout agrémenté de paraphes, d'oiseaux et d'autres ornements. Au bas se trouvent les signatures de J. F. Thevenot, maître en chef, de Henri Christophe Kilg, serviteur fidèle, de J. F. Reess, requérant pour son apprenti. L'acte est daté du 28 novembre 1790. Le sceau, en cire rouge, a été arraché, mais comme nous en possédons la matrice, il est facile de le rétablir. Il est rond, de 40 millimètres; dans le champ, deux anges soutiennent un craquelin couronné; au-dessus sont deux roulettes à fraiser, emmanchées et placées en sautoir, accostées d'un croissant, d'un pain long et d'une étoile. La légende est :

LA SOCIÉTÉ DES PATICIE BOVLANGERS DE MONBELIAR.

Outre ces industries, comme on voit, passablement nombreuses, il se faisait, vers la fin du siècle, dans quelques maisons, des affaires commerciales d'une certaine importance avec l'Allemagne, la Hollande et même l'Angleterre. On commençait à suivre les grandes foires de Francfort, de Bâle, même de Leipzig, et plus tard de Beaucaire ; ces relations avec l'étranger ont fait la fortune de quelques familles. Il n'y avait pas jusqu'au commerce de contrebande, favorisé par la situation exceptionnelle de notre pays, qui ne se pratiquât sur une assez large échelle et ne devint la source de bénéfices importants. On le dissimulait sous le nom de transit ; et nos négociants ne semblent pas avoir été très scrupuleux à son endroit.

X

Malgré tout cela, l'argent était rare, et l'or pour beaucoup de gens, une véritable chimère. Plusieurs de nos princes avaient battu monnaie; il est même assez singulier de rencontrer dans les collections deux triens, c'est-à-dire deux tiers de sous d'or, frappés à Allanjoie, et remontant aux temps mérovingiens. Il est vrai qu'à cette époque, la frappe des espèces monétaires se faisait un peu partout et ne demandait pas grand outillage. Lorsque le monétarius avait réuni par la perception de l'impôt la masse d'or qui lui était nécessaire, il suffisait du marteau et de l'enclume dont il se faisait suivre, du coin qu'il venait de tailler, pour mettre en œuvre le métal recueilli. De là vient que, durant cette période, il y a des espèces de toute provenance et sous des noms complétement inconnus. L'un de nos triens porte le nom de LEVDEBERT, l'autre celui de FVLDOALD, et tous deux, comme lieu de provenance, portent la désignation d'ALSGAVDIA VICO, que l'on a traduit directement par village ou bourg d'Allanjoie. Sur la face est un buste diadémé, tourné à gauche; au revers, une croix montée sur deux degrés. Sous Thierry II se rencontrent, avec le titre de monetarii ou maîtres de la monnaie, des personnages du nom de Conon, Trumand, Girard. Le comte Etienne paraît aussi avoir frappé monnaie ; les chroniques rapportent que lorsque le duc Christophe vint à Montbéliard, il retrouva les vieux ateliers de fabrication avec tout leur outillage, et une pièce d'Etienne portant au revers les deux poissons adossés. Cette pièce a disparu, et je ne sache pas qu'il en ait été trouvé d'autre exemplaire remontant à cette époque.

Les espèces originaires de Montbéliard et mises en circulation dans nos pays pendant les derniers siècles, ne remontent pas au delà du comte Frédéric ; mais les quantités émises étaient loin de suffire aux besoins locaux, et l'on dut admettre à libre cours les monnaies de France et de Comté, celles de la Suisse, du Wurtemberg et de l'Empire. On accueillait tout ce qu'il était possible d'accepter, de même que dans les cités décimées par la peste ou par guerre, on offre asile à tous pour reconstituer la population. Dans les derniers temps, ce fut la monnaie française qui prit décidément le dessus ; dès 1725, elle devint d'un usage général, et même à partir de 1724, elle fut presque exclusivement employée. Peu à peu disparurent les vieilles espèces montbéliardaises ; et déjà vers la fin du XVIIIe siècle, on ne trouvait plus que quelques rares billons provenant des ateliers de la principauté.

Le samedi, 16 janvier 1585, on publia à son de trompe que la monnaie de Son Excellence de Montbéliard aurait cours en ses terres [1]. Cette monnaie se composait particulièrement des espèces suivantes.

(1) Un règlement du 12 septembre 1589 supprima l'usage des vieux Carolus et des petits blancs.

Le franc faible ou franc ordinaire de Montbéliard qui valait 16 sols tournois. Il se divisait en 12 gros ou trezeaux, chacun d'un sol et 4 deniers tournois. Le gros valait 4 blancs ordinaires de quatre deniers tournois chacun, et le blanc se subdivisait en trois niquets. Vers la fin du XVI° siècle, le niquet se confondait avec l'angrogne ou ancerne, petite monnaie franc-comtoise qui, à l'origine, valait un denier et une obole. En usage déjà au XIII° siècle, elle disparut avant le XVII°.

Le franc fort de Montbéliard valait 20 sols tournois. Il se divisait en 12 gros forts, valant chacun un sol et 8 deniers tournois. Le gros fort se divisait aussi en 4 blancs forts, valant chacun 5 deniers tournois.

La batz de Montbéliard, en usage du XVI° au XVIII° siècle, valait deux sous tournois, par conséquent six blancs ordinaires. Il fallait ainsi 8 batz pour faire le franc faible et dix pour le franc fort.

Le franc était en argent et la batz en billon. Ces pièces portaient généralement à la face l'écu orné de Wurtemberg, chargé de trois cornes de cerf, avec la légende : FRIDE. D. G. COM. WVRT. ; et au revers, l'écu orné de Montbéliard, chargé de deux bars adossés, avec la légende : MO. FACTA. MONT. ; la date porte 1586 ou 8 ou 9. En tête, on voit tantôt deux ramures ou deux poissons adossés, tantôt un cor de chasse rappelant la charge de grand veneur de l'empire. On signale des pièces de trois batz portant le buste de Frédéric à droite, avec la légende : FRID. D. G. CO. WVRT. ET MON. ; et au revers, l'écu orné, écartelé de Wurtemberg-Montbéliard, avec la légende : DEVS. ASPIRA. CÆPTIS. 1586. Les pièces d'une batz portent ou bien la ramure de cerf et un bar adossés sur la face, avec une croix fleuronnée au revers, chargée d'un F en cœur, ou bien l'écu de Montbéliard, chargé en pointe d'une ramure avec même revers. La batz pèse 12 grains (0,65 gram.); la pièce de 3 batz, 45 grains (2,32 gram.); les autres valant 6 creutzers, c'est-à-dire le franc faible, varient entre 17 et 19 grains (0,80 et 0,90 gram.)

La fabrication des espèces monétaires cessa à Montbéliard lorsque Frédéric fut devenu souverain du Wurtemberg. Elle fut reprise par ses successeurs. Une pièce de Jean-Frédéric qui gouverna Montbéliard antérieurement au traité des cinq frères (28 mai 1617), porte en face trois écussons posés en triangle, aux armes de Wurtemberg, de Montbéliard et de Teck, accostés de la date 1614. Dans un cartouche en tête est le chiffre (2), avec la légende: IOHANN. FRID. D. G. DVX. WIRTEM., et au revers, l'étendard de l'empire avec la légende : DOMIN. HEI. ET. TECK. COM. MONT.

L'époque de Louis Frédéric, successeur de Jean, fut celle où nos ateliers monétaires travaillèrent avec le plus d'activité et de succès. On a de ce prince des batz et des creutzers; ces derniers assez semblables à ceux du comte Frédéric, portant de face les armes du Wurtemberg, au revers celles de Montbéliard, avec une légende analogue aux anciennes; et, pour les batz, l'écu échancré de Montbéliard, avec un revers formé d'une croix fleuronnée coupant la légende, chargé au cœur d'un L et d'un F. entrelacés. Mais la plus belle pièce frappée dans le comté, est le daldre ou thaler de 0^m,041 de diamètre, pesant 7 gros 36 grains (28,70 gram.). Sur la face est le buste collereté du prince, tourné à droite, avec la légende: LVD. FRID. D. G. DVX. WIRT. ET. TEC. COM. MONT. Au revers est un écusson couronné et orné, écartelé au premier de Wurtemberg, au deuxième de Teck, au troisième de l'étendard de l'empire, au quatrième de Montbéliard. La légende est : SECVNDVM. VOLVNTATEM. DEI. 1622. Le quart de daldre que MM. Plantet et Jeannez donnent comme ayant la valeur du franc faible, est semblable au précédent, si ce n'est qu'il n'est pas daté et porte de chaque côté de l'écu, les chiffres 11-11 soit $^1/_4$, de daldre. Son poids est de 1 gros 64 grains (7,20 gram.) Il en est de même de la pièce de 12 creutzers, portant le chiffre 12 au-dessous du buste, et au revers la date 16-22, coupée par l'écu. Son poids est de 42 grains (2,25 gram.) Une autre pièce également de 12 creutzers, porte les trois écussons en triangle comme la monnaie de Jean Frédéric ; et nous les retrouvons encore sur une pièce portant le chiffre 2 (2 batz, suiv. Plantel et Jeannez), ne différant de la précédente qu'en ce que la bannière de l'empire est contenue dans un écusson couronné au lieu d'être simplement dans le champ. Toutes deux ont à peu près le même diamètre ; mais la première pèse 61 grains (3,15 gram.), et la seconde 59 grains (2,90 gram.). L'une est de 1624, l'autre de 1625.

La plupart de ces monnaies sont d'une extrême rareté. Je n'ai jamais trouvé le daldre ni le quart de daldre ; les seules que l'on rencontre encore quelquefois, sont les pièces de trois creutzers, aux armes de Wurtemberg et de Montbéliard, à la date de 1624, et celles de 12 creutzers, à la date de 1622.

A partir du moment où le duc Louis Frédéric quitta Montbéliard pour aller administrer le Wurtemberg (1628), on cessa de battre monnaie dans cette ville et les ateliers restèrent fermés jusqu'au règne de Léopold Eberhard. On frappa alors des pièces de deux ou de trois creutzers et des liards. La pièce de deux creutzers porte en face les armes de Wurtemberg dans un cartouche, avec la légende : ANNO. DOMINI. 1710. Son poids est de 26 grains (1,40 gram.). La pièce de trois creutzers porte à la face le buste du prince cuirassé, en longue perruque, tourné à droite, avec la légende : D. G. L. E. D. W. M. Au revers est un écu couronné, coupé de Wurtemberg-Montbéliard ; sous l'écu, deux branches de chêne, avec la date 17-10 coupée par un cartouche portant le chiffre (3). Certaines pièces n'ont ni cartouche ni date. Le poids est de 30 grains (1,60 gram.) Le liard porte à l'avers le même type et la même légende. Au revers, on lit : LIARD DE MONTBELIARD. 1.7.1.0. ou les années suivantes jusqu'à 1717. Le demi liard est semblable à la face. Au revers, il porte l'écu de Montbéliard couronné ; au dessous deux branches de chêne avec la légende : DEMI LYARD D. M. Le creutzer porte à la face l'écu de Wurtemberg couronné ; au dessous deux branches de chêne, et dans un cartouche les lettres I C R. La légende est : MONETA NOVA. Au revers huit L entrelacés en croix dans le champ ; au milieu une croisette avec la légende : DE MONTBELIARD. 1716. Le poids était de 22 grains (1,15 gram.), et il valait à peu près 8 deniers tournois.

La fabrication des monnaies sous Léopold Eberhard ne paraît pas avoir duré au delà de 1717 ou 1718, bien qu'une convention, en date du 15 avril 1716, ait été conclue avec un sieur Guillaume Craven de Lucerne, maître de la monnaie, pour la continuation de la frappe des espèces montbéliardaises.

Mais, comme je l'ai dit, les monnaies originaires du comté, n'étaient pas seules en usage dans la population, et je ne sais vraiment comment une servante, allant au marché, parvenait à se débrouiller parmi tout ce fretin de pièces et piécettes de toutes provenances et de toute valeur. Monsieur le Recteur y eut certainement perdu son latin.

En effet, il y avait encore la livre estevante ou livre de Franche-Comté, valant 14 sous 9 deniers tournois. Elle se divisait en 20 sols estevenans, et le sol se subdivisait en 12 pites, la pite en 4 niquets. Cette monnaie, frappée originairement par les archevêques de Besançon et plus tard par la ville, fut en usage à Montbéliard du XIII° au XVI° siècle; et de leur côté, les comtes de Bourgogne admirent à libre pratique la monnaie des comtes de Montbéliard, mais seulement celle d'argent. (Lettres patentes de Philippe II, roi d'Espagne, du 18 février 1592).

La livre bâloise valait 28 sols tournois. Elle se divisait en 20 sols bâlois, valant chacun un sol et 4 deniers tournois. C'est l'équivalent du gros ordinaire. Nous les trouvons désignés sous les noms d'assis, assis duplex. L'évêque, en sa qualité de prince du Saint-Empire, avait également le droit de coin; et nous avons recueilli à Montbéliard, jusqu'à la date de 1788, des espèces frappées à son nom (Joseph) et à ses armes. A la face est le buste du prince-évêque et au revers l'aigle impériale.

On cite encore le florin d'or en usage du XIV° au XVI° siècle, valant à peu près 4 livres tournois, et le florin d'argent, valant 12 gros faibles ou 13 $^1/_5$ sols tournois. Plus tard il valut 2 francs faibles; on l'employait pour établir les comptes, et il était désigné sous le nom de florin monnaie. L'écu d'or, en circulation au XVI° et au XVII° siècle, valait 3 francs forts, et le quart d'écu un franc faible. Enfin, le ducat en usage à Montbéliard valait, 7 livres, 1 sol, 8 $^2/_5$ deniers tournois. — Comme on peut le présumer, la valeur et le change des monnaies étrangères subit de nombreuses altérations et dût être réglementé à différentes reprises, ainsi 12 sept. 1589, 26 sept. 1620. Une ordonnance de 1622 prescrit que les ventes et marchés soient faits en écus, florins et sols bâlois suivant l'antique usage, dit que la plupart des monnaies courantes seront fabriquées à Montbéliard ; et, pour faire baisser les prix des denrées en proportion du taux des monnaies, taxe le prix des vivres, des journées, de l'écot dans les auberges [1].

Par suite des difficultés et des variations qui ne cessaient de se produire dans la valeur de toutes ces monnaies, on se trouva dans la nécessité, en 1623, d'établir un changeur à Montbéliard, et la confusion ne cessa que par l'adoption définitive des espèces de France. [2]

(1) Veut-on, d'après quelques prix de revient que nous recueillons, se faire une idée de la valeur de l'argent à Montbéliard, au milieu du XVIIe siècle ? La journée d'un manœuvre en 1654, nourriture en sus, valait en été 4 gros, en hiver 2 gros ; et 8 gros en hiver, 6 en été, nourriture non comprise. Un faucheur, un vigneron touchaient 9 gros, nourriture en sus. Un couvreur, un menuisier, un vitrier, 10 gros. Une journée de voiture, à 3 ou 4 chevaux, conducteur compris, se payait 9 gros par cheval. Le labour d'une quarte de terre, 9 gros et 3 blancs. Un tombereau de sable, 3 gros. Une paire de roues de chariot de 30 gros à 3 fr.; d'un carosse, essieu compris, 4 fr. La livre d'étain fin pour plats et assiettes, 14 à 15 gros ; la livre d'étain commun, 10 gros. Une paire de souliers à trois semelles pour bourgeois, 24 à 28 batz ; pour bourgeoise, de 12 à 20 batz. La façon d'un habit ordinaire, 18 gros ; d'un habit d'étoffe fine, 1 florin ; d'un manteau, de 15 à 21 gros. Un maître tailleur pris à la journée et nourri, recevait 3 gros. Un siècle plus tard, lors de la construction de l'hôtel de ville actuel, un maçon, carrier, manœuvre, recevait sept sols.

(2) Voici ce que contenait l'escarcelle d'une de nos dames bourgeoises, d'après inventaire fait à son décès, le 7 février 1757.

Un double louis d'or en valeur quarante-huit liv.   48 l.
Un autre louis d'or de vingt-quatre livres . . .   24 ·

Résumons maintenant pour conclure cette matière, les principales mesures en usage avant l'adoption des mesures actuelles.

Le pied de Montbéliard valait 10 pouces, 8 lignes, 3 $^1/_{40}$ points, mesure de France, ou 0^m,289333 million. de mètre. Il se divisait en 12 pouces, le pouce en 12 lignes. La toise courante de Montbéliard était de 10 pieds : elle valait 1 toise, 2 pieds, 10 pouces, 10

Treize écus de six livres, faisant ensemble. . . 78 »
Huit écus de trois livres pièce, faisant . . . . 24 »
En monnaie courante, 4 livres, 10 sols, 3 deniers. 4 » 10 s. 3 d.
Une pièce d'argent de Lorraine de 1717, en valeur
d'environ trente sols . . . . 1 » 10 s.
Deux pièces de vieux argent de France, l'une de
1718, l'autre de 1721, en valeur chacune de trente
sols . . . . 3 »
Une demi dite de 1722 . . . . 15 s.
Trois autres petites pièces d'une valeur chacune
d'environ onze sols pièce . . . . 1 » 13 s.

Une médaille d'argent du duc Eberhard Louis, 1723. Cette pièce frappée à la fois en argent et en billon, et la dernière sortie des ateliers de Montbéliard, est relative à la prestation de serment au duc de Wurtemberg par les bourgeois de la ville.

Une pièce d'or de Hambourg, qui est une médaille de l'an 1677, pesant une once et un trezeau.

Huit pièces anciennes du duc Louis Frédéric, en valeur de deux
sols chacune . . . . 16 s.
Sept pièces de Montbéliard, d'un sol chacune. . . 7 s.

Treize autres petites pièces, tant creutzers de Montbéliard qu'autres anciennes de peu de valeur.

Une pièce d'argent doré, de l'an 1621, ayant un cercle autour, avec un anneau.

Une autre fort petite pièce d'argent qui semble être une...

Vingt sols en liard de Belfort.

Soixante-deux pièces de valeur de deux liards.

Trente-quatre pièces d'Allemagne ou de Suisse etc.

Une dauphinotte de cinq sols.

Vingt pièces de neuf deniers.

lignes, mesure du roi de France, soit $2^m,89333$. Au XVIIIe siècle, on employait assez indifféremment le pied de roi ou pied de Paris et le pied de Montbéliard. Le premier se subdivisait en 12 pouces, le pouce en 12 lignes et la ligne également en 12 points. Il valait $0^m,32484$. La toise de France valait $1^m,949$. L'aune de Montbéliard était les $2/3$ de celle de Paris ; elle portait $0^m,815$. L'aune de Paris, dont on faisait assez grand usage au XVIIIe siècle, portait 3 pieds, 7 pouces, 10 $5/6$ lignes ($1^m,18844$). Les mesures itinéraires, les mêmes que celles de France, étaient la lieue de 25 au degré, valant 2280 $1/3$ toises de roi, ou 4 kilom. 444 mètres.

On employait comme mesure de poids la livre de Paris ou livre de Bâle qui équivalait à 489,58 grammes, presque le demi kilogramme. Elle était divisée en deux marcs ou en 16 onces ; l'once était de 8 gros et le gros de 72 grains.

Comme mesure de capacité ou de contenance, on employait, pour les liquides, la pinte de Montbéliard déjà en usage au XVe siècle. Elle valait 1 lit. 134 et se divisait en deux chopines, valant chacune 0,577 de litre. La channe ou pot contenait 2 pintes ; la tine contenait 48 pintes. Il fallait 4 tines pour la pièce ; le quartal était $1/4$ de tine. On mesurait les grains à la quarte, déjà en usage au XVe siècle. Elle était dite du poids de 40 livres, et se divisait en deux boisseaux ou coupots, contenant chacun 8 coupes ou casses. La quarte valait 27,2 litres, le boisseau 13,6 litres ; et le bichot qui équivalait à 24 quartes, contenait 652,8 litres. La quarte d'avoine comprenait trois boisseaux ou coupots, et lorsque les fruits ou légumes étaient mesurés, ce qui ne se faisait pas habituellement, on chargeait la mesure de tout ce qu'il était possible d'y entasser.

ANCIEN BUFFET DE L'HOTEL DE VILLE

Les superficies se mesuraient à la toise carrée de Montbéliard, valant 8 m. car. 37111. Pour les champs, on employait le journal, dont la contenance était de 300 toises carrées de Montbéliard, soit 25 ares 1134. Il se divisait en 4 quartes, valant chacune 75 toises carrées de Montbéliard, ou 6 ares 2787. La quarte se divisait en deux boisseaux ou coupots, valant chacun 37 $^1/_2$ toises carrées de Montbéliard ou trois ares, 14 centiares approximativement. La fauchée, employée pour les prés, portait aussi 300 toises carrées de Montbéliard [1]. Elle se divisait en 8 valmons de 37 $^1/_2$ toises carrées chacun. Pour les bois, on employait l'arpent, également de 300 toises carrées. Dans la seconde moitié du XVIIIe siècle, on adopta fréquemment l'arpent de France, valant 51 ares, 7 centiares.

Le bois de chauffage se mesurait soit à la toise de Montbéliard, portant une toise de long, une de haut, 4 pieds de buche, et valant 9 stères 683; soit à la corde forestière de France, de cinq pieds de couche sur autant de haut, et 3 pieds de buche, valant 2 stères 57.

Il existe encore dans le vieux mobilier de l'Hôtel de ville, plusieurs vases en cuivre ou en bronze, représentant des figures d'hommes ou d'animaux, qui semblent avoir servi d'étalon pour nos anciennes mesures de liquides au XVIe et au XVIIe siècle. Ces petits meubles ne sont pas sans présenter quelque intérêt. Le premier et le plus ancien, haut de $0^m,26$ représente un buste de femme, coiffée d'une résille, ornée de chevrons tracés entre deux lignes parallèles. Sur l'épaule est un petit

---

(1) Dans les villages du Ruz, la fauchée était de 32 à 33 ares, et la quarte de 8 ares 1 dixième.

écusson aux armes de la ville de Montbéliard, et le buste est vêtu d'une étoffe semée de quintes feuilles et de rinceaux. A la base sont trois pieds de lion et un robinet donnant issue au liquide qu'on introduisait par une calotte mobile. Une poignée en étain, soudée à la tête et aux épaules, porte deux poinçons, l'un avec une fleur de lys, l'autre avec les armes de Bourgogne, ce qui semble indiquer une fabrication étrangère. On lui assigne comme date la première moitié du XVe siècle. Le second, un peu moins ancien, a la forme d'un lion; sa hauteur est de 0^m,25. Il est en cuivre jaune, comme le précédent. Campé solidement sur les jambes et la gueule à demi ouverte, l'animal porte la queue relevée et soudée à la tête pour servir de poignée. Un robinet sort de la poitrine, et sur la cuisse gauche sont gravées les armes de Montbéliard. Le buste contient 2,41 lit., à peu près la channe, et le lion 0,89 lit. Acôté se trouvent deux pintes en métal de cloche, aux armes de Wurtemberg-Montbéliard, avec la date de 1601, contenant, la plus grande, 2,20 lit., et la plus petite, 1,13 lit. Enfin, sur le même dressoir figure encore un seau en bronze qui contenait, s'emboîtant l'une dans l'autre, les différentes subdivisions des poids en usage. La pièce est intéressante par son ornementation. Le corps même du seau est décoré de neuf étages de bandeaux circulaires, contenant une série de gravures à la pointe, tantôt représentant des lions affrontés, tantôt une garniture d'écailles superposées, ou un simple fond de sable. Le couvercle est orné de dieux marins barbus et reposant sur leur queue de poisson; un cheval marin soutient la charnière; un autre est accroupi sur le couvercle entre deux dauphins : le tout en haut-relief. Le seau paraît être de la fin du XVIe siècle. Tous ces petits monuments sont actuellement disposés sur la tablette médiane du grand bahut sculpté qui décore le salon de l'Hôtel de ville.

Il y avait autrefois marché à Montbéliard le mardi et le samedi de chaque semaine, et il s'y tenait déjà des foires antérieurement à 1283. On en comptait deux par an en 1397, l'une à la Pentecôte, l'autre à la Saint-Martin. Au XVIIe siècle, ce nombre fut porté à quatre, et aux deux premières, on en ajouta une à la mi-carême, une autre à la Saint-Michel. Enfin, il y en eut huit au XVIIIe siècle, et il en fut ainsi jusqu'au temps de notre réunion à la France. Elles étaient assez suivies, et malgré les difficultés des voyages, les embarras qui naissaient des différences dans la valeur des monnaies, dans les poids et mesures, dans les tarifs douaniers et autres, elles donnaient lieu à des affaires d'une certaine importance. C'était d'ailleurs des fêtes autant que des marchés. Plusieurs jours à l'avance la place du Bourg se couvrait de bancs et de baraques pour les étalages. Sous les Halles étaient disposés des rayons qui recevaient les draps, les camelots, les lainages venus d'Alsace ou de Flandre, et à côté des coupons de tiretaine ou de calmande. Le lin et le chanvre, alors très cultivés dans nos villages, donnaient à divers produits locaux une importance considérable. On voyait ainsi affluer sur les marchés les toiles, les droguets, les damassés fabriqués par nos paysans pendant les loisirs de l'hiver; puis venaient des cotonnades, des trocages imprimés à Sainte-Suzanne ou à Sochaux. Les femmes apportaient des torchis de fil, ou desnattes de chanvre non encore façonné. Dans un autre groupe, on trouvait des souliers, des patins, des sabots; des monceaux de cuirs et de chamoiseries dont une grande partie venait d'Héricourt. Clairegoutte envoyait ses couteaux et ses clous, Saint-Maurice ses terres cuites. Des colporteurs, venus de l'étranger, exposaient quelques pièces d'orfèvrerie, de bijouterie, des ballots de soieries ; on tirait de grands paniers d'osier de la verrerie, peut-être quelques échantillons venus de Bohême ou de Venise, des faïences décorées de Ludwigsbourg, de Frankenthal ou de Schelestadt, plus rarement des porcelaines de Saxe. Sur la Place était particulièrement installé le petit commerce, les objets de mercerie, de quincaillerie, les boutiques de pains d'épices, les étals de charcutiers ; à côté, le beurre et les œufs. Devant les échoppes de barbiers, de selliers établis dans les petites boutiques le long des Halles et déjà alors en assez triste état, on trouvait la grosse vaisselle de terre façonnée par les potiers de la ville ou venue de Porrentruy, même des assiettes et des plats en bois ; puis des marmites, des casseroles et des chaudrons de cuivre rouge à faire de la *moesse*. Sur les bancs des libraires figuraient des almanachs, le Grand et le Petit Messager boiteux, le Diable boiteux, tous gens allant à cloche-pied comme leurs nouvelles, des syllabaires, des catéchismes imprimés chez Hyp ou chez J. Martin Biber, quelques livres de classe ou de piété venus de Strasbourg et surtout de Bâle. A la cour des Halles et à l'éminage, on vendait les denrées provenant des terres domaniales, des dîmes et des récoltes privées. Dans presque toutes les caves se faisait un certain commerce des vins du pays, surtout avec les cabaretiers des environs dont l'assortiment était épuisé. De l'autre côté du grand pont était, comme aujourd'hui, le marché aux bestiaux, et pendant long-

temps il y eut en cet endroit une buvette bien
achalandée. Au milieu de tout cela circulaient une
foule de petits marchands criant à tue-tête leur pa-
cotille, qui des épingles, qui des boutons, des gants
fourrés, des bonnets en peau de loutre, que sais-je?
Près de la fontaine, un charlatan monté sur ses
tréteaux, arrachait les dents sans douleur et pro-
clamait les mérites d'une panacée merveilleuse qui
guérissait tous les maux, et assurait honneurs et
fortune à quiconque savait s'en servir. Et ce n'é-
taient pas seulement des forains venus de la Comté
ou du Sundgau et des paysans de la banlieue qui
composaient la foule; il y avait des gens de toutes
sortes et de toute provenance, car la foire était un
lieu de rendez-vous et une occasion certaine de
rencontrer ses amis et ses connaissances. Dès avant
le jour, chacun s'était mis en campagne; les chemins étaient couverts non seulement de gens pous-
sant devant eux leur vache ou leur poulain, mais
de nombreux curieux et promeneurs endimanchés,
cheminant le bâton à la main et quelquefois même
les souliers qu'on chaussait en entrant en ville.
On venait s'entasser dans le quartier d'Entre-
les-Portes où aboutissait un triple courant de population, et qui n'avait d'autre issue sur la Place
que l'étroite voûte de la porte Tallenay. Pas un pasteur de la campagne n'y manquait, soit qu'il eût à
vendre les quelques quartes de froment ou d'avoine
qui composaient la grosse part de son traitement,
soit qu'il songeât à acheter le porc engraissé pour
le prochain Noël ou des habits chauds à l'approche
de l'hiver, soit enfin que, simple amateur, il rêvât
d'un dîner avec ses collègues, meilleur que son
ordinaire. Pendant ce temps sa femme courait les
magasins, soldait les comptes du mois et faisait les

commissions du ménage. Il n'y avait pas jusqu'au seigneur duc qui, désireux de savoir à quel prix avait monté son blé, et si son fermier du Mont-Chevis avait vendu ses bœufs, ne descendit de sa haute citadelle et ne vint s'enquérir de ce qui se passait. Tout en causant, il remplissait ses poches de bibelots pour son entourage, à l'un une belle tabatière en écaille, à l'autre une paire de boucles de souliers en acier poli ou des jarretières brodées qu'il prétendait bien agrafer lui-même, puis une boîte à mouches émaillée, une pièce de passementerie à garnir une veste pour Mme Hœndel, et peut-être enfin une belle épingle ciselée, en or de Venise, à l'intention de discrète personne de la rue Derrière-dessous qui, disait-on, avait mérité les bonnes grâces de Son Altesse Sérénissime et dont les langues du quartier commençaient à jaser. Dans l'après-midi, les belles filles de la campagne venaient étaler leurs toilettes neuves et coqueter un brin avec les garçons, très empressés à leur procurer le divertissement d'un théâtre de marionettes. Les quelques sous qu'elles avaient soigneusement économisés à filer leur ovre ou leur laine, leur servaient à se payer leur foire, un bout de ruban, des souliers neufs pour la fête, une chaude jupe de futaine. Ceux qui n'avaient pas de demoiselle à protéger, jouaient aux quilles à l'Enclos. Peu à peu les cabarets se remplissaient, et les marchés conclus le matin, se terminaient le verre à la main. Il était rare que la fête s'achevât sans quelque bataille entre les jeunes gens des communes rivales ; on jouait rarement du couteau, mais les coups pleuvaient dru. Il y avait bien à chaque porte de la ville un poste de gardiens avec des échelles en prévision d'incendie, et encore au pied de la tour de l'Horloge, un vieux corps de garde où l'on avait chance de rencontrer quelque agent de la police municipale dormant après boire sur les deux oreilles. Mais on n'avait garde d'aller troubler leur repos. On savait que les hommes du guet étaient gens prudents, n'aimant pas à se mêler des querelles d'autrui et à s'exposer à des coups qui pouvaient faire mal; d'ailleurs leur intervention entraînait des procès-verbaux et des amendes désagréables: mieux valait vider les querelles en famille. Cependant lorsque la lutte devenait trop vive, les vieux sortant du cabaret voisin, interposaient leur autorité et ramenaient la paix parmi les combattants. Au soir, chacun regagnait son village, les jeunes, bras dessous bras dessus avec leurs voisines et devisant joyeusement; les anciens, d'un pas moins allègre et cherchant leur chemin qu'ils trouvaient toujours trop étroit, s'en allaient plus doucement sous la conduite de leur pasteur qui lui-même n'était pas toujours indemne. Qu'y faire? Il avait trouvé de vieux camarades de Tubingue; on avait rappelé les bons tours joués autrefois aux Philistins de l'endroit; et le bon Dieu est si rempli d'indulgence qu'il ne pouvait manquer de lui pardonner un moment d'oubli des misères de la vie, en raison de sa fidélité, de son zèle, de son dévouement au devoir pendant le reste du mois. Que bien, que mal on arrivait, et la femme aidant, chacun finissait par retrouver son logis à peu près où il l'avait laissé.

Nous pouvons à peine aujourd'hui nous faire idée des difficultés qu'on avait jadis à circuler, et cependant on voyageait, plus même qu'on ne saurait croire. Nos jeunes gens n'hésitaient pas à s'aventurer jusqu'au fond de l'Allemagne et de la

Russie, ou encore à chercher fortune en Amérique et jusque dans les Indes. D'ailleurs les affaires l'exigeaient, et bien souvent encore au commencement du siècle actuel, nous avons entendu nos grands-pères raconter leurs odyssées aux foires de Francfort ou de Leipzig, et plus tard, de Chalon ou de Beaucaire. C'était effectivement affaire sérieuse. On cheminait à pied, en charette; on arrivait comme on pouvait et quand on pouvait. Les routes étaient des fondrières, et les véhicules un objet étrange, impossible, pour lequel je ne trouve aucun terme de comparaison. On passait les rivières à gué, et les lettres après de longs voyages, arrivaient quelquefois à leur destination. Il fallait compter sur la vigueur de son jarret, sur sa santé, parfois même en certains pays, sur la bonté de ses armes, sinon rester chez soi. Il y avait bien des auberges et même en plus grand nombre qu'aujourd'hui, car les étapes étaient courtes, et il fallait bien trouver chaque soir où abriter sa tête. A Montbéliard, outre les hôtelleries encore subsistantes du Lion-Rouge, des XIII Cantons, de la Balance, on cite les anciennes auberges des Trois-Rois, de la Croix d'or, de la Coupe d'or, du Mouton, les cabarets du Sauvage, du Cheval-Blanc, etc. On pouvait bien y faire chère lie et du moins y était-on en sécurité; mais à côté de cela, quels soins, quelles attentions, quel confortable, quelle propreté ! Ce n'est en réalité que de nos jours, et même dans des temps assez rapprochés, que l'on a commencé à pouvoir circuler plus librement, et qu'aux ennuis du déplacement se sont substitués les plaisirs du voyage. Dans nos pays, ce fut seulement à l'administration du comte de Montrond comme sous-préfet, qu'on dut des chemins praticables et l'apparition des premières voitures publiques.

Tous les conseillers de Régence avaient cependant leur carrosse avec deux chevaux d'équipage, et peut-être, à côté de ces hauts dignitaires, quelques vieilles familles nobles, jalouses de maintenir leur rang, fut-ce au détriment de leur revenu. C'étaient de lourdes machines, généralement surmontées d'un pavillon en forme de toit à quatre pans, garni d'une gouttière et de lambrequins, et qui ne manquaient pas à chaque sortie, de rentrer disloquées ou brisées. Monsieur le comte Léopold Eberhard de Sponeck, allant à Paris, fit le voyage jusqu'à Besançon dans le carrosse de son père. A une lieue de cette ville, l'essieu se rompit, et nos voyageurs restèrent en plan au milieu de la route, avec armes et bagages, jusqu'à ce qu'il plût à Dieu de leur envoyer un charron. La milice des dragons du prince était, dit-on, assez bien montée, et il avait lui-même de fort beaux chevaux dans ses écuries. Vers la fin du siècle, on commença à voir dans la ville quelques voitures de louage; mais jusqu'alors un bourgeois eut vainement cherché une carriole pour le conduire à Belfort, et l'eût-il trouvée qu'il eût couru grand risque de rester en route. Je ne sais à quelle époque précise remonte l'ingénieuse espèce de voiture qu'on appelait *char de côté,* parce que la face de droite étant hermétiquement close, on ne voyait qu'un côté de la route, et on ne pouvait diriger le cheval qu'en se tordant le cou à gagner un torticolis. Ces chars ont heureusement disparu; ils étaient en usage dans la Comté, dans la Suisse française; et telle était leur étrange construction qu'un plaisant a pu dire qu'il avait fait dans ce véhicule le tour du lac de Genève, sans seulement l'apercevoir.

XI

Aussi longtemps que dura le gouvernement des princes, les institutions civiles et politiques, toujours les mêmes, maintenaient dans la population les mêmes usages, les mêmes idées, les mêmes traditions. Il n'y avait pas jusqu'au costume et aux modes, c'est-à-dire à tout ce qu'il y a de plus sujet aux fluctuations et aux fantaisies du génie féminin, qui ne conservassent, du moins dans la bourgeoisie, leur caractère antique et original. A la cour, il est vrai, et dans son entourage, on suivait autant qu'il était possible, les modes de Versailles, car c'était depuis longtemps la France qui donnait le ton; et il fallait bien recevoir les hôtes nombreux et les nobles étrangers qui affluaient à Etupes, autrement que si l'on eut été aux antipodes ou même en pleine Germanie. On se souvenait des plaisanteries dont avait été l'objet à la cour de France, le comte Georges lorsque, un siècle auparavant, il était venu rendre visite au roi Louis XIV, alors à Echery, petit village voisin de Sainte-Marie-aux-Mines. Mademoiselle de Montpensier ne s'en gêne guère: « Lorsque nous partîmes de Ste-Marie-aux-Mines, dit-elle dans ses Mémoires, un petit souverain vint saluer le Roi, c'était le prince de Montbéliard de

Wurtemberg. Il me parut affreux, habillé comme un maître d'école de village, sans épée, avec un méchant carrosse noir, parce qu'il portait le deuil de l'impératrice; ses chevaux avaient des housses noires jusqu'à terre, et ses pages et laquais étaient vêtus de jaune avec des garnitures de rubans rouges. Il avait quinze ou vingt gardes, avec des casaques de même livrée, assez bien montés. Il me souvient que toute sa cour était dans le même carrosse duquel on vit sortir dix ou douze personnes pour s'en faire honneur. »

Ces couleurs jaune et noir étaient, comme on sait, celles de l'Empire; les officiers les portaient sous forme d'écharpe; et jusqu'au commencement du XVIIe siècle, nos conseillers de Régence avaient eu la robe chamarrée de même façon.

Chaque époque dans l'histoire me semble affecter une nuance qui lui est propre. Certaines périodes du moyen âge paraissent bien près de toucher au noir; et je me représenterais volontiers le temps de Louis XIV comme étant d'un rouge sombre; d'autres époques affectent peut-être des couleurs rose tendre ou bleu de ciel; peut-être même, si ce n'était anticiper sur les décisions de la postérité, pourrait-on dire que nos temps sont d'un gris assez terne. Il n'y a pas jusqu'aux nuances du costume qui ne reproduisent plus ou moins le caractère du temps. Je m'explique les somptuosités du règne du grand roi; les tons délicats de la cour de Louis XVI; mais lorsque je vois la tête austère de mon grand-père sortir de son bel habit rouge cerise et de son gilet jonquille, il me semble qu'il y a erreur et comme un anachronisme.

Nos princes avaient fait autrefois beaucoup de lois somptuaires, surtout dans le rigorisme de la

Réforme. Non seulement les bijoux et les étoffes de luxe telles que les velours, les draps d'or et d'argent furent proscrits, mais on défendit même aux femmes d'apporter aucun changement à l'ancien costume qui devenait ainsi obligatoire. Une ordonnance de 1665 défendit aux filles de porter des floquets. Vers le même temps avait commencé à s'introduire la mode des fourrures, au grand scandale des pasteurs qui se mirent à tonner du haut de la chaire contre cette abomination, menaçant, à défaut de l'autorité séculière et en vertu des pouvoirs qu'ils avaient reçus de Dieu, de pourvoir autrement à ce péché et scandale public qui se faisait au mépris des ministres et par conséquent de Dieu. Ils sollicitèrent du duc l'interdiction des martres; mais le prince ne crut pas devoir prendre au tragique les instances de ses pasteurs; on se borna à quelques mesures restrictives, et leurs doléances, aussi bien que les excommunications dont ils menaçaient les pécheresses, furent renvoyées à des temps meilleurs. Il parut cependant nécessaire de revenir à ces sévérités, et une ordonnance du 16 juillet 1702, provoquée par le peu de cas que l'on faisait des restrictions antérieures, défendit sous les peines les plus fortes, la substitution des fontanges à l'ancienne et louable coutume des calots, tellement que la femme et les trois filles de messire Louis de Forstner durent payer, par décision du Conseil, une amende de 500 livres pour ne s'être point habillées suivant l'ancienne mode usitée dans le pays, et avoir paru au temple de Dambenois avec des fontanges (28 juillet 1702). Et l'on eut beau intervenir, le Conseil n'en voulut pas démordre. — Mais il est difficile de maintenir les femmes quand il s'agit de toilette; et, à voir les vêtements qu'elles portaient dans la seconde moitié du XVIII° siècle, nous pouvons présumer que les vieilles ordonnances du comte Georges, aussi bien que les étranges sévérités de Léopold Eberhard, étaient bien tombées en désuétude, sinon complétement oubliées. En tous cas, dès le temps de leur auteur, Mesdemoiselles de L'Espérance ne s'étaient pas fait faute de leur donner de bons coups de canif.

Dans sa statistique du comté de Montbéliard à la fin du XVIII° siècle, Jean Léonard Parrot s'exprime en ces termes : « Le luxe dépasse toutes les bornes. Aperçoit-on nos dames ? on doit supposer que la ville est fort riche. A peine une mode a-t-elle paru à Paris qu'on la voit aussi ici ; la table de toilette est l'autel le plus fréquenté des dames et le nombre de ses serviteurs est grand. » La présence du duc Frédéric Eugène et de sa famille avait rendu une certaine animation à la ville bien endormie depuis cinquante ans, et plusieurs familles, dans le désir de figurer glorieusement à la cour, avaient même dépassé les bornes de la prudence. On reconstituait le mobilier, on se mettait en frais de toilettes brillantes sans se soucier du lendemain. Ce furent d'abord des paniers de dimensions merveilleuses, et des coiffures empanachées à percer les plafonds. Je me rappelle de ces temps certains corps de baleines à sangler le buste des dames, véritables bastions derrière lesquels on eut pu croire qu'elles étaient à l'abri de tout danger. Sur la poitrine, elles portaient des plastrons d'une magnificence rare ; c'était une pièce triangulaire en étoffe brochée d'or ou d'argent, brodée de fleurs éclatantes en or ou en soie des plus vives couleurs. Elle remplissait l'échancrure de la robe, et était garnie en tête de dentelles ou de rubans. Vinrent

ensuite les demi paniers, les polonaises, les robes à
traine ou à la duchesse, descendant d'une venue
du col aux talons ; puis lorsqu'on eut vu la reine
courir à Trianon en robe de percale et en désha-
billé de village, vite on supprima paniers et volants,
pour ne plus porter que des *coudes*, des tabliers et
des fichus. On trouve encore de ces anciens fichus
en mousseline, en gaze ou en linon, brodés par nos
grands-mères, d'un travail merveilleux de délicatesse et de patience. Au milieu de cette simplicité élégante, on comptait encore en 1780, 200
sortes de bonnets et 250 espèces de garnitures de
robes. Ce fut la duchesse de Bourbon qui apporta
à Etupes la mode des cadogans pour les femmes.
Cette mode dura peu : bientôt le succès de Mademoiselle Contat dans le rôle de Suzanne, mit en
faveur le costume qui lui avait valu ses triomphes;
chacune voulut être soubrette. Les souliers couleur
puce ou cheveux de la reine devinrent l'objet de
soins tout particuliers. Ces petits souliers de satin,
garnis d'émeraudes ou de perles fines, avaient succédé aux souliers à la poulaine avec leurs becs
pointus et leurs talons hauts de deux pouces; et,
comme les jupons étaient courts, on mettait à les
orner une coquetterie extrême. Il était permis de
n'être pas jolie pourvu qu'on eût le pied bien fait;
et ces élégantes garnitures de perles portaient le
nom de *Venez-y-voir*, parce qu'on ne trouvait rien
de mieux à montrer ou à regarder qu'un pied mi-
gnon et une jambe fine. Etait-ce le cas pour nos
dames de Montbéliard ? Je ne sais ; mais je présume
que pour avoir été nos grands-mères, elles n'en ont
pas moins été jeunes dans leurs temps, jolies comme
leurs petites-filles, et, comme elles aussi, toutes
prêtes à chausser la pantoufle de Cendrillon. Les

dénominations n'étaient pas moins merveilleuses que les choses. Vers 1774, le pouf au sentiment, où l'on introduisait le portrait ou quelque souvenir de la personne préférée, avait remplacé la coiffure au quésaco, en grande faveur jusque-là. Ces beaux satins peints ou brochés, dont nous retrouvons parfois quelques rares échantillons, étaient désignés, suivant les nuances, par les noms de soupirs étouffés, de vives bergères, de désirs marqués et par une foule de jolis mots qu'on se plait de temps à autres à rééditer.

Mais tel n'était pas le costume des bourgeoises de la ville. Il datait de loin; et, encore qu'il eût cessé d'être obligatoire, nos dames lui restaient fidèles soit par un vieux respect pour leurs mères, soit parce qu'il leur seyait bien. Or, au dernier siècle, si quelque élégante, en dehors des habituées du château, s'aventurait à adopter plus ou moins les modes du jour, la jupe à retroussis de soie rayée, le mantelet à manches ouvertes, orné de volants, le fichu brodé et le bonnet garni d'engageantes, toute bonne bourgeoise au contraire gardait religieusement son calot, sa cotte de futaine, voire même ses patins.

Au milieu des transformations du costume, la coiffure est, ce semble, la dernière à changer. C'est ainsi que nos villageoises restent fidèles à leur petit bonnet; et je me rappelle telle vieille bonne dame encore coiffée de son calot, alors qu'on portait déjà des manches à gigot.

Ce calot se composait d'une pièce dure en carton, enveloppant le chignon, et sous laquelle les cheveux étaient ramenés en forme de cadogan. Il était couvert d'une étoffe de soie, moire ou gros de Tours, habituellement de couleur noire, relevée de den-

Société d'Émulation de Montbéliard

UNE BOURGEOISE DE MONTBÉLIARD
EN 1777

telles, de guipures ou quelquefois de paillettes d'or. Sur le front, il formait un large feston dont le bord était disposé en façon de bourrelet. On ajustait sur le devant une pièce de drap rouge, couverte de mousseline ou de dentelles, qui lui donnaient une teinte rosée, c'était le *stiern* : il circulait autour de la tête sous forme de bandelette, et se fixait à la nuque par une agraffe ou un lacet. Les cheveux, relevés sur les tempes, formaient dans les échancrures du feston, deux minces boucles arrondies en boudins et légèrement poudrées. Le calot à la rose avec ses nœuds de rubans et de non-pareille, fixés sur des poufs en velours ou en soie, était particulièrement riche et élégant. C'était une pièce assez lourde et assez compliquée, mais qui cependant n'était ni disgracieuse ni dépourvue d'originalité; et la dentelle flottante autour du stiern encadrait agréablement la figure. Au temps du duc Frédéric Eugène, le calot cessa d'être de mise aux réceptions de la cour.

Le mantelet en laine brune des vieilles femmes, se transformait pour les jeunes en un caraco de soie rayée ou d'étoffe perse avec une garniture de volants. L'échancrure sur la poitrine était fermée par un plastron qui dans les derniers temps était assez fréquemment de même étoffe que le mantelet, mais qui antérieurement se composait d'une pièce à part en riche étoffe, élégamment brodée et garnie de rubans. Le jupon ou cotte, en futaine noire ou rouge, descendait à peu près jusqu'à la cheville. Dans les temps de neige ou de pluie, on jetait un coqueluchon sur la tête et les épaules; et la chaussure habituelle consistait en patins, à semelles de bois assez épaisses pour trottiner sans trop d'inconvénients dans les boues du quartier.

A cette époque, on fabriquait des dentelles à Montbéliard, et même au siècle actuel, nous avons pu voir encore de vieilles femmes, assises en été devant leur maison, en hiver au coin de la fenêtre, maniant avec une merveilleuse dextérité, de petits fuseaux fixés en grand nombre sur un coussinet de serge verte, et faisant glisser leur fil de manière à obtenir les dessins les plus variés. Cette industrie a complétement disparu. Les indiennes étaient alors d'un prix fabuleux ; elles coûtaient à Paris un louis l'aune et n'étaient à portée que des plus grandes fortunes. Vers la fin du siècle, on portait dans la ville beaucoup de verquelures, tout laine d'abord, puis laine et coton. C'étaient de bonnes et solides étoffes, fabriquées pour la plupart dans le pays, rouges ou noires, ou encore dessinant des raies et des losanges. Quelquefois l'étoffe était chargée de grandes fleurs et de rameaux où perchaient des oiseaux aux brillantes couleurs.

Le manchon se portait en fourrures ou simplement en étoffe rembourrée. A la ceinture était suspendu un trousseau de clefs, et quelquefois un beau crochet en argent ciselé, avec une bobine en écaille sur laquelle était enroulé le fil ou la laine que tricotait la ménagère. Le châle était inconnu ; il était remplacé dans les temps froids par une mantille d'étoffe sombre. Les deuils se portaient en longue robe de laine noire à queue traînante. Au reste, si l'on veut se faire une idée du goût et de la science qui présidait à la toilette de nos dames, on en pourra juger par le trait suivant. Monsieur le colonel Louis Bouthenot, au service de la Compagnie des Indes, et combattant pour Tippoo-Saïb, sous les ordres du bailli de Suffren, avait un jour envoyé à sa chère mère, Madame la conseillère Bouthenot, deux splendides cachemires, dépouille de quelque Nabab, et qui sans doute, suivant l'expression du poète, avaient « voilé le sein des Sultanes ».

« Qu'a ce que ç'a que çouci? qu'est-ce que c'est que ceci ? » dit la conseillère en déployant le riche et moelleux tissu; « et qu'a ce que nô poyans faire de ces ponnes-mains? et qu'est-ce que nous pouvons faire de ces essuie-mains? Ei fa les baillie ai lai princesse ; il faut les donner à la princesse.. » Ce qui fut dit fut fait ; et la princesse, sans doute par politesse, ne crut pas devoir refuser. Ainsi nos bonnes femmes parlaient encore patois, même les conseillères. A son retour, le colonel parut médiocrement flatté du cas que l'on avait fait de son présent, encore qu'on l'eût offert à Son Altesse.

Les hommes de la bourgeoisie portaient, suivant les circonstances, le tricorne ou le chapeau rond à larges bords, l'habit français, et plus habituellement, en remplacement de l'ancien juste-au-corps, une longue redingote brune en drap ou en droguet, avec des poches à loger tout un ménage. Le gilet ou veste était en drap plus fin et, dans les grandes occasions, en soie brodée; c'était, avec la cravate et le jabot de dentelles, la partie élégante du costume. Les bas étaient en fil blanc ou chiné pendant l'été, en laine brune ou noire dans les temps froids, en soie dans les cérémonies; avec cela, de larges souliers à boucles d'acier ou d'argent. Dans les temps de neige, ou lorsqu'on se mettait en campagne, on adaptait par dessus le mollet de grandes guêtres (goluches), qui montaient jusqu'au dessus du genou. On était généralement coiffé en ailes de pigeon, et sur le col de l'habit se dressait une petite queue serrée par un ruban ; plus anciennement elle disparaissait dans une bourse de taffetas noir. Certains corps avaient conservé des costumes particuliers; les conseillers de Régence n'avaient plus la robe; mais elle était portée par les avocats et les juges. Les huissiers avaient la culotte jaune; et, jusqu'au commencement du siècle actuel, on vit les notaires avec leur manteau bleu, bordé au collet d'un galon d'argent. Dans les cérémonies, les écoliers du gymnase portaient toujours le manteau.

Une ordonnance du 9 juillet 1731 avait interdit pour les funérailles, l'emploi de tous ornements inutiles et superflus, bouquets, linges, etc., à peine de 10 livres d'amende. Une autre du duc Charles Eugène, en date du 2 mars 1785, fut plus précise, et régla jusqu'au costume que l'on devait porter aux cérémonies funèbres. « Faisant observer qu'elles étaient très dispendieuses, il défend l'emploi de plus de deux chars, l'emploi et le don de crêpes pour l'enterrement, autorise uniquement l'emploi du sapin pour le cercueil, défend d'y placer des couronnes, limite le deuil à six mois au plus pour les parents les plus rapprochés, prescrit l'habit noir ordinaire, sans forme particulière, défend pour les femmes l'usage des grands voiles, n'autorise qu'un simple ruban noir dans les cheveux, dispense les journaliers, domestiques, ouvriers de porter le deuil, si ce n'est pour les plus proches parents, auquel cas suffit pour les hommes un crêpe noir avec des boutons noirs, et pour les femmes un bonnet noir. Toute espèce de repas de funérailles demeure interdit. » — A l'occasion de la mort de la duchesse régnante, première femme du duc Charles, décédée le 6 avril 1780, les membres du noble Conseil décidèrent qu'ils se feraient faire chacun un habit noir non ratiné, attendu que le premier mois de deuil était écoulé, avec des boutons couverts de drap, sans boutonnières à l'habit, doublé d'étoffe en laine noire; que l'on se poudrerait en gris, que l'on porterait des manchettes noires, des boucles noires, des épées noires, des bas de laine et des gants de peau noire. Qu'au jour de la cérémonie funèbre, le Conseil s'assemblerait sur les Halles, pour se rendre en corps, sans manteau, à neuf heures et demie, à l'église Saint-Martin, précédé du serviteur de la chancellerie en habit noir, et suivi de six huissiers avec un bout de crêpe au bras gauche. » L'usage de porter aux enterrements de petits manteaux noirs, descendant jusqu'aux jarrets, s'est conservé, surtout dans les villages, presque jusqu'au milieu du siècle actuel, et aujourd'hui encore les femmes portent le doubleau en toile blanche ou en mousseline.

Au reste, rien n'était plus majestueux qu'un conseiller de Régence, si ce n'est Madame la Conseillère, lorsque le dimanche après midi, après avoir entendu le prêche du sieur ministre Grammont à Saint-Martin, ou du sieur Conrad Morlot à l'église du château, tous deux se promenaient dans la grande allée des jardins du prince, sous les tilleuls plantés par Jean Bauhin, et saluaient d'un geste protecteur le bourgeois plus modeste qui leur tirait son humble révérence. Soigneusement poudré à frimas; vêtu de son bel habit de velours ponceau, à larges boutons de nacre, centrés d'un brillant de cristal de roche; chaussé de souliers à boucles d'argent également garnies de brillants, il secoue d'une main légère les grains de tabac d'Espagne égarés sur son jabot, et s'avance le jarret tendu, appuyé sur sa haute canne à pomme d'ivoire, avec la dignité que comporte son rang et la gravité de ses fonctions; tandis que son épouse, montée sur ses hauts talons, l'éventail à la main, les bras couverts de mitaines de soie, et toute vêtue de noir, prend gravement sa part des honneurs rendus à son mari, et semble se respecter elle-même.

XII

Nos bourgeois se donnaient de temps à autres la distraction d'un bal soit à l'Hôtel de ville, soit au faubourg dans la salle du Grand-Cerf. Depuis le milieu du siècle, le temps s'était rasséréné pour nous ; il y avait du bleu au ciel, de la verdure dans les champs, on s'était repris à vivre : le prince lui-même prenait l'initiative des réjouissances.

Le 28 décembre 1782 parut une affiche imprimée, conçue à peu près en ces termes : « Son Altesse Sérénissime étant charmée de procurer de l'amusement aux Personnes d'un certain état de la ville de Montbéliard, a résolu d'y donner des Redoutes ou bals publics qui devront commencer au Noùvel An de l'année 1783, et se continuer le mardi de chaque semaine jusqu'au Mardi-Gras.

« Ces redoutes se donneront dans la salle de la maison dite du Grand-Cerf, et pour que les personnes de la ville aient le temps de souper, elles ne commenceront qu'à huit heures et demie du soir et ne dureront que jusqu'à quatre heures du matin, sauf celle du Mardi-Gras qui pourra durer jusqu'à sept heures du matin.

« On distribuait les billets d'entrée par série de cent, et il fallait pour cela s'adresser au chambellan,

M. de Borck. Ceux ou celles qui en avaient reçu, pouvaient seuls entrer à la Redoute le jour de la date du billet. Il était interdit de le céder à d'autres, et nul autre, sous aucun prétexte, n'était admis, pour que ceux qui voulaient prendre l'amusement de la danse ne soient pas gênés.

« On n'était reçu qu'en masques propres et décents, et l'on ne devait danser qu'avec le masque devant le visage; mais ce qu'on appelle un nez ou des yeux pouvait suffire. Lorsqu'on ne dansait pas, il était permis de se démasquer.

« L'entrée s'accordait gratis et sans frais pour ceux qui avaient reçu des billets. Mais il y avait un entrepreneur qui devait fournir les rafraîchissements en vin, thé, limonade et autres choses à ceux qui voulaient en prendre et les payer.

« On observera en tout le bon ordre et la décence, et on n'obligera personne à se démasquer pourvu qu'il ait un billet d'entrée.

« Fait à Montbéliard, le..., etc. »

Mais c'était surtout pour les fêtes et galas offerts au château par Son Altesse Sérénissime, que nos dames réservaient tout leur luxe et toute la magnificence de leurs toilettes. En ces jours solennels, sortaient des hautes armoires et des mystérieux réduits cachés dans leurs profondeurs, comme autrefois des coffres du feu roi Alkinoüs, ces riches étoffes en brocard d'or ou d'argent, les damas, les moires aux larges ondes, et toutes ces belles robes en grosse soie gris perle ou rose tendre, commandées à Tours ou à Lyon et brochées de fleurs éclatantes, les vieilles dentelles venues de Malines et de Valenciennes ou peut-être tout simplement façonnées à Montbéliard, les fines guipures et les broderies merveilleuses produit des longues soirées d'hiver; venaient ensuite des bijoux de famille, bagues de forme antique, ornées de brillants, de rubis, d'améthistes, colliers de perles fines, éventails richement montés d'écaille ou de nacre ciselée, épingles ou agrafes en or de Venise, toutes choses dont on était alors fort jaloux, et qui passaient de génération en génération comme eût fait un champ ou un pré [1]. Monsieur revêtait son bel habit gorge de pigeon, car l'habit noir ne vint que dans les

---

(1) Voici l'inventaire des colliers, bagues et bijoux que possédait à son décès, survenu le 7 février 1758, la dame Anne Gette, veuve du sieur Jean Meyer, marchand, ancien maître-bourgeois en chef de la ville de Montbéliard :

Un collier de perles nues de 4 branches, avec un ruban noir.

Un autre collier de perles, aussi à 4 branches, avec 8 boutons d'or.

Un autre collier de perles nues à 3 branches, aussi avec un ruban noir.

Un autre collier de perles, aussi à quatre branches, avec six tablettes noires.

Un autre collier de perles parsemées de grenats, de six branches.

Un autre collier encore de plus petites perles et de grenats, de cinq tours dont un cassé.

Un collier de fins grenats de dix tours, avec des crochets d'argent doré.

Un tour de gros et petits grenats.

Un collier de vingt-quatre grosses ambres.

Une croix d'or émaillée, de six diamants avec une perle au bout, le coulant d'or avec son diamant.

Une petite croix d'or émaillée en noir, avec trois perles.

Une autre petite croix d'or émaillée en blanc, avec cinq rubis et une grosse perle au bout.

Un petit pendant de col, d'une pierre rouge enchassée d'argent.

Une bague d'or à sept diamants.

Un autre bague d'or montée d'un diamant.

Une autre bague d'or montée aussi d'un diamant.

Une autre bague d'or, dite souvenance, dont un cordon a été cassé.

derniers temps, ses boucles les plus brillantes et son plus riche jabot, chacun s'évertuait à faire de son mieux et à paraître avec tous ses avantages.

Ces bals, ces fêtes que Leurs Seigneuries offraient de loin en loin, dans les grandes circonstances, à leurs féaux sujets et francs bourgeois de Montbéliard, étaient l'objet d'une rivalité et d'une jalousie désordonnée : heureux qui avait l'honneur insigne d'y être admis. En ces solennelles occasions, on ne mettait pas seulement toutes voiles dehors, mais on vendait une terre, et on se ruinait tout au moins pour l'année, afin de répondre dignement à une si haute faveur.

A l'heure dite, l'esplanade du château apparaissait magnifiquement éclairée; à l'entrée s'élevait un arc de triomphe, et des guirlandes de lampions conduisaient jusqu'à la salle où se donnait la fête; sur la terrasse extérieure, devant le palais, étaient disposées des pyramides de feu qui illuminaient toute la campagne. Pages et chambellans circulaient tout affairés dans les grands appartements, veillant à ce que rien ne manquât, à ce que tout fût prêt; et, bientôt arrivaient dans leurs carrosses empanachés, à quatre chevaux, les illustres invités du voisinage. C'étaient d'abord des représentants de la haute noblesse d'Alsace, des Wurmser, des Rathsamhausen, des Waldner, l'abbé de Murbach, Mme de Mazarin, les gouverneurs français de Belfort et de Blamont; puis M. le vice-président du Conseil baron de Goll et Mme la Baronne, le baron et la baronne d'Uxcull, les Forstner, les Sponeck, MM. les Conseillers de Régence avec Mmes leurs épouses, le sieur Melchior Jeanmaire, maire de la ville, et quelques-uns des maîtres-bourgeois, M. le procureur général Binninger, l'avocat Fallot et sa femme, fille du pasteur allemand Conrad Morlot ; enfin quelque gros négociant, M. Leconte ou M. Sahler, que sais-je ? les uns en chaise, les autres en beaucoup plus grand nombre, guidés par quelque valet de ferme ou par une modeste chambrière, la lanterne à la main. Le prince et la princesse recevaient leurs invités dans les salons du premier étage, grandes et belles pièces un peu nues et à l'origine assez médiocrement meublées ; au rez-de-chaussée était la salle à manger. Quelquefois aussi les bals se donnaient dans un vaste appartement, au premier étage des bâtiments qui entouraient la cour des Chèvres. Autour de Leurs Altesses se rangeaient les membres de la famille ducale et les hôtes de la maison : le comte et la comtesse de Wartensleben, Lord Howard, Mme d'Oberkirch, le marquis de Vernouillet, MM. de Vargemont, le baron et la baronne de Maucler, et peut-être quelque célébrité du jour de passage au château, M. de Florian par exemple ou M. de la Harpe. Les jeunes princes riaient volontiers des physionomies parfois un peu étranges de leurs invités, mais un regard de leur mère les ramenait vite à l'ordre. Il y avait un mot aimable pour chaque convive ; on dansait quelque classique menuet, une gavotte, une courante ; et, malgré le respect qu'imposait la présence de Leurs Altesses, on finissait par s'amuser passablement.

Il est vrai que ces fêtes du château n'avaient pas toujours la même solennité. Il y avait des réunions plus intimes où ne figuraient que les amis de la maison et où la gaîté gauloise allait parfois assez loin. Dans une de ces réunions privées, le duc qui était très grand et très fort, prit un jour son prévôt, M. Berger, petit homme maigre et chétif, et le porta sur les bras comme un poupon dont il représentait lui-même la nourrice.

Assez bel homme dans son temps, Frédéric Eugène commençait à prendre un peu d'embonpoint, et la Royale, toute royale qu'elle était, malgré un certain air de fine bonhomie un peu sentimentale, ressemblait assez à quelque bonne commère, grasse et réjouie, de la rue des Febvres. Les princesses étaient gracieuses et belles ; et dans cette famille, la dignité s'associait sans effort à une bienveillance et à une bonté réelle. Le prince n'en recevait pas moins cordialement le maitre-bourgeois G.-F. Wetzel pour s'être présenté à lui au sortir de sa tannerie, les manches retroussées jusqu'aux épaules. D'ailleurs tout ce petit monde de beaux enfants joyeux et bien portants qui remplissait le château, donnait à la cour une vie et une gaîté toute particulière. La duchesse avait veillé à leur éducation avec une véritable sollicitude, et M. de Maucler s'y était consacré avec dévouement. On cultivait les arts, on aimait les artistes et les illustrations du jour ; et, en dehors du formalisme allemand, de l'étiquette et des respects étranges dont on entourait Leurs Altesses Sérénissimes, on reconnaissait aisément une famille de vraie distinction, d'un goût délicat et éclairé.

Il y avait cependant entre la cour et la population de Montbéliard une distance qu'il ne semblait pas facile de franchir. On y préférait les étrangers aux gens de la ville, même à la noblesse, envers laquelle on observait, ce semble, une réserve toute particulière. Il est vrai qu'elle n'était pas tout entière d'origine fort glorieuse et ne remontait pas absolument aux Croisades; tandis que les étrangers étaient des savants distingués, des écrivains illustres ou des hôtes de haut rang. De son côté la bourgeoisie, composée généralement de boutiquiers, d'artisans, de quelques professeurs du gymnase, fort honorables peut-être, mais aussi fort peu au courant des usages des cours, n'était point reçue, ou du moins n'était représentée par quelquesuns de ses membres que dans des occasions tout exceptionnelles. C'est à peine si quelque conseiller privilégié ou quelque voisin de campagne était admis aux soirées intimes d'Etupes et au loto de famille ; encore la jeune noblesse réunie au château, ne se faisait-elle pas faute de tourner en plaisanterie leur bourgeoisie un peu pédante. On riait volontiers du bel habit céladon, de la veste verte à galons d'argent de M. Rossel et de ses prétentions au purisme du langage. Il est vrai aussi que quand l'attaque devenait trop vive, la riposte ne se faisait pas attendre ; et le vicomte de Wargemont apprit à ses dépens, que pour ne point appartenir à la fine fleur de l'aristocratie, nos conseillers n'en avaient pas moins la langue affilée et la plume mordante. C'est ainsi que sous les apparences d'une politesse raffinée qu'on affectait alors, se cachait assez fréquemment une pointe d'impertinence ; et que, par un contraste bizarre, aux formes les plus révérencieuses se trouvait associée la plus étrange familiarité.

Le duc Frédéric Eugène avait par lui-même, mais surtout par sa femme, une assez belle fortune. Outre le revenu des terres qu'il possédait en propre dans le pays de Montbéliard, en Alsace et ailleurs, il recevait des rentes apanagères de Wurtemberg et la duchesse en recevait de la maison de Prusse. Mais il ne touchait rien des contributions ou des revenus domaniaux du comté et des seigneuries.

Une partie de cet argent était d'ailleurs affecté au payement des intérêts de dettes assez considérables, contractées autrefois par le duc Eberhard Louis pour satisfaire l'avidité des Grœvenitz, et plus tard par le duc Charles dans les folles dépenses de sa jeunesse. Une créance entre autres avait été hypothéquée pour 30,000 francs sur les terres d'Horbourg et de Riquewihr, au profit de M. de Voltaire qui écrivait tantôt à M. le conseiller Jeanmaire, tantôt à M. le conseiller Goguel, pour réclamer ses arrérages, assez irrégulièrement payés, paraît-il.

Cette famille de Wurtemberg était d'ailleurs une des plus anciennes et des plus considérées de l'Allemagne. Plusieurs de ses princes avaient été des hommes de valeur ; ils avaient, sans grand fracas, considérablement étendu leurs Etats soit par des acquisitions, soit par des mariages avantageux. Leur comté était devenu un duché et allait bientôt devenir un royaume. Enfin les brillantes alliances que conclut Frédéric Eugène, d'abord avec la Prusse, puis avec l'Autriche et la Russie, en l'apparentant aux premières familles régnantes de l'Europe, ajoutèrent à la grandeur de sa maison un lustre tout à fait exceptionnel. Je ne sais si Frédéric Eugène fut un grand politique; je crois même que sa diplomatie consista pour beaucoup dans la beauté de ses filles: toujours est-il qu'il réussit merveilleusement à les établir : mais nous retrouverons cela plus tard.

Sous l'administration pacifique de ce prince, ou plutôt sous celle du duc Charles, car pendant longtemps Frédéric n'eut que les honneurs dûs à son rang, le pays de Montbéliard continua de subsister assez doucement sur la foi du traité de 1748, étranger aux luttes qui troublaient le monde politique, et que ne recherchaient d'ailleurs ni le roi de France ni le duc de Wurtemberg.

Le gouvernement semble même s'être fait une loi pendant cette période, d'intervenir le moins possible dans les affaires intérieures de la ville. Dans les diverses occasions où les princes s'étaient trouvés en lutte avec la bourgeoisie, il en était presque toujours résulté du dommage pour les uns comme pour les autres, et ils avaient appris à leurs dépens que le plus sage était de se tolérer réciproquement et de se tenir en repos. Lors de la dernière lutte violente avec le duc Léopold Eberhard (27 avril 1706), un corps de troupes françaises, appelé de Belfort par le gouvernement du prince, s'était saisi par la force de l'Hôtel de ville, et malgré l'énergique résistance de la municipalité, avait enlevé les Franchises que l'on avait transportées au chateau. Les meilleurs citoyens avaient été jetés en prison, et les plus récalcitrants condamnés à mort. Des contributions extravagantes furent imposées à la ville; et les excès du pouvoir, soutenu par les baïonnettes étrangères, en vinrent au point que l'empereur Joseph I dut intervenir et prendre en main la cause des bourgeois. Il fallut menacer le duc d'une exécution militaire des plus sérieuses pour le contraindre à retirer ses ordonnances, à réintégrer immédiatement les Franchises à la Maison commune, et à signer enfin le traité amiable du 30 décembre 1708.

DEUXIÈME PARTIE

LES INSTITUTIONS

1

Dans le nord de la France, on désignait sous le nom de *villes bateices* celles qui n'ayant pas reçu de leur seigneur de lettres d'affranchissement, n'avaient pu se constituer en communes. Cette dénomination n'eut pas lieu de se produire dans la comté de Bourgogne, parce qu'à un moment donné, à peu près toutes les villes et bourgs de cette province furent affranchis, comme les comtes eux-mêmes étaient francs.

Au moment où parut la Charte octroyée aux habitants de Montbéliard, elle se trouva être de beaucoup la plus complète et la plus libérale qui eût encore été accordée dans le pays, de sorte qu'elle devint le type d'un grand nombre de celles qui suivirent; et, de leur côté, nos bourgeois, fiers des libertés qu'elle leur attribuait, s'attachèrent à ce document comme à une œuvre sainte, à laquelle ils se reportaient chaque fois qu'une difficulté s'élevait entre eux ou avec leur seigneur. Ils tiennent à leurs Franchises, disait Pierre Toussain, plus qu'à la vie éternelle; et, de fait, après qu'elles eurent été pendant des siècles, la base solide de leurs institutions municipales et de leurs libertés civiles, on comprend l'espèce de vénération dont elles étaient entourées.

Il serait difficile de dire quelle était avant son

affranchissement, la situation dans laquelle se trouvait la ville de Montbéliard. Nous voyons bien que dès les temps antérieurs, ses habitants possédaient certaines libertés et jouissaient de divers droits vis-à-vis du seigneur. Il est même à présumer qu'ils n'ont jamais été absolument mainmortables, et que, de temps immémorial, ils avaient conservé certaines immunités communales, précédant peut-être l'organisation du régime féodal. Un document en date de 1262, mentionne déjà le corps des bourgeois, probablement d'origine beaucoup plus ancienne ; et, selon toute apparence, la charte de 1283 en organisant la Commune, ne fit que confirmer ou régulariser des institutions et des privilèges existant sinon en droit, du moins dans les mœurs et les coutumes. Ils étaient alors administrés par des prud'hommes ayant un prévôt à leur tête. Au reste, nous ne pourrions nous faire une idée quelque peu précise de la situation où étaient nos aïeux à ces époques reculées que par analogie, et en rapprochant ce qui nous concerne de ce que l'on sait d'ailleurs et en particulier des villes voisines.

Ce fut au mois de mai de l'an 1283, que, pressés d'argent à la suite de guerres malheureuses, le comte Renaud de Bourgogne et sa femme Guillaumette de Neuchâtel-outre-Joux, arrière-petite-fille de Thierry III, octroyèrent à la ville de Montbéliard, au prix de mille livres estevenantes ($287\,^5/_7$ marcs d'argent ou 14,285 livres 14 sols 3 deniers $^5/_7$), la charte de franchises qu'elle devait garder jusqu'à la Révolution française [1] ; et, tout d'abord, comme

---

(1) Les villages du comté et les habitants de la seigneurie furent affranchis de la main-morte par la comtesse Henriette, moyennant 500 florins du Rhin, par acte du 19 mai 1431. En même temps fu-

pour témoigner qu'ils étaient libres et maîtres chez eux, les nouveaux bourgeois avaient dû compléter les fortifications de leur ville et pourvoir à sa défense par l'organisation de milices communales. On consacra particulièrement à l'entretien des murs, le revenu du denier Angal, levé sur le vin qui se vend en détail « à pinte ou à pot, tant es hôtelleries qu'es logis privez ». On créa d'autre part quatre compagnies de pied : dans une revue qui eut lieu en 1589, il se trouva sous les armes 293 hommes, et 334 hommes à la montre du lundi 3 juin 1594 ; en 1737 on les répartit en deux compagnies d'infanterie de 100 hommes chacune, en une troisième de 60 grenadiers, et en une quatrième d'autant de dragons. Ces milices s'exerçaient régulièrement au champ de tir qu'elles possédaient dans les paquis du Grand-Pont, où se trouvaient une maisonnette non loin du champ de foire actuel, et des cibles adossées au côteau de Jouvent. Elles faisaient le service de la place et montaient la garde aux portes qui appartenaient à la commune, c'est-à-dire à la porte Saint-Pierre, à celle des Graviers, et à la porte de la Rouchotte ; les autres étaient restées à la garde du Prince. Dans les moments de danger, elles défendaient les remparts associées aux milices seigneuriales, fournies par le reste du comté. A leur

rent affranchis les habitants de la terre de Bélieu. — Héricourt dut sa charte de franchises à Marguerite de Bade, à la date du 15 mars 1361. Les archiducs Albert et Léopold d'Autriche la complétèrent par acte du 17 février 1374. — Blamont et le bourg de Clémont furent affranchis en 1308 et 1338 par Thiébault de Neufchâtel ; mais les habitants des villages appartenant à ces seigneuries ne furent libérés qu'individuellement, et il y avait encore des mainmortables en 1789. — Quant à la terre du Châtelot, elle dut son affranchissement à Guillaume de Furstemberg, au prix de 300 florins d'or, payés le 22 février 1520. La seigneurie de Clémont paya de son côté 170 florins.

tête marchait le bandelier, choisi par le souverain et portant la bannière rouge aux armes et aux couleurs de la ville. Les autres officiers étaient nommés par les maîtres-bourgeois et confirmés par le conseil de Régence. L'uniforme de l'infanterie, dès la fin du XVIIe siècle, était bleu avec parements et revers blancs. La cavalerie avait l'habit rouge à revers de velours noir; cependant en 1770, il y eut à la fois un corps de cavalerie rouge et un de cavalerie bleu. Les officiers se distinguaient par une écharpe de soie jaune et noire. [1]

L'administration municipale et la justice de la ville reposaient entre les mains de neuf Maîtres-bourgeois jurés, juges de la justice et administrateurs de la ville de Montbéliard. Tel était leur titre et leur nombre répondait à celui des neuf quartiers ou guets dont se composait l'ancienne ville, savoir: le Bourg, la rue de l'Etuve, la rue Neuve ou rue des Granges, la rue Sur l'eau, Saint-Martin, la rue des Febvres, le Bourg-Vauthier, la rue des Aiguillons, et la rue Derrière. Dans la première moitié du XVe siècle, on créa le corps des Dix-huit et le corps des Notables, ce qui compléta l'ensemble de nos insti-

---

(1) En 1789, on organisa de nouveau, pour protéger la ville et y maintenir l'ordre, une compagnie de grenadiers et une de chasseurs, chacune de 120 hommes, et 25 cavaliers bien armés. Les grenadiers avaient l'habit bleu avec parements, cols et revers blancs bordés de cordonnet rouge et de passe-poil blanc autour de l'habit; veste blanche, culotte noire et cocarde de basin blanc avec une étoile bleue entrelacée de rouge. Les épaulettes des officiers étaient en or; celles des soldats en laine rouge à passe-poil blanc. Les chasseurs étaient habillés de vert, avec revers, col et parements rouges et écarlate et passe-poil blanc autour. Les épaulettes des officiers étaient en argent; celles des soldats en fil blanc. La veste était blanche, la culotte noire et la cocarde blanche avec étoile verte, entrelacée de soie rouge.

tutions municipales. Voici, en quelques mots, quelles étaient les attributions de ces différents corps.

A l'origine, les maîtres-bourgeois étaient élus par les habitants de la ville à la majorité des voix, et ils choisissaient parmi eux le Maître-bourgeois en chef qui devenait leur président. Cette élection jusqu'à 1709, se faisait à la Saint-Jean-Baptiste. Ils avaient pour mission de gouverner la ville, d'administrer ses finances, de veiller à la police, d'inspecter les bâtiments; mais chacun d'eux avait sa tâche individuelle: c'est ainsi que le maître bourgeois en chef présidait les réunions et gérait le domaine de la ville; que le second ou conforteur suppléait le premier en cas d'empêchement; que le troisième ou baumestre avait l'inspection des bâtiments; le quatrième ou clerc du papier faisait les fonctions de secrétaire municipal; le cinquième ou clerc des décharges contrôlait les recettes et les dépenses; le sixième ou taxateur de la boucherie surveillait la police; les trois derniers, appelés novices, n'avaient pas de fonctions déterminées.

Les attributions des maîtres-bourgeois, en tant que magistrature judiciaire, avaient été fixées définitivement par un traité amiable intervenu le 31 mai 1557, entre le comte Georges et la bourgeoisie. Il mit fin à des difficultés qui subsistaient depuis longues années et fut l'occasion de grandes réjouissances. Il créa ou plutôt rétablit dans des conditions nouvelles l'office de maire qui, à l'origine, n'était autre que celui de maître-bougeois en chef, et ses dispositions furent appliquées jusqu'à la Révolution. Lorsque les maîtres-bourgeois se constituaient en tribunal ou cour de justice, ils s'adjoignaient trois *chasez*, quatre à partir de l'ordonnance de mai 1557, c'est-à-dire probablement quatre individus possédant case, casal ou chesal (casati), en d'autres termes, quatre bourgeois notables domiciliés ou plutôt possédant maison en ville [1]. Ainsi constitués, ils avaient connaissance de toutes les affaires civiles, de police et même criminelles concernant les bourgeois, manants ou habitants de la ville, ainsi que leurs biens meubles et immeubles, sauf certains cas réservés. Dans les causes criminelles, la présence des chasez était obligatoire. Ils pouvaient condamner sans appel jusqu'à 60 sols d'amende, et même au double pour les délits commis les jours de foire et de marché. Un quart de la somme appartenait à la ville, le reste au prince, jusqu'à Léopold Eberhard qui, par rescrit du 28 juin 1721, pour gagner la bourgeoisie à ses intérêts, lui concéda un tiers des amendes. Lorsque les juges de la mairie ne parvenaient pas à s'entendre, la cause revenait au seigneur, c'est-à-dire à la Cour et chancellerie.

Le corps des Dix-huit était élu par tous les chefs d'hostel ou bourgeois établis dans la commune; et les Dix-huit à leur tour élisaient les maîtres-bourgeois, de sorte que l'élection de ces derniers qui, à l'origine, se faisait directement et au premier degré, n'eut plus lieu, après la création de ce nouveau corps, qu'au deuxième degré et par délégation.

On procédait à ces élections de la manière suivante :

La veille du nouvel-an, ou antérieurement à 1709, la veille de la Saint-Jean-Baptiste, les bourgeois des neuf guets étaient convoqués par l'un d'eux

---

(1) M. Tuetey pense que ces casati étaient des hommes logés par le prince, ayant reçu de lui fief ou domaine, et par conséquent à sa discrétion.

portant le titre de Fidèle serviteur, dans une auberge du quartier, où, sous la présidence du plus ancien maître-bourgeois hors de service, ils élisaient six d'entre eux à la pluralité des voix, en tout 54 individus. Ceux-ci, aussitôt après l'élection, se rendaient à l'hôtel de ville où ils trouvaient réunis les membres de l'ancienne municipalité. Le maître-bourgeois en chef remettait aux délégués de chaque quartier un sac en peau contenant quatre boules bleues et deux jaunes [1]. Tous mettaient un gant de peau, et les deux qui retiraient les boules jaunes, devenaient membres du corps des Dix-huit, ainsi composé de deux représentants de chaque quartier. Les Dix-huit prêtaient entre les mains du procureur général le serment suivant : « Je jure, au nom du Dieu tout puissant, et au péril et damnation éternelle de mon âme, que dans l'élection des neuf membres de la bourgeoisie qui doivent composer le corps du Magistrat de cette ville, je ne favoriserai de mon suffrage que des sujets que je croirai en conscience et suivant mes lumières et connaissances sur le fait de leur capacité et intégrité, en état de remplir dignement les fonctions d'un emploi si important ; et que, par contre, j'écarterai autant qu'il dépendra de moi, tous ceux que j'aurai remarqué avoir tenté d'y parvenir par des voies indirectes, illégitimes, et défendues par les lois. Ainsi Dieu me soit en aide. » —

---

(1) Quelques-unes de ces boules existent encore à l'hôtel de ville, dans leur sac de peau jaune. Elles sont en buis et ont de 21 à 22 millimètres de diamètre. Deux ont conservé la couleur du bois, les autres sont peintes en bleu foncé. Elles sont renfermées dans de petites capsules également en buis, composées de deux hémisphères vissés l'un sur l'autre, dans lesquels chaque boule s'emboîte exactement.

Après le serment, ils se rendaient dans une salle qu'on désignait sous le nom de Chambre des Dix-huit, et la séance s'ouvrait par la prière dont voici les termes : « Notre aide soit au nom de Dieu qui a fait le ciel et la terre. Amen. Seigneur, notre Dieu et notre Père ! nous te rendons nos humbles actions de grâce pour tous les bienfaits que nous avons reçus de ta libérale main. Daigne, s'il te plaît, nous en accorder la continuation, et favoriser encore par la suite notre ville de ta puissante protection. Appelés par nos concitoyens à procéder à l'élection du Magistrat qui doit, pendant le cours de l'année prochaine, administrer la justice, nous te prions de nous assister par ton saint esprit qui nous éclaire et nous dirige dans le choix que nous avons à faire, pour que nous ne donnions notre suffrage qu'à des hommes vertueux, craignant ton saint nom, amateurs du vrai et ennemis de l'injustice, afin que pendant leur administration, nous puissions mener une vie paisible et tranquille, en toute piété et honnêteté, pour l'amour de Jésus-Christ, notre sauveur. Ainsi soit-il. Notre père qui es aux Cieux... » Ils restaient ensuite enfermés jusqu'à ce qu'ils eussent fait l'élection des neuf; leur président était désigné sous le nom de Maître de la commune, et un secrétaire dressait procès-verbal de la séance.

Après le vote, on sonnait les cloches : le corps des Dix-huit présentait à l'ancienne municipalité les neuf qui devaient la remplacer ; et ils étaient aussitôt admis à prêter serment devant le procureur général qui recevait pour sa peine quatre channes de vin. Sept d'entre eux devaient être pris dans le corps des Notables; les deux derniers, pris parmi les Dix-huit, et désignés sous le nom de maîtres-bourgeois novices, étaient nouveaux venus dans la magistrature ; ou n'était rééligible qu'à la condition d'avoir scrupuleusement rendu ses comptes. Tous devaient assister régulièrement aux séances et aux tenues de justice (ar. du 5 déc. 1623), sinon payer une pinte de vin au profit de la compagnie. Si, dans l'intervalle d'une élection à une autre, un vide venait à se produire parmi les neuf, les autres avaient le droit de remplacer le manquant autant de fois qu'il y avait lieu. Dans les cérémonies officielles et dans les circonstances graves, ils portaient par dessus leur vêtement un ample manteau noir, avec toque en velours sur la tête et rabat sous le menton.

Après l'élection, les Dix-huit conservaient quelques attributions particulières, telles que la surveillance des propriétés communales, celle des foires et des marchés ; ils veillaient à la police et avaient mission d'empêcher les batteries qui troublaient la sécurité des habitants. Ils devaient faire arrêter les carillonneurs et autres, les réduire es prisons et avertir le maire pour les amendes et peines pécuniaires. Ils avaient aussi un droit de recommandation aux Neuf, et dans un factum qu'on appelait les *Vœux* et qu'ils présentaient aux nouveaux élus à leur entrée en fonctions, ils leur traçaient le programme de ce qui paraissait devoir attirer particulièrement leur attention pendant leur administration. Chaque quartier présentait ainsi ses réclamations, demandant qui une fontaine ou un puits, qui une réparation au pavé, qui un supplément d'éclairage quand éclairage il y eut.

Quant au corps des Notables, composé de tous les bourgeois qui avaient fait partie de l'un ou de l'autre des deux premiers, il semble avoir été une création honorifique plutôt qu'une institution municipale en exercice. On les convoquait cependant à toutes les cérémonies officielles; et, dans les circonstances graves, le maître-bourgeois en chef avait le droit de réunir les trois corps en assemblée générale, à la condition d'instruire le maire des motifs de la réunion et des résultats de la délibération.

Toutes ces dignités étaient d'ailleurs ardemment recherchées. On se les disputait par toutes sortes d'intrigues où le vin de Fleur d'Epine jouait toujours le principal rôle; quelquefois même on les achetait à beaux deniers comptants, et dans les temps anciens, il ne se faisait guère d'élection sans bousculades et horions. A diverses reprises, le conseil de Régence prit des arrêtés destinés à prévenir ces brigues; et il existe même du procureur général David Nicolas Rossel, un mémoire important, demandant que le mode d'élection fût changé, et que le choix du Magistrat fût remis au sort pour une plus grande part que par le passé. Ce mémoire fut pris en grande considération par le Conseil auquel il avait été soumis; néanmoins les choses restèrent en l'état où elles étaient et durèrent ainsi jusqu'à notre annexion à la France. Le peuple d'ailleurs n'eût point souffert de modification à ses franchises.

Le véritable chef de la commune était le premier maître-bourgeois. Le maire ne faisait point partie du Magistrat: c'était, depuis le traité de 1557, un officier du prince, nommé par lui, pourvu d'appointements et simplement accrédité auprès du corps municipal. Il présidait la justice de la mairie, mais avec voix consultative seulement; les voix délibératives appartenaient aux maîtres-bourgeois et aux chasez. Sa position comme représentant des droits du seigneur, était parfois assez délicate en présence d'une population toujours extrêmement jalouse de ses privilèges, et il en résultait même des conflits qui dégénéraient parfois en injures et en scènes violentes. Je ne sais quel maire fut un jour pris par la barbe et rudement mené par un des neuf qui ne lâcha prise qu'avec beaucoup de peine.

Les fonctions des maîtres-bourgeois étaient censées gratuites; cependant des indemnités leur étaient payées pour leur gage à chacune de leurs opérations administratives, vacations, assistance aux exécutions, etc. Les channes de vin, les figues, les raisins secs qui leur étaient attribués, en outre des ripailles au cabaret de la mairie toujours aux frais de la ville, se montaient tout au moins, y compris les indemnités pécuniaires, à 3 ou 400 livres pour le maître-bourgeois en chef qui toujours buvait pour deux; à la moitié environ pour les maîtres-bourgeois chargés de fonctions spéciales, et enfin à 60 livres pour ceux qui n'en avaient point. Un trait assez curieux, c'est que les comptes de la ville, en remontant jusqu'à 1426, s'étaient toujours fermés avec un déficit considérable. J'admets qu'en fait de comptabilité, on n'était pas alors très rigoureux et que le contrôle n'y regardait pas de bien près, mais encore fallait-il sortir d'affaire et se tirer d'embarras de manière ou d'autre.

II

Outre les autorités municipales, il y avait à Montbéliard plusieurs sortes de fonctionnaires administrant, les uns le comté proprement dit, les autres les seigneuries, les autres la principauté tout entière.

Ces divers personnages étaient pour la plupart originaires du pays, sauf les anciens baillis et gouverneurs qui, en leur qualité de représentants de l'autorité seigneuriale, nous venaient du Wurtemberg comme leurs maîtres. A côté de ces hauts dignitaires, ce n'était qu'exceptionnellement que des étrangers s'immisçaient dans nos affaires. Depuis Louis XIV, il est vrai, quelques agents des administrations françaises, particulièrement au point de vue judiciaire ou financier, s'étaient introduits dans les seigneuries ; mais dans le comté on aimait assez peu les fonctionnaires venus du dehors; et l'esprit passablement particulariste de nos populations, patientes d'ailleurs en tant qu'on ne les contrariait pas trop, mais aussi très indépendantes, s'accommodait assez mal du formalisme et de la raideur germanique, tout comme du ton autoritaire et supérieur qu'affectaient certains nouveaux venus. Une ordonnance du duc Charles, en date du 21 mars 1739, suivie d'une autre du 20 août de la même année, rendues toutes deux sur les réclamations de la magistrature de Montbéliard, avaient même prescrit que les sujets appartenant au comté fussent seuls admis aux emplois publics. Aussi dès l'époque des émigrations de la Réforme, fort peu de familles étrangères réussirent-elles à s'implanter dans notre pays et à y prendre rang.

Le dernier bailli avait été le baron de Sternenfels, décédé en 1650; et les gouverneurs établis à la mort de Léopold Eberhard, avaient été remplacés en 1786, par le prince Stathouder qui administrait le pays au nom du duc régnant. Il était secondé dans ses fonctions par le Conseil de Régence que concernaient particulièrement les affaires politiques de l'Etat. Ce corps avait le droit de conclure des traités et des alliances, de faire des lois et des règlements; néanmoins le duc régnant était consulté pour toutes les affaires de quelque importance, et c'est à lui qu'en revenait la décision suprême. Ainsi, lorsqu'en 1771, il vint visiter Montbéliard, c'est à lui que s'adressa le Magistrat pour présenter ses doléances, et solliciter le redressement de certains abus dont il avait à se plaindre. Au Conseil appartenait la nomination du maire de la ville et du bandelier, celle du procureur général, du grand forestier, des instituteurs, etc. Il se recrutait lui-même, choisissant les conseillers comme les autres fonctionnaires, sur une liste de trois candidats qui lui était présentée par le Stathouder. L'empereur Maximilien l'avait institué par rescrit du 28 mai 1498, à la diète de Ratisbone, après qu'il eut prononcé la déchéance du duc de Wurtemberg Eberhard II, et qu'il lui eut donné pour successeur Ulric III, alors âgé de onze ans. A sa majorité, Ulric le maintint avec six conseillers. Ce nombre de six fut conservé jusqu'au XVIII° siècle. Le duc Charles l'augmenta peu à peu et partagea le tout en deux sections ou chambres qui, indépendamment des fonctions politiques qu'elles remplissaient en commun, avaient chacune ses attributions particulières L'une, la Chambre de justice, que l'on désignait alors sous le nom de Cour et chancellerie, était à la fois cour d'appel et cour de cassation pour le comté, comme elle l'avait été pour les seigneuries sous le titre de Souverain Buffet avant l'occupation française. Elle avait dans son ressort toutes les affaires civiles et criminelles, les cas de divorce, d'adultère, de désertion malicieuse de la part d'un des conjoints, les cas de sorcellerie, etc. Le président du Conseil était dans les temps anciens le chancelier; mais après que cette fonction eut été supprimée, ce furent successivement le gouverneur, puis le stathouder qui le remplacèrent. Le procureur général faisait office de ministère public.

La seconde section ou Chambre des finances, avait sous sa juridiction tout ce qui concernait les impôts et les redevances, et l'examen de toutes les affaires litigieuses qui s'y rattachaient. Elle était présidée par l'Intendant du domaine.

Enfin le Conseil constituait encore, sous le nom de Conseil ecclésiastique, une sorte de consistoire supérieur qui avait la haute main sur la tenue des églises et la discipline pastorale. Il était alors présidé par le Surintendant qui en faisait partie à titre de conseiller et comme représentant de l'autorité, ou plutôt comme agent intermédiaire entre le gouvernement et les pasteurs ou les consistoires locaux. Mais la confirmation des pasteurs appartenait au comte; la Régence ne nommait que les instituteurs, encore avec l'assentiment des communes et de leurs consistoires ou conseils presbytéraux.

Le nombre des conseillers était variable entre 6 et 15; j'en compte 9 en 1714, 10 en 1790, 14 en 1776. C'était, outre le gouverneur ou stathouder faisant office de président, M. le vice-président baron de Goll, seigneur d'Allanjoie et de Genéchié; Messire Ferdinand Alexandre, comte de Sponeck, MM. Fr. Ch. Bouthenot, Ch. Jérémie Goguel, François Louis Jeanmaire, G. Dav. Rossel, Joseph Beurnier, Gaspard Goguel, Ch. Christophe Gropp, Ch. Christ. Parrot, le grand forestier Urbain Sattler, et le médecin Léopold Emmanuel Berdot. Le surintendant Bonzen, le procureur général Ulric Jérémie Binninger, et enfin le secrétaire Gottlob Georgii portaient également le titre de conseillers. Le maire était alors le sieur Fr. Melchior Jeanmaire, et le premier maître-bourgeois G. Urbain Rayot, que nous avons déjà vu figurer et qui venait de succéder à Léopold Emmanuel Surleau. Je ne rappelle pas les noms des autres maîtres-bourgeois qui changeaient toutes les années, et que l'on trouve d'ailleurs dans un grand nombre de documents, en tête des Franchises, par exemple, et dans les pièces trouvées en 1882 dans la tour Rouge du château.

Au dessous de la Cour et chancellerie venait, comme nous l'avons dit, la justice de la mairie qui constituait pour la ville exclusivement, un tribunal de première instance et de police correctionnelle, tandis que pour le reste du comté, la justice inférieure était administrée par le tribunal de la Prévôté. Ces diverses justices avaient remplacé les anciennes assises seigneuriales que le comte présidait aux jours généraux comme avocat de l'empereur, ainsi que les assises cantonales présidées par le bailli. Le tribunal de la prévôté était composé de cinq juges présidés par le prévôt avec voix instructive seulement, et remplissant à peu près les mêmes fonctions que le maire devant la justice bourgeoise. Ces juges, dont l'institution remontait au milieu du XVe siècle, étaient choisis par le Conseil du prince parmi les hommes les plus intelligents des villages, généralement parmi les maires. Ils ne connaissaient pas des affaires criminelles; et, au delà de dix livres, on pouvait appeler de leurs jugements devant la cour. Leurs assises avaient lieu jadis quatre fois l'an, mais dans les derniers temps, ils siégeaient le jeudi de chaque semaine. Ces audiences s'étaient tenues successivement à la porte du Grand-Pont, puis devant Saint-Maimbœuf, sous les tillots de la place du Bourg, enfin dans l'une des salles de la chancellerie au bâtiment des Halles. Ils pouvaient d'ailleurs se transporter en divers lieux du comté selon qu'ils le jugeaient à propos. En 1776, le prévôt était J. J. Ponnier ; vint ensuite le prévôt Duvernoy, et le dernier fut G. Frédéric Berger que nous avons déjà eu occasion de nommer. Outre ses fonctions de président de justice, le prévôt avait pour mission de faire chaque année une tournée dans les villages pour s'assurer de l'état des chemins, visiter les cheminées, entendre les comptes des communes, constater certains délits de simple police et écouter les observations ou les plaintes des paysans.

Quant aux maires des villages, ils étaient chargés de percevoir, avec les échevins, les impôts et les revenus du prince, de veiller à la police et à la garde des biens communaux. Ils n'avaient point de traitement, seulement ils étaient affranchis de tout droit seigneurial, des prestations ou corvées, et seuls ils pouvaient à toute heure fréquenter les cabarets de leur commune, sans doute pour y veiller au bon ordre. Chaque village avait son maire, mais il y avait cinq mairies d'un ordre supérieur, en nombre égal à celui des juges de la prévôté. C'était la grande mairie de Rainans, celle de Fesches-le-Châtel, celle de Grand-Charmont, celle de Bélieu et celle de Champey. On y ajouta plus tard celle d'Etupes, lorsque ce village eut été constitué en fief de la seigneurie : il eut dès lors sa justice privée, comme les anciens fiefs de Dambenois, d'Allanjoie et de Beutal. Le Magny-d'Anigon et la commune de Mandeure avaient également conservé les leurs; les justices ecclésiatiques de Belchamp et du prieuré de Vaux, celles d'Etobon et de Trémoins avaient seules été supprimées.

Des prévôtés avaient existé jadis dans les quatre terres comme dans le comté de Montbéliard, et la ville d'Héricourt avait également possédé sa justice de la mairie. Pour les seigneuries d'Héricourt et du Châtelot, les appels se portaient devant le grand bailli siégeant à Héricourt, personnage d'origine noble, chargé à la fois des fonctions administratives et des fonctions judiciaires. Dans les seigneuries de Blamont et de Clémont, ils se produisaient devant une justice supérieure, siégeant à Blamont : le Souverain Buffet prononçait en dernier ressort. Dans ces deux dernières seigneuries, le chef du pouvoir administratif était le châtelain de Blamont. Il n'était pas obligatoirement d'origine noble. A Granges, à Clerval et à Passavant, il portait le titre de capitaine. Dès 1679, Louis XIV supprima le Souverain Buffet qui fut remplacé par le Parlement de Besançon. Les prévôtés furent maintenues jusqu'en 1715, mais les appels étaient portés aux baillages de Baume et de Vesoul.

Il n'existait, comme on voit, aucune relation entre les tribunaux de Montbéliard et ceux du Wurtemberg. Au point de vue judiciaire, comme au point de vue administratif, le conseil de Régence était absolument indépendant, et l'union entre les deux pays, dès le temps du mariage d'Eberhard I avec l'héritière des Montfaucon, était restée toute personnelle.

Il en était autrement de nos relations avec l'empire d'Allemagne; et, bien que le lien qui nous rattachait à ce corps fût des plus mince, que même le privilège *de non appelando* eût été concédé nominativement par Charles-Quint au comté d'abord, en 1553, et plus tard à ses dépendances, néanmoins le duc Frédéric, dans l'ordonnance judiciaire de 1584, admit la suprématie de la Chambre impériale siégeant à Wetzlar ainsi que celle du Conseil aulique de Vienne, et reconnut à ses sujets le droit d'appeler des sentences de la Régence devant ces Cours suprêmes. C'est ce qui eut lieu en diverses occasions, notamment en 1705, lors des démêlés survenus entre les bourgeois de la ville et Léopold Eberhard, dans lesquels le duc de Wurtemberg lui-même dut prendre parti devant le Conseil aulique en faveur des habitants. En dehors de ces cas tout exceptionnels, les Chambres impériales n'intervenaient que dans les questions de souveraineté ou de relations féodales qui constituaient leurs attributions particulières et qui seules, pour ainsi dire, rompaient l'autonomie propre à la principauté de Montbéliard.

Je n'insiste pas sur ces détails qui ont déjà fait l'objet de différents mémoires. Je ne veux qu'en résumer le tableau.

III

L'introduction de la Réforme dans notre pays de Montbéliard remonte à 1523, mais elle ne devint un fait accompli qu'après quinze années d'incubation, et c'est seulement en 1538 que les Eglises de la ville reçurent un commencement d'organisation qui s'étendit successivement aux paroisses rurales du comté, puis aux seigneuries. La messe, abolie alors par mandement du 17 novembre, rétablie momentanément pendant l'intérim prescrit par Charles-Quint, fut définitivement supprimée par ordonnance du 5 octobre 1552, et les curés furent congédiés. Le prince était resté chef suprême de l'Eglise, et c'était en son nom que se publiaient les rescrits et les ordonnances; mais l'exercice effectif du pouvoir était confié au surintendant ou superintendant qui représentait la personne du souverain en même temps que le corps des Pasteurs devant le Conseil ecclésiastique dont il faisait lui-même partie. Ce corps, émané du conseil de Régence et dont le prince était président de droit, était la plus haute expression de l'autorité religieuse dans l'Etat, et ses membres en étaient les premiers dignitaires. Ils faisaient les lois et les réglements ecclésiastiques ou disciplinaires, et c'est à leur examen et à leur décision que revenaient toutes les difficultés sérieuses, même de doctrine, et toutes les questions importantes ou délicates. Pierre Toussain avait été le premier revêtu de la charge de surintendant, en 1539. Le dernier fut Jean Georges Duvernoy qui se démit de ses fonctions en 1805, et fut remplacé par Pierre Christophe Duvernoy, premier inspecteur ecclésiastique. Il y avait eu en tout 25 surintendants.

A la tête de nos églises était depuis 1765, Léopold Eberhard Bonzen, d'une famille originaire de Corbach; c'était un personnage considérable dans le pays, et son autorité sur les pasteurs était à peu près absolue, quelquefois même elle devenait despotique. Il présidait chaque semaine le Conseil ecclésiastique et visitait une fois l'an toutes les paroisses rurales, afin de connaître leur situation et de s'assurer que le pasteur remplissait exactement ses devoirs [1]. A la suite de ces visites, il présentait un rapport dont plusieurs encore existant sont extrêmement curieux comme études de mœurs, mais dont les informations sont loin d'être toujours bienveillantes pour les populations comme pour les pasteurs, témoin celui du 7 septembre 1552, ceux de 1673, 1686, etc. [2]. Tous les pasteurs devaient prêcher au moins une fois par an devant le surintendant; et trois fois dans l'année il les réunissait dans la grande salle de la chancellerie, en une assemblée

---

(1) Depuis l'occupation des seigneuries par la France, les surintendants n'y pénétraient plus et n'y avaient plus d'autorité réelle. Mais les pasteurs continuaient à les reconnaître comme leurs chefs.

(2) Le premier est de Pierre Toussain, les autres des surintendants Jean Beurlin et Jules Frédéric Malblanc. Le dernier s'exprime et ces termes : « Il règne dans un grand nombre de villages un vice odieux et ruineux ; il consiste non seulement dans la paresse et l'esprit de chicane, mais encore et principalement dans l'ivrognerie à laquelle on s'adonne plus que jamais. »

synodale à laquelle assistait un conseiller de Régence et où il faisait lui-même office de rapporteur. Dans ces assemblées, on s'occupait de l'état et des besoins des églises; et chaque fois un candidat y soutenait une thèse [1] sur une question de théologie. On stimulait ainsi le travail et on en appréciait les résultats.

Les paroisses du comté, déjà organisées en 1541, avaient chacune, depuis 1564, un consistoire local composé du pasteur, du maire et de trois anciens, nommés à vie et confirmés par le Conseil ecclésiastique. C'est à peu près l'équivalent des conseils presbytéraux actuels. En entrant en fonctions, les anciens juraient une formule de serment approuvée par le Conseil ecclésiastique à la date du 1er novembre 1752, et résumant la tâche qu'ils avaient à remplir [2]. Elle consistait particulièrement à se-

---

(1) Voici les titres de quelques-unes de ces thèses qui se sont conservées :

In nomine Jesu. Theses et conciones de Nexû divino ministerû evangelici cum resurrectione gloriosa servatoris nostri J. C. Primo post festum Resurrectionis habito conventu pastorali. Publico examini subjectæ a Præside conventûs.

Montisbeligardi, 1731. Litteris Biberianis.-S. n. d'aut.

In nomine Jesu. Natura atque indoles Scientiæ theologicæ explicata thesibus, observationibus et quæstionibus quibusdam publico ministerû ecclesiastici examine discutienda.

Die Junii 1732. Montisbeligardi. Litteris Biberianis.-S. n. d'aut.

Quæstiones theologicæ quas Collegialibus suis proponit, etc.

(2) FORMULE DU SERMENT QUE DOIVENT PRÊTER LES ANCIENS DE L'EGLISE DE MONTBÉLIARD.

Articles comprenant les principaux devoirs à l'observation desquels tout ancien de l'Eglise de Montbéliard s'obligera par serment lors de la Réception.

1. ARTICLE.

Je m'oblige et m'engage par le serment que je prête ici, devant Dieu et en présence de cette assemblée chrétienne, que je persévé-

conder le pasteur dans l'accomplissement de ses devoirs, à veiller aux bonnes mœurs, à l'assiduité des enfants à l'école, aux biens des églises et aux dépenses paroissiales. Ils avaient même un droit de réprimande dans la commune et la faculté d'infliger de légères amendes : c'est ainsi que dans les registres de la paroisse d'Etupes, nous lisons sous le titre de *Causes consistoriales*, qu'un tel individu,

rerai, par l'assistance divine, dans la profession de la vérité, et dans la pratique des devoirs de la Religion chrétienne, selon la doctrine des Eglises protestantes évangéliques de la Confession d'Augsbourg.

II. Je promets de garder une fidélité inviolable à mon légitime souverain ; d'avancer, autant qu'il sera en mon pouvoir, ses Dignités et Intérêts et d'écarter ce qui pourrait y être contraire.

III. Je fais vœu de m'employer, autant qu'il me sera possible, à maintenir la Religion évangélique et le bon ordre dans l'Eglise.

IV. Pour cet effet, je veillerai et m'employerai soigneusement à ce que la Piété, la paix et les bonnes mœurs soient cultivées dans mon quartier en général et dans chaque famille en particulier.

V. Je déclarerai aussi au ministère de l'Eglise, autant que j'en aurai des indices certains, sans partialité ni égards pour personne, tous ceux qui mèneront une vie ou feront quelque action scandaleuse : notamment ceux qui marqueront du mépris soit pour les Assemblées religieuses, soit pour les Saints Sacrements, et qui négligeront l'Education de leur famille.

VI. Je garderai inviolablement le silence sur les choses proposées et résolues dans les Assemblées ecclésiastiques, qui, étant divulguées, pourraient nuire à la réputation de quelqu'un et occasionner quelque aigreur ou malveillance.

Tels étant les devoirs de ma charge, ma sincère intention est de m'y conformer exactement, moyennant le secours de la Grâce divine, lequel j'implore pour cet effet. Ainsi Dieu m'assiste et me soit en aide.

Vu et approuvé en Conseil pour être exécuté suivant sa forme et teneur. Le 1ᵉʳ novembre 1752.

Signé : R. DE GEMMINGEN.

Montbéliard, de l'imprimerie de Jaq. Michel Becker.

après avoir été aigrement admonesté, a été condamné à 10 sols d'amende au profit de la boîte des pauvres pour s'être battu ; une femme à trois gros pour propos malséans ; une autre, après aigre admonition, a été condamnée à 10 sols pour avoir volé des prunes. A Etobon, Marguerite X..., pour avoir tenu à la fontaine de méchants propos, et entre autres choses, avoir dit du pasteur que c'était une beste, a été aigrement réprimandée et condamnée à l'amende. » Ces remontrances, qu'on désignait sous le nom de *calenges*, étaient adressées publiquement au coupable, à la sortie du service; quelquefois on l'excluait de la communion. Lorsque la faute commise constituait un délit et qu'il y avait à prononcer une amende, la présence du maire au Conseil presbytéral devenait obligatoire. Dans les cas graves, il en était référé au Conseil du Prince.

Les pasteurs tenaient les registres de l'Etat civil; ils y inscrivaient les naissances, les baptêmes, les actes de première communion, les mariages et les décès. La plus grande exactitude leur était prescrite, et ils devaient même, chaque année, envoyer à la chancellerie un double de leurs livres [1]. Les institutions ecclésiastiques, avaient été réglementées à l'origine par une ordonnance remontant à 1534. Rédigée d'abord en allemand, elle fut traduite en latin par ordre du duc Ulric, qui la rendit dès lors obligatoire pour les Etats de Montbéliard. Mise en vigueur le 7 octobre 1543, modifiée par un règlement du 29 novembre 1545, elle subsista néanmoins dans son ensemble jusqu'à la publication de la grande ordonnance de 1569, rédigée par ordre des tuteurs du comte Frédéric, et traduite de l'alle-

---

(1) Ordonnances du 9 octobre 1733 et du 14 juillet 1786.

mand en français, sur l'édition de Bâle de 1568, par Léger Grimaud, maître d'Escole à Montbéliard, plus tard pasteur à Montécheroux, puis recteur au Gymnase. Cette ordonnance, particulièrement destinée à substituer d'une manière définitive le luthéranisme allemand aux doctrines de Farel et de Calvin, donna lieu à des résistances assez vives : toutefois elle devint dès cette époque, l'unique code reconnu par nos pasteurs dont elle réglementait le culte, et même les croyances. En 1716, le duc Eberhard Louis fit paraître pour ses Etats d'Allemagne la *Cynosura ecclesiastica*, dont quelques prescriptions furent momentanément appliquées dans notre pays ; mais bientôt elle fut suivie de la publication du Supplément à l'ordonnance ecclésiastique (1728), qui compléta ou rectifia ce que le temps et les circonstances avaient fait reconnaître comme étant défectueux ou vieilli dans l'ancienne loi. Le duc Charles Eugène songea aussi à en remanier les dispositions ; et, par rescrit du 18 septembre 1755, il fit nommer une commission chargée de réviser toutes les anciennes ordonnances et les divers rescrits concernant les matières religieuses, de présenter ses vues sur les améliorations qui pouvaient être apportées au régime des églises et des écoles, et de composer un nouveau code ecclésiastique, mieux approprié que l'ancien aux besoins et aux exigences du temps. Ce travail resta inachevé, sauf la liturgie qui fut revue par le pasteur J. G. Surleau, pendant que son collègue J. Frédéric Grammont traduisait en français la Confession d'Augsbourg, et que J. J. Duvernoy, pasteur de l'église allemande, ajoutait de son côté l'histoire des souffrances et de la mort de Notre Seigneur Jésus-Christ. Ces divers travaux ont été réunis en un volume in-4°, imprimé par Becker en 1766, et sont restés en usage jusqu'à nos jours dans un grand nombre de paroisses.

On n'avait pas touché aux anciennes ordonnances qui continuèrent ainsi de subsister et de recevoir leur application; mais comme la situation des pasteurs et des églises n'avait éprouvé que d'insignifiantes améliorations depuis de longs siècles, elle se trouvait être des plus pénible. Les édifices religieux, dévastés dans les guerres, n'avaient pu être restaurés, et restaient dans un état complet de délabrement. Les presbytères, au nombre des plus humbles maisons des villages, n'avaient pour plancher que la terre nue, et une échelle pour monter à l'étage. Souvent même, faute de maison curiale habitable, le pasteur était obligé de loger en ville. Les églises, basses, humides, malsaines, étaient pavées par les tombes des anciens pasteurs, et la lumière n'y pénétrait que par d'étroites ouvertures, bien souvent privées de vitres, et masquées par les arbrisseaux des cimetières qui les entouraient. Les pasteurs, trop pauvres pour porter la robe, n'avaient avec le rabat, qu'un petit manteau écourté qui leur couvrait à peine les épaules. A l'époque de la Réforme (1552), leur traitement en argent avait été fixé à 40 francs (32 livres tournois); en 1585, il fut porté à 54 francs (43 livres 4 sols tournois), et ce chiffre subsista jusqu'au commencement du XVIIIe siècle. Il fut alors élevé à 60 francs; enfin en 1763, à 100 francs en argent, plus 144 quartes de blé ou 66 bichots, et autant d'avoine. A cela, s'ajoutaient le logement à la cure, le bois de chauffage que donnaient certaines communes, les droits de glandée, la culture de quelques morceaux de terre dépendant des presbytères, enfin un casuel de quelques pains de beurre, d'un rayon de miel ou de quelques livres d'ovre données par les familles aisées lors de la célébration des mariages ou de la confirmation des catéchumènes. Il n'y avait pas de quoi multiplier les économies; aussi avait-il fallu, pour empêcher la femme et les enfants de mourir de faim au décès du pasteur, créer un fond de secours analogue à ce que nous appelons actuellement la Caisse des veuves. Constitué à la date du 28 juin 1779, il s'alimentait d'une cotisation de 6 francs par an que payaient tous les pasteurs tant du comté que des seigneuries, plus de 24 sols payés par la recette du prince pour les sermons circulaires et les assistances aux conférences pastorales. Naturellement, comme aujourd'hui, ce fond était pauvre et complétement insuffisant,

C'était la caisse, désignée sous le nom de Recette ecclésiastique, qui subvenait non seulement aux émoluments des pasteurs, mais aux gages des instituteurs de la ville et des professeurs du gymnase. Jadis elle s'était alimentée de tous les biens du clergé catholique sécularisés au moment de la Réformation. Le comte Frédéric avait fait vendre une partie des terres afin d'augmenter le revenu, et de là provenait un capital en rentes qui constituait, paraît-il, le plus clair de son avoir. Le gouvernement français, lors de l'occupation de Montbéliard, fit restituer aux abbayes et au clergé catholique tout ce qui restait dans les seigneuries des anciennes terres ecclésiastiques, de sorte qu'au XVIIIe siècle, il ne restait à la Recette, outre sa rente, que le produit de quelques terres provenant du chapitre de Saint-Maimbœuf et de l'abbaye de Belchamp, sur lesquelles l'abbé de Corneux touchait encore une rente de 520 francs à titre d'indemnité. Dans les seigneuries, le peu qui avait échappé aux restitutions, était versé aux mains des curés d'Héricourt et de Blamont, qui avaient charge de payer leur traitement aux pasteurs encore survivants, ce à quoi ils ne paraissent pas avoir mis grand empressement; le duc Charles avait même dû, pendant le séquestre antérieur au traité de 1748, mettre la moitié du déficit à la charge de la Recette ecclésiastique du Wurtemberg, sauf restitution bien entendu. (Arrêté du 11 janvier 1738). Quant aux forêts sécularisées, elles étaient restées, comme nous l'avons dit, propriétés seigneuriales. Outre les redevances qu'elle touchait en rentes ou autrement, la Recette percevait le produit d'une dîme en nature qu'on appelait la dîme ecclésiastique. Lors d'un inventaire fait par le surintendant Bonzen, en 1772, la caisse contenait 26,609 livres 7 sols, en valeurs, plus 4,733 quartes de froment, 5,009 quartes d'avoine, 1,006 quartes d'orge, et 5,095 bottes de paille. Là dessus vivaient les pasteurs et les instituteurs, mais c'était encore avec ce fond qu'il fallait entretenir les églises, les presbytères, les écoles, et pourvoir à toutes les dépenses accessoires de secours, de charité aux veuves et aux orphelins, de bourses aux jeunes théologiens de Tubingue, etc. La pauvreté générale rendait peut-être moins sensible l'indigence privée, mais le potage n'en était pas meilleur pour autant ni le repas plus copieux.

Les paroisses étaient d'ailleurs composées de nombreux villages, souvent fort éloignés les uns des autres et sans chemins pour communiquer; de sorte que la tâche était rude ni pénible autant qu'on peut l'imaginer. Encore n'était-ce rien dans le comté en comparaison des seigneuries, où des ennuis et même des dangers sérieux s'ajoutaient souvent à la mission déjà si douloureuse et tous les jours plus lourde du pauvre desservant, chargé de suppléer ses collègues décédés et qu'on ne pouvait remplacer. Il fallait tout son dévouement et sa foi fervente pour affronter ainsi les orages au dehors et bien souvent le froid de son foyer désert en rentrant chez lui.

IV

Nous possédons sur l'instruction publique dans notre vieux Montbéliard quelques données qu'il peut être intéressant de recueillir et que nous voulons essayer de grouper dans ce paragraphe.

Ce ne fut toutefois qu'à partir de la Réformation qu'on parut se préoccuper sérieusement de l'enseignement scolaire. Les temps qui précèdent ne nous ont laissé sur ce sujet que des renseignements extrêmement vagues; et, à en juger par leur insuffisance, nous pouvons dire qu'il n'existait réellement pas. Il est possible que vers le XIIIe siècle, au moment où les Croisades emportaient nos guerriers vers l'orient, où les bords du Rhin se peuplaient de cathédrales, où les chroniqueurs et les poètes racontaient les uns leurs histoires, les autres leurs fables et leurs chansons de geste, notre pays situé entre l'Allemagne et la France, entre les maîtres chanteurs de l'une et les trouvères de l'autre, ne soit pas resté absolument étranger au mouvement intellectuel qui se manifestait alors. Mais de quelques essais poétiques à l'enseignement répandu parmi le peuple, il y a loin, d'autant que la poésie semble se complaire dans le demi jour et est rarement contemporaine des siècles de pleine lumière et de savantes études.

Lorsque l'église Saint-Maimbœuf fut érigée en collégiale par Thierry II, un clerc attaché au chapitre, enseignait au peuple, après les cérémonies d'usage, le credo, le pater avec quelques prières en latin. On cite, vers 1260, un premier maître nommé Ferry; il tenait son école dans un bâtiment appartenant au chapitre qui le choisissait, et à qui il jurait obéissance et fidélité. C'est tout ce que nous savons de l'origine de nos écoles. Un peu plus tard, lorsque Renaud eut octroyé à la ville ses Franchises, il y eut encore une école sous la direction du chapitre, mais soumise à un réglement plus précis. Il exigea du recteur une résidence continue, et chaque année, ce fonctionnaire devait être renouvelé ou réélu. Du reste, nous ne savons rien de la nature et de la durée de l'enseignement, et le Concile de Bâle qui, en 1438, confirma les statuts de l'église collégiale du château, se borne à recommander « que le peuple de Montbéliard soit suffisamment instruit es choses appartenant au salut des âmes par la prédication de l'évangile, l'exposition des dix commandements, en déclarant le pater noster et le credo grand et petit. »

En 1473 figure avec le titre de recteur un nommé Pierre Compaignon; et certaines difficultés survenues vers ce temps entre le chapitre et l'administration municipale relativement au choix de ce fonctionnaire, semblent indiquer que cette dernière ne restait pas absolument étrangère au choix du personnel de l'école, et qu'elle avait tout au moins un droit de contrôle et de confirmation. En cas de conflit, la décision revenait au comte ou à son bailli; ainsi en avait ordonné le comte Henri par arrêté du 27 juillet 1480. Le recteur touchait alors 12 quartes de froment des revenus du chapitre et probablement une modique rétribution des élèves.

Outre l'école appartenant à Saint-Maimbœuf, il y avait encore une autre petite classe tenue par les moines de Belchamp dans leur maison de la rue Derrière, mais où l'enseignement ne dépassait pas ce qu'il y avait de plus élémentaire.

A leur arrivée à Montbéliard, Farel et les autres prédicants qui l'accompagnaient, s'étaient plaints avec grande amertume des désordres du clergé, de son insuffisance pour l'enseignement, de l'ignorance et de l'immoralité de tous. Il faut entendre Arquerius lors de sa venue à Héricourt: « Cette population, dit-il, est rude, grossière, sauvage, livrée à la crapule, à l'ivrognerie, à la paillardise, à la paresse: c'est Sodome et Gomorrhe, et la colère de Dieu contre ces gens est terrible. » Le reste ne valait pas mieux. En 1552, la Régence de Montbéliard transmit au duc Christophe les résultats d'une enquête sur les comportements des prêtres pendant l'intérim prescrit par Charles-Quint: il se trouva que « quasi tous sont bestes et asnes, qui ne savent qu'à grand peine décliner leurs noms; que les uns sont paillards publics, ivrognes, gourmands, blasphémateurs; que le curé d'Allanjoie quitte sa chaire en disant à ses paroissiens qu'un sien cousin lui est venu, et qu'il n'a pas le loisir de lire l'Evangile parce qu'il faut l'aller festoyer. Qu'un autre jour étant ivre, il se mit à beugler comme un veau devant l'autel, ne sachant ce qu'il disait. Que le curé d'Abbévillers est un homme indocte qui tient une ribaude avec lui; que le vicaire d'Aibre envoye le diable dire sa messe, et que le curé de l'endroit est un tout petit enfant, moine à Belchamp; que celui de Voujeaucourt n'a que neuf bâtards »... « A Bocourt, dit à son tour le surintendant Toussain dans son rapport du 7 septembre 1562, il n'y a rien qui vaille et ne tienne compte de rien ; un des Japy est véhémentement suspicioné d'être sorcier. A Bondeval, ils viennent tard à la prédication, à mi-prêche ou même à la fin ; les jeux de quilles y pullulent, puis ivrognent et suivent les battures. A Couthenans, ce sont gens incorrigibles... » Il y en a pour tout le monde.

On était en effet arrivé à une de ces tristes époques de dépérissement moral où les populations découragées et s'oubliant elles-mêmes, semblent perdre tout respect de leur dignité, tout sentiment du devoir, au point qu'il n'y a plus pour elles qu'ignorance et misère. Ainsi se manifestent les temps avant-coureurs des grandes catastrophes, comme aussi des grands réveils et des grandes régénérations sociales; car la vie naît de l'excès du mal, tout comme en sort la ruine et la mort. La Réforme fut pour les pays du nord la manifestation de la Renaissance et l'aurore des temps modernes : elle fut non pas seulement un mouvement artistique ou littéraire, mais ce qui est beaucoup plus rare, un mouvement et un progrès social, une étape de plus dans la vie de l'humanité. Les livres dont on se servait alors dans les écoles, répondaient à l'ignorance de tous; le Doctrinale puerorum, la Gemma gemmarum, le Græcismus sont qualifiés par Camerarius de *carnifice puerorum*, et Dieu sait encore l'usage qu'on en faisait.

Il fallut du temps pour faire disparaître ce fatras de vieilles choses. Dans nos pays reculés, la religion n'était plus qu'un assemblage de superstitions grossières ou de croyances puériles, et rien n'est plus tenace que l'erreur ou l'absurde. Cependant dès l'apparition des doctrines nées de la Réforme, on s'était sérieusement occupé de déveloper l'enseignement public, non pas seulement dans la ville, mais dans les écoles de villages organisées selon un réglement du duc Christophe, dès l'année 1559. Déjà antérieurement à cette réglementation officielle, le surintendant Toussain estimant que l'œuvre de la Réforme ne pouvait s'accomplir en dehors du développement intellectuel, et que l'école en est le point de départ, avait fait venir de Suisse un réfugié français nommé Michel Mulot ou Mullot, qu'il chargea d'ouvrir une classe élémentaire, en attendant que le gouvernement eût pourvu lui-même à l'enseignement public; et tel était dès lors le mouvement des esprits et le besoin de lumière qu'en 1538, Mulot comptait déjà quatre-vingts élèves dans sa classe. L'instruction marchait de pair avec la liberté religieuse, et bientôt allait suivre la liberté communale dans les villages du comté, que le duc Frédéric achevait d'affranchir de l'ancien servage et de la main-morte.

En 1544, le duc Christophe institua ce qu'on appela l'Ecole Latine, et l'établit dans l'ancien bâtiment de la rue Derrière appartenant jadis à l'abbaye de Belchamp, et qui depuis la sécularisation des biens du clergé catholique, faisait partie du domaine ecclésiastique protestant. Au mois d'avril de cette même année, à l'arrivée de Marie de Brandbourg, femme du duc, 276 escoliers figuraient dans le cortège. L'enseignement primaire était alors confondu avec l'enseignement secondaire; lorsque plus tard ils eurent été séparés, les classes supérieures, d'après un tableau récapitulatif allant de 1745 à 1768, comportent des chiffres variant de 36 à 62 élèves. Le nombre de 153 élèves, qui figure à la date de

1787, doit nécessairement s'entendre des deux écoles qui, bien qu'établies dans des locaux séparés, constituaient cependant un même ensemble, soumis à une même administration. L'un des disciples de Jean Sturm, Michel Toxites, qui avait été chargé d'organiser l'instruction publique dans les Etats allemands du duc de Wurtemberg, introduisit dans nos écoles (1558) un commencement de méthode ; toutefois il faut arriver jusqu'à l'ordonnance de 1568 pour trouver des indications précises sur l'esprit et l'ensemble de l'enseignement dans notre ville.

Ce fut elle en effet qui la première donna un corps aux doctrines pédagogiques, comme elle avait fait pour les institutions ecclésiastiques ; et nous pourrions presque regretter aujourd'hui que bien des prescriptions introduites alors dans l'enseignement, par exemple les exercices oratoires en présence du public avec lequel on s'appliquait à familiariser les futurs pasteurs ou avocats, eussent été plus tard négligés ou écartés.

L'Ecole latine telle qu'elle était primitivement organisée, comprenait cinq classes jusqu'à la rhétorique et à la philosophie inclusivement. Ces classes étaient subdivisées en sections ou dizains, suivant la force des élèves. L'ordonnance nous indique à la fois l'emploi du temps, et les ouvrages grecs et latins dont l'emploi était particulièrement prescrit. Il est curieux de les connaître. « En la première classe, dit le texte, on apprendra à lire et à escrire dans le Donest ou dans les distiques de Caton. Dans la deuxième, où l'on apprendra à décliner et à conjuguer en latin, à connaître les étymologies, le maître proposera les sentences de Mimus Publicanus, la déclaration de Caton, les proverbes de Salomon, les dialogues de Sébald Héyden. Dans la troisième, outre la syntaxe, les étymologies et les autres exercices, le maître déclarera diligemment les fables translatées par Joachim Camerarius. On lira les Epistres de Cicéron choisies par Sturmius; on emploiera deux heures à la leçon de Térence, laquelle on apprendra par cœur et récitera le lendemain. Dans la quatrième, qu'on lise l'œuvre entière des lettres de Cicéron; que les maîtres déclarent premièrement une comédie de Térence, et après les livres de Cicéron de Amicitia ou de Senectute ; que les enfants écrivent mot à mot les fables d'Esope, comme Térence ou Cicéron. Dans la cinquième classe, escrire et parler latin, instruire es élémens de la dialectique et de la rhéthorique de Philippe Mélanchton, formulés en dialogues par Georgius Major; les oraisons de Tite Live et de Cicéron; lire quelques livres des Enéides de Virgile, ou les Offices de Cicéron ; de deux en deux jours, les fables d'Esope, Isocrate à Démonique ou la paidie de Xénophon. »

Les grammaires, catéchismes et autres livres d'un usage habituel, ne sont désignés que d'une manière générale et sans nom d'auteur. A cela s'ajoutent des recommandations morales et des instructions sur les méthodes d'enseigner et d'apprendre, tant pour les maîtres que pour les élèves.

Ce programme ne fut pas longtemps observé dans son intégrité. Les inspections, renouvelées non tous les ans mais tous les mois, et même tous les huit jours quand l'enseignement paraissait faiblir, y apportaient constamment de nouvelles modifications, tantôt dans le choix des auteurs, tantôt dans la répartition des travaux et l'emploi des heures. Les visiteurs ou visitateurs, au nombre de quatre, parmi lesquels le surintendant avait toujours la haute main, soumettaient leurs propositions au conseil de Régence qui les repoussait ou les accueillait à volonté. En 1603, à la date du 27 octobre, un nouveau réglement rédigé par les conseillers Stoffel et Belleney, par le surintendant Oswald et les pasteurs Cucuel et Jacques Macler, fut introduit dans l'établissement. En 1670, parut un programme fixant l'emploi des heures et les ouvrages dont l'emploi était autorisé. Déjà vers le milieu du siècle, on avait introduit l'étude de l'histoire et de ce qu'on appelait alors la physique, mais sans qu'il y eût encore de professeur spécial pour ces matières. Il y avait également un maître de langue allemande, un maître de musique, le tout d'ailleurs subordonné aux circonstances et aux ressources dont on disposait.

L'ordonnance supplémentaire de 1726 s'appliqua à compléter et à rectifier ce qu'il y avait d'insuffisant ou de défectueux dans les anciens réglements. Nous y trouvons mentionnés la nomenclature et le vocabulaire de Cellarius, les colloques de Langhius, l'Orbis pictus de Comenius. On explique en troisième les colloques d'Erasme, ou le Soldat chrétien et Cornelius Nepos. Dans la quatrième, la syntaxe grecque et latine *in primis ornata*, Jules César ou Cornelius, et en grec le Nouveau Testament. En cinquième, outre les offices, les épitres et les oraisons de Cicéron, on expliquera Virgile ou Horace, en grec, les plus faciles oraisons de Démosthènes ou de Saint-Chrisosthome; en hébreu, la Genèse en outre de la grammaire de Schickardus. Quelques heures seront consacrées à l'histoire, à la morale, à la physique; on pressera sur l'élégance et la pureté du style tant en latin qu'en français; des essais de poésie auront lieu dans les deux langues. La logique sera entièrement traitée. »

L'ordonnance supplémentaire subit pendant le XVIII° siècle, à peu près les mêmes transformations que ses devancières dans les temps antérieurs. L'Ecole latine n'avait à l'origine qu'un recteur et deux professeurs adjoints ou co-recteurs. C'est seulement en 1770 qu'un quatrième maître leur fut adjoint pour l'enseignement des mathématiques et de la géographie. Le premier recteur avait été ce même Léger Grimault [1] que nous connaissons déjà pour avoir traduit en français, par ordre du duc Christophe, l'ordonnance de 1568; et le premier professeur de mathémathiques, désigné alors sous le nom de lecteur fut J. G. Surleau, ensuite recteur de 1786 à la Révolution. C'était un homme instruit et capable auquel sont dus plusieurs ouvrages de grammaire, de géographie et de mathémathiques, non sans valeur pour le temps.

Un dernier règlement, en date du 11 août 1786 et signé du stathouder Frédéric Eugène, apporta encore quelques améliorations au régime du Gymnase. Après avoir expressément recommandé aux précepteurs le zèle et l'exactitude, aux écoliers la propreté, l'obéissance, la diligence à apprendre leurs leçons et à faire leurs tâches, l'assiduité en classe et à l'église où ils doivent toujours se rendre en manteau, il fixe à 6 heures ou tout au moins à 5 heures $^1/_2$, la durée des classes pour le lundi, le mardi, le mercredi et le vendredi; 3 heures le ma-

---

(1) Leotgarius Grimaldius.
Les recteurs au XVIII° siècle, furent successivement : Jules Frédéric Duvernoy, de 1690 à 1729. — David Frédéric Mégerlin, de 1729 à 1735. — Léopold Eberhard Bonzen, de 1735 à 1765. — Léonard Frédéric Dubois, de 1765 à 1773. — Ulric Ducommun dit Véron, de 1773 à 1782. — Pierre Christophe Duvernoy, de 1782 à 1786. — Jean Georges Surleau, de 1786 à 1794.

tin et 2 heures ¹/₂ l'après-midi, en commençant à 6 heures en été et à 7 heures en hiver. Les vacances sont limitées à 3 semaines au temps de la moisson, pendant lesquelles il y aura seulement 3 heures de leçons le matin, et à 3 semaines pleines aux vendanges. Les arrêts sont supprimés et les punitions laissées à la discrétion des maîtres. Vient ensuite le programme des leçons et la liste des auteurs autorisés ou recommandés. [1]

Cette nouvelle réglementation fut observée pen-

(1) Dans la classe préparatoire. — *a)* La grammaire latine. — *b)* Le Tyrocinium ou application des déclinaisons et conjugaisons par les règles de l'étymologie et de la syntaxe. — *c)* L'Orbis pictus de Comenius.

Dans la classe du co-recteur. — *a)* La grammaire latine. — *b)* Le Latium im compendio de Weiss. — *c)* Les dialogues de Castellion. Lorsque les écoliers seront en état de composer un thème sans faute, on pourra leur faire apprendre les règles de la prosodie latine, la grammaire grecque de Weller, les mots du Pasor, et leur faire expliquer les Dominicales du grec en latin.

Dans la classe du recteur. — *a)* Pour la prose latine : Eutropius, Cornelius Nepos, les œuvres de Cicéron, Salluste etc., le Latium in compendio, 2ᵉ partie. — *b)* Pour le grec, la grammaire de Weller, le Compendium linguæ græcæ de Leusden et le Nouveau Testament grec. — *c)* Pour la poésie latine, les Tristes d'Ovide, Virgile, les odes choisies d'Horace, etc. — *d)* Pour l'hébreu, la grammaire de Schickardus, le compendium linguæ hebraïcæ de Leusden, la Janva linguæ hebraicæ de Reineccius et la bible hébraïque.

Pour la musique on pourra…

Pour la logique se servir de celle de Layriz, traduite en latin et employée dans le Wurtemberg. Pour la rhétorique, celle qui sera jugée convenable.

Dans la classe du lecteur. — *a)* Pour la géographie, le cours élémentaire du recteur Surleau. — *b)* Pour la géométrie et la trigonométrie, le cours élémentaire d'arithmétique du même auteur. — *c)* Pour l'histoire, il pourra prendre ses propres cahiers et les livres qu'il trouvera bon d'introduire, de même que pour les autres parties des mathématiques.

dant quelques années ; mais l'agitation qui régnait en France aux approches de la Révolution, ne tarda pas à pénétrer à Montbéliard et à mettre le désarroi dans les études. On s'en plaignit à Tubingue, et le duc Charles, par rescrit du 16 mai 1792, ordonna que les jeunes gens de Montbéliard, attendu leurs faibles connaissances, fussent examinés à leur arrivée avant d'être admis au séminaire, et renvoyés sans rémission s'il étaient jugés trop faibles. Ce fut un coup de bâton en pleine mer : lorsque après la bourrasque révolutionnaire on se remit aux études, Tubingue nous était devenu étranger.

On a longtemps trouvé chez les épiciers, ou dispersés dans les greniers de la ville, de vieilles éditions des classiques employés jadis au Gymnase : des Cicéron, des Virgile, des César. Térence surtout était en faveur ; et, « pour ce qu'il a escript fort proprement, dit l'ordonnance, que les enfants s'étudient à se servir communément des manières de parler d'icelui. » Ces livres venaient surtout de Hollande et des presses de Strasbourg, de Francfort ou de Bâle, quelques-uns de Montbéliard. Il serait très difficile aujourd'hui d'en reconstituer la collection.

A leurs fonctions au Gymnase, les professeurs joignaient presque toujours quelque emploi à l'église, dont les émoluments s'ajoutaient à leur traitement habituel, toujours très modique d'ailleurs. Léger Grimaud en 1581, touchait 12 francs forts en argent, 6 quartes de froment ; de plus, il avait le logement et l'usage d'un petit jardin. Jules Frédéric Duvernoy en 1699, recevait 76 livres 16 sols en argent, 150 quartes de froment, 144 d'avoine, à quoi s'ajoutaient toujours le logement et la rétribution scolaire trimestrielle d'une batz par élève. Plus tard, le traitement fut porté à 100 francs pour chacun des professeurs, comme pour les pasteurs.

Lors de l'installation de l'Ecole latine à la rue Derrière, il avait été fait dans la propriété des moines de Belchamp, des réparations considérables auxquelles on avait consacré d'abord les matériaux provenant de la démolition de l'église de Belle-Croix à Sainte-Suzanne, puis une somme de 300 livres donnée par la ville et provenant d'un impôt momentané d'un demi blanc par pot de vin vendu. Mais ces vieilles constructions ne pouvaient toujours durer et être éternellement réparées. Le duc Eberhard Louis vint au secours de la ville, et, par acte du 6 août 1731, céda en toute propriété à la Recette ecclésiastique chargée, comme on sait, de tous les frais de l'enseignement, une ancienne ferme domaniale, construite autrefois par le comte Frédéric (1594), qu'on nommait la Souaberey, et où les classes latines furent installées en 1733, sous le nom de Gymnase. L'inauguration solennelle eut lieu le 18 septembre, jour de naissance du duc : il nous en est resté quelques détails. La fête commença par une prière en français, que prononça l'ancien recteur Jules Frédéric Duvernoy. Le nouveau recteur David Frédéric Mégerlin débita ensuite un discours latin « sur les soins que prennent les princes chrétiens d'amener leurs sujets à la perfection en leur donnant l'esprit de vérité par l'enseignement dans les écoles et dans les églises. » L'orateur termina par des vers allemands en l'honneur du prince et de sa famille. Le co-recteur Léopold Eberhard Bonzen, d'origine allemande comme Mégerlin et comme lui protégé du duc, prit à son tour la parole pour adresser des actions de grâces au souverain en parlant de la nécessité des écoles. Trois jours après, le 21 septembre, les élèves voulurent célébrer à leur tour l'ouverture du nouveau Gymnase par des discours et des luttes oratoires. On récita des vers latins ; des discours en français, en latin, en grec, en hébreu furent prononcés; on célébra les mérites et les vertus du prince, l'utilité de la science, la gloire de nos anciennes écoles, etc. Seize discours furent successivement débités au grand émerveillement des assistants, et la solennité se termina par un hymne chanté en allemand : il n'était pas alors question de banquet. Au dessus de la porte d'entrée on lisait cette inscription :

GYMNASIVM LODOIX EBERHARDVS CONDIDIT ISTVD
HÆC SCOLA CVM PATRIA STAQVE CADITQUE SVA.
octob. a. r. s. a. MDCCXXXIII.
Harum ædium, Deo opt. max. concedente, ipso Serenissimi
Fundatoris festo LVIII D. XIV calend. octob.
anno 1733, facta est dedicatio.

Ce local resta affecté à l'enseignement jusqu'à la Révolution. A cette époque, les études furent interrompues, et lorsque après la crise, on songea à les réorganiser, alors que l'Institut eut cessé de fonctionner, l'administration municipale eut un instant l'intention de relever les anciens bâtiments de l'Ecole latine à la rue Derrière, en y employant les matériaux provenant de la démolition de l'église Saint-Maimbœuf. Ce projet fut abandonné par suite de l'insuffisance de l'espace, mais seulement après qu'on eut reconstruit le rez-de-chaussée, et l'on revint à l'ancien gymnase.

L'Ecole française, primitivement réunie à l'Ecole latine, avait pendant un temps, résidé avec celle-ci dans les bâtiments de la rue de Belfort. Mais le local devenu trop étroit, et peut-être aussi la nécessité reconnue de séparer l'enseignement élémentaire de l'enseignement supérieur, l'avaient contrainte d'émigrer dès 1665, et en 1674, elle fut installée, faute d'autre local, sur la place Saint-Martin, dans un bâtiment qui en porte encore le nom. Construit aux frais de la recette ecclésiastique et du produit des aumônes recueillies dans le temple voisin, il était destiné à servir de maison curiale aux pasteurs de la paroisse à laquelle il appartenait; et ce ne fut que par nécessité qu'on en changea la destination pour l'attribuer à l'école française. Cette école n'eut d'abord qu'un seul maître; elle en eut deux au XVIIIe siècle. On choisissait de préférence pour ces fonctions de jeunes théologiens non encore pourvus de cure.

C'est aussi l'ordonnance ecclésiastique qui trace dans sa généralité le programme de l'enseignement primaire. Elle vise surtout l'instruction religieuse et morale; il existe en outre un placard de 1728, concernant spécialement l'école installée sur la place Saint-Martin, où se trouve détaillés avec soin l'emploi des heures et les matières qui doivent être traitées. Ainsi le matin, on récitera la première partie d'une section du catéchisme; on lira les Ecritures saintes, ou le Nouveau-Testament ou les Psaumes; on dictera un thème ou un argument. On fera lire les leçons tant pour connaitre que pour assembler les lettres; on fera le récit du catéchisme ou des passages de l'Ecriture. L'après-midi, on récitera la seconde moitié de la section du catéchisme; l'on lira comme avant midi; puis encore mêmes travaux qu'avant midi, et l'on répétera le catéchisme et les passages du matin. Chaque jour se reproduisent à peu près les mêmes travaux. Le programme termine par ces mots qui témoignent de l'esprit profondément religieux existant encore dans le pays : « S'observera exactement tout ce qui regarde la crainte de Dieu et la discipline prescrite tant en la parole de Dieu que dans les Ordonnances ecclésiastiques de Son Altesse Sérénissime. » Le supplément recommande spécialement les catéchismes de Luther et de Jean Brentz : toutes les semaines, on devait donner à apprendre par cœur quelque cantique ou psaume. Les dimanches ou autre jour, on interrogera sur les sermons, et l'on donnera à ceux qui en sont capables « une manuduction pour entendre et escrire les sujets qui y sont traités. » Tout enfant qui sait lire, doit être pourvu d'un Nouveau-Testament suivi d'un livre des Psaumes, afin de pouvoir suivre l'explication des versets. L'exercice du chant était expressément recommandé. Tous les enfants doivent être conduits au service divin les dimanches et le vendredi : la plus grande attention est prescrite, et ils doivent être à même en sortant de rendre compte de ce qu'ils ont entendu. Enfin les recommandations les plus fortes sont adressées tant aux maitres qu'aux parents pour l'éducation à donner aux enfants à l'intérieur des familles, dans les villages comme dans la ville, pour l'assiduité et l'exactitude aux leçons, la bonne tenue, etc.

Il ne pouvait être créé dans la ville d'école latine en dehors du Gymnase qui avait en quelque sorte le monopole de l'enseignement supérieur. Mais outre l'école française qui était restée une dépendance plus ou moins immédiate de l'établissement dont elle faisait partie à l'origine, il s'était créé quantité de petites écoles, surtout pour les filles qui n'étaient point admises à l'école française et n'avaient dans les temps anciens d'autre élément d'instruction que l'enseignement privé. Il suffisait du reste pour fonder une école, d'obtenir l'autorisation de la Régence et de se soumettre aux visites des délégués.

Mais le gouvernement des princes ne s'était pas occupé exclusivement de répandre l'instruction dans la ville de Montbéliard ; dès les premiers temps de la Réforme, il s'était appliqué à l'introduire dans les villages du comté, si bien que déjà en 1585, toutes les communes avaient leur école. On avait eu beaucoup à faire pour arriver à ce résultat. En 1561, lors de la réunion à l'Etat des trois seigneuries d'Héricourt, de Clémont et du Châtelot, il n'y avait d'école dans aucun de leurs villages, et à Héricourt même pas un des neuf maîtres bourgeois ne savait « lyre ne escrire. » Pendant assez longtemps et dans nombre de communes, les pasteurs avaient dû tenir l'école, en attendant qu'on eût des instituteurs capables et en quantité suffisante. Il serait difficile de dire en quoi consistait alors l'enseignement. Tout était à créer et, avant même de songer à l'instruction chez les enfants, il fallait en faire naître l'idée chez les parents, faire sentir le besoin de l'école, la nécessité de la discipline scolaire. Ces résultats s'obtinrent assez rapidement; bientôt même l'émulation devint telle dans certaines localités qu'il fallut en quelque sorte la contenir, et que le conseil de Régence dut intervenir pour empêcher les jeunes gens de St-Julien, entraînés par le plaisir de certaines représentations théâtrales, de se faire tous comédiens. C'était alors une mode, et diverses scènes figurant tantôt le sacrifice d'Isaac, tantôt le combat de David contre Goliath, avaient été également représentées par les élèves du Gymnase, en présence des ducs Louis Frédéric et Léopold Frédéric que l'on voyait, le menton appuyé sur leur haute canne, écoutant sans broncher les fleurs de rhétorique répandues à poignées à leur gloire et louange.

Cet élan des esprits dans les campagnes ne put se soutenir. Les guerres qui survinrent et qui entraînèrent la dévastation et la ruine d'un si grand nombre de nos villages, jointes à l'état d'isolement où ils se trouvèrent du gouvernement central devenu d'ailleurs tout à fait impuissant à les protéger, mirent un terme à ces commencements si remarquables ; et ce ne fut qu'au XVIII° siècle, et dans le comté seulement, qu'on put se remettre au travail ; encore fallut-il des mesures rigoureuses pour ramener un peu d'ordre et de discipline non pas seulement dans les écoles mais dans les églises. La Cynosura ecclesiastica que le duc Eberhard Louis avait publiée dans ses états de Wurtemberg, et dont quelques prescriptions furent pendant un temps applicables dans la principauté de Montbéliard avant la publication du Supplément à l'Ordonnance de 1568, fut un premier pas dans la la voie du relèvement des études : elle revint sur les anciennes doctrines, et en particulier rendit de nouveau l'instruction publique obligatoire sous peine de réprimande et d'amende, ainsi qu'elle l'était déjà en vertu des réglementations antérieures. En même temps la gratuité fut établie sur la plus large base pour les enfants pauvres. Des visites d'école devaient être faites au moins deux fois l'an par les pasteurs et par des délégués locaux. Un arrêt du Conseil, en date du 2 avril 1784, avait même fixé l'indemnité pour ces visites à deux francs pour le pasteur, et un franc pour l'échevin, pour le maire et un chacun des anciens d'église qui y assistaient. Cette dépense était mise à la charge de la Caisse ecclésiastique; elle était précédemment à la charge de la commune qui avait tout particulièrement à solder les frais du dîner pris au cabaret du village et se montant parfois à des chiffres assez respectables, témoin le mémoire de dame Barbe Cremet, portant 37 livres 6 gros, « pour vacation de la visite des Escoles faite à Héricourt le 15 mars 1703. » L'ordonnance du Conseil eut surtout pour objet de prévenir les beuveries excessives où s'oubliaient les examinateurs.

La situation des instituteurs devint en même temps plus stable et plus convenable. Il leur était interdit de vendre du vin, de remplir les fonctions de garde-champêtre, et de faire la police; la femme ne pouvait plus débarbouiller ses enfants dans la classe pendant sa durée. Ils devaient sous peine d'être congédiés, tenir l'école en hiver pendant six heures, et en été pendant quatre heures par jour. Ils ne pouvaient s'absenter sans le consentement du pasteur; d'autre part, ils cessaient d'être à la merci du maire et du conseil communal. Ainsi, tandis que dans les temps anciens, c'était le maire qui, réuni sous le tillot aux notables de l'endroit, choisissait parmi les postulants, et louait pour l'hiver celui qui était le mieux à leur convenance ou le renvoyait à volonté, à partir des nouvelles ordonnances, il fut défendu d'établir des régents d'école sans la participation du surintendant et du pasteur de la commune qui, après examen des certificats de capacité et de bonne conduite, devaient faire agréer le candidat par le Conseil ecclésiastique; et ils ne purent plus être renvoyés ou changés que pour fautes graves, après enquête sérieuse et par décision du même Conseil.

Les émoluments des instituteurs furent longtemps payés par la Caisse ecclésiastique : mais à partir de la moitié du XVIIIe siècle, à la suite des spoliations qu'elle éprouva, une somme de 16 à 20 sols dut être payée à la Saint-Georges, ainsi qu'une quarte de blé et une d'avoine à la Saint-Martin, par chaque chef de famille dont les enfants fréquentaient l'école, et la moitié de la somme par les chefs de famille n'ayant point d'enfants. Les conditions variaient cependant de village à village, et jusqu'à l'ordonnance de 1726, elles continuèrent à être débattues sur le communal, entre le Conseil et le postulant dont on appréciait en même temps les mérites.

Il y avait loin des institutions d'alors à notre enseignement laïque ; mais, si tout n'y était pas parfait, il y avait du moins de bonnes intentions. Sous l'influence de la Réforme, tout avait pris le caractère de ferveur religieuse, et les ordonnances des princes confondaient sans cesse l'instruction publique avec la religion. Les deux choses étaient soumises au même réglement, et c'étaient les mêmes hommes qui veillaient à l'une comme à l'autre. Y avait-il à cette situation de graves inconvénients et un danger quelconque ? Je remarque plutôt le progrès considérable qui s'était accompli et le zèle infiniment louable qui se manifesta chez tous pour l'amélioration de l'enseignement. La France mit encore deux siècles à réclamer l'instruction obligatoire. Il est vrai aussi que le sentiment de liberté morale existant dès lors chez les habitants de la principauté et tout d'abord chez les pasteurs, réduisait à néant les inconvénients qui pouvaient résulter de cette constante subordination aux corps ecclésiastiques. Les pasteurs, pères de famille comme chacun, ayant les mêmes intérêts et soumis absolument aux mêmes obligations que les laïques, ne pouvaient être à redouter d'aucune façon. Il n'y avait entre eux ni esprit de corps exclusif, ni esprit sacerdotal, égoïste ou fanatique, encore qu'il y eût peut-être quelque chose d'absolu dans leurs doctrines. C'était d'ailleurs chez eux évidemment que se trouvait l'instruction la plus solide; et, outre que leur autorité en fait d'enseignement fût dans l'esprit de l'époque comme une tradition et un reste de l'autorité du clergé au moyen-âge, je ne vois pas dans notre pays quelle influence efficace et compétente eût pu leur être substituée.

En pareille situation, l'instruction des enfants ne pouvait manquer d'être sérieuse, comme leur éducation était austère. Ils avaient en toutes choses le sentiment profond du devoir, et pour leurs parents en particulier, un respect infini, les écoutant avec une déférence extrême et ne les abordant que le chapeau à la main. Il est curieux de voir dans les lettres du temps les expressions dont ils se servent pour saluer leur père ou leur mère: aucune familiarité, mais toujours un respect profond, presque de la crainte, en tous cas une soumission absolue à leurs volontés. De leur côté, les parents pénétrés du sentiment religieux des temps anciens et des enseignements de leur enfance, conservaient jusque dans la physionomie, quelque chose d'austère et même d'un peu rude, qui faisait facilement ressembler nos surintendants et nos recteurs à ces vieux docteurs allemands en rabats et en savantes perruques, dont les faces rébarbatives ne manquent jamais de figurer en tête des lourds in-4°, reliés en vélin, qui contiennent leurs élucubrations. Non pas cependant que ces braves gens ne se déridassent quelquefois : eux aussi dans l'occasion

LE COLLEGIUM

ÉGLISE CATHOLIQUE ACTUELLE

savaient prendre leur part des joies de ce monde
et fêter gaiment la dive bouteille ; mais c'était l'exception, et sous les joyeusetés du moment perçait
toujours la rudesse et la gravité du vieux huguenot.

Sous l'influence de l'esprit de réveil qui avait
marqué le XVIe siècle, et sous l'impulsion de professeurs dont plusieurs furent certainement des
hommes de mérite, le goût des études littéraires
s'était développé dans notre ville, et elle était presque devenue une ville savante. C'est alors que le
comte Frédéric, considérant l'isolement où se trouvait la principauté, et le grand nombre de jeunes
gens qui se livraient aux études, particulièrement à
l'étude du droit et de la théologie, songea à doter le
pays d'une Académie analogue aux institutions
créées en Allemagne, à Erlangen ou à Tubingue, et
fit construire à cet effet par son architecte Henri
Schickard, au lieu désigné sous le nom de Conde-
mène, l'édifice que remplace aujourd'hui l'église
catholique. Les fondations en furent posées le samedi 2 juin 1598, par les sieurs Jean Oswald surintendant, Samuel Cucuel et Jacques Macler, ministres
à Montbéliard, et Perin Borne, escarguette du château pour Son Altesse. Je ne sais ce qu'est devenue,
lorsque fut bâtie l'église actuelle, l'inscription sur
platine de cuivre placée avec la première pierre, à
l'angle sud-ouest du bâtiment [1]. C'était une vaste
construction carrée, enveloppant une cour, avec des
pavillons carrés aux angles et au milieu de chaque
façade extérieure, tandis qu'au milieu des façades
intérieures étaient accolées aux murs de petites

---

(1) Cette inscription se trouve dans le voyage en Italie de Schickard, 1602, et a été reproduite par M. Wetzel dans le Recueil mémorable de Bois de Chêne.,

tourelles contenant un escalier en colimaçon. Sur le devant était un clocheton de forme assez élégante avec une horloge, et dans la cour un puits orné de sculptures. L'ensemble ne manquait pas d'originalité, et il en existe encore un curieux dessin gravé par Schickard lui-même. Ce *Collegium* comme on l'appela, fut terminé en mars 1602 ; mais le prince avait quitté Montbéliard pour se fixer dans le Wurtemberg et s'intéressait désormais beaucoup moins à notre ville, de sorte que les cours ne furent point ouverts, et que pendant de nombreuses années, les bâtiments restèrent absolument inoccupés et sans aucun emploi. En 1613, le duc Jean Frédéric étant venu passer quelques mois à Montbéliard, songea à reprendre l'œuvre de son père et à ouvrir l'établissement sous le nom de Gymnase. Il devait y avoir sept professeurs, dont l'un avait le titre de recteur, et un programme complet fut tracé, comprenant les langues française, latine, grecque et hébraïque, la rhétorique, la logique, la morale, l'arithmétique, l'astronomie et la physique, l'histoire, les Institutes ou le droit et la théologie. Ce projet encore ne put être réalisé. Enfin en 1670, sous l'administration et en présence du comte Georges, le 30 juin, les cours furent ouverts, et le sieur Charles Rœmer, premier professeur en jurisprudence, en fit l'inauguration par une oraison : *De ampliatione principatûs*. Un nouveau règlement avait été publié et, par rescrit du 15 novembre 1671, le duc accorda à l'établissement des privilèges que nous trouvons reproduits dans un travail de Car. Rœmer, sous ce titre : *Repetitio anniversaria legum, privilegiorum et statutorum Collegii Montbelgardensis cum oratione succincta de Neutralitate: auctor C. Rœmer. U. J. D. et professor*. Montbd. Cl. Hyp. 1674. Les cours furent continués pendant sept ans, et donnés par cinq professeurs : c'était pour la théologie, Fréd. Melchior Barthol; pour le droit et les sciences politiques, Car. Rœmer ; pour la médecine, Jean Nicolas Binninger; pour le droit civil, Balthasar Bischof; et pour la philosophie, Pierre Béquillard. On soutint quelques thèses [1] et quelques luttes oratoires, dont les divers sujets nous sont indiqués

(1) Voici les titres de quelques-unes des thèses qui furent alors soutenues :

Disputatio de Ente quam deo duce et auspice, sub præsidio viri clarissimi Dn. F. M. Bartoli, ecclesiæ Montbelgardensis Gallicanæ diaconi et in Collegio ejusdem loci SS. Theologiæ et Metaphysicæ professoris defendet Joannes Rudolphus Rossel Montbelgardensis.

Montisbelgardi. Typis Hyppianis. Anno MDCLXXII.

Tractatus de Anima rationali. Disputatio prima et disput. secunda, præside F. M. Bartholo, quam exhibet Joannes Christoforus Du Vernoy Montbelgardensis, ad diem 16 Julii. Hora locoque consuetis.

Montisbelgardi. Hyp. 1672 et 1673.

Disputatio Ethico politica De Prudentia ; quam sub præsidio viri nobilissimi amplissimi atque consultissimi Dn. Caroli Römers J. V. D. ac Juris tam publici quam privati in Collegio Montisbelgardensi professoris, disquisitioni subjecit Nicolaus Binder. Richovilla Alsatus.

Montisbelicardi Typis Hyppeis 1671.

Lucii Annæi Flori Rerum romanarum per præcepta politica et dogmata juris naturalis et gentium explicatarum specimen, propositum ac commendatum a Carolo Römer U. J. D. et professore Juris publici ac privati in Collegio Montisbelgardensi.

Montisbelgardi. Claudius Hyp. 1671.

Même sujet. L. A. Flori per præcepta... et quidem Remissionem ad ipsomet authores explicantes Exegesis quæ usum præcipue J. Lipsii Politicorum, H. Grotii Juris belli pacisque, etc. A Carolo Römer... Romuli regis res gestas exhibens. Sub præsidio ejusdem viri ac p. t. Collagii Decani a Joh. Georgio le Conte Montbelgardensi.

Montisbelgardi. Typis Hyppianis 1672.

Même sujet. Numa Pompilius et Tullus Hostilius per G. Scharlapanr. Riquewihr. 1675.

par des placards échappés au temps. Malheureusement ces travaux n'eurent qu'une durée tout éphémère. Le comte Georges était en instance auprès de la cour impériale de Vienne pour obtenir que le Collège de Montbéliard fut érigé en académie, lorsque l'occupation de la ville par les troupes du duc de Luxembourg fit suspendre les démarches du prince et arrêta les cours. Les professeurs furent dispersés, et leur doyen Barthol, d'abord emprisonné au fort de Joux pour son livre intitulé l'*Ecole sainte* qu'il avait vu brûler en place publique, fut obligé de se réfugier dans le Wurtemberg où il termina ses jours. Cependant le local des Facultés ne fut pas immédiatement accaparé par les catholiques. A l'arrivée des Français, quelques moines franciscains qui suivaient l'armée y furent momentanément logés; et après eux, deux capucins récollets, qui convertirent la salle des Actes en une chapelle catholique. Au départ des soldats, ils durent également déménager emportant les objets de leur culte, et le bâtiment fut rendu aux protestants qui y logèrent un pasteur avec un maître d'école, et conservèrent comme lieu de culte la chapelle érigée par les Récollets. Il ne paraît pas toutefois que ces derniers aient dès lors quitté Montbéliard : il existe encore dans les archives de la ville, un petit cahier ayant fait office de registre d'état civil, où se trouvent inscrits, de 1689 à 1697, un certain nombre d'actes de naissance, signés d'un nommé Joseph Magnin, récollet, s'intitulant curé de Montbéliard [1]; et ce fut probablement à cette dernière date seulement qu'il disparut avec ce qu'il était resté de catholiques à la suite de l'occupation.

(1) Magnin ne fut curé titulaire qu'en 1706; il succéda à Julien Relange.

Mais le gouvernement du roi se prévalant de l'article 4 du traité de Riswick, portant que la religion catholique demeurera en l'état où elle était lors de ce traité (20 sept. 1697) dans les lieux restitués, prétendit que le culte catholique existant alors à Montbéliard, devait y être maintenu; et le 6 janvier 1699, sur les dix heures du matin, on vit arriver tambour battant, enseignes déployées et l'épée au vent, un détachement de 600 fusiliers du régiment de Piémont et quatre compagnies de cavalerie formant 200 hommes, du régiment de Melun, commandés par M. de Pelisanne, lieutenant-colonel de Sa Majesté de France, accompagnant M. de Fontmorte, commissaire-ordonnateur à Besançon, subdélégué de M. l'Intendant de Bourgogne. Ces troupes se rangèrent en bataille sur les deux places des Halles et de Saint-Martin, se saisirent des portes, et aussitôt après, M. de Fontmorte s'en fut trouver Son Altesse Sérénissime au château, afin d'avoir de son consentement une chapelle en la ville pour l'exercice de la religion catholique, menaçant en cas de refus, de loger ses troupes chez les particuliers jusqu'à nouvel ordre. Sur quoi Son Altesse Sérénissime (le comte Georges), lui fit réponse en ces termes : « Le Prince de Montbéliard déclare qu'il se conformera toujours en tout ce qui regarde les points concernant la paix, à tout ce que ceux qui sont commis à l'Empire pour cela, lui ordonneront; et il ne dépend point du tout, en semblable chose, de lui-même. Voilà sa résolution et point d'autre pour tous et un chacun qui le veulent savoir. »

Alors le sieur de Fontmorte s'adressa au Magistrat de la ville pour les logements des troupes, ce qui lui ayant été refusé par la raison qu'on n'en avait point l'ordre de Son Altesse Sérénissime, il fit avec ses officiers les billets de logement, plaçant jusqu'à vingt-quatre soldats dans chacun des logis qu'ils ont cru les meilleurs, et dans les moindres jusqu'à six, lesquels soldats se faisaient nourrir avec leurs chevaux comme à discrétion, après avoir enfoncé et forcé les portes de ceux qui avaient refusé de les ouvrir.

Le lendemain 7, vers les dix heures du matin, au nombre d'environ cinquante hommes, sous le commandement d'un aide-major accompagné du curé de Mandeure et de quelques-uns de ses confrères, ils voulurent enfoncer les portes du Collège où l'on tenait une école publique, et où l'on avait fait l'exercice de la religion luthérienne depuis plus de vingt ans, en attendant que l'église du Faubourg pût être achevée. Etant devant la porte, ils persuadèrent, tant par menaces que par crainte, un de ceux qui y étaient logés, de leur venir parler, ce qu'ayant fait, ils s'en saisirent aussitôt et allèrent droit à l'église dont ils voulurent forcer les portes. Mais n'y ayant pas réussi, ils firent entrer un homme par une des fenêtres qu'il cassa et alla ensuite ouvrir les portes. Aussitôt les soldats entrèrent pêle-mêle dans l'église et y mirent tout en désordre. Ils jettèrent les bancs et la chaire dehors avec la table de la Sainte-Cène, après avoir ôté le drap qui la couvrait dont ils firent des culottes par dérision; et pendant que l'officier qui les commandait s'en retournait à la porte du Collège pour y établir un corps de garde, les soldats forcèrent le tronc dont ils pillèrent l'argent, et le brûlèrent ensuite. Aussitôt les curés dressèrent une petite table qu'ils avaient apportée et se mirent à chanter la messe. On fit sortir du Collège le ministre, le maître d'école et les autres qui y résidaient, et le curé de Mandeure, Julien Relange, fut installé curé de Montbéliard.

A partir de ce moment, l'établissement fut perdu pour l'enseignement public; et, malgré les protestations des princes à la nomination de chaque nouveau desservant, il resta affecté au culte catholique sans qu'il y eût d'ailleurs un seul paroissien dans la ville. On en comptait quelques-uns aux forges d'Audincourt; mais à Montbéliard, il n'y avait encore au commencement du siècle actuel qu'une seule famille catholique, c'était la famille Curtz.

La prise de possession du Collège ne délivra pas la ville de ses garnisaires, et pendant un mois qu'ils y séjournèrent sous prétexte de protéger le curé, ils commirent toute espèce de dégâts et d'insolences. Cependant le roi sentant les princes allemands s'agiter, et ne voulant pas recommencer la guerre pour cinq ou six familles catholiques restées à Montbéliard depuis l'occupation, donna l'ordre de retirer ses troupes; et le 6 février intervint entre le Magistrat et le sieur de Fontmorte une sorte de transaction qui amena leur départ.

Nos jeunes gens qui avaient un instant espéré pouvoir terminer leurs études à Montbéliard, reprirent le chemin des universités allemandes. Les étudiants en droit ou en médecine allaient généralement à Bâle, quelquefois à Altorf; les étudiants en théologie allaient à Tubingue où les princes avaient créé pour eux diverses fondations destinées à leur rendre moins onéreux le séjour de cette ville. C'est ainsi que par codicille ajouté à son testament, le 28 février 1555, le comte Georges avait légué au séminaire de Tubingue une somme de dix mille florins, pour l'entretien de six jeunes gens du comté de Montbéliard et de quatre des seigneuries d'Horbourg et de Riquewihr; et que plus tard le duc Charles constitua à l'Académie Caroline dont il était le fondateur, plusieurs autres bourses au profit de ces mêmes jeunes gens. Georges Cuvier fut un des premiers à en bénéficier. Cet état de choses subsista jusqu'à notre réunion à la France; dès lors, toutes les études au sortir du Collège se firent à Strasbourg qui, jusqu'à ces derniers temps, possédait seul, avec Montauban, une Faculté de théologie protestante.

V

Notre pays de Montbéliard était à la fois de droit coutumier et de droit écrit; cependant on ne devait recourir à ce dernier que lorsque les lois de l'Empire et les coutumes locales se taisaient sur la question pendante.

Nous n'avions pas de Coutumier proprement dit: il était remplacé dans certains cas par les ordonnances et les rescrits impériaux, mais plus souvent par les ordonnances princières dont le nombre était considérable. Les plus importantes après les Franchises qui avaient réglementé la situation des bourgeois de Montbéliard étaient: le Traité amiable du 31 mai 1557 qui fixa la compétence des divers tribunaux et, en particulier, du tribunal de la mairie; l'Ordonnance ecclésiastique du 29 février 1568 et le Supplément du 30 août 1724; l'Ordonnance judiciaire du comte Frédéric, en date du 21 août 1584, qui fut une adaptation au pays de Montbéliard des ordonnances civiles et criminelles de Charles-Quint; les Ordonnances des eaux et forêts du 12 août 1595 et du 8 février 1779. Certaines d'entre elles par leur étendue sont de véritables codes, et malgré les changements que les temps et les circonstances avaient amenés dans les conditions sociales des populations, elles avaient survécu aux modifications apportées par des ordonnances ultérieures et subsistaient non abrogées concurremment avec ces dernières. C'était même parfois quelque chose d'étrange que le contraste existant entre ces vieilles lois encore toutes pénétrées de l'esprit du moyen-âge et de la barbarie du XV° siècle, et d'autre part les doctrines humanitaires et les mœurs doucereuses qui marquèrent la seconde moitié du XVIII° siècle.

On en jugera par les châtiments qui pouvaient être appliqués. C'était :

« Le feu : le condamné sera mis au feu et son corps sera brûlé et réduit en cendres. — Le fer : il sera décapité. — L'écartellement : il sera mis en quatre quartiers tellement que mort s'en suive, et les quartiers de son corps seront pendus et attachés publiquement sur quatre grands chemins. — La roue : il aura les membres brisés par la roue tellement que mort s'en suive, et il sera mis publiquement sur la dite roue. — Le gibet : il sera pendu et étranglé au gibet tellement que mort s'en suive. — L'eau : il sera noyé. — L'enterrement tout vif : il sera enterré et empalé tout vif. — Si en concluant la sentence de mort, il est dit que le criminel sera traîné au lieu du supplice, il sera ajouté à la fin de la sentence : En outre, il sera traîné par bêtes brutes au lieu du supplice. — S'il est conclu que le criminel avant la sentence sera lacéré au corps avec tenailles ardentes, on ajoutera à la fin de la sentence : et sera avant d'être mis à mort, mené publiquement sur un chariot au lieu du supplice et son corps lacéré avec tenailles ardentes par tant et tant de fois. »

Ne semble-t-il pas en parcourant cette lugubre

énumération que l'on sente passer comme un souffle venu d'Espagne et des cachots du Saint-Office ? Il est vrai d'ailleurs que cette pénalité émane tout entière de Charles-Quint. A cela, s'ajoutait inévitablement la question simple ou réitérée suivant la nature du crime, âpre ou plus douce, à l'arbitraire du prudent juge; puis la prison, dans quelque basse fosse, qui pouvait être ou perpétuelle ou temporaire; la mise au carcan, où le coupable tantôt subissait la peine du fouet avec bannissement, tantôt avec les oreilles coupées ou la langue ou la main, toujours suivie d'expulsion hors de la principauté.

Les moindres peines étaient l'exposition, le tourniquet ou virot, la marque, etc. L'individu coupable de haute trahison envers le prince ou l'Etat était écartelé, et dans les cas particulièrement graves, tenaillé, sans préjudice bien entendu de la question qui précédait toute exécution capitale. En 1516, Louis Anguillier qui avait comploté d'assassiner le bailli J. Gaspard de Bubenhoffen et de livrer la ville à Guillaume de Furstemberg, fut écartelé avec deux autres individus, et le receveur des domaines J. Nic. Barré, ainsi que plusieurs bourgeois de Montbéliard, convaincus de complicité avec Anguillier, subirent le supplice de la roue devant le Grand-Pont. L'ordonnance de Frédéric réduisait à la langue et aux oreilles coupées, la peine de mort prononcée par l'ordonnance impériale contre les blasphémateurs et les calomniateurs. Les faux-monnayeurs, les faussaires, les incendiaires devaient être brûlés; les sorciers subissaient la même peine; les diseurs de bonne aventure étaient marqués au front et à la joue. La peine de mort était également appliquée aux voleurs de grand chemin.

L'adultère par récidive subissait la peine de la décollation; la femme était noyée. La mère coupable d'infanticide devait être enterrée vive, empalée ou noyée après avoir été lacérée de tenailles ardentes.

Laissons ces abominations : mais était-ce la barbarie des mœurs et la fréquence des crimes qui nécessitaient ces répressions terribles, ou au contraire était-ce la sévérité des législateurs et des souverains et la cruauté des institutions qui provoquaient la violence farouche des populations, la cruauté des mœurs et la haine de l'ordre établi ? Je ne sais et nous pouvons facilement présumer que l'un réagissait sur l'autre. Il est certain qu'à ces époques sinistres du XVIe siècle, il restait encore beaucoup de la barbarie, des préjugés, des superstitions et de tout ce que le moyen-âge avait de plus odieux.

Dans nos pays, les populations n'étaient pas plus mauvaises que partout ailleurs; et cependant toutes ces pénalités reçurent un jour ou l'autre leur application. On sait entre autres, combien nos juges étaient sévères pour le crime de sorcellerie. Vers le milieu du XVIIe siècle, ces iniques procédures prirent fin, et à partir du milieu du XVIIIe siècle, on cessa d'appliquer la torture. En général, on réduisit les pénalités à leur minimum, et je ne vois pas que pendant toute la dernière partie du siècle, l'application sérieuse et réelle en ait été faite.

Cependant elles subsistaient toujours. La justice bourgeoise avait pour prison la haute tour joignant la porte Tallenay; le prince avait la sienne au château, et dans les temps anciens, la forteresse de Blamont avait à diverses reprises servi de prison d'Etat.

Lorsqu'il s'agissait de rendre une sentence capitale, le maire et les maîtres-bourgeois procédaient de la manière suivante. (V. le livre des Notaux, p. 158).

« Premièrement, lorsque le criminel leur aura été rendu de la part de Son Altesse Sérénissime, pour le juger à mort, le maire fera assembler les neuf bourgeois, ensemble quatre notables, pour entendre lire la procédure, à cette fin qu'ils puissent juger, ou bien en prendre avis d'un homme périt (peritus) en droit; et cela fait, jugeront le dit criminel selon les constitutions impériales et droit écrit.

La sentence dressée, le sieur Maire la portera au Conseil pour voir le jugement qui en aura été fait, que l'on réserve la grâce de Son Altesse Sérénissime.

Le jour pris pour l'exécution, trois jours avant, le Greffier va annoncer la mort au criminel, et MM. les Ministres ne l'abandonnent pas jusqu'à l'exécution.

Le jour pris pour l'exécution, le matin à sept heures, l'un des maîtres-bourgeois va avertir le Maire pour venir à la Maison de ville, lequel est suivi des sergents avec leurs hallebardes.

Puis les neuf bourgeois et quatre notables suffisamment avertis, vont avec le maire au banc qui est dressé sous les Halles où ils sont assis, savoir : M. le Maire au milieu de la table, le maître-bourgeois en chef à sa droite, le conforteur (2° maître bourgeois) à sa gauche, et les autres de suite. Après la lecture de la procédure, les neuf bourgeois, ensemble les quatre notables, vont à la kauffhaus; là étant, le maître-bourgeois en chef fait derechef lire la sentence et demande à tous les juges s'ils persistent à icelle, laquelle ayant été avouée de tous, l'on envoie quérir par les sergents M. le Maire, lequel étant arrivé, le sieur maître-bourgeois en chef lui fait entendre que tous les juges ont persisté à ce que la sentence soit exécutée; en même temps, on retourne dans le rang, où on donne la sentence au greffier pour en faire la lecture. »

Et l'on faisait assister à l'exécution les petits enfants, que l'on fouettait vigoureusement pour leur imprimer à la fois l'horreur du crime et le souvenir de sa répression.

En matière criminelle, le duc Frédéric avait conservé à peu près, sans y rien changer, les institutions de l'Empire. Il avait été moins rigoureux pour les délits, et ses successeurs avaient suivi son exemple. Pendant la longue durée des guerres et de l'occupation française, les lois avaient en quelque sorte cessé de recevoir leur application; et lorsque cet état de choses prit fin, il se trouva que tout était à réorganiser. On en revint autant que possible aux institutions antérieures, mais sous bien des rapports, elles durent être transformées ou tout au moins modifiées.

A la mort de Léopold Eberhard, lorsque le duc Eberhard Louis vint prendre possession de l'Etat de Montbéliard, ce prince, sur les observations du conseil de Régence, rendit une ordonnance à la date du 9 août 1723, dans laquelle il s'appliqua à régulariser à nouveau l'organisation judiciaire du pays. Il décida tout d'abord que le comté resterait absolument indépendant du Wurtemberg et garderait les institutions qui lui étaient propres; que les seigneuries resteraient soumises aux lois et aux coutumes du comté de Bourgogne et aux ordonnances de France, sauf en ce qui concernait les affaires religieuses et financières pour lesquelles on devait suivre les ordonnances du comté de Montbéliard; que les anciennes lois des comtes Frédéric et Jean Frédéric seraient rétablies, sauf à être revues et corrigées suivant que l'exigerait l'état actuel du pays, etc. C'est cette ordonnance qui provoqua tout d'abord la révision de l'ancienne loi ecclésiastique, et plus tard celle de l'ordonnance des eaux et forêts. La pensée du duc était allée plus loin; il avait songé à refondre tout entière et à codifier la vieille législation du comté, mais ce projet ne put se réaliser. Par la suite des temps, le duc Charles Eugène revint sur ce même sujet; des instructions furent données pour la révision des ordonnances et des arrêtés relatifs aux matières religieuses, et reçurent même un commencement d'exécution; enfin, vers la fin du siècle, le procureur général Boigeol, chargé par le prince de reprendre cette œuvre considérable, avait déjà réuni plusieurs volumes de documents, lois, arrêtés, ordonnances, lorsque les événements de la Révolution vinrent suspendre son travail.

En fait, pendant le XVIII⁰ siècle et particulièrement pendant le long règne du duc Charles, le gouvernement du comté s'occupa d'améliorer la situation du pays plutôt que d'en transformer les institutions. Il y avait certainement beaucoup à faire pour réparer les désordres et les abus qu'avaient laissé s'introduire à la fois la longue durée des guerres, la déplorable administration de Léopold Eberhard et les négligences des gouverneurs qui, pendant une grande partie du siècle, avaient administré l'Etat. Mais dans la situation présente et en attendant mieux, le plus sage était de rétablir les anciennes lois, comme l'avait fait Eberhard Louis, et de vivre provisoirement sur un ordre de choses connu plutôt que de tout bouleverser. Au reste, le duc régnant, dans toute sa jeunesse uniquement préoccupé de ses plaisirs, ne faisait à Montbéliard que de rares apparitions; et Frédéric Eugène, de son côté, pendant la courte durée du stathoudérat, parut plus occupé des intérêts de sa famille que de ceux de l'Etat et n'avait peut être pas grande initiative.

Cependant des améliorations réelles furent obtenues. Comme nous l'avons déjà indiqué, l'ordonnance du 23 août 1771, par laquelle le duc invitait les habitants des villages à mettre les friches en culture, à diminuer l'étendue des jachères, à régulariser l'assolement des terres cultivées qu'il affranchissait du droit de pâture, fit faire un progrès sensible à l'agriculture; elle compléta les prescriptions du baron de Tornaco (1747) qui avait réglementé l'irrigation des prairies, et dont les instructions étaient déjà appliquées à Allanjoie, à Fesches, à Etupes, à Exincourt et dans la plupart des villages des bords de l'Allan. L'ordonnance de 1771 permit aux propriétaires d'alterner les cultures qui, antérieurement, devaient être toujours les mêmes dans les mêmes lieux, et de substituer une production à une autre, de manière à soulager la terre sans la laisser pour autant oisive et improductive.

Un grand nombre des lois édictées jadis par les anciens princes, avaient eu pour objet le maintien des mœurs et la répression des délits en matière religieuse. Etaient interdits les fêtes de village [1], les jeux, les danses, à peine de 60 sols d'amende. Celui

(1) Cette prescription ne fut jamais observée.

qui donnait à jouer dans sa maison était puni d'une amende de 10 liv. jusqu'au bannissement au cas de récidive, et le joueur d'un franc d'amende. Un blasphème ou jurement coûtait 5 sols, l'ivrognerie 1 fr., les pratiques superstitieuses, l'idolâtrie 10 livres. — Non seulement il était interdit de vendre, de donner à boire, de se réunir pendant le service divin à peine de 60 sols d'amende, mais de se promener et parler dans les rues à peine de 5 sols, et de 10 sols pour ceux « qui se mêlaient ou polluaient avec gens d'une autre religion. » — Les suicidés étaient traînés sur la claie et enterrés au pied du gibet; ceux qui avaient été tués en duel étaient suspendus par les pieds à la potence et enterrés au-dessous.

La plus grande partie de ces prescriptions tomba en désuétude avec le temps, et nous n'en avons rappelé quelques traits que pour marquer dans nos pays le mouvement des esprits et de l'opinion à partir de la fin du XVIe siècle, c'est-à-dire dans un espace de moins de deux cents ans. Le temps avait passé où l'on tuait, où l'on brûlait tout, de peur de rien oublier ou de ne pas punir assez; toutefois, il ne faudrait pas s'y tromper, les châtiments au siècle dernier étaient loin encore d'être des œuvres de mansuétude et des actes de simple répression. Il y eut entre autre des moments où le désordre des mœurs et en particulier l'infanticide, avaient repris de telles proportions que l'on fut obligé de menacer des peines les plus sévères et de faire revivre les anciennes lois. (Ord. du 29 janv. 1723. — 14 sept. 1743. — 7 juin et 12 sept 1773.) Une malheureuse fille de Montbéliard, convaincue de ce crime (13 mai 1645), reçut quatre coups de tenailles ardentes aux bras et aux seins; on lui coupa la main droite, puis elle fut cousue en un sac et noyée en la rivière. Voilà la justice de ce bon vieux temps ; je ne sache pas que par la suite on ait eu à renouveler de pareilles exécutions, et l'on s'en tint à la menace. On n'imaginait pas, dans ces tristes époques, qu'il put y avoir des cruautés légales, et qu'une pénalité qui dépasse la mesure des répressions obligées devient elle-même un crime. Les fureurs de la justice étaient à l'unisson des excès et de la violence des mœurs, quand elles ne les dépassaient pas. Bien loin de songer que tous les adoucissements qu'il est possible d'apporter aux répressions et aux sévérités nécessaires, dussent y être introduits, on voulait non pas prévenir le crime et garantir la société, mais la venger du coupable, le châtier et frapper de terreur par l'atrocité des supplices. C'était du reste à Montbéliard quelque chose d'étrange que le contraste existant entre l'austère rigidité des uns, se traduisant par des lois dont la sévérité excessive allait jusqu'à la cruauté, et la licence qui semble avoir régné dans une partie de la population. L'ordonnance de 1772 supprime, il est vrai, les tortures depuis longtemps abolies en fait, mais elle maintient la peine de mort : « considérant d'ailleurs que malgré la rigueur des châtiments, le déréglement des mœurs va sans cesse en augmentant, elle ordonne que toute femme ou fille enceinte de couche illégitime, qui, au cinquième mois de sa grossesse, n'en aura pas fait la déclaration, sera conduite par les rues et carrefours avec un écriteau portant mention de sa faute, le tout sans préjudice de châtiments qu'elle peut avoir encourus pour adultère ou paillardise ; et les ministres devaient tenir registre spécial de ces déclarations. » Celles qui avaient dissimulé leur état jusqu'à l'accouchement, étaient condamnées au carcan pendant une heure au jour du marché, et si l'enfant était mort sans qu'elles eussent appelé de secours, elles étaient elles-mêmes condamnées comme coupables d'infanticide. Le métier d'entremetteuse, la paillardise étaient punis des peines les plus sévères, jusqu'à la peine de mort. Celui des conjoints contre lequel le divorce avait été prononcé, était expulsé de la seigneurie. Une ordonnance du 29 janvier 1725, condamnait les coupables d'adultère à deux mois de prison au pain et à l'eau, dans le cachot de la tour ; celle du 23 août 1785, modifia cette pénalité, mais ils durent se présenter devant le grand Consistoire solennellement réuni, pour y recevoir la réprimande encourue. Je veux bien que ces répressions n'aient pas été fréquentes; mais tout cela n'indique pas des mœurs bien recommandables, encore qu'on puisse présumer quelque excès de sévérité dans la loi.

D'autre part, le gouvernement s'appliqua à réprimer le vagabondage et les abus de la mendicité (22 sept. 1768). Pendant longtemps, à la suite des guerres du XVIIe siècle, des troupes de pillards et de bandits avaient continué d'infester les campagnes, rançonnant les uns, maltraitant les autres, tellement que les paysans avaient renoncé à cultiver leurs terres, et ne sortaient plus qu'armés d'arquebuses et de pistolets. Le retour de la paix fit disparaître ces gens; une convention fut conclue avec la France pour la restitution des criminels et des déserteurs (24 juillet 1752), et un arrêté du Conseil en date du 11 mai 1731, — 26 fév. 1739) put supprimer le port d'armes forcément toléré jusqu'alors. D'un autre côté, les communes furent tenues de pourvoir à l'entretien de leurs habitants pauvres ou hors d'état de travailler pour vivre. La boite des pauvres subvenait à cette dépense. L'ordonnance ne faisait du reste qu'en reproduire une plus ancienne de 1581, remontant au comte Frédéric, et suivie à différentes reprises d'arrêtés complémentaires. — Les étrangers vagabonds devaient être expulsés, et, en cas de résistance, réduits à la prison pour vingt-quatre heures d'abord et pour un mois en cas de récidive. (Ord. du Stathouder, 30 janvier 1790). D'autres arrêtés prescrivirent les précautions à prendre pour prévenir les incendies. Il fut défendu de battre en grange pendant la nuit sans lanternes fermées, de fumer en battant, de laisser sur le foyer de la paille, des chenevottes, des étoupes, d'y faire sécher le bois, d'allumer des feux dans les rues de la ville, de tirer contre les maisons des coups de fusil ou des fusées, sous peine de 60 sols d'amende et de châtiment arbitraire en cas de récidive (5 mars 1728. — 30 sept. 1740. — 25 juin 1780).

Une ordonnance du 31 janvier 1760 faisait défense de prendre du service à l'étranger sans autorisation spéciale. Une autre du 7 mai 1736, reproduite le 7 juillet, avait essayé d'établir l'usage du papier timbré au prix de quatre sous la feuille; déjà tous les contrats passés devant notaire devaient être enregistrés par le greffier du Conseil (Edit du 2 oct. 1710); enfin le gouvernement s'appliqua à réduire le nombre des procès et à diminuer les frais de justice en augmentant la compétence et en secondant l'action de ce qu'on désignait sous le nom de Justices sommaires, sorte de tribunal de paix ressortissant au conseil de Régence, et dont la mission était particulièrement de rapprocher et de concilier les parties. Ce fut probablement dans la même pensée, pour prévenir de nouvelles sources d'irritation, et sans doute aussi par un sentiment de décence, qu'un autre arrêté du duc Charles, en date du 7 juin 1771, défend aux procureurs, aux avocats et aux parties de s'injurier et de causer du scandale pendant les audiences.

Mais l'une des plus importantes et la plus étendue de toutes ces ordonnances, fut celle des eaux et forêts, à la date du 8 février 1779, qui remplaça celle du 1ᵉʳ août 1595. Elle introduisit dans le régime des améliorations notables, bien que non encore suffisantes. On se souvient dans nos campagnes des prohibitions et des pénalités plus que rigoureuses édictées contre les délits forestiers, et en particulier contre les délits de chasse; des dommages causés dans les récoltes par le gibier qu'il fallait ménager pour les plaisirs de Son Altesse, des réquisitions auxquelles les paysans étaient soumis pour les battues, des droits de gîte aux chiens, toutes choses remontant aux mauvaises époques du moyen-âge, mais que les princes, grands amateurs de la chasse et jaloux de conserver comme un dernier témoignage des droits et prérogatives reçus de leurs ancêtres, ne pouvaient se résoudre à abandonner. Et quand on songe qu'un malheureux villageois, pour avoir tué un lièvre qui mangeait ses choux, ou encore quelque sanglier qui ravageait ses récoltes et lui ôtait le pain de l'hiver, était irrémissiblement condamné à la question, au carcan, ou à mort en cas de récidive; que s'il échappait, il devait pendant toute sa vie, porter un collier de fer, en forme de corne de cerf, au risque de perdre la tête s'il venait à l'ôter; qu'il était aussitôt appliqué à la question s'il ne dénonçait pas immédiatement ses complices, on ne peut véritablement s'étonner des colères et des haines que provoquaient de pareilles institutions, tellement qu'aujourd'hui encore le souvenir n'en est point effacé. L'ordonnance de 1779 fut le résultat des remontrances adressées au duc par le tribunal de la Prévôté; elle amoindrit sensiblement les pénalités et admit certaines tolérances pour écarter le gibier nuisible. Néanmoins l'amende pour braconnage resta fixée à 50 francs, et le châtiment devenait arbitraire en cas de récidive. Ce fut seulement en 1789 que le Stathouder, pressé par la Révolution de plus en plus menaçante, se résigna à l'abandon de ses privilèges, et donna toute licence pour chasser et écarter le gibier des campagnes dont il était véritablement devenu le fléau. C'était un autre extrême et comme une réaction contre les restrictions antérieures; aussi ne tarda-t-on pas à revenir sur ce nouveau règlement pour le restreindre aux animaux nuisibles ou dangereux (1790).

Une convention datée du 15 août 1778, avait aboli le droit d'aubaine entre la France et les Etats du duc de Wurtemberg: c'était autant de symptômes du progrès moral qui s'accomplissait.

Quant aux lois civiles et de procédure, elles continuèrent généralement à subsister telles que les avaient établies les ordonnances des anciens comtes. Antérieurement au XVIe siècle, il n'y avait guère autre chose dans le pays que quelques traditions juridiques remontant aux époques romanes, enchevêtrées de coutumes dont l'origine se perdait dans l'obscurité des temps, et qui s'étaient perpétuées parmi nous, ainsi que dans la comté de Bourgogne, particulièrement à partir des Montfaucon. On comprend du reste combien devait être compliquée toute cette réglementation, aussi bien en ce qui concernait l'état des personnes que la condition des propriétés. S'il y avait des hommes libres, des vassaux, des bourgeois, des gens de conditions serviles et mainmortables, d'un autre côté il y avait des terres libres, des fiefs, des terres serves ou mainmortables, et pour chaque sorte de terre, comme pour chaque sorte de personnes, il y avait des coutumes spéciales et une législation à part. En réalité, cette législation n'était que fictive et livrée à peu près tout entière au bon plaisir du seigneur et de ses juges. A Montbéliard, les Franchises furent une première reconnaissance des droits de la bourgeoisie à laquelle elles donnèrent tout au moins un état civil. Plus tard, le traité amiable du 21 mai 1557, régularisa autant qu'il était alors possible, l'organisation judiciaire du comté et de la ville en particulier ; elle limita les droits seigneuriaux, tout en déterminant la compétence des différents tribunaux et certaines formes de procédure civile. Mais jusqu'alors il ne semble pas qu'il y ait eu dans le pays aucune loi ou coutume régulièrement rédigée et ayant autorité.

C'est au comte Frédéric qu'appartient la rédaction des premières ordonnances sur les matières civiles proprement dites. Les coutumiers déjà recueillis dans une partie de la France lui devinrent des modèles qu'il s'appliqua à imiter tout en s'inspirant des usages locaux, des édits des empereurs allemands et des lois romaines. Nous avons déjà vu quelques traits des ordonnances criminelles, d'autres eurent pour objet l'état des personnes, le mariage, le divorce et la situation relative des conjoints dont la femme suivait la condition du mari, les droits de l'un et de l'autre sur les apports et les acquets [1], le maintien des biens dotaux

(1) Les acquets de communauté appartenaient habituellement pour deux tiers au mari et le troisième tiers à la femme.

ou paraphernaux, les reprises respectives ; d'autres visèrent les successions et les testaments, en s'attachant particulièrement à maintenir les biens dans les familles par l'attribution aux mâles des biens immobiliers qui se perpétuaient ainsi entre les mains des héritiers du nom, tandis que les filles n'avaient droit qu'à des jouissances et à l'entretien ; d'autres encore régularisèrent les divers contrats obligatoires, les ventes, baux et locations, les hypothèques, etc. Evidemment ces dispositions étaient loin de s'appliquer par égalité aux différentes classes de la population, aux nobles comme aux roturiers et aux vilains, non plus qu'aux différentes sortes de terres, terres libres ou féodales ou mainmortables. A la fin du XVIe siècle, ces distinctions étaient bien loin d'avoir disparu, et la législation du comte dut prendre les choses en la situation où elles se trouvaient. C'était déjà beaucoup pour l'époque, et c'était certainement faire grand acte de justice et de libéralisme que d'assurer aux sujets des droits à l'encontre de ceux du seigneur, et de les garantir légalement contre l'arbitraire et les abus de pouvoir. Pour le duc, c'était évidemment renoncer à une partie de ses prérogatives, chose rare non pas seulement en ces temps, mais dans tous les temps. Ses successeurs poursuivirent son œuvre législative, qui s'améliora de tout ce qu'amena le progrès naturel aux hommes et leur développement moral. Au XVIIIe siècle, les institutions se retrouvèrent à peu près ce qu'elles étaient restées au commencement du siècle précédent. Eberhard Louis les avait rétablies, et pendant l'administration des derniers princes, la législation civile du pays resta à peu près stationnaire, ne subissant d'autres changements que ceux qui naissaient en quelque sorte spontanément des transformations survenues dans les conditions d'existence, dans les mœurs, dans l'esprit des temps ; et c'est ainsi que peu à peu, sortant du particularisme et des classifications sociales des vieux âges, elles arrivèrent enfin à ce grand principe si difficilement obtenu, qui devait constituer à la fois l'unité nationale et législative : l'égalité de tous devant la loi.

En attendant, notre Etat de Montbéliard, tout petit qu'il était, n'en possédait pas moins depuis des siècles un remarquable ensemble de lois et d'institutions diverses, défectueux sans doute et excessif comme tout ce que comportait l'époque, et comme le sera aux yeux de nos successeurs l'œuvre de nos législateurs actuels, mais néanmoins pratique pour le temps, et, à côté de ses sévérités injustifiables, empreint ce semble, sous bien des rapports, de prudence et de sagesse.

Dans les villages, les ordonnances étaient lues du haut de la chaire par les pasteurs, ou par le maire sur le communal, à la sortie du service. En ville, après un roulement de tambour, elles étaient publiées du haut de la Pierre au poisson devant les Halles, et plus tard, il en fut donné lecture à tous les carrefours. Le sergent de police chargé de la publication dressait procès-verbal, et il lui était alloué pour sa peine tantôt seize sols, tantôt 1 franc 12 sols, suivant la nature de l'acte ou son étendue.

Outre les ordonnances d'une application générale, émanées directement du duc ou de la Chancellerie, il y en avait d'autres sous formes d'arrêtés ou rescrits d'un intérêt plus restreint ou purement explicatifs, mais surtout quantité de prescriptions et d'arrêtés municipaux particulièrement destinés à la police de la ville. Il en était, paraît-il, bon besoin, et les autorités n'étaient ni indifférentes ni oisives à cet endroit, encore qu'elles n'obtinssent pas toujours tous les résultats souhaités. Bon nombre de ces arrêtés sont encore reproduits de nos jours, sous des formes à très peu de chose près identiques, ce qui semble dire que les besoins et les délits du XVIII° siècle ne différaient pas beaucoup de ceux d'aujourd'hui, et que nous sommes bien toujours les fils de nos pères montbéliardais.

La plus considérable de ces ordonnances était celle qui se publiait chaque année à la St-Georges : elle avait particulièrement pour objet la police rurale :

« Oyez, oyez, clamait le sergent.

De la part de Son Altesse Sérénissime et des sieurs maire et neuf bourgeois, juges jurés de la justice et administrateurs de la ville de Montbéliard.

L'on fait savoir à tous ceux qu'il appartiendra, etc. qu'aient à clore leurs héritages, à nettoyer les rues, et à mener hors de la ville, à distance des portes, les fumiers et immondices, de ne laisser de bétail courir dans les rues, de ne tenir canards, cannes, oyes dans la rivière fluente à travers la ville non plus que dans les rues à cause que de tels animaux ont pour habitude de remuer les immondices, de ne salir l'eau des fontaines en y lavant des linges malpropres, de ne laisser pâturer les vignes, d'avoir à écheniller, et débarrasser les vignes des escargots et des limaces, etc. » Les pénalités étaient généralement de 60 sols d'amende pour les contrevenants ; c'était le maximum de ce que pouvait infliger le tribunal de la mairie dans les cas ordinaires, sauf à doubler le chiffre et même à donner la prison ou le tourniquet en cas de récidive. Les banvards ou gardes-champêtres étaient chargés de la surveillance et de dresser procès-verbal.

Nos édiles avaient eu aussi à s'occuper de la police des marchés, car les nombreuses ordonnances du comte Frédéric sur ces matières étaient complétement tombées dans l'oubli depuis de longues années, et tout avait été à recommencer. Il était défendu de vendre ou d'acheter en dehors des lieux désignés, de manière à frauder les fermiers de l'étalage (Ord. du 7 nov. 1763). Les grains devaient être amenés aux éminages et ne pouvaient être vendus hors de la seigneurie (Ord. du 22 sept. 1759, du 1 oct. 1770); c'était aussi dans ses greniers que devaient s'assortir les boulangers. Il y avait marché deux fois par semaine, le mardi et le samedi (Ord. du 31 mars 1733); il s'ouvrait à 9 heures; les revendeuses ne pouvaient aller au devant des paysans pour acheter et faire ainsi hausser le prix des denrées. La vente ne commençait pour elles, pour les cabaretiers et pour les bouchers, qu'après que les bourgeois et le château étaient assortis, et qu'on avait enlevé la banderole élevée à cet effet. On ne pouvait rien exposer en vente le dimanche pendant le service divin, et les cabaretiers ne devaient ni donner à boire, ni laisser jouer sous peine de 60 sols d'amende (19 mars et 13 juin 1724 — 14 mars 1753 — 24 sept. 1785).

L'établissement du tarif applicable à ce qu'on appelait les grosses rentes, donna lieu à quelques difficultés entre la bourgeoisie et le gouvernement du prince. L'ordonnance fut publiée le 23 juin 1752: elle déterminait les droits de rouage et de péage pour les chariots, charettes ou chevaux qui traversaient le comté, et les droits d'étalage pour les marchandises. Ces droits variaient entre 8 sols et quelques deniers, suivant la dimension des chars ou la nature des marchandises transportées, suivant qu'elles ne faisaient que passer ou qu'il y avait déballage et vente. Les communes d'Aibre, de Champey, d'Abbévillers jouissaient de droits de péage qui leur appartenaient en propre. Tout juif qui passait par la seigneurie devait payer un droit de circulation de 8 sols 6 deniers.

Mais la grosse affaire était de veiller à l'entretien et à la propreté des rues, d'empêcher les désordres et les scandales qui s'y commettaient surtout pendant la nuit ; il n'y avait pas jusqu'aux églises qui en fussent préservées pendant la prédication. En réalité, ce n'est que depuis le milieu du siècle actuel, et particulièrement depuis que l'apparition du choléra en a fait une nécessité, qu'ont disparu définitivement les immondices et les fumiers déjà visés par les ordonnances de la Saint-Georges, mais qui n'avaient pas cessé de s'étaler devant chaque grange ou maison de ferme. De vieilles poutres, des tas de fagots achevaient de pourrir dans les ruisseaux, des porcs et des bestiaux abandonnés se jetaient dans les jambes des passants ; devant chaque maison s'entassaient des amas de tessons ou d'épluchures de ménage, tellement que les rues paraissaient destinées bien moins à la circulation qu'à servir de lieu de débarras pour les maisons riveraines. Encore n'était-ce pas tout d'y amener quelque propreté, il fallait y assurer la tranquillité ou tout au moins la sécurité. L'ordonnance du 10 décembre 1752, qui ne fait d'ailleurs que venir en aide aux nombreux arrêtés des temps antérieurs, peut nous donner une idée de la situation. Elle défend de tirer dans les rues pendant la nuit, d'injurier et de maltraiter les passants, d'y commettre des scandales, de chanter des chansons sales ou impudiques, de se quereller ou battre, sous peine d'amende et d'emprisonnement; elle ordonne que les cabarets soient fermés à 10 heures; que ceux qui sont obligés de sortir pendant la nuit, soient munis de lanternes allumées; interdit aux enfants de jeter des pierres, de casser les vitres ou les tuiles. Les aubergistes et autres gens durent dénoncer leurs hôtes dans les vingt-quatre heures, ou faire enregistrer leurs locataires à la mairie dans les quinze jours. A diverses reprises, on essaya (1735-1740) de faire cesser le tapage et les désordres de la nuit du 31 décembre qui s'ajoutaient encore aux désordres habituels; on ne put y réussir, et tout ce qu'obtint la municipalité fut de faire cesser les feux que les chanteurs allumaient pour se chauffer et d'empêcher les coups de fusils et les pétards.

Comme on voit, les ordonnances ne manquaient pas; mais la police était impuissante à les faire observer, soit qu'il y eût excès d'indulgence de sa part, soit que l'esprit réfractaire de la population se refusât à s'y soumettre. Au reste, ces désordres n'étaient pas propres à notre ville, on les retrouvait partout, peut-être même plus marqués en bien des endroits.

Nous nous figurons volontiers, en présence de certaines traditions de piété maintenues dans quelques familles, que la généralité des habitants avait conservé l'esprit d'austère discipline et de religieuse ferveur qui avait marqué dans nos pays les commencements de la Réforme. Sans doute, cet esprit ne s'était pas absolument perdu, et même, à certains moments, il parut se réveiller avec une sorte d'énergie: mais les désordres occasionnés par la présence des armées étrangères et l'impuissance des pouvoirs locaux à maintenir les anciennes réglementations, l'avaient profondément altéré. Non-seulement l'austérité des temps passés disparut, mais la démoralisation dans certaines classes de la population devint telle, que Léopold Eberhard lui-même se vit forcé d'intervenir pour prêcher les bonnes mœurs, ce dont nous pourrions nous émerveiller si nous ne savions que celui qui fait les plus beaux sermons, n'est pas toujours le plus scrupuleux à s'y conformer. « Considérant, dit l'ordonnance du 28 juin 1702, que de grands scandales et impiétés se commettent en l'église française, la jeunesse y passant à de tels excès qu'au lieu d'écouter la parole de Dieu, elle s'oublie à toutes sortes de jeux, qu'au lieu d'aller au catéchisme, elle s'adonne à jouer aux cartes, aux quilles ou autres dissolutions scandaleuses; que les enfants des escoles, faute d'être exhortés sérieusement par leur père et mère d'écouter la parole de Dieu pour leur en redire quelque chose au retour, font un tel bourdonnement que les auditeurs ne peuvent rien entendre; et, autre considération, que les mères portent leurs tout petits enfants à l'église, où on les laisse courir et crier pendant la prédication; qu'enfin un dernier déréglement est que les chiens suivant leurs maîtres en l'église, font un tel bruit à gronder, japper et s'entre ébattre que bien souvent messieurs les ministres ont été contraints de s'arrêter, outre autres vilenies et scandales qu'ils font contre la table du seigneur, principalement aux jours que l'on célèbre la Sainte-Cène; c'est pourquoi par ordre exprès de Son Altesse Sérénissime est très sérieusement ordonné aux pères et mères d'envoyer diligemment à l'église leurs enfants et domestiques, de leur faire rendre compte, et leur défendre à peine de chasfoyer de commettre aucune action impie et profane, etc. »

Cette première ordonnance fut suivie d'une seconde plus sévère, en date du 12 août 1704 : « Léopold Eberhard, par la Grâce de Dieu, etc... savoir faisons, que notre principal soin aussi bien que de nos glorieux ancêtres, étant que le culte et service de Dieu se fasse dans nos églises et assemblées à la gloire et au salut de nous et de nos sujets, et que pour cet effet tous les scandales soient bannis, la piété d'un chacun réchauffée et fortifiée, l'attention des auditeurs moins relâchée comme il arrive souvent tant par la pétulance de la jeunesse que par les gestes indécents du sexe et l'irrévérence de plusieurs.... voulant remédier à des abus si pernicieux, à ces causes, de notre pleine puissance et autorité souveraine, nous avons fait le présent édict par lequel nous défendons et prohibons tant aux grandes personnes qu'à la jeunesse de l'un et de l'autre sexe, de commettre aucun scandale dans l'église pendant le service divin, comme de rire, de se moquer, de causer, de se quereller, de se pousser et battre, de tenir des postures indécentes, comme aussi de faire du bruit autour du temple, de sortir avant la bénédiction si ce n'est pour cause légitime, sur peine pour les délinquants d'être châtiés à une amende de 50 francs que les chefs de maison payeront... et s'ils n'ont pas de quoi payer, travailleront au pain et à l'eau jusqu'à ce qu'ils aient acquitté l'amende; à la deuxième récidive, ils payeront cent francs, et à la troisième fois, ils seront fouettés par la main du bourreau. En ce dernier cas, chacun souffrira la peine pour lui-même. Et afin que notre Edit soit exactement exécuté, nous ordonnons au major de cette ville, au maire, aux ministres, aux anciens, aux maitres d'escole d'y prendre garde et tenir la main à peine d'amende arbitraire et de cassation de leur charge, dès qu'il se connaîtra qu'ils n'ont pas fait leur devoir... et seront tenus d'en faire rapport au major qui le remettra au Conseil, auquel nous ordonnons de les faire promptement exécuter, sauf à nous d'augmenter ou diminuer la dite ordonnance. Et afin que personne ne prétende, etc. »

Nous citons ces textes pour donner une idée de la situation morale et de l'état de désarroi où était plongée notre ville à la fin du XVIIe siècle et au commencement du XVIIIe. Il n'y eut pas jusqu'aux pasteurs que l'on ne dût, à plusieurs reprises, rappeler à la discipline en leur défendant de faire de la chaire le théâtre de leurs animosités personnelles et de leurs récriminations. La présence des piétistes dans le pays ne fut peut-être pas sans influence pour les ramener au sentiment du devoir et réveiller l'esprit religieux. On remarquera d'ailleurs l'amélioration notable qui se produisit vers la seconde moitié du siècle, dans l'esprit de la population comme dans son état social; et, encore que sa situation morale laissât passablement à désirer, que le prince personnellement fût loin de donner l'exemple de toutes les vertus, elle parut néanmoins rentrer dans la voie correcte et mieux définie où conduisait naturellement une situation plus stable et mieux ordonnée qu'auparavant. Au surplus, ce serait se faire une idée assez peu exacte du caractère et des mœurs d'une population que de la juger d'après certaines lois répressives plus ou moins rigoureuses; souvent même l'austérité des mœurs fait la sévérité des châtiments. D'ailleurs, les lois répressives et pénales ne sont jamais applicables qu'à l'exception, de même que les criminels et les délinquants sont toujours l'exception; et, en rappelant nos vieilles ordonnances, nous signalons quelques traits locaux qui peuvent être curieux, mais qui n'impliquent en aucune façon l'esprit et les habitudes de la population. C'est à d'autres sources qu'il faut puiser pour en tracer le tableau.

Les ordonnances ne s'appliquaient aux seigneuries que dans des limites restreintes. Depuis leur annexion à la France en qualité de fiefs, elles étaient soumises à un régime assez compliqué qui les faisait dépendre tantôt de la loi française, tantôt des institutions princières et des lois du comté de Montbéliard. Le gouvernement du roi usait des unes ou des autres suivant son intérêt ou son bon plaisir : nous avons déjà vu que les appels des tribunaux inférieurs se portaient à Baume ou à Vesoul, et en dernier ressort devant le Parlement de Besançon. Aussi longtemps qu'avait duré le séquestre, c'était l'intendant de la province qui avait fait percevoir les impôts; le clergé catholique avait fait mainbasse sur les églises que parfois il avait occupées au prix du sang versé [1]; il y avait des gouverneurs français dans les bourgs et des garnisons quand ce n'étaient pas des garnisaires à domicile; en somme la situation était précaire et souvent difficile. Le traité de 1748, en restituant le domaine utile au prince de Montbéliard, avait paru ramener un peu d'ordre et rendre à ce dernier une certaine autorité

---

(1) C'est ainsi, par exemple, que cinq habitants de Chagey avaient été tués devant leur église par les soldats qui accompagnaient le curé envoyé pour en prendre possession. Que le pasteur Nigrin de Saint-Maurice, enfermé dans les cachots de Besançon, ne dut la vie qu'au dévouement de sa femme qui y sacrifia sa santé et ses dernières ressources.

administrative dans ces pays qui semblaient de droit affranchis des malversations du fisc français. En fait, il n'avait fait que compliquer encore l'état des choses, car indépendamment des redevances princières, le gouvernement du roi avait établi des contributions nouvelles qu'il s'était réservées, et l'on peut croire que ses agents étant les plus forts, ne prenaient pas grand souci de ménager des provinces qu'ils considéraient comme pays conquis. Il suffit du reste de voir comment ils en usaient avec les habitants de la vieille France, pour se faire une idée de leurs procédés dans les pays récemment annexés ; et nous nous étonnerions à bon droit que les populations eussent souffert si longtemps pareil arbitraire, si leur patience ne s'expliquait par la force de l'habitude et par quelques intervalles de répit et de soulagement qui leur permettaient de se reposer un instant et de reprendre haleine.

VI

Si nous voulons nous faire idée de la situation matérielle dans laquelle se trouvait notre pays vers la fin du dernier siècle, il est nécessaire de connaître jusqu'à un certain point les charges qui pesaient sur ses habitants et les droits qui avaient continué d'appartenir à la seigneurie.

Nous pouvons le reconnaître tout d'abord : nos finances n'étaient pas brillantes, et leur état de médiocrité répondait à l'aisance plus que modeste de la population. Cependant si on était pauvre, on n'était pas misérable; et, si ce n'est sous le comte Frédéric, par suite de ses travaux de construction, ou sous le règne insensé de Léopold Eberhard, je ne crois pas que l'on ait jamais eu à souffrir des exigences des princes ou de la rapacité du fisc. Les choses se traitaient d'autant plus facilement que la grosse part du revenu provenait bien moins de l'impôt que du produit des terres et des propriétés domaniales. Sans doute, il y eut pour nos pères des moments pénibles et même profondément douloureux, mais ils furent généralement la conséquence des circonstances extérieures et des guerres qui désolèrent nos contrées, plutôt que des abus d'un pouvoir discrétionnaire et illimité. Déjà le protectorat de la France pendant la guerre de trente ans, nous avait été, non moins que les dévastations de l'ennemi, une source de ruine pour le pays à peine échappé aux fureurs des Lorrains ; et Louis XIV à son tour, avec toute sa gloire, eut le triste privilège de ne laisser après lui, en France comme à l'extérieur, que des populations affamées et plongées dans le désespoir. Ce fut vers 1698, au beau temps encore de ses guerres et de ses plus fastueuses dépenses, que commença à se faire sentir cet état de gêne et d'épuisement qui devait se prolonger sur une partie du XVIII° siècle; et, à partir de ces tristes époques, s'offre pour ainsi dire jusqu'à la Révolution, un état alternatif de prospérité et de misère tellement singulier que tantôt les auteurs nous font de la France le plus riant tableau, tantôt nous la présentent sous les plus noires couleurs. Nous n'étions pas terre de France, mais nous ne pouvions manquer d'en subir le voisinage, et ce fut seulement vers la seconde moitié du siècle que l'on commença dans nos pays à se sentir reposé des souffrances antérieures.

On sait quels furent en France les excès du fisc pendant les derniers temps de la monarchie; et, comme non seulement le clergé et la noblesse étaient exemptés des plus lourdes charges, mais encore les membres des cours souveraines, un grand nombre d'officiers royaux, la bourgeoisie des villes, et tous ceux qui jouissaient de quelque crédit auprès du pouvoir; l'impôt retombait de tout son poids sur ceux qui restaient taillables, c'est-à-dire sur les pauvres gens de la campagne dont les charges ne cessaient de s'augmenter à mesure que les exemptions se multipliaient et que les besoins devenaient plus impérieux. Et l'on a beau nous montrer à la suite des temps, les ménagements des seigneurs pour leurs tenanciers, les œuvres de bienfaisance se multipliant, les mœurs devenues plus douces, la prospérité des gros fermiers de Bourgogne et de Normandie, les belles parures de leurs femmes et de leurs filles, en un mot, la richesse et la joie dans toute la France transformée en un véritable jardin, les collecteurs n'en restaient pas moins rigoureux à réclamer leurs tailles et leurs gabelles dont ils étaient responsables sur leurs propres deniers. Voyaient-ils dans un village, dans une maison quelque apparence de prospérité, vite on doublait la charge du contribuable, tellement que les paysans aimaient mieux rester dans leur misère que de gagner un salaire qui, après bien des peines, ne profitait qu'au fisc. Dans certaines communes, on jetait la récolte dans la rivière, parce qu'il y avait encore plus d'avantage à ne rien avoir, qu'à se trouver exposé à des surtaxes qui absorbaient bien au-delà du bénéfice, et ne faisaient qu'exposer à de plus dures exigences.

Il ne faut cependant pas faire les choses plus noires qu'elles ne sont : la bonne volonté ne manquait pas pour soulager les misères, mais elle demeurait impuissante, et les excès du fisc sont restés une des plaies les plus douloureuses de ces temps. On peut penser si, en pareille situation, le peuple était encouragé à perfectionner ses cultures ou à développer une industrie. Parfois aussi quand la tension devenait trop forte, la colère éclatait en émeutes et en mouvements populaires; on pillait les greniers publics et les boutiques des boulangers, on brûlait quelque barrière ou maison de péage; cependant quand la faim était apaisée, que quelque douzaine de malheureux était restée sur le carrreau, tout rentrait dans l'ordre. La résignation et l'habitude de souffrir étaient encore plus fortes que le mal n'était intense.

Dans nos pays où il n'y avait ni noblesse puissante et riche, ni clergé opulent, ni cour fastueuse et prodigue, les impôts destinés, bien moins à servir le luxe des princes qu'à subvenir aux frais, d'ailleurs très modiques, des diverses administrations, changeaient peu, ou plutôt ne changeaient pas du tout; car le gouvernement n'ayant pas la faculté de les augmenter de son chef, eut difficilement trouvé dans la population le concours nécessaire pour le faire. Ils subsistaient ainsi invariables dès la fin du XVIe siècle, et les fantaisies assez coûteuses que s'étaient permises parfois les souverains wurtembergeois, se soldaient bien moins avec le produit des impôts qu'avec le revenu ou la vente des propriétés domaniales. D'ailleurs les seuls privilégiés dans le pays étaient les villes de Montbéliard, d'Héricourt, de Blamont, d'Etobon en vertu de leurs franchises, et les villages du Vernoy, de Dung et d'Issans, ces deux derniers très anciennement libérés de tout impôt pour avoir débarrassé la contrée d'une vouivre énorme qui la désolait. C'était déjà trop, cependant on ne se plaignait pas, parce que, en dehors des privilégiés, les charges étaient tellement minimes, qu'au dire d'un contemporain, elles étaient insensibles pour le contribuable.

Les impôts se partageaient, à peu près comme aujourd'hui en impôts directs et en impôts indirects, seulement les noms différaient : outre cela, la seigneurie exerçait divers droits productifs de revenus dont les uns ont disparu, tandis que d'autres se sont reproduits sous des formes et des dénominations nouvelles. Enfin, comme nous l'avons dit, elle était grand propriétaire, et à ce titre touchait les fermages des terres, des maisons, des chasses et des pêches qu'elle amodiait, le prix des ventes de bois, du sel, et les diverses redevances qui lui incombaient. C'étaient les principales sources de son revenu, et ce qui lui permettait de se contenter du taux modéré de l'impôt.

Dans l'intérieur de la France, l'impôt direct comprenait : la taille avec ses accessoires, les vingtièmes transformés en dixièmes, la capitation et la corvée. La taille affectait à la fois le fond et le revenu, le travail et l'industrie, de sorte qu'elle était constamment livrée à l'arbitraire des répartiteurs qui avaient toujours la faculté d'apprécier le travail suivant leur caprice. C'était un impôt à la fois foncier et personnel, les accessoires l'augmentaient à peu près de moitié ; puis venaient les vingtièmes, transformés en dixièmes et ainsi nommés parce qu'ils étaient sensés équivaloir au dixième du revenu.

La capitation avait été inventée sous Louis XIV. C'était un impôt personnel, et à l'origine elle devait atteindre tout le monde. On l'avait appelée capitation parce qu'elle était imposée par tête, tête de noble ou de vilain ; mais peu à peu il en advint comme de la taille. Le clergé s'en exempta par un don gratuit payé une fois pour toutes ; les riches et les puissants parvinrent à s'en faire exonérer ou se firent donner des receveurs spéciaux qui ne cherchèrent qu'à leur être agréables. Les pays d'Etats se rachetèrent comme le clergé, par une somme une fois payée ; et comme malgré tout cela, son chiffre ne diminuait pas, il fallait bien que les contribuables restant payassent pour ceux qui ne payaient plus.

Il y avait autrefois des corvées royales, des corvées seigneuriales, des corvées communales. Turgot autorisa le rachat des premières moyennant certaines prestations en argent ou en nature. Dans nos pays, elles étaient rachetables dès 1590, sauf ce qu'on appelait les corvées extraordinaires qui restaient dues pour le transport des bois, pour les réparations aux chemins et aux édifices publics, pour les traques et battues dans les forêts. — Venaient ensuite les dîmes, les aides, en particulier les aides aux quatre cas longtemps en usage dans la Comté, les gabelles qui figuraient au nombre des impôts les plus onéreux et les plus vexatoires; enfin cent autres sortes de contributions payables les unes au roi, les autres au seigneur, les autres au clergé, les autres aux fermiers, les autres à la commune. Il y en avait pour tous les goûts et pour tout le monde.

Dans le comté et dans les seigneuries, c'étaient le maire et les syndics qui répartissaient l'impôt entre les chefs de famille d'après leurs propriétés. Ils en faisaient ensuite la levée et en versaient le montant entre les mains des receveurs des domaines à Montbéliard et dans les chefs-lieux des seigneuries. On peut juger de son importance d'après les chiffres de la seigneurie d'Héricourt. Ses habitants, non compris ceux de la ville exemptés par leurs franchises, devaient la taille deux fois l'an à raison de 52 livres 8 sols 1 denier estevenans, payés à la Chandeleur et à la Saint-Michel. D'après la répartition faite entre les villages qui la composaient, Chenebier devait pour chaque terme 4 livres 15 sols, Echavannes 15 livres 1 sol 10 deniers, Delverne 8 livres 16 sols tournois, etc. En 1777, les tailles ordinaires pour tout le pays figurent aux comptes de recette pour une somme de 442 liv. 4 sols 8 deniers.

Nous savons que les corvées extraordinaires avaient seules été maintenues. Les corvées ordinaires étaient remplacées par une redevance en grains ou en argent proportionnelle au nombre des bêtes employées au labourage. Elles avaient produit en 1777, une somme de 7,216 livres. C'était le principal impôt payé par les gens de la campagne : il consistait en une somme de 12 francs par charrue de quatre bœufs de trait et au-dessus. La somme se subdivisait pour ceux qui avaient moins de quatre bêtes, et se payait alors à raison de trois francs par tête. Le plus riche cultivateur pouvait payer au plus et pour tout, environ 24 francs, et le particulier qui n'était pas cultivateur, payait 8 francs par an. Cet impôt, comme la taille, subsista invariable jusqu'à la Révolution.

Quelques dîmes continuèrent également à être prélevées dans toute la Principauté. Elles étaient perçues généralement à la onzième gerbe, cependant quelques communes la payaient à la dixième. Il y avait des dîmes seigneuriales, mais en petit nombre; elles appartenaient presque exclusivement au domaine ecclésiastique, et servaient au traitement des pasteurs, des professeurs du gymnase, à l'entretien des presbytères et des églises, à payer les frais des études théologiques à Tubingue et les pensions des veuves des fonctionnaires. C'était une sorte de capital entre les mains de dépositaires chargés de subvenir aux dépenses de nécessité. On les distinguait en dîmes anciennes et en dîmes nouvelles ou navales, applicables aux terres nouvellement défrichées et mises en culture; ces dernières appartenaient exclusivement au prince. Les prés, les vergers et jardins, les maisons, les terres incultes étaient affranchis de la dîme, mais payaient un sol par journal. Tout ce revenu ne semble pas avoir constitué une bien lourde charge pour le contribuable.

La situation financière de la principauté avait été profondément affectée par suite de l'occupation française, et elle avait été longtemps à reprendre son équilibre. Tant que les armées de Louis XIV avaient occupé le comté, c'est-à-dire de 1676 à 1679, de 1680 à 1696, et plus tard, sous Louis XV, de 1734 à 1736, il fallut payer, outre les droits seigneuriaux et les contributions anciennes, un impôt en argent, déterminé pour chacun d'après ses facultés et ses propriétés, par des commis répartiteurs que l'on prenait parmi les habitants de la localité et qui étaient élus en assemblée générale. Les rôles dressés par eux, étaient approuvés par les subdélégués de l'Intendant de la province, et les sommes que recueillait l'échevin, étaient portées à Besançon à la recette. Cet état de choses subsista dans les seigneuries de 1676 à 1748; mais lorsque les princes wurtembergeois eurent recouvré dans ces terres le domaine utile, le gouvernement de Louis XV n'abandonna pas pour autant tout ce qui lui en revenait, de sorte qu'elles durent payer à la fois pour le duc et pour le roi dont les agents, taillant comme en pays conquis, ne ménageaient rien ni personne, et faisaient payer à tort et à travers.

Malgré cela, le revenu de l'Etat avait plus que doublé depuis le commencement du siècle et la levée du séquestre. En 1777, le revenu en argent provenant du comté, des quatre seigneuries voisines, des terres d'Alsace et de la Comté, s'était élevé au chiffre de 267,503 livres 15 sols 8 deniers, et la dépense à 303,833 livres 2 sols, soit un déficit de 36,329 livres 6 sols 5 deniers. En 1787, il était évalué à

364,285 livres tournois, avec lesquelles il fallait contribuer aux dépenses de la cour de Stuttgardt, à l'intérêt des dettes et aux frais d'administration qui n'avaient pas laissé d'augmenter sensiblement.

Outre le produit des impôts directs et fonciers, le prince jouissait d'un grand nombre de redevances, de contributions indirectes et de droits divers, remontant pour la plupart à des époques anciennes et comme oubliés à travers les siècles. Nous nous bornerons à en citer quelques-uns par curiosité, qui montrent combien ces temps, si voisins de la Révolution, conservaient encore de traces du moyen-âge et de reste de la féodalité. Il est certain en effet que si nombre d'institutions avaient été transformées ou étaient tombées en désuétude, bien peu cependant avaient été formellement abrogées, tellement que dans la plupart des cas, il eut suffit d'un caprice du maître pour les faire revivre.

Nos princes possédaient ainsi, sauf dans quelques terres féodales, les droits de chasse et de pêche dans les forêts et rivières de la seigneurie. Ils les avaient réservés comme un privilège attaché à leur rang et à leur dignité, se bornant à louer les portions ou lots dont ils ne tenaient pas à se ménager l'usage, et d'ailleurs sous des conditions qui pouvaient varier de l'un à l'autre. Cependant les pénalités avaient été considérablement amoindries par l'ordonnance de 1776. Le braconnier n'était plus du premier coup condamné à la question, et à mort en cas de récidive; néanmoins l'amende était encore de cinquante francs pour une première faute et elle devenait arbitraire en cas de récidive. On pouvait être condamné à un mois de prison pour avoir vendu du gibier en temps prohibé; et l'on peut imaginer si les sangliers ainsi protégés s'en donnaient à cœur joie dans les récoltes du voisin. Les habitants de Montbéliard et des communes affranchies, étaient seuls exemptés des réquisitions et des corvées pour traques et battues. A cela s'ajoutait le droit de gite aux chiens, c'est-à-dire l'obligation pour les villages d'élever chacun et de nourir un chien de chasse pour les plaisirs de Son Altesse, obligation dont la plupart s'était rachetés dès le XVIe siècle, moyennant une contribution en argent de 4 à 12 sous par village. En cas de non-payement, le collecteur faisait enlever les portes des maisons, et si on les replaçait sans avoir payé, on était passible d'une amende de 60 sols.

C'est au prince que revenaient toutes les amendes infligées par les tribunaux, sauf la part que les bourgeois recevaient du tribunal de la mairie. Il touchait les droits d'*abzug*, c'est-à-dire la somme payée par les individus qui renonçaient à leur droit de bourgeoisie ou d'habitandage et qui quittaient le pays; les droits de lots et de ventes pour les mutations de propriétés faites devant le tabellion, savoir dix sols tournois pour les dix premiers francs et cinq deniers par livre au-dessus; les droits d'épave, de déshérence, de douvot, c'est-à-dire la faculté de choisir la meilleure pièce de bétail ou le meilleur meuble dans les successions collatérales.

Un droit assez singulier était celui de la poule foncière qui se percevait pour les granges construites dans l'étendue de la seigneurie. Les gens du comté en devaient deux par ménage à la mi-carême, les autres une seulement. Le prince pouvait à volonté se faire livrer les poules en nature ou les faire payer au prix de six sols pour le comté, et de dix sols pour les seigneuries. Le village d'Etobon et les villes de Montbéliard, d'Héricourt et Blamont en étaient affranchies.

Il fallait aussi payer l'impôt du collier ou droit de circulation et de charroi ; le droit d'éminage qui consistait dans le prélèvement au profit du prince d'une casse ou coupe par quarte, soit un seizième du grain vendu. Ceux d'Etobon en furent affranchis jusqu'au XVIIe siècle, et les gens de Montbéliard le rachetèrent en 1655 au prix de 1417 livres. La vente des grains ne pouvait avoir lieu que dans les foires et marchés du comté et des seigneuries à peine de 60 sols d'amende ; et il était également interdit de moudre autre part que dans les moulins du prince où se prélevait un autre droit d'un seizième du grain moulu au profit du meunier amodiataire ou censitaire du moulin. Jusqu'au XVIe siècle, les fours dans les villages s'amodiaient comme les meules ou ribbes, au profit de la seigneurie, et pour chaque cuite on payait une certaine rétribution. Lorsque la banalité eut été supprimée, les paysans purent avoir des fours chez eux moyennant deux quartes de blé payées annuellement ; dans certaines communes, le tarif comportait seulement une quarte de blé ou de seigle.

On payait des droits de vente et de péage aux foires et marchés de Montbéliard : les bourgeois de la ville et les gens d'Etobon en étaient exempts, mais les uns comme les autres devaient payer les droits d'étalage et de banc sous les Halles comme propriété privée de la seigneurie. La douane s'amodiait au prix de 1250 francs, et la somme à payer par les déposants était tarifée en raison de la nature des marchandises. A ce revenu s'ajoutait la location des petites boutiques sur le devant du même bâtiment ; elles avaient rapporté 188 francs en 1681 ;

puis celle des magasins qui leur faisaient suite, celle de la maison de pesage et des autres propriétés seigneuriales ; les cens ou censives pour concessions dans la ville de terrains domaniaux, les terrages ou droits en nature pour concessions de même sorte, soit à la ville soit à la campagne ; l'amodiation des moulins neufs et du moulin de la Rigole, le cens des vignes de la Chaux, une somme de 70 francs payée par les bouchers pour la location de l'abattoir proche du Bourg de la ville.

On désignait sous le nom d'*angal*, l'impôt perçu sur le vin vendu au détail. Il était d'un tiers du prix de quatre pots par tine, c'est-à-dire d'un dix-huitième du prix de vente (2 batz par tine. Ordon. de 1630). L'angal d'Entre-les-portes appartenait à la ville depuis le 14 mai 1761. Le *banvin* était la faculté qu'avait le prince de vendre seul le vin en détail dans toute la seigneurie pendant six semaines consécutives, du 19 août au 29 septembre. Ce droit, ainsi que l'angal, s'affermait dans les villages aux enchères publiques. Au prince appartenait encore le droit exclusif de débiter le sel préparé aux salines de Saunot dont il était propriétaire ; celui de débiter les fers fabriqués aux forges de Chagey et d'Audincourt ; le droit d'exploiter les mines, minéraux et métaux, sauf à dédommager le propriétaire du terrain.

Il y avait d'anciennes juridictions forestières qui portaient le nom de grueries, et l'on désignait sous cette même dénomination le droit que percevait le prince pour vente de forêts ou de bois communaux, pour martelage du bois de chauffage et pour droit de glandée. On payait un droit de scel pour les donations, testaments, ou codicilles. Les marchands devaient annuellement 48 sous pour vérification et échantillonnage des poids et mesures. On payait pour l'entrée des vins étrangers. Les Juifs qui passaient sur le Grand-Pont devaient 30 deniers, et on marquait leur chapeau de deux barres à la craie qui leur donnaient le droit de circulation dans la ville et dans son territoire. Les villages payaient une petite somme pour visite des chemins et des cheminées; certaines localités étaient soumises à une redevance de cire. La ville devait 70 francs au prince pour entretien des fontaines et bouillons; et elle gardait les ponts à sa charge. L'hospice percevait en ville le produit des fours banaux qui, depuis 1249, lui avait été attribué par concession gracieuse du comte, lors de la création de cet établissement. Confirmée en 1269 par Thierry III, cette concession subsista jusqu'à la Révolution.

Tous les revenus en nature s'entassaient dans l'immense grenier des Halles pour être vendus en temps opportun. Mais quelque nombreuses que puissent paraître ces taxes, redevances ou contributions diverses, dont nous n'indiquons d'ailleurs qu'une partie, il est facile de comprendre par le chiffre total du rendement qu'elles ne constituaient pas une bien lourde charge, et qu'elles ne sauraient entrer en comparaison avec ce qui se payait alors en France ou ce qui se paye aujourd'hui.

Nous ne faisons pas ici un budget de la principauté de Montbéliard; mais si le revenu était minime, nous devons naturellement en conclure que les frais des divers services et les appointements des fonctionnaires ne pouvaient pas être bien considérables, d'autant plus que la grosse part de la recette s'en allait à Stuttgard. Le président du conseil de Régence, le plus haut dignitaire de l'Etat, touchait 1200 livres avec quelques menus avantages et revenant-bons, un conseiller 900 livres [1]. C'étaient les plus forts appointements qu'il y eût, et ils nous donnent la mesure des traitements inférieurs. Le maire de la ville touchait en 1526, la somme de 10 livres avec 48 quartes de froment et 72 d'avoine. En 1777, il touchait 600 livres. Nous avons vu que les appointements des pasteurs s'étaient élevés successivement de 40 à 54 francs; puis à 60, et enfin à 100 francs avec un certain nombre de quartes de froment et d'avoine. Le traitement des professeurs avait suivi une progression identique, et tout le reste était dans ces proportions, ce qui confirme bien réellement ce que nous disions tout à l'heure, qu'un état de médiocrité assez restreint était la moyenne du pays.

Il y avait quelques pauvres et bon nombre de besogneux; la grande majorité vivait de son industrie, de quelque petit commerce, de son travail assez faiblement rétribué et de la culture des terres; un petit nombre avait quelque aisance, fort peu étaient riches, aucun très riche. Les Forstner avaient dû aux services rendus par le chancelier Christophe, le fief de Dambenois qui leur avait constitué une assez belle fortune. Les Sponeck et les Coligny L'Espérance avaient reçu en don de Léopold Eberhard des domaines plus ou moins considérables, dispersés dans toute la seigneurie; les Beurnier s'étaient enrichis par le commerce; M. de

(1) 5 bichots de froment, 3 toises de bois de chauffage, l'entretien de deux chevaux, et 24 livres d'étrennes au nouvel an. De plus, lorsqu'on pêchait l'étang de Rainans, il était réparti entre les membres du Conseil, 62 carpes, 12 brochets, 12 perches, et 12 tanches. Lorsque le brochet manquait ou n'était pas présentable, c'est-à-dire au-dessous de 1 livre et demie, le pauvre meunier tout confus, suppliait humblement qu'on voulût bien accepter des carpes à la place.

Goll devait à son mariage avec l'héritière des Gueldrich, l'ancien fief d'Allanjoie; du reste, les besoins n'étaient pas grands et les prix des denrées, comme ceux de main d'œuvre, dans une proportion directe et nécessaire avec les ressources dont on disposait.

La bourgeoisie avait quelque argent placé à la campagne, et je n'oserais affirmer que quelques-uns ne fissent un brin d'usure. Les prêts se faisaient communément par toutes petites sommes : pour une fortune de moins de 70,000 francs, qui pouvait passer alors comme fort respectable, je trouve 229 numéros, billets, cédules, titres hypothécaires; ce devait être une étrange besogne, que d'avoir constamment à courir après tous ses débiteurs dont bon nombre restait insolvable. Plus généralement on vivait de sa terre; il n'y avait guère de famille qui, outre sa vigne et son jardin, ne possédât quelques arpents de prés ou de champs dont le rendement, joint à quelque petite industrie, ne pût suffire à son entretien. Le prix des denrées variait d'ailleurs sensiblement d'une année à l'autre, et restait absolument subordonné à la récolte locale. En 1776, la quarte de blé se vendait 56 sous, celle d'orge 26 sous, autant celle d'avoine, et 24 sous celle de boige; le pot de vin était à 10 sous et la livre de viande à 4 sous 9 deniers. Au contraire en 1782, on vendait 2 sous la channe de vin, le pain était à 2 sous la livre, la quarte de blé à 20 sous; et, comme dans les mauvaises années, par suite des difficultés de transport, il était impossible de combler le déficit, il y avait de véritables moments de disette et même de famine; témoin ce mot désespéré d'un chroniqueur, à la date de 1530 : « Il fait grande cherté de tout, et c'est chose grandement piteuse que d'être présentement au monde. »

En général, les fortunes changeaient peu, aussi bien la fortune publique que les fortunes privées ; ou du moins elles ne s'amélioraient que tout petitement et très à la longue : pauvre on naissait, pauvre on s'en allait. Dans la seconde moitié du siècle, par suite de la prolongation de la paix dans nos contrées, la situation s'était améliorée et avait même amené un certain bien-être relatif. Toutefois on fut grandement émerveillé lorsque M. le vice-président du Conseil, baron de Goll, donna à sa fille quarante mille francs à l'occasion de son mariage avec M. de Bulach. On estima le père prodigieusement riche et très généreux. Quelques années plus tard, en demandant la main de Mlle Louise Rossel, fille du conseiller, M. G. D. Beurnier dut faire tout modestement la preuve d'un avoir de 6,000 francs.

VII

Ainsi, après 800 ans d'existence, après avoir vu son sol foulé successivement par toutes les armées de la France et de l'Empire, notre petit Etat de Montbéliard, tantôt oublié, tantôt dédaigné par ses puissants voisins, après avoir subi toutes les chances de la fortune et toutes les épreuves de la guerre, avait fini, vers la fin du XVIIIe siècle, par recouvrer une situation à peu près normale, et du moins pour le comté, son autonomie des temps anciens.

Dès l'époque de la comtesse Henriette, jusqu'au règne de Frédéric, le servage et la main-morte s'en étaient allés disparaissant peu à peu de nos campagnes par une suite continue d'affranchissements jusqu'à complète extinction ; depuis 500 ans la ville était en possession de ses libertés communales, et depuis deux siècles et demi la liberté religieuse existait pour nous. Ainsi, tandis qu'en France les rois arrachaient pièce à pièce aux communes les immunités qu'elles avaient avec tant de peine obtenues des seigneurs, et étouffaient sous leur despotisme fanatisé la liberté de penser, près de se faire place, mais qu'ils jugeaient incompatible avec leur autorité ; que l'Allemagne ne gardait un reste d'indépendance qu'au prix de luttes terribles, et à l'exception de quelques grandes cités, retombait à peu près tout entière sous le pouvoir plus ou moins absolu des princes ; Montbéliard, par une fortune tout exceptionnelle, gardait à la fois ses comtes issus de la féodalité, et restait à côté d'eux libre et républicaine. A chaque avènement, le comte confirmait les Franchises de la ville ; le serment des bourgeois ne venait qu'après. Non pas, comme nous l'avons déjà indiqué, que l'entente du souverain et de la commune fût toujours parfaitement cordiale ; on se chamaillait parfois, et, à maintes reprises, les princes essayèrent de revenir sur leurs concessions et de reprendre à la bourgeoisie les immunités dont elle jouissait. On courait aux armes des deux parts ; le beffroi de l'Hôtel de ville appelait les citoyens autour des maîtres-bourgeois, on discutait vivement, on se donnait même quelques horions ; puis on finissait par s'entendre, les angles s'émoussaient peu à peu, on s'habituait les uns aux autres, si bien que dans les derniers temps, une paix réelle existait entre les pouvoirs. On en était venu à respecter profondément la personne du prince qui, de son côté, semblait s'être attaché à Montbéliard où sa famille vivait heureuse et paisible.

Cependant le bourgeois, élevé sous la double protection des libertés communales et des institutions religieuses, s'était fait une sorte d'orgueilleuse indépendance, associée à un esprit raisonneur et jaloux qui ne le rendait pas aimable tous les matins. On trouvait en lui assez peu de cette aménité bienveillante et délicate dont on faisait alors un des traits propres à la nation française ; et, bien que lui appartenant par le sang, par la langue, par nos origines historiques et par de nombreux points d'attache, il y avait cependant en nous quelque chose de particulier provenant peut-être de nos relations avec l'Allemagne et les pays voisins, des longues épreuves subies, mais surtout, ce semble, de l'isolement que nous avait fait dans notre entourage notre situation politique et notre foi religieuse. Ce titre de franc bourgeois, vieux de cinq siècles et transmis intact de génération en génération, semblait à nos pères l'équivalent de quelque noblesse que ce fût, datât-elle des Croisades, et ils eussent volontiers pris le pas sur des Rohan ou des Montmorency. Ils avaient l'orgueil de la liberté, avec son allure un peu rude et indépendante. A cela se joignait, ainsi qu'en toute démocratie, l'antipathie de la noblesse; et comme celle-ci, de son côté, fût-elle de la veille, n'avait garde de déroger et de se commettre avec des tisserands ou des merciers, nos bourgeois, froissés de ces hauteurs et de ces dédains qu'ils étaient forcés de subir, mais dont ils tenaient d'autant moins de compte qu'ils pouvaient apprécier de plus près et à leur vraie valeur ceux qui en usaient, se retiraient fièrement dans leur coquille, jaloux d'une position sociale à laquelle ils se croyaient tous les droits, mais que leur refusaient de vieux préjugés encore maintenus au travers des progrès et des rénovations du siècle.

Au reste, refoulés comme nous l'étions, dans notre petit pays par les populations catholiques de l'Alsace et de la Comté qui, tout en nous traitant d'hérétiques et de mécréants, ne laissaient pas d'envier parfois notre situation politique, nous ne pouvions réellement que nous replier sur nous-mêmes, tâchant de nous suffire. De là notre pauvreté, de là certaine réserve dans les allures, mais de là aussi une fierté dédaigneuse et un peu rogue, dont aujourd'hui encore nous avons peine à nous défaire.

En fait, c'était un personnage assez original que le franc bourgeois de Montbéliard. Figurons-nous le bon homme tel qu'il pouvait être alors. Dès le matin, et bien avant le jour en hiver, le voilà à son métier de faiseur de bas, à sa forge ou à son comptoir; il tient à la main l'aune de Montbéliard, aux deux bouts garnis de cuivre et vérifié par M. le Procureur général qui y a apposé la marque de la seigneurie. Il mesure ses coupons de camelot ou de droguet, vérifie sa recette et en prend note sur un registre de gros papier jauni, dans un petit bureau grillé au coin de la boutique. Il est vêtu d'une longue redingote en ratine, couleur amadou, avec des bas bleus chinés pour l'été, et de grosse laine brune pour les temps froids; il est chaussé de larges souliers à boucles, et porte sur la tête un bonnet de laine noire, que complète une large visière verte et peut-être une paire de besicles magistrales. Sa femme, en court jupon de futaine, en mantelet de verquelure et chaussée de patins qu'on entend clapoter sur le carreau de la cuisine, passe de temps à autres la tête par un des vantaux de la porte, et lui adresse en patois quelque brusque apostrophe, se plaint qu'il ne lui donne pas assez d'argent, que la pratique ne vient pas ou qu'il a trop dépensé la veille au cabaret. En attendant, elle débarbouille les enfants, leur donne la soupe et vous les expédie à l'école. Est-ce un docteur ès lois, un régent du gymnase ou quelque théologien en rabat, car la ville est aussi une ville savante, le voilà vêtu de noir de la tête aux pieds, tout barbouillé de tabac et exhalant des parfums de grec ou d'hébreu à dix pas à la ronde ; il est grave et digne et remplit ses fonctions avec tout le dévouement dont il est capable. Au demeurant brave homme, parfois même

Société d'Émulation de Montbéliard

UN BOURGEOIS DE MONTBÉLIARD
EN 1777

jovial et riant d'un bon gros rire vigoureusement timbré ; il accepte sa part des joies de ce monde et, dans l'occasion, fête volontiers avec ses collègues, les dons de Bacchus représentés par quelque vieille bouteille de Bondeval ou de sauret d'Echelotte. Vienne le dimanche ou quelque jour d'élection, dès le matin arrive le barbier ; les marteaux de la perruque où les ailes de pigeon sont soigneusement frisés et remis à neuf, la queue est enveloppée d'une belle bourse de soie garnie de rubans, ou se dresse fièrement sur le col de l'habit brossé avec soin sauf un nuage de poudre sur les épaules. Bientôt, le menton rasé de frais, il arbore la chemise à jabot finement plissé et le gilet brodé d'une riche passementerie ; puis le tricorne sous le bras, pimpant et content de soi, notre brave grand-père se rend soit à la mairie où le scrutin est ouvert et d'où il reviendra peut-être un des dix-huit, qui sait, peut-être un des neuf, soit au temple de Saint-Martin où prêche M. le pasteur G. D. Sahler. Femmes et enfants, vêtus de neuf, le psautier à fermoirs d'argent sous le bras, arrivent de leur côté ; on suit le sermon avec une attention qui, malgré les injonctions du Conseil, n'est pas toujours scrupuleusement soutenue ; à midi, on dîne en famille à la maison, on fait un tour au Grand-Jardin ou une promenade par la campagne ; mais le soir, notre bourgeois, satisfait d'avoir dignement rempli ses devoirs de citoyen et de chrétien, va retrouver ses vieux amis, et tout en fêtant ses nouvelles dignités, s'oublie peut-être un peu trop au cabaret du Sauvage ou du Cheval-Blanc.

Dans certaines familles, l'esprit religieux s'était maintenu strict et austère comme au temps de la Réforme. Chaque matin et chaque soir, la prière se faisait en commun, en présence de tout le personnel de la maison [1]. Un des enfants lisait un chapitre de la bible que le père faisait suivre d'un rapide commentaire et de réflexions pieuses. Les classes commençaient et se terminaient toujours par la prière. Chaque repas était précédé et suivi d'une invocation, et plusieurs de ces usages se sont per-

---

[1] Voici, comme exemple, la prière qu'on récitait le soir et le matin quand sonnait la cloche : on la trouve encore dans les anciens catéchismes :

Seigneur, tu nous apprends par le son de la cloche
Que le jour (la nuit) est passé et que la nuit (le jour) approche.
C'est autant d'écoulé du nombre de nos jours,
Incertains quand la mort en doit finir le cours.
Je sais, Grand Dieu, que c'est à ta seule clémence
Que jusqu'à ce moment je dois ma subsistance ;
Je rends de tout mon cœur grâces à ta bonté
Qui me fait tant de bien sans l'avoir mérité.
Pardonne-moi, mon Dieu, ce grand nombre d'offenses
Commises aujourd'hui contre tes ordonnances ;
Fais que de jour en jour un juste amendement
Me porte à mieux garder tes saints commandements.
Et que pour cet effet, par ta divine flamme,
Ton saint esprit, Seigneur, illumine mon âme,
Afin que constamment d'un cœur pur et entier,
Guidé de cet esprit, je marche en ton sentier.
Ton ange autour de nous campé comme une garde,
Contre nos ennemis nous défend et nous garde,
Si bien que du malin tous les dards enflammés
N'ayent point de pouvoir sur nous, tes bien-aimés.
Tes redoutables fléaux détourne de nos têtes ;
Préserve tous nos biens de grêles, de tempêtes,
Et loin de nous punir suivant nos grands forfaits,
Pour jouir de tes biens, accorde-nous la paix.
Bénis par ta faveur notre souverain Prince ;
En repos sous les lois conserve la Province ;
Maintiens chez nos Pasteurs la pure vérité,
Qu'elle éclaire toujours notre postérité
Jusqu'à tant qu'assemblés au ciel avec les Anges
En toute éternité, nous chantions tes louanges. Amen.

pétués jusqu'à nos jours. On suivait généralement le culte avec exactitude, et l'installation des orgues au temple de Saint-Martin en 1755, avait peut-être contribué à ramener les déserteurs. Un réglement du Conseil, en date du 23 avril 1769, avait fixé pour la ville les heures des services religieux. Il y avait trois sermons et une catéchisation par dimanche, et tous les jours deux prières, une le matin et une le soir; de plus, un sermon dans la semaine, le vendredi. En 1773, par arrêté du 5 juin, la prière de l'après-midi du jeudi fut remplacée par une catéchisation, et en 1785, les prières du matin furent supprimées dans les jours de foire et de marchés; en 1787, par arrêté du 1er février, le sermon du vendredi fut supprimé. A chaque événement fâcheux, disette, épidémie, des prières publiques, des jeûnes et des jours de pénitence étaient prescrits par le Conseil. Il y avait en ce temps dans le pays un groupe de sectaires, (j'use du terme employé), qu'on appelait piétistes et qui se faisaient remarquer par leur « dévotion outrée. » Ils se rattachaient, dit-on, aux frères Moraves et suivaient les doctrines du strasbourgeois Spener. A leur tête figura d'abord le pasteur Pelletier, puis Nardin de Blamont, J. J. Duvernoy auteur d'une biographie de Nardin, Paur de Clairegoutte, etc. Ils avaient des conventicules, et tendaient à établir une église à part dans l'église commune. Il fallut que le gouvernement intervint pour les maintenir dans une juste mesure et prévenir leurs écarts. (Rescrit du 20 janvier 1747). Toutefois, ils ne restèrent pas sans influence sur le réveil du sentiment religieux et de la discipline dans les églises. [1]

(1) Ils eurent pour grand adversaire le recteur Bonzen qui écrivit contre eux une satire intitulée la *Moraviade*. — Zinzendorf eut aussi pendant un temps de nombreux adeptes dans le pays.

politiques opposées les unes aux autres. Les situations se maintenaient à un niveau peu différent, et le modeste pasteur de campagne en arrivant en ville, était toujours sûr de trouver chez un ami son assiette sur la table et un lit en cas de mauvais temps. L'hospitalité s'exerçait simplement mais cordialement, et un bon verre de vieux vin était toujours prêt pour reconforter le nouvel arrivé.

Chaque soir en été les familles d'un même quartier, jeunes et vieux, et souvent maîtres et valets, se réunissaient sur le banc le plus commode, où l'on restait à deviser jusqu'à ce que la cloche de la tour sonnât le couvre-feu. Pendant l'hiver, les veillées remplaçaient les causeries sur le banc; on se groupait dans la chambre la plus vaste, quelquefois même à la cuisine où le feu du foyer réchauffait agréablement les vieilles gens. De quoi causait-on ? Evidemment à peu près des mêmes choses qu'aujourd'hui : les femmes de leur ménage, de leur toilette, des propos de la ville, les enfants de leurs études et de leurs jeux, les hommes des affaires et des intérêts de la cité. On parlait librement et avec une indépendance toute républicaine; quelquefois même se discutaient les hautes questions de la science ou de la politique, et les femmes qui se souvenaient de leur éducation première sous l'aile savante de leur père, ne laissaient pas d'intervenir et de mêler leur mot aux graves disputes des docteurs. Comme d'ailleurs, les nouvelles étaient rares, on s'y intéressait d'autant plus vivement qu'elles arrivaient à petite dose et qu'il fallait les commenter soi-même. De livres on en avait peu, et dans notre austère cité, le roman devenu depuis une sorte de pain quotidien, n'était accueilli qu'avec toute espèce de réserve. Nous en trouvons la preuve dans nos vieilles bibliothèques où même les classiques français sont loin d'être communs; et M. de Florian, en nous apportant ses nouvelles, fut des premiers à introduire parmi nous cette source de distraction. A défaut de roman, on contait quelque légende des temps passés, quelque histoire plus ou moins gauloise, et la soirée s'écoulait sans ennui, quelquefois même joyeusement.

Il n'y avait aucune distinction effective entre les familles qui composaient la population bourgeoise de Montbéliard. Tous semblaient sortir du même nid et barboter au même ruisseau. Que cependant il n'y eût pas de maison à maison quelques rivalités dans les positions sociales, et quelques prétentions à une sorte de supériorité née d'une fortune plus considérable ou d'une situation plus en vue, ce serait évidemment beaucoup trop dire; on en trouve jusque dans les derniers villages, n'y eût-il que trois maisons, et l'égalité absolue n'existe qu'en mathématiques; mais nous avions trop à faire avec nos voisins pour que les luttes intestines fussent sérieuses, et qu'il y eût encore place parmi nous pour des Montaigu et des Capulet. Ainsi confinés dans l'étroite enceinte de la ville, tous y étaient plus ou moins parents : les jeunes gens n'ayant point de relations à l'extérieur, se mariaient entre eux : c'était une ville de cousins, et il fallait parfois recourir aux épithètes et aux sobriquets les plus bizarres pour les distinguer. En dehors de la vieille bourgeoisie qui composait le fond de la population, il y avait quelques familles nobles allemandes venues à la suite des princes, et quelques étrangers ou sujets arrivés des villages voisins et résidant en ville d'une manière plus ou moins permanente. Ils ne jouissaient pas des droits attribués par les Franchises, ne prenaient point part aux élections, et payaient un droit d'habitandage soumis à un tarif spécial. Ils ne pouvaient être admis au droit de bourgeoisie que sous certaines conditions, et moyennant un droit qui au XVIII° siècle était généralement de 120 francs, mais qui avait beaucoup varié. A l'origine, les réceptions étaient gratuites. En 1552, on dut payer 2 francs pour le seau à incendie devenu obligatoire. En 1570, le chiffre fut porté à dix livres bâloises de 27 sols; en 1617 à 100 livres, et en 1721 à 120 livres tournois. Toutefois un grand nombre de familles d'émigrés venues de France pour fuir les persécutions, furent admises gratuitement. En 1777, Jean Théophile Deckerr, libraire-relieur de livres, paya 300 livres, plus un seau en cuir et 10 francs pour les francs vins. Dans les derniers temps, la somme alla jusqu'à 500 francs. A Athènes, l'usurpation des droits de citoyen était punie de mort comme atteinte portée à la souveraineté du peuple; à Montbéliard, l'usurpation des droits de bourgeoisie et le vote dans une assemblée entraînaient une amende de 60 sols.

Au milieu du siècle dernier, bien des anciennes familles mentionnées dans les actes ou inscrites au livre de bourgeoisie avaient disparu, soit qu'elles se fussent éteintes, soit qu'elles eussent émigré en d'autres lieux. Certaines cependant ont survécu dès le XIV° siècle. La réception à bourgeois des Verenet remonte à 1318 (livre rouge), et à la même époque appartient une famille Rossel [1] et une famille Jaquot. Au XV° siècle furent admis, les Mégnin, les Masson, Morel, Camus, Fallot (1480), Bourclier, Horry, Berdot, Gruet, les trois frères Duvernoy, peut-

---

(1) La famille du conseiller Rossel, originaire de Porrentruy, ne vint à Montbéliard qu'au XVI° siècle.

être issus d'une famille de Bourgogne, ou selon d'autres, admis à la bourgeoisie ensuite de lettres de franchise délivrées par l'abbé de Belchamp Guillaume Fallet, le 16 octobre 1477 après les guerres de Bourgogne, moyennant 200 florins forts du Rhin en or, payés réellement, plus une cense annuelle de 10 francs, hypothéquée à perpétuité sur tous leurs biens mobiliers. — Viennent encore les familles Bernard, Parrot, Roy; puis au XVI° siècle, les Dubois, Feschotte, Huguenot dit La Lance, antérieurement appartenant à l'abbaye de Chèvremont, les Berger venus des environs de Bienne, les Grosrenaud, Boissard de Besançon, Marconnet, Tuefferd originaires de Meiringen, les Bouthenot venus de la Comté, les Laurillard, Saigey, etc.[1] — A leur tour ont disparu les Bourcard d'Ostranges, les Berchenet, les Cramer, les Bartholomée, les nobles Virot, les Billot, les Florimont, les Darnes, et une multitude de maisons aujourd'hui absolument oubliées. Un assez grand nombre de ces familles étaient venues des villages voisins pour échapper aux violences de la guerre; quelques autres avaient quitté la France pour éviter les persécutions religieuses, et pendant un temps nous voyons figurer au livre d'admission les noms les plus illustres du royaume : des Choiseul, des la Tremoille, des Joyeuse, des de Jaucourt, etc. Un grand nombre de

---

(1) Voici, prise au hasard, une inscription au livre de bourgeoisie : « Aujourd'huy le vendredy avant la Saint Ylaire, l'an mil cinq cens et dix Jehan Jehan Feschote, fils de Jehan Feschote, alias Guyon, demourant à Montbéliard a estez receuz à bourgeois de la dicte ville de Montbéliard par honeste Richart Karray maistre bourgeois, Henry Euvrard, Petrement Serray, Mery Huguenin, Donzel Philippe, Psalmez Vuillet jeune, Jehan de Chastel et Jehan Verrié, tous bourgeois de la dicte ville, et a fait le serment en tel cas appartenant. »

ces émigrés retournèrent plus tard dans leur patrie et, suivant l'exemple du roi Henri IV, rentrèrent dans le giron de l'église catholique.

Il y avait bien à Montbéliard quelques familles qui, par suite des emplois qu'elles avaient remplis dans l'administration, ou des fortunes acquises, occupaient dans la population certaines situations prééminentes; quelques-unes même, pour services rendus, avaient obtenu des récompenses nobiliaires, ainsi les Karray, les Binninger [1], les Wild. Il y avait des nobles Virot, des de Thevenot grands propriétaires à Audincourt, des de Wehlen à Seloncourt; une branche des Nardin, originaire de Besançon, possédait également ses lettres de noblesse; le conseiller Goguel, d'autres encore prenaient la particule; le colonel Louis Bouthenot, décoré de l'ordre du Mérite pour ses campagnes dans les Indes sous les ordres du bailli de Suffren, avait été anobli par cela même; certaines branches des Duvernoy, je ne sais de quelle autorité, écrivaient leur nom en deux mots: toutes ces qualifications ont disparu les unes par extinction, les autres à la Révolution et n'ont pas été réclamées depuis.

Dans presque toutes les familles se trouvent encore d'anciens cachets en cuivre ou en argent, chargés de signes héraldiques de toutes sortes. Ainsi les Rossel portaient d'azur à la fleur de lys d'argent; les Fallot d'or à l'ancre de..., party d'azur à trois flambeaux d'argent, timbré d'acier, sommé d'un guerrier issant, cuirassé et casqué, vêtu d'or et por-

---

[1] Antoine Carray, conseiller des princes Georges et Frédéric, anobli par l'empereur Rodolphe II. Lettres du 8 novembre 1592, datées de Prague, avec octroi d'armoiries. — Nicolas Binninger, ministre de Wurtemberg, avait obtenu la même distinction en 1573, de l'Empereur Maximilien II.

tant un flambeau ; les Lalance d'azur à deux lances d'argent en sautoir, accompagnées de trois étoiles d'argent intercalées, et d'une rencontre de buffle de même en pointe. Chez les Duvernoy, je trouve sur un cachet d'argent et sur un vase de communion, provenant tous deux de mon grand-père, d'azur au chevron ou étai d'argent, accompagné en chef de deux étoiles de même et d'un croissant montant, en pointe. L'ex libris de M. G. Duvernoy, pasteur à Beaucourt, porte le chevron de gueules, les étoiles et le croissant d'or ; tandis que David Duvernoy qui quitta Montbéliard avant 1680 pour s'établir dans le Wurtemberg, avait le chevron d'or et, en pointe, un arbre arraché, timbré d'acier, surhaussé de deux croissants affrontés. Les Cucuel portaient d'or à la bande de sable chargée de 3 coquilles. Les Nardin, anoblis en 1528 par Marguerite d'Autriche, avaient d'or au chef d'azur, chargé de trois étoiles à cinq pointes, mises en fasce, surhaussé de deux ailes d'or et d'azur, chargées chacune de trois étoiles d'or, avec la devise : MANET INCVSSA. — Jehan Beurnier, en 1698, portait d'argent au cœur de gueules, empalé d'un 4 de chiffres de même, accompagné en chef de deux étoiles d'azur et en pointe d'un I et un B de gueules. Plus tard, les armes de cette maison, qu'on dit originaire d'Auvergne, furent entièrement transformées. Un cachet nous la montre alliée aux Berdot et aux Nardin, avec des symboles tout nouveaux pour les uns comme pour les autres. Au premier, nous trouvons d'azur au cygne d'argent avec deux étoiles en chef qui est des Berdot, party d'azur au huchet d'or qui est des Beurnier, enté en pointe d'or, chargé d'une tête de léopard, avec trois étoiles en chef qui est des Nardin. L'ancienne famille des Gueldrich de Sigmarshofen portait d'argent à trois levriers de gueules, langués de même, accolés et bouclés de sable, courant l'un sur l'autre. Les écus sont généralement timbrés d'acier surmontés de cimiers formés tantôt de deux trompes d'éléphant, tantôt de deux bars affrontés la tête en bas, d'une tête de more ou de deux ailes adossées. Tous ces blasons, encore subsistant en grand nombre, étaient uniquement de roture et pure fantaisie. Le droit d'armoiries s'achetait à la chancellerie pour vingt ou trente livres, et le premier épicier venu pouvait en marquer sa marchandise, tout de même que nos seigneurs MM. les conseillers de Régence en scellaient leurs missives à S. A. S. Monseigneur le duc de Wurtemberg et Teck. Leur seul mérite était dans leur plus ou moins d'ancienneté. Quelques-unes cependant sont d'origine plus recommandable : bornons-nous pour le moment à rappeler celles des Forstner et des Sponeck que nous trouvons encore sculptées sur les tombes de ces seigneurs dans l'église de Dambenois. C'était pour les premiers : Écartelé au premier de gueules à deux barres d'argent ; au deuxième d'or à un homme vu de profil, tourné à senestre vêtu de sable et coiffé d'un chapeau de même ; au troisième de sable avec le même homme vêtu et coiffé d'or ; au quatrième de gueules à deux barres d'or ; l'écu lambrequiné à dextre d'or et de sable, à senestre d'or et de gueules ; timbré et couronné d'or, surhaussé d'un homme vêtu d'or, coiffé de même et entouré de deux trompes, celle à droite d'or, celle à senestre coupée d'or et de gueules. — Pour les Sponeck : Écu écartelé dont les premier et dernier quartiers portent un lion d'or couronné, lampassé dans un champ de gueules, tourné en dehors et en sautoir, le gosier ouvert, jetant de l'é-

Société d'Émulation de Montbéliard

ARMES DU COMTÉ DE MONTBÉLIARD

cume, dressant en haut une double queue ; les deuxième et troisième quartiers ont un champ d'azur chargé d'un ruisseau coulant et portant un thim surnageant. Dans le troisième quartier, en haut, et dans le deuxième en bas, paraît une étoile d'or à six raies et à la gauche une demi-lune. Sur le centre de l'écu est une aigle de sable dans un champ d'or, couronnée, à ailes déployées, présentant ses serres et languée de gueules. Sur l'écu des armoiries sont deux casques de tournois, ouverts, tournés en dedans, l'un contre l'autre, détachés, nobles, garnis de gueules, dont le gauche est à cimier d'or et d'azur et le droit d'or et de gueules pendant en bas, chacun avec ses lambrequins et une couronne d'or au-dessus. De la couronne de la gauche sortent deux ailes d'azur surchargées du ruisseau, du thim, de l'étoile et de la demi lune blasonnés dans l'écu ; de la couronne de droite est issant le lion coloré dans le dit écu, tourné en dedans. Qui sont les armoiries que nous leur avons confirmées et accordées, etc. (Lettres patentes de Léopold I, du 2 août 1701.) Les Sponeck ne figurent à Dambenois que comme alliés aux Forstner ; leurs tombes étaient à Saint-Maimbeuf, dans une chapelle privée. Celles des Gueldrich ont subsisté à Allanjoie jusqu'à la reconstruction de l'église.

La ville avait aussi ses armes dès avant 1470 ; c'était : de gueules, croisé d'argent, chargé en abyme d'une étoile d'azur à cinq pointes. On y ajouta plus tard la légende : En Dieu est mon appuy. Quant à la seigneurie, nous la voyons représentée par des armoiries dès 1093, au bas d'un acte portant le sceau de Thierry I, et chargé déjà des deux bars adossés d'or sur champ de gueules. Ce sceau est le cinquième connu. Ses successeurs y ajoutèrent le semis de croix recroisetées de Lorraine, au pied fiché d'or, et c'est sous cette forme qu'il figure à Versailles dans la salle des Croisés (4ᵉ croisade 1202). Plus tard, après le mariage d'Henriette, les armes du comté reparurent dans leur forme primitive, associées à celles de la maison de Wurtemberg, et nous les trouvons dans les actes de tous les tabellions du temps [1].

(1) Jusqu'au règne d'Eberhard le barbu, successivement créé duc (1496), puis grand banneret de l'Empire, par Maximilien Iᵉʳ, les armes de la maison de Wurtemberg n'avaient porté que deux quartiers, le premier d'or à trois perches de bois de cerf de sable en fasce, pour le Wurtemberg, et le deuxième de gueules à deux truites d'or adossées, mises en pal, pour le comté de Montbéliard. Deux nouvelles écartelures y furent alors ajoutées, l'une fuselée en bandes d'or et de sable pour le duché de Teck, l'autre d'azur à la bannière d'or, chargée de l'aigle impériale posée en bande, pour la dignité de porte-étendard de l'empire.

Voici la description donnée par l'almanach de Nuremberg de 1647. La description du P. Menestrier en diffère quelque peu, ainsi que la gravure mise par Foillet (1602) en tête des voyages du comte Frédéric en Italie et des diverses publications faites par le même pour le compte de la seigneurie.

Écartelé :

Au premier losangé d'or et de sable qui est de Teck.

Au deuxième d'azur à la bannière d'or, emmanchée d'argent, mise en bande, chargé d'une aigle éployée de sable, qui est d'empire.

Au troisième de gueules à deux bars adossés d'or, mis en pal, qui est de Montbéliard.

Au quatrième d'or à la tête d'homme barbu, de carnation, tarée de profil, vêtue de gueules, coiffée de même, rehaussée d'argent, qui est de Heydenheim.

Sur le tout d'or à trois cornes de cerf, chevillées de quatre cors de sable mis en fasce, qui est de Wurtemberg.

L'écu timbré de cinq casques d'or.

Le premier de duc, taré de fasce, couronné de la couronne ducale; en cimier un corps de femme de carnation, couronné d'or, vêtu de gueules, à deux bars d'or au lieu de bras, qui est de Montbéliard.

Il est assez extraordinaire que dans notre vieille cité, il ne soit resté aucun représentant de l'ancienne noblesse féodale de nos environs. Il y avait jadis des nobles de Bavans, de Présentevillers, d'Abbévillers, de Beaucourt, de Dasle, de Blamont, d'Héricourt, de Trémoins, de Bussurel, de Béthoncourt, de Beuthal, de Saint-Maurice, de Fesches, de Taillecourt, d'Allanjoie, etc.; au XIVe siècle, on comptait plus de cent de ces petits fiefs, rien que dans le comté de Montbéliard, et dans presque tous les villages on trouve les restes des châteaux ou maisons fortes qui leur servaient de résidence. On les désigne encore sous le nom de *Motte*; et, en plusieurs endroits, à Dasle, à Taillecourt, à Nommay, à Mandeure, à Bélieu, et ailleurs, elles ont achevé de disparaître seulement au commencement du siècle actuel. Les familles qui en portaient le nom se sont depuis longtemps éteintes, ou se sont éloignées de nos pays pour se fixer en d'autres contrées. C'est ainsi que les nobles de Présentevillers et de Saint-Maurice se sont longtemps perpétués en Franche-Comté. Les nobles de Bavans et les Gossuin leurs successeurs ont disparu sans laisser d'autre trace que quelques lointains souvenirs;

Le deuxième de baron, couronné de marquis; en cimier un cor de gueules enguiché, nivelé et lié d'or, embouché de trois plumes, à dextre de gueules, et à senestre d'azur, qui est d'Aurach.

Le troisième de baron, sans couronne, sommé d'une tête et d'un col de chien, fuselé d'or et de sable, langué de gueules, qui est de Teck.

Le quatrième de baron, couronné de marquis, en cimier une aigle éployée de sable, qui est d'empire.

Le cinquième de baron, sans couronne; en cimier une tête d'homme barbu, de carnation, vêtu de gueules, coiffé de même, au retroussis d'argent, qui est de Heydenheim.

Le tout lambrequiné d'or et de sable, qui est de Wurtemberg.

on ne sait rien des nobles de Bussurel, de même origine que ceux de Présentevillers ; ceux de Blamont s'éteignirent au XV⁰ siècle ; ceux d'Abbévillers dès le XIV⁰, et ainsi en arriva-t-il des autres. La plupart de ces petits domaines furent rachetés par les comtes de Montbéliard qui, n'en ayant que faire, laissèrent peu à peu tomber en ruines tours et donjons, de sorte qu'à l'époque où nous sommes parvenus, il ne restait d'autres châteaux que ceux qui pouvaient servir aux diverses administrations du pays, et d'autre noblesse que quelques étrangers venus à la suite des princes ou par le fait de quelque circonstance particulière. D'autre part, les princes, devenus par ces diverses acquisitions les plus grands propriétaires du pays, en avaient souvent usé tantôt pour récompenser les services rendus, tantôt pour gratifier des favoris ou des membres plus ou moins douteux de leur famille. Ils avaient ainsi reconstitué divers petits fiefs dont quelques-uns subsistaient encore au siècle dernier. Nous avons déjà indiqué les gratifications faites aux Coligny L'Espérance, et plus anciennement les récompenses attribuées aux Gueldrich de Sigmarshofen. Le baron de Goll, d'origine alsacienne, était devenu par son mariage avec l'héritière de cette famille et des Rothelin de Colmar, seigneur du domaine d'Allanjoie, auquel il avait ajouté en 1759 le fief de Genéchié, appartenant antérieurement à Léonard Nardin, chambellan de Léopold Eberhard et chef de son Conseil. Le fief des Virot et des Jaquin à Bethoncourt, avait été en partie absorbé par le domaine, ainsi que celui de Sainte-Suzanne provenant des Vesseaux de Saint-Julien. Mais les descendants du conseiller Pierre Jeanmaire possédaient encore les terres de Sochaux. Les Forstner avaient quitté l'Autriche dont ils étaient originaires, pour cause de religion, et depuis le chancelier Christophe, plénipotentiaire aux conférences de Munster pour le Wurtemberg - Montbéliard, n'avaient cessé d'occuper de bonnes positions dans le comté, jusqu'au maréchal de Fortsner qui, s'étant mis en opposition avec le comte de Grævenitz, gouverneur de l'Etat de Montbéliard pour Eberhard Louis et frère de la maîtresse de ce prince, fut contraint de se justifier dans une apologie publiée en 1726, sans réussir pour autant à recouvrer les bonnes grâces du souverain. Le fief de Dambenois, qui leur avait été attribué par Léopold - Frédéric, resta néanmoins dans la famille en cette qualité, jusqu'à la Révolution française. Les de Sattler étaient d'origine wurtembergeoise, et l'on doit à l'un d'eux une importante histoire du duché, ainsi qu'une topographie de l'Etat de Montbéliard. Ils exercèrent d'abord la profession de marchands, et restèrent ensuite mêlés aux affaires publiques jusqu'à Urbain Sattler, grand forestier au moment de notre réunion à la France. Les de Wehlen avaient leurs terres à Seloncourt. Les de Wœlfel, barons d'Ebeling, également d'origine wurtembergeoise, étaient détenteurs d'un fief à Champey ; Gabriel de Wœlfel, chancelier en 1699, fut le dernier à remplir cette haute fonction dont il se vit priver par suite de ses prévarications, et qui fut dès lors supprimée. Les Sponeck, venus de Silésie à la suite de Léopold Eberhard encore sous le nom d'Hedwiger, avaient été créés comtes d'Empire par Léopold Ier qui, par lettres patentes du 2 août 1702, avait fait remonter leur anoblissement à quatre générations en arrière. Ils avaient leur fief à Bondeval ; Jean Rodolphe, frère d'Anne Sabine, femme ou maîtresse du comte de Montbéliard, était devenu après la rupture de ce prince avec sa sœur, président du conseil de Régence siégeant à Audincourt pour le duc de Wurtemberg Eberhard Louis. Son fils Léopold Eberhard, filleul du prince de ce nom et de sa tante Anne Sabine, qui n'avait jamais pu apprendre ni latin ni orthographe, s'était retiré dans ses terres après avoir servi quelques temps dans l'armée wurtembergeoise, et passait son temps à chasser autour de Bondeval ou à tirer des hirondelles sur le Grand-Pont. Ainsi en usait d'ailleurs tout ce qu'il y avait de noblesse dans le pays, chassant, buvant, jouant au risque de gagner ou de perdre quelques batz, en somme, ne faisant absolument rien; et la bourgeoisie, n'eût été la nécessité de vivre, se fût, je crois, volontiers comportée de même façon.

VIII

Cette vie toute d'intérieur, toute locale, et qui ne permettait guère de voir au delà des limites de la seigneurie, maintenait malheureusement l'esprit de nos pères dans certaines conditions d'étroitesse en rapport avec la situation politique de l'Etat, et le plus ambitieux ne pouvait rien concevoir au-dessus du titre de conseiller de Régence. On était timide dans les conceptions, économe et même parcimonieux dans les ménages; l'esprit d'initiative, et le courage d'entreprendre n'existaient point, parce qu'il n'y avait pas de débouchés pour le commerce et l'industrie, d'espace et de capitaux pour développer une entreprise, et que toute innovation dans les arts était gênée par les corporations. Ce qui s'était fait la veille, devait se faire le lendemain et toujours; on s'en tenait à la routine; et l'esprit de progrès n'était aux yeux du plus grand nombre qu'impatience hors de propos, inquiétude d'imagination ou besoin de changement. Tantôt monotone, gouailleuse, oisive, tantôt turbulente, douloureuse, difficile, l'existence s'écoulait lentement, lourdement, triste ou gaie suivant le temps, au fond moins différente peut-être de la nôtre que nous ne sommes portés à l'imaginer, car à l'exception des moments de crise, toujours redoutables, je ne pense pas qu'il puisse y avoir grande distance entre le maximum de peine ou de jouissance d'une époque à une autre. On se rassasie de bien-être comme on se fait même à la souffrance ; et le support non plus que les forces humaines, ne dépasse certaines limites.

Aussi n'est-ce qu'au travers des siècles, et souvent même de plusieurs siècles, qu'il se produit pour les sociétés une amélioration notable et marquée dans leur condition d'existence. Chaque ordre de choses doit s'user avant d'être transformé ou remplacé : d'ailleurs le progrès vrai dans l'humanité est entre les mains de Dieu et s'accomplit comme il lui plait. Le temps lui appartient comme l'espace, et il ne lui importe pas de hâter son œuvre pour satisfaire aux impatiences de l'homme toujours pressé de vivre et de voir la vie se précipiter autour de lui, Mais si, comme nous pouvons le présumer, la recherche et la connaissance de la vérité est réellement la tâche imposée aux sociétés humaines et leur objectif final, l'exacte appréciation du progrès accompli ne se réduit-elle pas à ces termes : possédons-nous actuellement une dose de vérité soit morale, soit physique plus considérable que ne faisaient nos devanciers ?

La réponse ne semble pas douteuse ; mais cette dose de vérité n'en reste pas moins toute relative, puisque la poursuite de la vérité absolue doit se perpétuer éternellement. Nous avons beau croire aujourd'hui à la solidité de telle donnée historique, de tel résultat scientifique, de tel principe de morale au delà duquel il ne semble pas qu'il puisse rien y avoir, en somme, que savons-nous si ce qu'en ce moment nous appelons vérité, ne sera pas dans cinquante ans, demain peut-être, réputé erreur et mensonge ?

Sans doute, il y a dans les sciences, dans les mathématiques, des vérités incontestables, absolues ; mais dans les matières susceptibles d'information ou de discussion, le vrai reste toujours relatif et ne peut être autre chose que ce qui au bout d'un temps a passé comme tel dans l'opinion commune, et s'y est maintenu en cette qualité. La vérité est fille du temps, a-t-on dit avec parfaite raison et, dans ces conditions, un certain nombre de résultats restent acquis et servent de base aux assises supérieures de l'édifice perpétuellement en construction. Mais combien aussi de ces résultats momentanément obtenus s'évanouissent ou se perdent dans la confusion des événements, dans le fouillis des travaux subséquents et la multiplicité des opinions. Ce n'est que par exception que nous voyons les contemporains et la postérité se faire une même idée des hommes comme des choses. Les jugements et les appréciations des plus consciencieux historiens peuvent d'un instant à un autre différer du tout au tout, tellement qu'une même époque peut être présentée par les uns comme un idéal qu'on ne saurait trop regretter, et par les autres comme un temps néfaste, méritant toute notre haine, et auquel nous ne saurions trop nous féliciter de ne point appartenir. D'un autre côté, s'il est quelques personnages que le temps grandit, combien n'y en a-t-il pas davantage qu'il fait descendre du piédestal où les avait portés un engouement artificiel et une admiration non justifiée. En général, notre opinion se forme d'après une sorte de sentiment dominant qui n'a pas toujours sa raison d'être, mais que nous considérons néanmoins comme l'expression de la justice et de la vérité. C'est à l'avenir qu'il appartient de confirmer ou d'infirmer ce sentiment : toutefois, le fait seul que nous portons un jugement autre que nos devanciers, semble établir que nous pensons avoir fait un pas en avant, et que nous nous croyons plus rapprochés d'autant de la vérité poursuivie.

Mais si cette doctrine est fondée dans son principe et si, à la suite des temps, des progrès réels et indiscutables se sont accomplis, il est cependant bien des moments où les faits semblent la contredire et où elle paraît inapplicable. L'amélioration et le progrès ne suivent pas toujours une marche constante et régulière ; et, encore que nous soyons les héritiers de nos ancêtres, nous sommes loin cependant d'avoir toujours recueilli leur héritage dans son intégrité et d'avoir fait notre profit de tout ce qu'il y avait de bon dans les siècles passés. Non seulement le revenu a été dissipé, mais bien souvent le capital même a été entamé, au point que telle génération a pu se trouver infiniment plus pauvre que celle qui l'a précédée, et qu'elle a eu besoin de toutes ses forces pour rétablir sa fortune. C'est ainsi que bien des époques dans l'histoire nous semblent rétrogrades plutôt que progressives. Certaines périodes du moyen-âge sont loin des civilisations d'Athènes ou de Rome : un voile semble s'être étendu sur le monde et l'avoir couvert de ténèbres ; cependant si sombres que soient ces temps, ils ne laissent pas que de découvrir certains jalons, certains point lumineux qui nous permettent de nous reconnaitre et de suivre dans son mouvement ascensionnel, la vraie direction de la société humaine. C'est ainsi qu'au milieu même de la barbarie des siècles s'est révélé le sentiment moral né du christianisme et source de la civilisation moderne ; qu'ont disparu successivement l'esclavage personnel d'abord, cette plaie du monde ancien, puis l'esclavage réel. La dignité de l'homme a été reconnue, et la femme avec lui a repris son rang dans la société. Il y eut même pendant ces temps des instants de véritable épanouissement, comme des avant-coureurs du réveil attendu. Nous admirons encore les monuments de tout genre qui leur ont survécu. Au XIII° siècle, avant la guerre de cent ans, la population de la France n'était guère moins considérable qu'elle ne l'est aujourd'hui ; il y avait partout des hôpitaux et des maladreries auxquels le gouvernement du roi consacrait chaque année des sommes importantes et d'abondants remèdes ; au dire des historiens, on trouvait jusque sous des toits de chaume de la vaisselle d'argent, un mobilier confortable ; et l'ensemble du ménage dans les campagnes différait fort peu de ce qu'il était encore à la fin du XVIII° siècle, ou même de nos jours dans une grande partie de la France. Suivant un ambassadeur vénitien, il n'y avait au XVI° siècle personne dans le royaume qui ne sût lire et écrire. De cette prospérité que resta-t-il après la guerre de cent ans, après les guerres de religion, après les imprudentes dépenses et les fautes politiques de Louis XIV ? On sait à quelle époque remontent les marécages de la Sologne, les déserts cévenols, et combien se rencontrent partout de villages ruinés, preuves de la nombreuse et florissante population d'autrefois. Malgré tout cela, les temps ont marché ; non-seulement il n'y a plus ni servage, ni bastilles, ni dragonnades, mais le bien-être dans les campagnes, en particulier dans nos campagnes montbéliardaises, et même dans la ville, diffère du tout au tout de ce qu'il était il y a cent ans ; avec les idées nouvelles, l'instruction tend de plus en plus à se répandre, les préjugés et les superstitions à disparaître, un monde nouveau s'est créé sur les ruines du monde ancien, et la civilisation moderne a enfin pris son rang, riche des trésors de l'antiquité, des merveilleuses découvertes de la Renaissance, et de tout ce qu'y ont ajouté les âges intermédiaires. Ainsi marchent les sociétés humaines perdant, regagnant tour à tour ce qu'elles ont égaré en chemin, mais en somme progressant toujours. Dira-t-on par hasard que nous ne faisons que revenir aux temps de St-Louis ou de Henri IV? je ne le crois pas; l'humanité semble par moments s'arrêter, mais elle ne revient jamais sur ses pas; et si, aux jours actuels, en face même du progrès accompli, nous voyons se reproduire non moins terribles et non moins dévastatrices, les guerres qui jadis ont désolé l'Europe, si les luttes qui agitaient nos villes au temps de la Ligue, n'ont pas été moins sérieuses de nos jours, tout en réapparaissant sous d'autres aspects et dans des circonstances différentes, c'est que tout en accomplissant la tâche providentielle et nécessaire qui sans cesse l'entraîne plus avant, l'homme reste toujours homme, les mêmes passions ne cessent de le posséder, de le pousser à tous les désordres, à tous les crimes : il semble par moments que le bien se passe comme malgré lui, que ce soit lui qui y mette obstacle ; et encore que par le fait d'une volonté supérieure et toute puissante, le mieux finisse toujours par prévaloir, il y a véritablement tels moments néfastes où les peuples semblent bien moins s'en rapprocher que reculer vers le pire.

En écrivant ces lignes, je me demande comment s'accomplira l'évolution humaine, s'il est un point d'arrêt contre lequel viendra se heurter l'humanité, qui mettra un terme à son progrès, et si ces tendances funestes que je signale ne sont pas les germes de la décadence et de la ruine de notre espèce? Ce sont mystères où nous n'avons pas à pénétrer; ce que réserve l'avenir, Dieu le sait. En attendant, depuis cent ans, il s'est produit tant d'événements considérables, tant de changements dans notre situation politique comme dans notre condition sociale; il y a une telle distance entre les idées d'aujourd'hui et celles du siècle dernier, entre l'ancien et le nouveau régime, que nous sommes disposés à considérer l'espace qui nous en sépare comme insuffisant, et que nous sommes tout prêts à nous demander s'il s'agit réellement d'un temps dont les derniers représentants ont à peine disparu.

C'est en effet un des traits particuliers à l'ancien régime, d'avoir conservé jusqu'à la dernière heure, avec une ténacité merveilleuse et pour ainsi dire sans altérations, à peu près toutes les institutions des âges antérieurs, d'en rappeler toutes les traditions politiques bonnes ou mauvaises, toutes les doctrines surannées, sans songer que les esprits avaient marché et qu'il pouvait y avoir imprudence à leur opposer une digue qu'ils devaient rompre tôt ou tard. De là, cette physionomie déjà si vieillotte que garde le XVIIIe siècle, et cette accumulation d'abus soulevés à la fois comme pour faire sentir plus vivement la nécessité des réformes et précipiter les événements. Dans nos pays où les populations sont peut-être moins nerveuses qu'à l'intérieur de la France, et où le protestantisme avait par avance préparé le terrain aux libertés modernes, la situation était moins grave et la pression moins instante. Dès longtemps s'étaient introduites parmi nous certaines améliorations sociales qui, jointes aux libertés politiques et civiles dont nous jouissions et à nos libertés religieuses, permettaient d'attendre avec patience les réformes qui s'annonçaient. Malgré cela, c'était encore un bien vieux pays que le nôtre, et son état d'isolement au milieu du mouvement général y avait maintenu bien des vieilles idées et bien des vieilles choses. On avait beau s'appliquer à répandre l'instruction parmi le peuple, visiter, encourager les écoles, les superstitions, les préjugés les plus étranges et les plus bizarres ne s'en perpétuaient pas moins, et cela non-seulement dans les classes inférieures, mais même dans les esprits qui pouvaient passer pour les plus éclairés.

Le savoir et l'érudition n'empêchent pas d'être de son temps : on a beau s'en défendre et le devancer peut-être en quelques points, on ne cesse pas pour autant de lui appartenir, et ce n'est que très à la longue et à force de soins qu'on parvient à se débarrasser des erreurs qui l'obscurcissent. Nous savons que depuis longtemps avaient disparu des villages du comté les restes de l'ancien servage; cependant on en trouve encore des traces dans les seigneuries et dans quelques terres féodales enclavées, à Dambenois, dont les habitants furent affranchis en masse en 1771, à Allanjoie, chez les moines de la Ville-Dieu à Valentigney. Dans l'année 1777, l'affranchissement de la main-morte avait rapporté 12 livres, et l'affranchissement de six individus encore corvéables avait produit 320 livres. En 1793 seulement fut affranchi Claudinot Ferrand appartenant à la Ville-Dieu. — Depuis longtemps avait disparu la haute potence et la roue qu'on voit encore figurer dans un ancien dessin de 1582, et dont la sinistre silhouette se découpait sur les hauteurs voisines du Mont-Chevis. On appelait cet endroit les *Trois piliers:* bien que le seigneur en sa qualité de comte, eut droit d'en élever jusqu'à six. La dignité se mesurait ainsi au nombre des colonnes qui constituaient les fourches patibulaires. Un simple chevalier n'avait droit qu'à deux piliers, un duc pouvait en avoir jusqu'à dix. Le tourniquet, voisin de la porte de la Rouchotte, avait été détruit; mais le pilori subsistait encore sur la place des Halles, sous la forme d'une grosse poutre dressée près de la Pierre au poisson, et ne disparut qu'en 1823. On ne brûlait plus les sorcières, mais on y croyait encore comme on croyait aux esprits, aux revenants : que dis-je ? ne croit-on pas de nos jours aux esprits frappeurs, aux évocations, à toutes les fantaisies du spiritisme ou de l'hypnotisme? ne faut-il pas que les imaginations travaillent en un temps comme dans un autre ? On cite les procès de sorcellerie comme caractéristiques des temps de la Renaissance et de la Réforme, et il est certain en effet que leur nombre ne fut jamais aussi considérable qu'au XVe et au XVIe siècle. Louis XIV s'honora en les interdisant dans la Haute-Saône ; malheureusement il dédommagea les juges en leur livrant les hérétiques qu'ils ne se firent pas faute d'envoyer peupler des pays étrangers ou ramer sur les galères de l'Etat. Dans nos pays, la dernière sentence de mort pour crime de sorcellerie fut prononcée en 1660, contre une malheureuse femme d'Allanjoie qui fut condamnée à être brûlée vive, et qui par grande grâce eut sa peine commuée en celle de la décapitation devant le pont. Plus de cinquante victimes de l'ignorance et de la barbarie des temps, périrent ainsi misérablement entre 1481 et le milieu du XVIIe siècle. On croyait faire œuvre pie et agréable à Dieu en châtiant Satan dans ses suppôts ; et c'est ainsi que l'aveuglement des hommes transforme en atrocités exécrables des sentiments peut-être louables dans leur principe. Ils font le mal croyant faire le bien, et combien de crimes se commettent ainsi ; toutefois l'intention quelle qu'elle soit ne saurait les justifier ; au plus, peut-on leur attribuer quelques circonstances atténuantes. Une dernière information eut lieu en 1697 contre une pauvre bergère du Vernois, et le pasteur de l'endroit avait même pratiqué des exorcismes pour la débarrasser des démons qui l'obsédaient. Il paraît qu'elle échappa au supplice, ce qui fut un miracle d'une autre sorte.

On racontait les exploits de ces messieurs, revenants et sorciers, le soir, à la veillée, en filant ou en tillant le chanvre ; et bien souvent les enfants, même les gens d'âge, troublés par ces tristes récits, n'osaient monter au grenier pendant l'obscurité ou se hasarder sur l'escalier dans la crainte de quelque apparition effrayante et terrible. Les meilleurs esprits se laissaient gagner à ces terreurs superstitieuses. Dans plusieurs maisons, on avait entendu des bruits de chaînes froissées, de scies grinçant sur le fer, chacun pouvait s'en assurer, mais nul n'osait pénétrer à l'intérieur. Bien des fois à la lueur du feu qui flambait dans l'âtre, ou à la lumière douteuse de la lampe qui éclairait la chambre, on avait vu derrière le dos du narrateur, se traîner le long du mur ou sur les solives du plafond, le spectre aux yeux pâles de celui dont on évoquait le souvenir. Il y avait à l'hospice de la Croix d'or une ancienne salle ou chapelle appelée l'Eglise, qui bien longtemps resta déserte et dans le voisinage de laquelle personne n'osait s'aventurer par crainte des revenants dont elle était hantée. Au Pont-du-Moulin apparaissait dans certains soirs d'automne, une laie noire avec ses petits : elle disparaissait sous la voûte sombre au premier chant du coq. A la rue des Febvres, dans la maison Gropp, il y avait un coin de grenier où l'on voyait un homme... Il ne pouvait se détacher du mur et regardait les yeux grands ouverts, ceux qui approchaient. Dans cette même rue deux vieux Couleru, tout cassés, et dont on se garait comme du feu chaque fois qu'ils venaient à sortir, passaient pour sorciers, probablement parce qu'ils avaient réussi à vivre jusqu'à cent ans ; et voyez un peu, mes bons amis, comme tout change; nous aurions beau, tous tant que nous sommes, vivre à notre aise cent ans et plus, que nul assurément ne s'aviserait de nous prendre pour sorciers. Il n'y avait pas de maison, pour ainsi dire, qui ne fût plus ou moins hantée ; certain tiroir à ma connaissance n'avait jamais été ouvert parce qu'il contenait des pois qui par moments dansaient tout seuls avec grand vacarme. Bien hardi eût été celui qui se fût hasardé le soir dans un cimetière après le coucher du soleil. Pendant la nuit du dimanche de l'avent, on pouvait voir depuis les tours du Château, les sorcières dansant au clair de lune sur le plateau au dessus du Grand-Jardin. Dans les prés de Sochaux, c'était la Vouivre dont l'œil de feu brillait au travers du brouillard ; et dans le château même, chaque fois que la famille des princes était menacée de quelque évènement funeste, on voyait la Dame blanche errer la nuit dans les grands corridors dont les échos frissonnaient au frôlement de sa robe.

Dans les villages, il y avait de vieilles femmes qui jetaient des sorts sur les récoltes, sur les vaches dont elles faisaient tarir le lait ; d'autres avaient le mauvais œil et il fallait se garer avec soin de leurs maléfices par des signes qui en neutralisaient l'influence pernicieuse. De nos jours même se pratiquent encore en certains endroits de mystérieux exorcismes et certains sortilèges ou remèdes occultes qu'on n'oserait avouer, mais dont le secret se perpétue de génération en génération sous la coiffe de quelque vieille, à laquelle plus d'un est tout disposé à attribuer des pouvoirs surnaturels. Heureusement pour elle, nous sommes au XIXe siècle. Il m'est revenu, étant enfant, que l'instituteur de Bavans, homme d'ailleurs fort respectable et digne de toute confiance, rentrant de Lougres dans son village pendant une nuit d'automne, avait entendu dans l'intérieur de la forêt des bruits étranges, une musique tantôt douce et suave, tantôt éclatant en bruyantes fanfares, des aboiements de chiens, des chuchotements sous la feuillée devenant parfois des cris perçants et terribles. Que pouvait-ce être? sinon la haute chasse conduite par le chasseur noir en personne. Le brave homme n'en a jamais douté, et cela se passait il y a moins de cent ans.

Dans la nuit de la Saint-André, on demandait aux veuves une pomme dont les jeunes filles mangeaient la moitié en se couchant, l'autre moitié à minuit sonnant, et les rêves qui suivaient leur dévoilaient le sort de leur prochain mariage. A Noël, on fondait du plomb et on lisait l'avenir dans les figures singulières qu'il produisait en tombant dans l'eau froide à travers l'anneau d'une clef. La scène se passait la veille de la fête, à la lueur d'une lampe, et de bonnes femmes, faisant l'office de sybilles, interprétaient les signes.

Nous n'avons pas l'intention d'entrer dans le détail de toutes ces pratiques bizarres, et bien qu'elles se soient perpétuées surtout dans les campagnes, pendant une partie du siècle actuel, comme tout cela sent déjà son vieux temps. Il semble que l'on ouvre un de ces anciens coffres, fermé depuis longues années, et où se trouve quelque fichu, quelque paire de gants de nos grand'mères encore tout imprégnés de musc et des parfums du temps, ou même tout simplement de cette odeur particulière aux anciennes étoffes et au bois des vieux tiroirs.

Pendant le jour, le service de la police était fait par des sergents au nombre de deux ou de quatre suivant les circonstances. Pendant la nuit, c'était le guet qui sous les ordres de M. de Thielle, son capitaine, courait la ville, chantant les heures en patois, et, tout en réveillant les braves gens sous prétexte de leur souhaiter le bon soir, avait bien soin d'avertir les ivrognes de se garer et les tapageurs de prendre le large. Ces guetteurs étaient au nombre de huit, quatre par veillée; deux gardaient le poste, pendant que les autres faisaient la ronde. Ils touchaient de la ville quatre sous et demi par jour. On les avait armés de vieux fusils rouillés, et leur costume se composait d'un habit bleu, à revers et collet rouges, d'une culotte courte d'un blanc douteux et d'un chapeau à cornes. C'était pour la plupart d'honnêtes ivrognes, et les meilleures pratiques de leur capitaine, épicier sur la place des Halles, vis-à-vis du puits, chez lequel ils ne manquaient jamais d'aller boire une roquille de goutte à chacune de leurs tournées. A cinq heures du matin en été et à six en hiver, la cloche de la place, alors suspendue à la tour de l'horloge, sonnait le réveil. De nouveau elle se faisait entendre à midi, puis à la tombée de la nuit, enfin, à dix heures du soir, elle sonnait le couvre-feu. Dans chaque quartier, il y avait un homme spécialement chargé de la surveillance et d'informer de toute espèce d'accident ou de désordre. Mais dans la nuit du 31 décembre au 1er janvier, il n'y avait police qui tienne; les autorités municipales venaient d'être reconstituées, la ville faisait peau neuve, tout était en branle; et, tandis que les nouveaux élus festoyaient joyeusement aux frais de la commune, au cabaret de la mairie, le reste de la population en liesse, courait la ville en dépit du froid et de la neige, chantant la chanson patoise du *Bon an,* déjà vieille en 1662, et s'arrêtant devant les maisons des amis et des connaissances. La porte s'ouvrait à minuit sonnant; on s'embrassait gaîment en buvant du vin blanc pour se réchauffer un peu, on cassait des noix, parfois même on mangeait une tranche de jambon ou un bout de saucisse avec du pain frais; et c'est ainsi que dans les beaux temps, chaque année commençait pour nos bons aïeux, joyeuse et bruyante.

TROISIÈME PARTIE

LES LETTRES

I

Depuis que la France était en possession de l'Alsace et de la Comté de Bourgogne, qu'elle avait occupé Montbéliard et qu'elle détenait les quatre seigneuries, la situation de notre pays avait entièrement changé. De nouvelles influences s'étaient substituées aux anciennes relations, et la présence des Français aux portes de la ville constituait pour nous un danger sérieux et permanent. Quels que soient les avantages qu'on puisse en retirer, on ne subit jamais sans quelque hésitation un changement de régime et une domination nouvelle. Jusqu'alors le voisinage de l'Espagne dans la Franche-Comté, restée à peu près autonome sous la souveraineté de cette puissance lointaine, celui de l'Alsace non moins indépendante sous la suzeraineté de l'Autriche et de l'Empire, nous avait été une sorte de rempart plusieurs fois entamé, il est vrai, mais non jamais compromis et percé à jour comme il l'était depuis Louis XIV.

Cependant la France du XVIII° siècle différait sensiblement de ce qu'elle avait été au siècle précédent. A peine unifiée sous la main puissante de Richelieu, elle s'était senti une force d'expansion dont Louis XIV avait abusé jusqu'à la ruine. Aux guerres qui avaient rempli son règne s'étaient jointes ses fastueuses dépenses et ses prodigalités de toutes sortes, tandis que l'éclat littéraire et artistique qui l'entourait, lui donnait un caractère merveilleux de puissance et de splendeur. Qui eût alors imaginé que sous cette magnificence se cachaient les souffrances et les misères qui suivirent ? Les autres nationalités de l'Europe, encore plongées dans les obscurités des vieux temps, penchaient vers la France comme vers la lumière; et si, au XVIII° siècle, elle se tenait plus calme, moins audacieuse, moins éprise de cet esprit de conquête qui avait marqué le règne du grand Roi, mais que ne comportaient désormais ni l'état d'épuisement du pays, ni le tempérament de Louis XV, il lui restait cependant la tradition des temps passés, un renom merveilleux, l'autorité artistique et littéraire que maintenaient ses nombreuses illustrations, et à la cour un faste que nul ne pouvait égaler.

Notre situation, à nous, vis-à-vis de la France était singulière. Etrangers à ce royaume par notre condition politique et par la religion, nous lui appartenions par le vieux sang gaulois qui coulait dans nos veines, par le génie de la population que jamais le germanisme n'avait pu entamer, enfin par la langue qui, dès les époques romanes, s'était développée parallèlement à la langue française, en dehors de toute influence étrangère. A peine quelques locutions familières ou quelques étymologies plus ou moins douteuses nous venaient-elles d'outre Rhin; encore fallait-il remonter parfois jusqu'aux vieux Burgondes, pour en découvrir les origines. Ainsi nous nous trouvions rattachés à l'Allemagne par le lien féodal, par la famille des princes qui gouvernaient le pays; à la France, par le lien beaucoup plus fort des origines gallo-romaines, par la langue, enfin par notre situation géographique et la plupart des institutions.

Depuis cent ans, l'influence de la France était devenue partout prépondérante et à plus forte raison au milieu de nous. Sa littérature, ses arts y régnaient sans partage; et, encore que nos jeunes gens allassent terminer leurs études en Allemagne et qu'ils en rapportassent des impressions et des souvenirs momentanés, aussitôt rentrés chez eux, ils se remettaient à la langue française, la langue de leur pays, tout en l'estropiant peut-être un instant de quelques germanismes rapportés de leurs voyages, mais surtout d'un bon nombre d'expressions locales issues du patois roman dont on se servait dans nos campagnes et encore même dans la plupart des familles bourgeoises de la ville.

Il y avait aussi le vieux langage huguenot, avec son vocabulaire à lui, qui intervenait volontiers dans notre littérature et lui imprimait un cachet antique, assez singulier. Eloignés, comme nous l'étions, de Paris, c'est-à-dire de la ville d'où partait toute innovation introduite dans la langue, nous n'avions qu'à la longue connaissance des transformations qui se produisaient. Il est vrai qu'au moment où nous sommes parvenus, la langue française dès longtemps formée, ne subissait plus que des changements de détail et des altérations qui souvent même nuisaient à son originalité plutôt que de lui être avantageuses. Au reste la langue, comme toute autre chose, subit la mode du jour, et il y a toujours une nuance marquée entre l'allure du langage dans la capitale et celui de la province: or, nous étions nous, au fin fond de la province. Il y a cinquante ans, on eût pu encore se rendre compte des changements qui s'y étaient introduits depuis Louis XIV, en rapprochant de ce que nous entendons actuellement, le vocabulaire resté en usage dans certaines villes d'Allemagne, où s'étaient perpétués les descendants des réfugiés de la Révocation de l'Edit de Nantes, gardant avec les souvenirs de la patrie absente, la langue de leurs pères français.

A la fin du XVIIIe siècle, la grande époque littéraire de la France avait passé; cependant c'était encore de Paris que partait le rayonnement, et c'était vers lui qu'on se tournait non pas seulement par ressouvenir des temps passés, mais comme si l'avenir lui eut appartenu. C'est que à l'éclat des lettres et des arts, et en dehors du mouvement scientifique ou philosophique alors éveillé, se substituaient certaines aspirations encore vagues des esprits, une sorte d'élan vers la liberté et un ordre de choses plus en rapport avec l'état moral des populations, et dont les symptômes, encore mal définis, ne laissaient pas d'être pour les uns l'objet de graves préoccupations, et pour les autres, la source d'espérances dont la réalisation était impatiemment attendue.

Dans notre petit pays, nous suivions ce mouvement du coin de l'œil, sans trop nous en rendre compte, et surtout n'imaginant guère les conséquences qu'il aurait pour nous. Une révolution était alors chose inconnue; et nul assurément quelque éclairé qu'il fût, n'eût pressenti le bouleversement qui allait se produire, et la direction que suivrait cet ouragan d'un nouveau genre. Etait-ce à la liberté ou simplement à une amélioration dans les conditions sociales et admininistratives qu'aspiraient les populations? Personne, je crois, n'aurait pu le dire, car elles-mêmes ne le savaient pas.

A certains points de vue, nous étions plus avancés que nos voisins de France qu'écrasaient l'autorité absolue du roi, la morgue de la noblesse, la lourdeur des impôts et les rigueurs administratives exercées par les différents pouvoirs; car, outre nos libertés municipales et les tolérances des diverses administrations, nous possédions dans toute la principauté la liberté de penser, la liberté de la conscience, la première de toutes les libertés, et après laquelle les autres ne viennent qu'à distance. On ne se doute pas à quel point un esprit qui sent, qui raisonne, qui pense librement, peut facilement s'accommoder d'un peu plus ou d'un peu moins de liberté politique. La liberté morale prépare la liberté politique; elle la fait comprendre, mais elle la supplée aussi dans l'occasion. La véritable chaine est celle qui pèse sur l'intelligence, celle qui pèse sur la pensée, sur nos sentiments, sur nos croyances; et quand nous secouons nos liens, c'est bien moins ceux du corps que ceux de l'esprit dont nous nous efforçons de nous dégager. Je pense, j'écris, je crois, je parle librement; qu'ai-je de plus à souhaiter ? le reste n'est qu'accessoire. Dirai-je que ces droits aient appartenu à nos ancêtres dans leur plénitude? non pas tout à fait; il y avait des restrictions et des limites tenant à l'esprit du temps et aux traditions antérieures, au point de vue religieux tout comme au point de vue civil; mais ils en possédaient le principe; ils le savaient, ils le sentaient et c'était déjà beaucoup. Aussi je ne pense pas que nos pères, si ce n'est aux mauvais jours de leurs luttes avec Léopold Eberhard, aient jamais songé à proclamer quelque république que ce fût. Notre république, nous l'avions et dès longtemps : il ne s'agissait que de la sauvegarder.

Cependant ces influences diverses et contradictoires que nous subissions, ne pouvaient manquer d'exercer sur la plume de nos écrivains une action singulière, féconde peut-être sous certains rapports, assez fâcheuse sous d'autres. En relations avec l'Allemagne, tout comme nous l'étions avec la France, nous puisions à deux sources différentes, et nous nous inspirions d'un double courant d'idées que nous apportaient la science métaphysique des uns et le goût littéraire des autres, la précision artistique de ces derniers, les rêveries et les tâtonnements encore obscurs des premiers. Malheureusement il arrive assez fréquemment qu'une personne qui sait plusieurs langues, ne parle bien aucune d'elles, et qu'à entendre plusieurs cloches à la fois, on finit par ne percevoir qu'un bourdonnement confus. Ce fut un peu le cas pour nos gens de Montbéliard : les influences diverses qu'ils subissaient, leur firent perdre une partie de leur originalité native et primesautière ; et, encore que ce double courant pût enrichir le monde des idées, il n'en resta pas moins funeste à l'unité du développement littéraire et à sa perfection.

Il n'y avait plus en France que la monnaie des grands écrivains qui avaient marqué le XVII° siècle et les commencements du XVIII°, soit que la veine littéraire fût quelque peu tarie, soit qu'un autre ordre d'idées occupât les esprits. Cependant il restait encore dans les provinces un écho puissant du grand siècle : le sentiment et l'activité littéraires longtemps concentrés dans la capitale, s'étaient peu à peu propagés au dehors ; mais en même temps ils avaient perdu de leur énergie comme une liqueur allongée par l'eau qu'on y ajoute. Toutefois à défaut de pouvoir cultiver les lettres avec l'ampleur et le fond solide qu'elles réclament, à défaut de produire des œuvres marquantes et de premier ordre, on se plaisait à les étudier, on les aimait et on s'y appliquait avec plus ou moins de succès. Dans notre pays en particulier, on n'avait pas cessé de les encourager; et, bien que les commencements du siècle n'eussent pas été pour nous la bonne époque littéraire, non plus que la fin du XVII° malheureusement marquée par des guerres et des désastres de toutes sortes, néanmoins la tradition des temps antérieurs s'était conservée; nous avions l'exemple de nos voisins, et les goûts intellectuels auxquels notre population n'a jamais été étrangère, se réveillaient dès qu'un instant de répit lui était laissé. Le 20 août 1769 était né Georges Cuvier; son frère Frédéric, le docteur G. L. Duvernoy, Ch. Laurillard, Masson de Blamont, bien d'autres encore allaient suivre, et leurs devanciers n'avaient pas laissé de leur donner tout au moins l'exemple du savoir et du travail consciencieux.

Deux choses surtout semblent avoir fait défaut parmi nous: l'art et le goût littéraire épuré; et en y regardant de près, on en trouvera à la fois la cause dans ces influences contradictoires que je signalais tout à l'heure, dans nos relations difficiles avec la France dont la littérature ne nous devint qu'assez tard familière, enfin dans les fréquentes irruptions que subit notre développement intellectuel; peut-être devrai-je y ajouter quelques traits réfractaires de notre caractère. On peut écrire correctement et même bien écrire; on peut être instruit, avoir du bon sens et du jugement; mais l'art, comme le goût, comme la poésie, exige quelque chose de plus: une certaine délicatesse de sentiments, une ardeur d'esprit, une force d'imagination et une puissance créatrice qui ne se rencontrent que rarement dans la nature froide et médiocrement expansive de nos populations, et puis nous étions beaucoup trop éloignés du grand foyer de la civilisation française pour en saisir les fines nuances et le ton délicat, associés à la solidité et à la virile énergie des œuvres de haute inspiration. On faisait des vers à Montbéliard, comme partout ailleurs, par distraction et passe-temps; peut-être même avait-on parfois quelques prétentions littéraires; on aimait la poésie, mais parmi nous, comme partout ailleurs, le vrai poète et le véritable artiste est l'oiseau rare, le *rara avis*, qu'on peut chercher longtemps sans le découvrir.

Y avait-il parmi nous des dispositions plus marquées pour les sciences et les études positives que pour les œuvres de goût et d'imagination? je le crois, et peut-être arriverons-nous à le reconnaître en parcourant les diverses spécialités et les branches d'études auxquelles se sont appliqués nos ancêtres : quoiqu'il en soit, on peut remarquer qu'encore que l'art et le talent délicat fussent absents, l'étude resta constamment en honneur parmi nous, même aux époques qui lui étaient le plus contraires; et que, à côté des lettrés de profession, professeurs ou pasteurs, nos aïeux, pour avoir été des marchands ou de simples ouvriers, n'en possédaient pas moins et toujours une instruction réelle, parfois beaucoup plus étendue que nous ne sommes disposés à nous le figurer. Fût-ce les enfants de nos derniers artisans, aucun ne manquait à faire ses classes, tellement que nous aurions parfois grand tort de nous croire plus savants qu'ils ne l'étaient; et il y a tel fabricant de bonnets de coton dont je relis les lettres, qui en remontrerait à plus d'un des nôtres en fait de fine observation, de malicieuse plaisanterie et même d'orthographe. Il est vrai aussi que quand nous parlons de la fin du XVIII° siècle, nous ne remontons pas à un temps bien éloigné. C'est à peine aujourd'hui si les derniers représentants de cette époque ont disparu; et, quoique nous en puissions penser, quels que soient d'ailleurs les progrès accomplis, nous ne différons pas plus de nos grands-pères que nos petits-fils ne différeront de nous.

Dans les temps très reculés, nos relations avec la France étaient beaucoup plus directes qu'elles ne le furent par la suite; et de là vient sans doute que nos anciens textes locaux, nos Franchises, par exemple, sont rédigés sinon dans le pur français, du moins dans le dialecte bourguignon qui lui est parallèle; et ce fut sans doute au développement de nos relations postérieures avec l'Allemagne que notre langue montbéliardaise dut les altérations que subit sa pureté native, et la perte de cette fine fleur de spontanéité gauloise qui marque la langue de Joinville et de Froissard, et qui s'annonçait si curieusement parmi nous au temps des Montfaucon. Peut-être à ces mêmes causes devons-nous encore une partie de notre accent.

Il y eut une longue interruption entre ces intéressants débuts, et le retour des lettres à l'époque de la Renaissance et de la Réforme. Dans l'intervalle, l'esprit public avait changé et nous étions redevenus barbares; notre entourage s'était transformé, et le réveil se fit au milieu de sentiments nouveaux et de relations toutes différentes de celles qui avaient existé deux siècles auparavant. La langue nous resta, plus correcte peut-être qu'on ne l'eût présumé, mais elle avait perdu cette aisance des vieux temps, et ce naïf abandon d'instinct dont Montaigne avait encore le secret, et dont peuvent user ceux-là seuls qui sont assez maîtres de leur terrain pour n'avoir point à se préoccuper de la grammaire et des hardiesses d'une plume livrée à elle-même et courant la bride sur le cou. Elle prit dès lors une certaine lourdeur germanique dont les derniers vestiges semblent encore se reproduire parfois.

Ce que nous disons du style et des goûts littéraires s'appliquerait évidemment et à plus forte raison aux Beaux-Arts, si jamais ils avaient pu se produire avec quelque éclat dans notre ville; mais d'autres circonstances vinrent encore leur faire obstacle. Le sentiment artistique ne se manifeste et ne se développe qu'à la condition de voir et d'entendre, de même que l'arbre grandit non du fait de la semence et du gland qui lui a donné naissance, mais de la pluie du ciel et des sucs de la terre. Or, ce n'était que bien rarement qu'il pouvait se rencontrer à Montbéliard quelque chose à voir ou à entendre; tellement qu'aujourd'hui encore où a cessé l'isolement dans lequel nous vivions au siècle passé, où le bien-être augmente, où se multiplient les occasions de voir et de connaître ce qui existe et se fait au dehors, nous ne saurions dire avec certitude s'il y a parmi nous pour les arts des aptitudes latentes, et si l'aspect fréquent des œuvres, les relations avec les artistes et peut-être quelque encouragement ne feraient pas éclore des dispositions ignorées même de ceux qui les possèdent. Bien que l'esprit de la population ne semble pas la porter essentiellement vers les travaux de pure imagination, nous ne voyons pas qu'il leur soit réellement antipathique; et, à supposer même qu'elle ne possède pas les dons éminents qui font les maîtres, il reste à côté d'eux des places assez belles pour mériter d'être recherchées.

Ce n'est pas d'ailleurs que nos princes aient été indifférents à l'art et ne se soient appliqués par moments à recueillir quelques collections ou à doter leur ville de quelques édifices. La bourgeoisie elle-même s'associa à leur œuvre, et aux constructions élevées par Schickard sous les auspices du comte Frédéric, nous pouvons ajouter celles que la commune fit bâtir de ses deniers par La Guépière, architecte du duc Charles. Plusieurs maisons de la ville se ressentirent de la présence de ces artistes, et l'on retrouve parfois dans certaines d'entre elles tantôt des restes de bâtisses, des escaliers par exemple, dont l'élégance et la hardiesse surprennent encore, tantôt des traces de sculptures ou de peintures décoratives dont la présence témoigne sinon toujours du goût délicat des propriétaires et des talents de l'artiste, du moins d'intentions plus ou moins heureuses.

Je ne sais d'ailleurs si nous avons jamais possédé à Montbéliard un tableau digne de ce nom. Les œuvres d'art que le comte Frédéric et ses fils rapportèrent de leurs voyages, ne restèrent pour la plupart au château qu'autant qu'ils y séjournèrent eux-mêmes. Les collections recueillies par J. Bauhin et qui nous étaient demeurées, furent dilapidées comme tout le reste lors de l'occupation française. Nous ignorons quelle pouvait être la valeur des portraits des princes conservés à l'Hôtel de ville, ainsi que celle de la grande toile représentant l'entrée du duc Louis Frédéric à Montbéliard en 1625. On ne possède sur ce sujet aucun renseignement précis, ce qui semble indiquer de la part de nos pères une indifférence que peuvent seuls justifier ou le peu de mérite des œuvres ou les préoccupations du jour qui les vit disparaître. Les inventaires du mobilier des princes à Montbéliard comme à Etupes, ne mentionnent ni une œuvre d'art ni un nom d'artiste originaire du comté : la plupart du reste ne sont pas signées. Ainsi que nombre de portraits encore dispersés dans les anciennes familles de la ville, les peintures décoratives qui figuraient dans les châteaux, provenaient d'artistes de passage qui gardaient soigneusement l'anonyme ; et d'un autre côté, à supposer que les appartements princiers aient contenu, comme cela est probable, quelques tableaux, bronzes ou objets d'art de véritable valeur, on n'eût pas manqué de les enlever des premiers, et de les soustraire avec beaucoup de raison, aux dilapidations qui suivirent le départ de la famille.

Nous ne pouvons donc que glaner, dans cet ordre de faits, quelques indications qui constatent sans doute notre pauvreté artistique, mais qui peuvent en même temps établir ce point : que l'absence d'artistes parmi nous tenait peut-être moins au défaut de dispositions naturelles et à l'esprit de la population qu'à des circonstances tout extérieures, au manque de maîtres pour enseigner, de modèles pour fixer l'enseignement : en deux mots, à l'absence de la règle et de l'exemple, et peut-être des encouragements nécessaires.

En remontant quelque peu dans les temps anciens, nous voyons figurer dans un rôle du 6 janvier 1586, avec la qualité de peintre, un nommé Jehan Marchant, signalé comme ayant donné asile à des réfugiés de France. Un peu plus tard, André Tournier, peintre, émigré de Besançon pour cause de religion, vient s'établir à Montbéliard avec ses frères et son fils: en 1613, il est condamné par le Magistrat à l'emprisonnement où à cent sols d'amende à son choix, pour s'être rendu sans autorisation dans la ville de Lure et y avoir peint le crucifiement de Notre Seigneur Jésus-Christ. On cite encore le peintre Cochin, également émigré de Besançon, et un nommé Aspic, aussi qualifié peintre, qui figure dans une accusation portée contre sa femme pour avoir vendu des catéchismes de Genève. L'art ne suffisait pas à les faire vivre. Dans une note écrite de sa main, le comte Georges s'exprime ainsi : « Le pays (de Montbéliard) est renommé par plusieurs grands personnages ; et pour les sciences ou artifices, surtout la peinture ; j'ai vu moi-même six des meilleurs peintres de Paris qui sont tous des enfans de Montbéliard. Les peintures de Saint-Germain, du Palais royal et de Richelieu sont leurs ouvrages : les uns ne font que des pourtraicts, les autres savent bien peindre les chambres et les maisons, d'architecture, de perspectives, de camayeux, de fruits, de paysages, de plafonds ; il y en a aussi qui font des inventions de ballets, de machines... » Cette note est suivie dans les *Ephémérides* de cette réflexion : « Il est probable que parmi les meilleurs peintres de Paris, le comte Georges comptait G. de Montbéliard, qui suivant Florent Lecomte, avait un talent particulier pour peindre l'histoire en petit. (Voy. *Cabinet de Singularités d'architecture,* III, 199. *Ephém.* 29 juil. 1613). Nous ne sommes guère plus avancés après Florent Lecomte et l'auteur des *Ephémérides;* il reste là un problème historique curieux à résoudre : quels étaient ces artistes ? notre ville a-t-elle encore des illustrations inédites à réclamer ? Pour le moment nous n'avons sur ce point aucun renseignement.

Nous ne pouvons compter comme nous appartenant l'illustre archéologue J. J. Boissard, que les persécutions religieuses auxquelles il fut en butte à Besançon, avaient contraint d'abandonner cette ville et de se réfugier à Montbéliard, où il acquit le droit de bourgeoisie ainsi que les autres membres de sa famille. Pendant nombre d'années, il séjourna parmi nous, mais la plupart de ses publications furent faites soit avant, soit après sa résidence à Montbéliard, où il s'occupa plus spécialement de mettre en ordre et de rédiger ses notes. Nous ne devons également citer qu'en passant le compositeur J. J. Frohberger, maître de chapelle à la chapelle impériale de Vienne, qui dans les dernières années de sa vie, se retira à Héricourt, auprès de la princesse Sybille de Montbéliard, veuve du comte Léopold Frédéric, et installée dans cette résidence après la mort de son mari, en 1662. Le château d'Héricourt n'était plus alors la rude forteresse de Claude de Rye, mais « une belle maison, voire pour y loger un prince et y dormir asseurement. Il y avait quatorze chambres, fort bien meublées, tant de lits de soie, tapisseries, qu'autres meubles; même y avait-il un ciel de soye avec de petites clochettes d'argent, le tout de grande valeur. Il était bâti et composé de quatre belles grosses tours, environnées de bonnes étoffes et matériaux de murailles, avec pont-levis et doubles portes bien ferrées; la ville elle-même était encore enclose de bons murs et avait deux issues. » La comtesse Sybille tenait dans cette résidence une petite cour composée de plusieurs personnages distingués par leur mérite, et s'appliquait tout particulièrement à l'étude des beaux-arts, de la musique, de la peinture, de l'histoire. Elle fut obligée de quitter Héricourt pour échapper aux ennuis et aux violences de la guerre. Le château fut détruit; et Frohberger mourut peu après le départ de la comtesse, le 7 mai 1667. En sa qualité de catholique il fut enterré dans l'église de Bavilliers.

On a longtemps discuté sur le lieu d'origine de François Briot. Les uns l'ont fait naître à Besançon, d'autres à Saint-Hippolyte, le plus grand nombre à Montbéliard. C'est seulement dans ces dernières années, à la suite des laborieuses recherches de M. Tuetey, que nous avons connu définitivement son lieu de naissance. Mais si Briot ne nous appartient pas comme enfant de Montbéliard, tout au moins nous appartient-il entièrement par ses œuvres. Arrivé très jeune dans notre ville, il fut reçu à la chompfe des maréchaux ou de Saint-Eloi, le 12 avril 1580, et y exerça la profession de ciseleur et d'orfèvre. Il fut pendant un temps graveur en titre du comte Frédéric, et il existe encore un coin taillé par lui à l'occasion de la collation au prince de l'ordre de Saint-Michel. Ses œuvres d'orfèvrerie sont au nombre des pièces les plus parfaites de l'art français au XVIe siècle, témoin la magnifique aiguière dont la reproduction en étain se voit au musée de Cluny, et dont nous possédons la copie. L'original en argent fut, dit-on, fondu pendant la Révolution, à Rouen où il était parvenu on ne sait comment. Le prince de Montbéliard en avait fourni la matière pour une destination demeurée inconnue. Malgré ces beaux travaux, Briot ne cessa d'être en lutte avec la pauvreté et toutes les épreuves de l'existence. Nicolas Briot, le second de la famille, figure dans les premières années du XVIIe siècle, en qualité d'imprimeur en taille douce, « graveur des marques et effigies des monnaies de France ». Il fut l'inventeur du balancier monétaire dont il fit les premiers essais à Montbéliard vers 1614 et 1615, pendant l'administration du duc Jean Frédéric; cependant je ne sache pas que l'on ait conservé de monnaies locales provenant de sa fabrication. Au contraire, on a de lui plusieurs pièces françaises, diverses médailles d'honneur pour la municipalité de Besançon où il travailla pendant un temps, et encore un cuivre à l'effigie de Jean Bauhin. — Guillaume Briot, également de la parenté, était établi vers 1627, au faubourg Saint-Germain, en qualité d'artiste peintre ; enfin le dernier Isaac Briot, possédait, en 1662, l'office de directeur de la fabrication des monnaies d'argent. Il mourut le 5 mars 1670, à l'âge de 85 ans, et son nom clôt cette remarquable lignée d'artistes qui pendant plus d'un siècle s'illustra par des travaux aujourd'hui beaucoup trop oubliés. Ils eurent pour leur gloire, le malheur d'être protestants, et ne durent qu'à leur persévérance et à leurs éminents talents ce qui leur est resté d'illustration et de renom.

Au XVIIIe siècle, le goût des arts parut se réveiller dans notre ville, sous les auspices de la princesse royale, femme de Frédéric Eugène. Cette dame avait pour la peinture une prédilection particulière et gravait en outre élégamment. On peignait beaucoup à Etupes, les filles comme la mère; mais c'était naturellement un art un peu mou et sentimental comme toutes les productions du temps, se produisant généralement par quelques gracieuses et gentilles têtes de jeunes femmes, presque toujours au pastel, ou par quelque paysage à la gouache d'une facture assez fine, du reste sans aucune prétention à des œuvres sérieuses. Il est vrai que les artistes étaient d'aimables jeunes filles, ou quelque amateur de passage au château, jaloux de plaire aux dames ou de leur laisser quelque souvenir agréable de sa visite. Dans le nombre, nous devons compter M. Warner ou Werner, architecte et maître de dessin qui, lui du moins, appartenait à Montbéliard et auquel sont dues les décorations des fêtes du château. On cite encore à Etupes un certain Charles Tachot, qualifié dessinateur au service de S. A. S. Madame la Duchesse, qui fut un jour cité devant la justice pour avoir déchiré un dessin dans un livre de souvenir, ce qu'on appelait alors un *stammbuch*.

Il est probable que dans les derniers temps, les salons d'Etupes s'enrichirent de bon nombre d'œuvres d'art et d'objets précieux qui étaient dans les goûts de la princesse, et que ses gendres couronnés se plaisaient à lui offrir; mais c'étaient des bijoux de famille dont il n'est fait aucune mention. A peine trouve-t-on comme provenance d'Etupes ou de Montbéliard, quelques panneaux, dessus de glaces ou de cheminées, représentant, comme toujours des bergères endimanchées et des scènes pastorales. Les auteurs en sont restés inconnus.

Dans les anciennes familles de la ville se découvrent de temps à autres quelques toiles dont certaines ne sont pas absolument sans valeur. Il existe encore de beaux portraits du conseiller Rossel et de son fils, ancien maire de la ville. Dans la famille Bernard se trouve un portrait du docteur Emmanuel Berdot. D'autres portraits ou peintures diverses se rencontrent chez les Bouthenot, chez les Beurnier, dans la famille du prevôt Berger. Dans la famille Wild, les portraits de Pierre Capar et de sa femme Elizabeth Bonzen sont par extraordinaire datés et signés : A. Neuffer pinx. 1777. Je découvre encore un assez bon portrait en pied d'un jeune homme que l'on dit être le duc Charles Eugène; un autre au pastel passe pour être celui de la princesse Elisabeth. Il y a quelques années deux grands portraits presque en pied, d'assez bonne facture, furent achetés à Voujaucourt. D'où venaient ces tableaux, on l'ignore : on a supposé d'après le costume, et en les rapprochant de certains types connus, qu'ils pouvaient représenter le duc Léopold Eberhard et peut-être Anne Sabine de Sponeck, mais rien n'est certain. Ce que possédaient en fait d'objets d'art les maisons de Forstner et de Sponeck, a été vendu et dispersé tellement que je ne sais s'il existe quelque part un portrait du chancelier Christophe. Les portraits d'Anne Sabine et des demoiselles de L'Espérance et beaucoup d'autres ont dû exister jadis dans les nombreuses maisons que ces dames possédaient soit à la ville, soit à la campagne; mais rien n'a survécu.

Les souvenirs sont toutefois assez nombreux pour que nous puissions nous demander si le sentiment artistique n'était pas tout au moins aussi marqué dans notre ville au siècle dernier qu'il ne l'est aujourd'hui.

II

Il n'est pour ainsi dire aucun des grands évènements survenus dans les Etats de notre voisinage qui n'ait eu son retentissement parmi nous, soit que nous nous y soyons associés, soit que nous en ayons été les victimes. Si nos populations prirent une part active aux expéditions d'outre-mer, au mouvement des communes, à la Réforme, d'un autre côté, elles eurent à subir le contre-coup de la guerre de cent ans et la présence des Ecorcheurs, le contre-coup des guerres religieuses au temps des Guises et de la guerre de trente ans, enfin celui des longues guerres qui remplirent le règne de Louis XIV. Ce n'est que dans les intervalles de ces époques pénibles que notre pays trouva quelques instants pour se recueillir et se développer; et malheureusement au moment où l'essor littéraire, issu de la Réforme, eût pu s'accentuer, se consolider, et se produire parmi nous avec quelque éclat sous l'influence classique de la France et des grands modèles qu'elle nous offrait, les violences de la guerre venaient tout compromettre et tout arrêter. Ainsi se trouva perdue pour nous l'action bienfaisante de la France; et la présence de ses armées à Montbéliard, loin de nous faire bénéficier de ses arts, de sa littérature et de nous rapprocher d'elle en nous pénétrant de son génie, ne fît au contraire que suspendre le travail et arrêter le progrès.

Donc, c'est en dehors de ces temps désastreux que nous devons chercher le rayon littéraire qui éclaira par instants notre pays, et qui n'eut pas laissé, ce semble, de s'élargir, si les secousses trop violentes qu'éprouvèrent nos populations, ne fussent venues l'obscurcir et le briser.

Dès les temps reculés, notre comté de Montbéliard avait paru s'associer à l'éclosion de la vie littéraire dans l'ancienne France, et l'on est tout surpris de le voir, au milieu même de ce qu'on appelle la barbarie du moyen-âge, produisant des poètes et des trouvères dignes d'associer leurs noms aux auteurs des chansons de Geste. Ainsi tandis que nos comtes, partis pour la Terre-Sainte, se montraient, non sans éclat, à côté des grandes figures de ces temps si féconds en vaillantise, nos poètes, mêlés à nos guerriers, chantaient leurs prouesses, leurs romanesques aventures, les traditions héroïques et religieuses des vieux âges. Il n'est pas de chronique où n'apparaisse le nom de Montbéliard; et de cet ensemble de faits se dégage en tous cas un résultat intéressant pour nous, c'est la constatation du rôle considérable joué par nos princes pendant cette période brillante, et le rang distingué qu'ils occupèrent au milieu des gloires et des illustrations de l'époque. Partout sur les champs de bataille, les Montfaucon apparaissent à côté des de Brienne et des Lusignan; et au milieu de ces grands coups d'épée et de ces chevauchées héroïques, comment présumer que nos chroniqueurs ou nos poètes soient restés silencieux ? Parmi nous comme partout ailleurs, les lettres durent briller d'un certain éclat. Les grandes actions guerrières ne vont pas sans historien qui les raconte, sans poète qui les chante : et, si ce n'était sortir absolument de mon sujet, j'aurais plaisir à étudier dans nos pays ce cycle littéraire du XII° siècle, à en extraire ce qui nous appartient, à reconnaître ce qui nous en est resté, et comment il finit par s'éteindre pour nous comme pour la France, au milieu des luttes intestines qui suivirent le vaste mouvement des Croisades. Mais ces choses appartiennent trop à l'histoire générale pour oser m'y attacher ; et, si j'ai remonté un instant jusqu'à ces temps reculés, c'est uniquement pour marquer le point de départ de notre littérature locale, et avoir occasion de rappeler le nom bien oublié de Robert de Boron.

Si je lisais ce travail au lieu de l'écrire, j'aurais certainement un reproche à faire à l'auteur, celui de sortir trop souvent de son cadre pour s'égarer dans les temps passés, sous le prétexte spécieux qu'il faut les connaître avant d'étudier les faits et les temps plus récents. On peut soutenir cette thèse ; mais comme en définitive je me suis à la fois auteur et lecteur, je n'ai pas, que je sache, à me préoccuper trop vivement de ce reproche, et je trouve beaucoup plus commode pour concilier ces deux perpétuels ennemis, de donner raison à l'un tout en continuant de marcher avec l'autre.

Déjà dans la chanson de Gérard de Roussillon, le nom de Montbéliard figure à cinq reprises différentes, et nos guerriers prennent vaillamment leur part des grands coups qui se donnent : mais le poème ne nous appartient pas, tandis que la geste du chevalier de Boron, tout en restant l'objet de doutes peut-être fondés, peut cependant être discutée. Ni M. Gaston Paris, ni M. Aubertin et d'autres, ne semblent hésiter sur sa provenance et l'attribuent sans difficulté à nos pays; tandis que M. Hucher, éditeur d'un manuscrit en prose du poème, possédé par la bibliothèque du Mans, en fait naître l'auteur dans le Gâtinais. Le village de Boron est situé à cinq kilomètres de Delle, et faisait partie de la seigneurie de ce nom, fief de l'abbaye de Murbach, sous l'avouerie des comtes de Montbéliard. Boron ne constituait pas par lui-même un fief distinct, et le nom du chevalier semble moins un titre seigneurial que la simple désignation de son lieu de naissance. Nous n'avons pas ici à intervenir entre les savants et à pénétrer avec eux dans les mystérieuses profondeurs de la critique; mais tout au moins nous est-il permis, à nous profanes, de nous étonner qu'on aille chercher le lieu d'origine du poète dans le Gâtinais, quant à la porte de Montbéliard existe une localité de ce nom [1]; et que la dédicace adressée au comte Gauthier vienne d'un étranger, quand on peut en trouver l'auteur au sein des Etats de son frère, et peut-être même dans ses domaines à lui. Gauthier s'était croisé en 1199, au tournois d'Ecry en Champagne, et devait faire partie de la quatrième croisade dirigée, comme on sait, contre Constantinople. Mais des obligations de famille l'en détournèrent, et lui firent prendre part à l'expédition que son cousin Gauthier de Brienne entreprit dans le royaume des Deux-Siciles. C'est de là qu'il se rendit en Chypre auprès des Lusignan qui lui donnèrent la Connétablie de leur royaume. Le roman inspiré par certaines traditions conservées dans la Lorraine, et transportées à Montbéliard par le fait des relations maintenues dès les

---

(1) A moins que nous ne possédions pas le vrai nom de l'auteur.

temps où la maison de Mousson régnait sur nos contrées, ou peut-être recueillies lors du voyage que Robert fit probablement en Champagne à la suite de son seigneur, fut composé dans la seconde moitié du XIIe siècle, antérieurement au départ de Gauthier pour l'Italie. Robert le suivit-il dans cette expédition, ou seulement le poème ? Nous ne savons; mais l'un des deux au moins, selon toute probabilité; et de là sans doute l'opinion émise par certains auteurs que la geste avait été composée à la cour des Lusignan, puis rapportée de là en Italie au retour de la famille de Brienne. Ainsi l'odyssée du poème ne serait guère moins étrange que celle du vase qui en fait le sujet. Voici le point de départ du récit :

>   Endrementiers qu'il le lavait (le corps de Jesus)
>   Vit (Joseph d'Arimathie) le cler sanc qui découlait
>   De ses plaies qui li sainnaient
>   Pour ce que lavées estaient...
>   A donc est-il errant couruz
>   A son veisset, et si l'a pris
>   Et ou li sanc coulait l'a mis
>   Qu'avis li fut que mieux seraient
>   Les gouttes qui dedans cherraient...
>   Or fut le sanc touz receuz.
>   Et au veissel touz recueilleuz.
>   Joseph le corps enveloppa,
>   En un sidoine qu'acheta
>   Et d'une pierre le couvri
>   Que nous appelons timbe ci, etc.

Joseph en possession du vase et du sang de Jésus-Christ, échappe aux dangers de la prison dans laquelle il reste enfermé dix ans sans nourriture; après quoi fuyant les vengeances exercées contre les Juifs déicides, il quitte Jérusalem accompagné de sa sœur Enigée, de son beau-frère Bron et d'une troupe de Juifs nouvellement baptisés. Ils arrivent dans une terre lointaine qu'ils mettent en culture ; mais tout-à-coup, les blés se dessèchent, les semences deviennent improductives, et Jésus-Christ vient lui-même révéler à Joseph que Dieu s'est offensé du vice d'impureté dont plusieurs de ses compagnons sont souillés. Il s'agit de discerner les bons d'avec les mauvais, et dans un repas offert par Joseph aux uns et aux autres, l'écuelle qui contient le sang de Jésus-Christ, couverte d'un linge blanc, ne pourra être aperçue que par les véritables chrétiens. Après l'épreuve, les incrédules prennent le parti de s'éloigner, mais ils demandent comment ils doivent désigner le vase, source de bonheur pour les croyants ? Vous le nommerez *Graal,* dit Joseph, parce qu'il agrée à tous ceux qui le voient. A leur tour, les douze fils de Bron partent et arrivent vers l'occident en des terres étrangères dont ils convertissent les habitants. Bron, au départ, avait reçu le vase sacré qu'il devait à son tour remettre à l'enfant à naître de son fils Alain. Suivant le poème, Joseph, après que les émigrés l'eurent quitté, retourna à Jérusalem où il mourut ; mais la légende le fait finir ses jours à Grado, l'ancienne Aquilée, dans le voisinage de laquelle il avait d'abord abordé. Au temps de Charlemagne, l'évêque Fortunat donna ses reliques au couvent de Moyen-Mouthiers où elles restèrent jusqu'au Xe siècle. A cette époque, des moines étrangers les enlevèrent et les transportèrent à Glastonbury, d'où est sortie la légende bretonne du saint Graal ; tandis que Robert de Boron puisait l'idée de son roman dans la tradition conservée à Moyen-Mouthiers.

Les deux récits datent à peu près de la même époque, sans que cependant Robert ait eu connaissance des écrits des poètes armoricains ou normands. « Pas un homme mortel, dit-il, n'avait encore conté cette histoire » qui, dans son premier jet, paraît réellement antérieure aux chansons bretonnes. Le poème comtois, si tant est qu'il soit comtois, car nous n'admettons cette origine que sous toutes réserves, est assez court et sans grand mérite d'invention. C'est tout simplement une légende assez correctement rimée, que nous ne possédons pas même au complet; mais comme on l'a fait figurer souvent à titre d'Introduction, en tête du poème beaucoup plus étendu et plus important composé par Gauthier Map, que d'ailleurs l'analogie du sujet les faisait considérer comme ne formant qu'un seul et même ouvrage, il en résulta que le nom de Robert resta longtemps ignoré et privé de la gloire qui lui était due.

Plus tard, Robert écrivit un second poème intitulé Merlin, ce qui pourrait faire douter de l'origine comtoise de l'auteur, à qui cette légende peut paraître bien étrangère, tout en n'appartenant d'ailleurs pas davantage au Gâtinais. Il ne reste que 500 vers de ce travail : du reste, nous ne savons absolument rien de la vie du poète, ne plus de sa mort que de sa naissance.

Ces curieux débuts ne se poursuivirent pas : l'inspiration fut longtemps à reparaître, et jusque vers l'époque de la Renaissance, notre pays resta de nouveau plongé dans l'obscurité d'où l'avait fait sortir un instant la brillante et héroïque époque des Montfaucon. Cet intervalle semble avoir été pour nous un temps d'oisiveté et de souffrance intellectuelle, et de là sans doute les exclamations et les plaintes des premiers prédicateurs de la Réforme sur l'état d'abaissement moral et d'ignorance profonde où se trouvaient alors nos populations. Etait-ce pire que partout ailleurs ? Je ne le crois pas, mais non pas meilleur. Au surplus, le réveil ne tarda pas à se produire.

Notre pays de Montbéliard était évidemment trop restreint pour avoir une littérature à lui. Néanmoins il dut à la Réforme l'abondance des productions, et surtout une originalité qui n'est pas toujours à leur éloge, mais qui en tous cas les marque d'une empreinte particulière et les isole de leur entourage. Dès le milieu du XVI° siècle apparaissent quelques essais, soit en prose, soit en vers, qui, à l'origine, semblent l'œuvre d'émigrés français naturalisés parmi nous plutôt que des productions indigènes. Le mouvement d'ailleurs ne tarda pas à s'accentuer et à se propager jusque dans les villages. Jacques Gète, originaire de Boulogne-sur-Mer, pasteur à Bavans de 1552 à 1565, avait composé en 1555, un petit ouvrage satyrique imprimé à Bâle, sous le titre de *Bucolica Christiana*. En 1561 parut du même auteur, un poème latin sur la prise d'Héricourt par Claude de Rye. En 1588, Jean Georges, instituteur à Saint-Julien, fit représenter par ses élèves une tragi-comédie de sa composition « en laquelle figure l'histoire des deux grièves tentations desquelles le patriarche Abraham a été exercé. » Cette tragi-comédie, donnée sur la place des Halles à Montbéliard, fut imprimée par Foillet en 1609. — Un recueil de *Chansons spirituelles et de cantiques*, dont quelques pièces ont leur origine dans notre pays, mais dont le plus grand nombre est extrait du recueil imprimé à Berne en 1601, et à la Rochelle en 1604, fut édité par ce même Foillet d'abord en

1613, puis en 1619. Introduit dans nos églises et associé à l'exercice du culte, il devint le point de départ de nombreuses publications de même sorte qui se produisirent périodiquement sous la forme d'hymnes, de psaumes ou de cantiques, les uns imités ou copiés de Marot, d'autres empruntés à Corneille, à Racine, à Rousseau ; d'autres encore, en nombre assez considérable, tirés des auteurs protestants et originaires de Montbéliard. On les appropriait aux exercices religieux de manière à pouvoir les chanter dans les églises et dans les écoles. Du reste, tous les psautiers introduits à Montbéliard, n'y avaient pas pris naissance. On en adopta qui venaient de Bâle, de Genève, de Paris; ceux de notre église allemande étaient originaires du Wurtemberg. On peut citer, outre les recueils imprimés par Foillet, celui de 1698 imprimé par Biber; ceux de 1732 et de 1738 dûs à Becker, celui de 1776 sorti des presses de Jean Théophile Deckerr. Ce dernier volume, in-32, resta en usage dans nos églises jusqu'à l'introduction du cantique de Paris en 1836.

Dans un autre ordre d'idées apparait un certain nombre de petits poèmes dont bien peu, nous devons le reconnaître, méritent d'être mentionnés. Dans les premiers temps, ce sont généralement quelques morceaux en latin ou en allemand, à l'occasion de la naissance, du mariage ou du décès de l'un ou l'autre de nos princes. Le poète célèbre leurs hautes vertus et leurs incomparables mérites ; leur gloire s'élève jusqu'au ciel et bien au delà. En 1656, Bois-de-Chêne, auteur de la chronique qu'il a désignée sous le titre de *Recueil mémorable,* et que nous aurons à rappeler plus tard, dédia à Daniel Cucuel, son ami, un petit traité ou *Elégie sur les misères du monde,* qui figure en tête de ses notes historiques dans la reproduction qu'en a faite notre Société d'émulation (1854-56). D'autres essais poétiques restés inédits, lui appartiennent encore, et sa qualité de boulanger-poète en donne à peu près la mesure.

Au commencement du XVIII° siècle, Jean Pierre Nicolas du Commun, dit Véron (il est désigné dans ses livres par les initiales J. P. N. D. C. D. V.), né à Montécheroux le 29 octobre 1688, de cultivateurs aisés, mais encore taillables, de la seigneurie de Clémont, fut successivement pasteur à Clairegoutte et à Etupes où il mourut le 24 mars 1745. Son père, malgré sa condition servile, était juge de la seigneurie, et il ne fut lui-même affranchi qu'en 1733, ce qui lui permit d'acquérir le droit de bourgeoisie à Montbéliard, où il était alors co-recteur au Gymnase. Il s'était mis de bonne heure à faire des vers, et cette malheureuse manie, suivant l'expression de son biographe, ne l'abandonna jamais, tellement que lors d'une visite faite dans sa paroisse par ordre du Surintendant, les commissaires chargés de cette mission, disaient dans leur rapport qu'il était plus familier avec les poètes qu'avec les prophètes. Il a publié, presque toujours sous le voile de l'anonyme, divers petits écrits ou poèmes qui ne manquent pas d'une certaine originalité, mais qu'on peut à bon droit s'étonner de trouver sous la plume d'un grave pasteur. *Les yeux,* ouvrage curieux et galant, composé pour le divertissement d'une dame de qualité. Cologne, P. Marteau, 1715, in-8°; *Le nez,* 1717; *L'Eloge des T...,* 1720, et Amst. 1760. On dit qu'il s'est rendu lui-même justice dans les deux vers suivants :

> Véron en sots écrits tous ces gens-là surpasse ;
> Il confesse qu'il est la corneille d'Horace.

Nous avons encore de lui une *centurie* de quatrains publiée à Neufchâtel et à Montbéliard, 1740, in-12. Plusieurs sont assez ingénieux et ne manquent que d'un peu plus de correction. Il eut encore la bizarre idée de mettre en prose les fables de la Motte, sous prétexte que certaines personnes n'aiment pas les vers. Montbéliard, in-8°, 1731. Enfin nous retrouvons le pasteur dans le sermon prononcé à l'occasion de la mort de Mme de Gueldrich : *Le fidèle assuré de son salut*, Montbéliard, in-8°, 1729.

Léonard Frédéric Fallot, pasteur à Désandans, mort en 1827, publia en 1765, in-12, sans nom d'auteur et de lieu, la singulière tragédie intitulée la *Mort d'Ivan ou l'Innocence opprimée*, œuvre que lui-même ne pouvait prendre au sérieux, témoin sa réponse à la pièce suivante qui nous montre le cas que déjà de son temps on faisait de ses élucubrations.

> Ivan, quand de neuf coups on t'arrache la vie,
> Je déteste le fer qui te perce le sein ;
> Mais j'abhorre encore plus l'infâme tragédie
> Dont pour moi chaque vers est un coup d'assassin.
>
> F... en immolant la raison à la rime,
> Prétend que de sa lyre on admire les sons :
> Tu veux donc, insensé, pour prix de mon estime,
> Qu'avec toi l'on m'enferme aux petites maisons.
>
> O F... dans tes vers cent fois plus durs que roches,
> Un garde soigne Ivan, mais, bourreau, tu l'écorches.
> F... est le plus grand ennemi de l'Etat.
>
> Russes, vous avez tort de dire c'est un fat ;
> Car ces vers sur Ivan qu'avec mépris vous vîtes,
> Sont faits pour assommer les plus fiers Moscovites.

Réponse.

Je brave tous les traits d'une injuste critique.
Je ne suis pas, messieurs, si fou que vous pensez :
Mes vers ne sont pas faits pour des hommes sensés,
Mon père est épicier, j'écris pour sa boutique.

Ce malheureux poème valut à son auteur quelques persécutions que certainement il ne méritait pas, à moins qu'elles n'aient eu pour motif sa poésie elle-même. Il a laissé en manuscrits plusieurs autres ouvrages qui assurément ne sont pas à regretter, dans le nombre la *Christopathie*, poème épique en vingt-quatre chants, pas moins que l'Illiade, et la *Vertu*, poème didactique en quatre chants.

Vers le même temps (1768), Jean Jacques Duvernoy réduisait en prières et en cantiques les articles de la foi chrétienne et donnait un abrégé de la *Saine Morale* fondée sur la religion, mise en rimes par... Bâle, Schneider, in-8°, 1803. — Ulric Jérémie Binninger, plus tard procureur général, publiait à l'occasion du mariage du duc Charles Eugène, une pastorale dialoguée, intitulée *Tircis et Galatée*, Montbéliard, 29 p. in-16. Elle avait été précédée par une ode au Roi sur la prise de Berg-op-Zoom, et en 1782, il fit paraître à Kehl, in-8°, une traduction en vers des plus belles fables de la littérature allemande. — Le petit poème du *Loto*, par le chevalier de Wargemont, parut en 1786, imprimé au château d'Etupes, in-12 vel. Tous ces opuscules devenus très rares, ne se rencontrent plus que par hasard dans quelque fond de vieille bibliothèque ou sur quelque grenier où ils ont été oubliés.

A côté de cela, il faut signaler une multitude de sonnets, d'odes funèbres, de quatrains, d'épithalames et autres belles choses qui apparaissent à toute occasion ; ce n'est pas une rosée mais une pluie. Voici quelques titres qui sont eux-mêmes une curiosité : *Funebris threnordia in obitum illustrissimi principis... Georgii Comitis...*, suit une page de titres et de dignités. Montbéliard, 1558. — *Gratulationes patriæ ad illustrissimum, celsissimumque principem Johannem Fredericum...* Foillet 1585. — *Gratulations et souhaits de toute prospérité* à très haut et puissant prince et seigneur Jean Frédéric, célébrant heureusement ses noces avec la très illustre et très vertueuse princesse et dame, Madame Barbe Sophie, marquise de Brandebourg... et toujours suit une page de titres et qualificatifs.

 Mon Prince haut et puissant, lumière de cet âge,
 Puisque le Roi des Rois appelle au mariage
 Votre Altesse et Grandeur...

Le reste suit dans le même style, et ne manquent ni les épithètes ni les superlatifs. Chaque oraison funèbre avait à sa suite une série de distiques ou de sonnets à la gloire et louange du défunt. Jean Thiersain, le bien humble serviteur au ministère de l'Evangile en la ville de Montbéliard, nous en laisse une collection. Citons encore le *Triomphe de l'amour à la glorieuse fête du mariage de S. A. S.* L'amour triomphant fait voir les douceurs de son empire en annonçant les lois du mariage : *Eglogue*.

 Mortels ! accourez à ma voix.
 Je triomphe aujourd'hui de Mars.

L'empire de l'amour ou l'hymen heureux, présenté au sieur Jules Frédéric Duvernoy, recteur des Ecoles latines, et à honeste Anne Catherine Verenet à l'occasion de leur mariage : pour marquer sa reconnaissance envers son précepteur et l'estime qu'il fait de Madame sa cousine. Georges Gropp, étudiant en théologie. — *Epithalamum in auspicatissimas nuptias viri nobilissimi, amplissimi, consultissimi Dni Samuelis Brisechousii*, etc. Quelquefois le grec s'en mêlait, témoin le *Prosphoneticon* du recteur L. E. Bonzen; et les escoliers du Gymnase y associaient leurs *applausus hilares*. Puis c'étaient des cyprès accompagnés de lauriers répandus sur la tombe du conseiller Lucas Oscander. Un autre entonnait un chant lyrique à propos du mariage de Mlle Rossel avec M. Georgi.

Dans le nombre, je détache comme échantillon, le morceau suivant, écrit à l'occasion de la mort prématurée de Léopold Eberhard Duvernoy, auteur justement apprécié d'une *Dissertatio inauguralis sistens seriem comitum Montisbelgardensium*, travail très rare et très recherché aujourd'hui. Argent, in-4°, 1762.

Derniers adieux adressés à Léop. Eber. Duvernoy,
licencié es lois; décédé le 9 janvier 1763.

Nous te perdons, ami, et la Parque cruelle
Nous prive des plaisirs d'une amitié si belle.
Qui l'aurait cru ?... Si tôt ! Hélas, cher Duvernoy,
Faut-il déjà subir une si dure loi !

A peine dans la fleur de tes jeunes années
Nous avons la douleur de les voir terminées.
Les vœux de tes amis, les vœux de tes parents
Rien n'a pu reculer ces funestes instants.

Enfin, tu ne vis plus; un sort digne d'envie
Ami, te fait déjà mépriser cette vie.
Tu goûtes maintenant ces plaisirs éternels
Que le Sauveur du monde a promis aux mortels.

> Heureux fruits que produit la divine clémence.
> Pourrions-nous donc encor regretter ta présence ?
> Non, ton bonheur tarit les larmes de nos yeux ;
> Cher ami, jouis-en et reçois nos adieux.

L'arrivée du duc Frédéric Eugène avait provoqué à Montbéliard une recrudescence littéraire tout-à-fait inattendue, mais les vers n'en furent pas meilleurs. Il y en eut pour Monsieur, pour Madame, pour les huit enfants ; et, après qu'on eut chanté sur tous les tons l'heureuse arrivée de Leurs Altesses Sérénissimes, il fallut célébrer les naissances, les mariages, les anniversaires de son Altesse royale, de la princesse Dorothée, de la princesse Frédérique, de la princesse Elisabeth, sans compter les exploits de l'un, les grâces de l'autre, et les hautes vertus de tous. Il y avait dans la famille ducale de quoi défrayer largement toutes les muses et musettes de la localité, et elles ne se firent pas faute de puiser abondamment à cette source d'eaux vives.

> Que votre choix est beau, que vos liens sont doux !
> Vous ne pouviez trouver épouse plus fidèle ;
> Elle seule est digne de vous,
> Et vous seul êtes digne d'elle.

disait-on gracieusement au prince et à la princesse. Enfin, pour achever de donner une idée de la rhétorique du temps, citons la première strophe d'une ode composée lors du mariage de Mme la princesse Frédérique avec le prince de Holstein, coadjuteur de Lubeck.

> Quel bruit sur ces rives fertiles
> Trouble au milieu de leurs roseaux.
> De nos nymphes toujours tranquilles
> Le doux et paisible repos ?
> Est-ce un héros couvert de gloire

Que nous ramène la victoire
Entouré d'esclaves soumis ?
Où sont les dépouilles sanglantes
Que ses cohortes triomphantes
Enlèvent à ses ennemis ?

Je ne vois qu'un guerrier aimable
Dont l'amour guide les exploits :
Aux pieds d'un objet adorable
Vainqueur et captif à la fois, etc.

En voilà assez pour marquer, jusque dans notre petit pays, ce caractère à la fois déclamatoire et maniéré de la littérature à la fin du XVIIIe siècle. Que si maintenant nous nous avisions de réunir en un faisceau toute cette poésie locale, antérieure à la Révolution, et de la réduire à sa véritable valeur, la pincée de cendres qui resterait au fond du creuset serait singulièrement légère.

Il faut arriver jusqu'aux temps qui suivirent notre réunion à la France pour rencontrer enfin dans M. Masson un homme qui approche du littérateur et du poète. Son nom figure comme un trait d'union entre les deux siècles auxquels il appartient : à l'un par l'année de sa naissance (22 janvier 1761), à l'autre, par la date de la plupart de ses ouvrages. Son style tient pareillement des deux époques. Originaire de Blamont, il quitta de bonne heure son pays, et entra au service du czar Paul auprès duquel il parvint au grade de major. Il avait un frère aîné, Pierre Conrad, qui devint également colonel au service de la Russie, et auquel est dû un grand poème en 12 chants, intitulé : *Charles Martel ou les Sarrasins en France*. Strasb., 2 vol. in-8°. Le cadet, Charles François Philibert, beaucoup plus connu que le premier, publia en l'an VIII, le poème des *Helvétiens*, Paris, Pougens, in-12. Ce travail fut suivi par la publication des *Mémoires secrets sur la Russie*, du roman de la *Nouvelle Astrée*, et d'une *petite Géographie en vers* destinée primitivement à l'enseignement du corps des Cadets et des Nobles, éditée à Strasbourg, en 1828. On lui doit aussi une *Statistique* estimée du département de Rhin et Moselle, à la préfecture duquel il était attaché en qualité de secrétaire général. A son retour de Russie, il habita pendant un temps la ferme de Champvallon, près de Glay. C'est dans cette retraite qu'il composa une partie de ses ouvrages. Les *Mémoires secrets sur la Russie* lui avaient valu de violentes animosités, et il mourut à Coblentz, le 3 juin 1807, à l'âge de 46 ans, empoisonné, dit-on, par vengeance de certaines familles qu'il avait offensées dans ses écrits. Il y avait en lui un certain sentiment littéraire et une vigueur de touche quelquefois même poussée un peu loin : son vers est rocailleux, ampoulé, avec toutes les expressions et les formes vieillottes du XVIII° siècle dont il avait conservé la tradition en Russie. Il prend volontiers l'enflure pour de la force et l'incorrection pour de l'originalité. Son éloignement de la France et l'ignorance où il était de la Société française, firent tort à son goût, cependant on aime encore à retrouver dans la *Nouvelle Astrée* quelques peintures locales et quelques traditions plus ou moins vagues conservées dans les campagnes de l'ancien pays de Montbéliard. Les *Mémoires secrets* furent publiés à la fois à Amsterdam et Paris, an VIII, 1800, chez Pougens, 3 vol. in-8°. Ils ont été réédités par Didot, in-12, 1859. La *Nouvelle Astrée* date de l'an XIII, 1805. Elle fut imprimée à Metz chez Collignon, 2 vol. in-12, grav. de Monsiau. Elle a été rééditée à Bruxelles chez Freschel, 3 vol. in-18, 1827, et à Montbéliard en 1881.

III

Ainsi, les grands modèles offerts par la France, n'aidèrent que d'une manière toute relative à notre éducation littéraire ; et, que cela tînt aux circonstances politiques ou au manque de dispositions naturelles, la poésie resta parmi nous aussi médiocre de forme que pauvre de fond. D'ailleurs, les sujets d'étude habituels de nos théologiens et de nos légistes n'avaient avec la poésie que des relations éloignées : et pour des gens qui ne s'y appliquent pas d'une manière spéciale, il est toujours assez difficile d'être suffisamment maître de sa pensée et de la langue pour en disposer à volonté et les contraindre à se venir mutuellement en aide. Autant la poésie entre les mains des maîtres donne de relief à la pensée, autant elle l'amoindrit dans des mains inhabiles ; et il n'y a en réalité que le vrai poète qui soit en situation de dominer à la fois l'idée et l'expression, de manière à les faire valoir et à les relever l'une par l'autre. Pour le commun des mortels et pour tous ceux qui n'étant pas spécialement doués, tiennent cependant à exprimer leur pensée et à la mettre dans son jour, il faut s'en tenir à la prose, si vile et si humble qu'elle puisse être.

Ce fut le cas pour nos bourgeois ; ils n'étaient pas à la hauteur de la langue des dieux; et, ne pouvant en user à discrétion, ils lui laissèrent tout ce qui ne semblait pas assez sérieux pour être dit en prose, les madrigaux, les épithalames, les sonnets funèbres, les idylles, les quatrains et autres jolies choses généralement de courte haleine, réservant pour la la langue des mortels les œuvres religieuses, de science ou d'enseignement, souvent un peu lourdes de forme, mais en fait plus solides et plus importantes.

La littérature française ne fut connue et appréciée qu'assez tard dans notre pays, et nous en avons la preuve dans la composition des bibliothèques locales à la fin du XVIIe siècle et au commencement du XVIIIe. Abondantes en livres latins et en vieux bouquins allemands de droit ou de théologie, elles ne renferment qu'en petit nombre les anciennes éditions de nos classiques nationaux, Cependant toutes les œuvres d'origine montbéliarliardaise sont exclusivement en français. Dès les temps reculés du moyen-âge, et presque contemporain du roman du chevalier de Boron, nous apparait un document d'une valeur considérable au point de vue littéraire non moins qu'à titre de document historique : ce sont nos Franchises. Outre les trois éditions anciennes, données, la première par Jacq. Foillet en 1600, la deuxième par Pistorius de Bâle en 1732, et la troisième en 1775, par Schweighauser, nous possédons, à défaut de la pièce originale, la reproduction probablement la plus ancienne qui en existe, peut-être le double conservé au château, alors que le texte officiel était déposé aux archives de la commune. Ce document disparut selon toute probabilité, à l'époque de la Révolution, par les soins de Bernard de Saintes qui faisait bon marché de tout ce qui pouvait rappeler l'ancien régime; mais le fac-similé du texte existant a été reproduit par M. Tuetey dans son travail sur le *Droit municipal en Franche-Comté*, et nous n'avons garde de revenir sur l'étude sérieuse qu'il en a faite. Aux anciennes éditions ont été annexées diverses pièces confirmatives des Franchises à l'avénement des princes, ou réglant par de nouvelles dispositions les points non résolus pour la charte primitive; de sorte que nous pouvons à la fois suivre dans cette série de documents, le mouvement et le progrès de la langue chez nos aïeux, comme les changements survenus dans l'administration de la cité.

Dans cette revue rétrospective des œuvres littéraires propres à notre pays, j'indiquerai, mais en passant seulement, la traduction allemande du chevalier de la Tour, due à Marc de la Pierre, le vaillant défenseur de Montbéliard contre les troupes de Charles le Téméraire et le fondateur de la grosse tour du château de la Croste. La première édition de l'ouvrage : *Ritter von Thurm*, est de Bâle, 1497, la seconde d'Augsbourg; celle que nous possédons à Montbéliard est de Strasbourg, 1513, in-fol.

L'introduction de la Réforme dans notre pays, fut le signal du mouvement littéraire le plus marqué qui s'y soit produit; et, au moment où nous essayons de nous rendre compte de la vie morale comme de la vie matérielle, dans notre population, nous ne pouvons nous dispenser de remonter jusqu'à cette époque et de nous y arrêter un instant. Ce fut du reste dans l'Europe entière, une époque merveilleuse et, à juste titre, qualifiée de nom de Renaissance. Les esprits semblaient véritablement s'ouvrir à un réveil; ils en avaient toute l'ardeur, tout l'entrain, toute la jeunesse, quelque fût d'ailleurs l'objet de leur activité et le but ou artistique, ou religieux, ou littéraire qui les attirait. Dans notre voisinage, les presses de Strasbourg et de Bâle ne cessaient de produire, et les besoins des intelligences semblaient renaître de plus belle à mesure que de nouveaux aliments leur étaient offerts et que se multipliaient les livres anciens ou nouveaux. Placé aux abords de ce foyer d'activité dont les bords du Rhin furent le premier théâtre, Montbéliard ne pouvait manquer d'en ressentir la féconde influence, et l'arrivée de Jacques Foillet, réfugié de Tarare, marqua son entrée dans la carrière.

Cependant, antérieurement à l'introduction de l'imprimerie dans la ville, nous avons à mentionner deux ouvrages qui sont pour nous d'un intérêt particulier : l'un est le *Sommaire de Guillaume Farel,* composé probablement en 1524 et 1525, pendant le premier séjour du réformateur à Montbéliard ; l'autre est l'*Ordonnance ecclésiastique*, imprimée à Bâle en 1556, en un volume in-4° de 311 pages. Le *Sommaire et briève déclaration d'aucuns lieux fort nécessaires à un chrétien,* est l'un des plus anciens monuments de la Réforme et le meilleur ouvrage de Farel ; il précéda de plusieurs années la publication des catéchismes de Luther. En quittant Montbéliard, le réformateur avait senti la nécessité de résumer sa doctrine et de laisser aux nouveaux convertis un souvenir de son enseignement, propre à les guider pendant son absence dans l'observation et la pratique du nouveau culte. La première édition du *Sommaire* fut imprimée à Bâle, une autre de 1534, in-12, parut à Neufchâtel ; mais je ne sais si ce petit livre se répandit beaucoup par Montbéliard, ou s'il fut supprimé lorsque les doctrines de la Confession d'Augsbourg furent imposées aux habitants; toujours est-il qu'il ne s'en est retrouvé aucun exemplaire dans les vieilles bibliothèques du pays.

Au reste, ce ne fut pas sans difficultés assez sérieuses que les princes curateurs du Wurtemberg-Montbéliard pendant la minorité du comte Frédéric, parvinrent à introduire parmi nous les doctrines et les formes du culte déjà adoptées dans les Etats allemands du prince, et à effacer la trace du réformateur français. Ils publièrent à cet effet l'*Ordonnance ecclésiastique* calquée sur les réglements acceptés dans le Wurtemberg; et elle fut pour notre pays de Montbéliard, la norme de nos institutions religieuses, comme les Franchises avaient été la base de nos institutions civiles et de nos libertés communales.

Toutefois la lutte entre les évangélistes français et les réformateurs allemands ne cessa pas immédiatement. Farel avait conservé à Montbéliard de nombreux partisans que recrutaient chaque jour les émigrés qui, fuyant les persécutions dont ils étaient l'objet à l'intérieur de la France, venaient se réfugier dans les Etats du duc de Wurtemberg et s'abriter sous la protection dont les couvrait la municipalité de la ville. Dans le nombre, on avait vu successivement arriver les seigneurs de Beaujeu, de Montigny, de Ribeaupierre, l'historiographe Nicolas Vignier, plus tard médecin du duc Frédéric, les deux frères Martin et François Pitou, fils du fameux jurisconsulte Pierre Pitou. En présence des désordres qu'entrainait cette affluence de gens, la Régence cherchait par tous les moyens possibles à faciliter leur départ, ou du moins à les contenir et à s'assurer de leur conduite. Plusieurs, afin de ne point être éloignés de Montbéliard, y achetèrent le droit de bourgeoisie; les autres durent s'engager par serment à respecter les lois du pays, la religion et les traités existant avec les Etats voisins, à s'abstenir de tout complot et intrigue soit à l'extérieur, soit dans l'intérieur du comté. (Traité du 10 juin 1568.)

Déjà de nombreux réfugiés de Besançon, contraints à leur tour de quitter cette ville pour leur adhésion aux nouvelles doctrines, étaient venus chercher asile à Montbéliard. (Voir la lettre du duc Ulric à la municipalité de Besançon, le samedi après l'Assomption, 1524). Parmi eux se trouvèrent le marchand Henry Paris, l'orfèvre Ferruce Saige, l'apothicaire Jean Chemilleret, le notaire Liénard Maire, Jean Simonin, Claude Bertin potier d'étain, le fondeur Pierre Choulier, Guillaume Laboral orfèvre, et un tel nombre d'artisans et d'ouvriers de toutes sortes que, malgré leur serment de s'abstenir de toute intrigue contre les voisins, ils se crurent un moment assez forts pour enlever Besançon par surprise, et leur complot n'échoua que par suite d'un accident arrivé à l'un de leurs chefs, Paul de Beaujeu. Cet évènement fit croître encore l'émigration bisontine. On vit arriver la famille Tournier, Thiébaut Curie cordonnier, le peintre Nicolas Cochin, Jean Mallet, J. J. Boissard, Guillaume Margeret lapidaire, etc, qui tous se firent inscrire au livre de bourgeoisie.

Cependant des plaintes nombreuses arrivaient au conseil de Régence, tantôt de la part du roi de France, tantôt de la part de l'empereur d'Allemagne (entre autres, lettre de Rodolphe II, 16 déc. 1585); et, en présence des dangers qui menaçaient la seigneurie et des instances du gouvernement local pour le départ des réfugiés, il fallut toute l'énergie des bourgeois et leur courageuse résistance aux menaces dont ils étaient l'objet, pour assurer aux émigrés hospitalité et sécurité. En 1575, il y en avait encore plus de 300, venus pour la plupart des terres de Bourgogne et de Lorraine, et nombre d'entre eux étaient gens de grande illustration tant par leur naissance que par leur savoir. Ainsi se trouvaient parmi eux le jurisconsulte François Hotmann, François de Laucluse, auteur de la satire intitulée: l'*Antithèse de Jésus-Christ et du pape de Rome;* Antoine et Nicolas de Choiseul; Anne de Choiseul, veuve de M. de Pressigny; Louis de Jaucourt, seigneur de Rouvray; Jacques de Jaucourt, seigneur de Villernoul; Guillaume et Blaise de la Trémoille; Guillaume Stuart, seigneur de Verzines, de la famille des rois d'Ecosse; dame Isabeau de Joyeuse, veuve de Claude d'Anglure; Humbert Langlet, auteur des *Vindiciæ contra tyrannos;* Denys le Bois de Blatigny; Innocent Gentilly, auteur de divers écrits contre l'église de Rome, etc.

C'est en présence de tous ces personnages illustres, et dans l'intention très louable de mettre un terme aux divisions religieuses qui se perpétuaient, particulièrement dans le comté, que le prince Frédéric songea à provoquer à Montbéliard, entre luthériens et réformés, un Colloque destiné à éclaircir et à résoudre les difficultés pendantes entre les deux Eglises. Ces conférences eurent un grand retentissement dans tout le monde protestant; le roi de Navarre les avait recommandées, et la présence du comte Frédéric qui les présidait, aussi bien que la valeur personnelle des conférenciers leur avait imprimé une grande solennité. Le docteur Jacques André, chancelier de l'Université de Tubingue, s'y présenta, accompagné de Lucas Osiander et de deux conseillers politiques, hommes de grande science et noblesse, Jean Wolfgang d'Anneuil et Frédéric Schulz, docteur es lois. De son côté, Théodore de Bèze était arrivé suivi d'Abraham Musculus, ministre de l'Eglise de Berne; d'Antoine la Faye, ministre de l'Eglise de Genève; des professeurs Pierre Hubner et Claude Auberry de Lausanne; enfin, de Samuel Mayer, sénateur de Berne et Antoine Marisus, syndic de la république de Genève. Tous ces étrangers furent reçus avec grande déférence et honneur; et le 24 mars, la ville pour leur faire fête, leur offrit un grand banquet qui coûta 243 livres, 9 gros, 10 niquets.

Les conférences s'étaient ouvertes le 21 du même mois 1586, dans la grande salle de la chancellerie alors au château, où le comte Frédéric fit solennellement l'ouverture du Colloque. Aux séances assistaient le prince et ses conseillers, les pasteurs de la ville, les plus marquants parmi les réfugiés, et nombre d'hommes doctes et savants dans les langues. On parlait latin et il s'agissait de régler toutes les questions restées litigieuses entre les deux Eglises. On discuta sur la personnalité du Christ, sur le baptême, sur l'eucharistie et la grâce, sur les images et sur les autels dans les temples. Les conférences se prolongèrent jusqu'au 29 mars: on ne s'entendit pas, ainsi que cela devait arriver entre théologiens, et Frédéric congédia nos docteurs, assez mécontent du résultat. Bien d'autres tentatives furent faites par la suite pour concilier les deux écoles sans obtenir plus de succès. Cependant le Colloque, aussi bien que la présence de tous ces étrangers au milieu de nous, ne laissa pas de porter ses fruits et de donner aux esprits un redoublement d'activité et d'intérêt aux études.

Les actes du Colloque, traduits du latin en français par la volonté du comte, furent à la fois le premier ouvrage imprimé à Montbéliard et la première publication de Jac. Foillet. Quelques années auparavant, un membre de l'illustre famille des Estienne, François, avait tenté d'implanter son industrie dans la ville; mais quelques difficultés survenues de la part du conseil de Régence, l'avaient fait renoncer à son projet. Les éditions latine et allemande du Colloque sont de 1586, in-4°, à Tubingue, chez J. Gruppenbach; l'édition française, in-12, est de 1587. Une autre édition, de Genève, est de même date. Foillet avait établi son imprimerie au premier étage, dans l'angle sud-ouest du bâtiment des Halles, et sa boutique de libraire était au-dessous. Certaines de ses publications, entre autres son *Introduction au traité de la conformité des merveilles,* portent même la mention du lieu où elles ont été imprimées. A ces premiers établissements, il ajouta plus tard une papeterie qu'il fonda en 1613, vis-à-vis de l'ancienne abbaye de Belchamp; et pendant plus de trente ans, il ne cessa d'imprimer ou pour son propre compte, ou pour le compte des imprimeurs de Bâle, tantôt des ouvrages propres au pays de Montbéliard, tantôt des ouvrages anciens ou étrangers. On compte, je crois, jusqu'à 128 ou 129 numéros sortis de ses presses.

IV

La fin du XVIe siècle et les commencements du XVIIe, c'est-à-dire les temps qui suivirent la terrible invasion des Guises dans nos contrées, et ceux qui précédèrent les dévastations des Impériaux et des Suédois lors de la guerre de 30 ans, furent particulièrement féconds en hommes de valeur : le prince secondait l'activité des esprits. Ses nombreux voyages en Allemagne, en Angleterre, en Danemark et surtout en France et en Italie, presque toujours accomplis en compagnie de savants illustres, avaient fait naître en lui le sentiment artistique et lui avaient inspiré le désir des choses utiles qu'à son retour il s'appliquait à réaliser selon ses moyens et même au delà.

Par son ordre, Henri Schickard, son architecte, originaire de Herrenbourg dans le Wurtemberg, établi à Montbéliard depuis 1558, avait achevé dès 1572 la construction de la tour sud du château; en 1598, il commença l'édifice que le prince destinait à une académie, enfin en 1601, il éleva le temple de Saint-Martin. Compagnon du duc lors du voyage qu'il fit en Italie en 1599, et dont nous lui devons le récit (Foillet, 1602, petit in-4°, port), Schickard en avait rapporté des souvenirs dont nous retrouvons la trace dans le temple Saint-Martin, le plus ancien monument dû à la Réforme que possède la France, et dans la maison qui en est voisine. Nous savons qu'on lui doit le plan des rues du Faubourg; enfin les fortifications de la ville, dont l'ingénieur Claude Flamand qui lui succéda, acheva de faire une place importante. La puissance wurtembergeoise avait alors atteint à Montbéliard son point culminant, et l'intérêt que Frédéric, devenu duc de Wurtemberg (8 août 1593), n'avait cessé jusqu'alors de porter à la ville, contribua d'une manière notable à son développement.

Claude Flamand, d'origine comtoise, émigré en Suisse, termina les grands travaux de la citadelle et l'enceinte du Faubourg. Il vint s'établir à Montbéliard en 1594, et il y mourut en 1626. On a de lui : un *Traité d'arpentage,* Montbél., Foillet, in-8°; un autre sur l'*Art des fortications et la conduite de la guerre.* Foillet, in-8°, 1597; un *Traité de mathématiques et de géométrie.* Foillet, in-8°, 1597. La publication du *Guide des fortifications* sans autorisation ou avis préalable du conseil de Régence, valut à Foillet des poursuites judiciaires qui risquèrent de nous faire perdre son industrie. — Jean Flamand, fils de Claude, ingénieur dans la guerre des Pays-Bas, reçu bourgeois de Montbéliard, mourut empoisonné en 1634. La bibliothèque possède de lui un manuscrit intitulé : *Manière de camper selon l'ordre et la pratique de feu l'illustre prince Maurice de Nassau,* fol.

Le comte Frédéric, dans ses fréquents voyages, avait rassemblé de curieux manuscrits et de nombreux ouvrages dont il enrichissait la bibliothèque fondée par son père. En même temps, il faisait faire à Mandeure, sous la direction de Jean Bauhin, des

Société d'Émulation de Montbéliard

JEAN BAUHIN

GRAVURE DE N. BRIOT

fouilles dont le produit déposé dans la tour rouge du château, devenait le point de départ d'un groupe archéologique intéressant. Toutes ces collections, déjà importantes, continuèrent de s'enrichir sous ses successeurs. Malheureusement l'occupation étrangère lors de la guerre de trente ans d'abord, puis sous Louis XIV, vint mettre un terme à ces travaux : la bibliothèque fut pillée ; les plus beaux manuscrits allèrent peupler des bibliothèques étrangères où leur trace s'est perdue, et autant en advint des collections archéologiques dispersées on ne sait où.

Pendant que le duc fondait des musées qui ne devaient se reconstituer à Montbéliard qu'après un intervalle de près de trois siècles, Jean Bauhin créait dans les terrains situés au pied du château et sur les pentes voisines, le troisième jardin botanique qui ait existé en Europe. Bauhin était né à Bâle en février 1441, d'une famille d'émigrés, originaire d'Amiens. Son éducation se fit successivement à Bâle, à Tubingue et à Montpellier. Nommé en 1570, médecin du comte Frédéric en remplacement de Nicolas Vignier qui était retourné au catholicisme, il devint précepteur de ce même comte alors âgé de 13 ans et l'accompagna dans plusieurs de ses voyages. Il mourut à Montbéliard le 26 octobre 1612. On a de lui de nombreux ouvrages de sciences, surtout de botanique, des études sur les eaux médicinales du Wurtemberg et de Montbéliard ; mais son principal titre de gloire est la grande *Historia plantarum* qu'il avait préparée et qui malheureusement ne put paraître de son vivant. Il était réservé au médecin Chabrey, de Genève, de publier ce remarquable ouvrage qui ne vit le jour que 38 ans après la mort de son auteur, à Yverdun,

1550-51, 3 vol. in-fol. pl. Les frais de cette grande publication qui se montèrent à 40,000 florins, furent avancés par François Louis de Graffenried, bailli d'Yverdun. Presque tous les autres ouvrages de Bauhin avaient été édités à Montbéliard par Foillet. Voici les principaux :

Histoire notable de la rage des loups advenue en 1590, avec les remèdes. Montbél. Foillet, 1591, in-8°.

De plantis a divis sanctisque nomen habentibus. Montisbel., Foillet, 1593.

Traité des animaux ayant ailes qui nuisent par leurs piqûres. Montbel., Foillet, in-12.

Historia novi et admirabilis fontis balneique Ballensis, Montisb. Foillet, in-4°, 1598.

De aquis medicatis. Montisbel. 1605. — *Histoire des merveilleux effets de la fontaine de Lougres.* Montb. 1601. — *De auxiliis adversus pestem.* Montisbel., Foillet' in-8°.

Historia plantarum universalis, nova et absolutissima, cum concensu et discussu circa eas. Eburodunum, 1650-51, 3 vol., in-fol., pl.

Je ne crains pas d'indiquer les titres des ouvrages, quelque monotone que cela puisse paraître, parce qu'ils semblent porter la couleur du temps et donner par avance une idée de la science d'alors. Gaspar Bauhin, frère de Jean, fut à son tour médecin du prince. Ils habitaient au Bourg-Vautier une maison domaniale qui a disparu. Tous deux nous ont laissé leur portrait; celui de Jean est dû au burin de Nicolas Briot; ses ouvrages, imprimés pour la plupart à Bâle où il s'était retiré, n'appartiennent pas à notre bibliographie locale. Il mourut en 1624.

Nicolas Taurellus, Tourelot ou Tourot, contemporain des frères Bauhin, était fils d'un notaire de Montbéliard. Né le 26 novembre 1547, il fut successivement théologien, médecin et en dernier lieu professeur à l'Université d'Altorf où il mourut de la peste en 1606. Il prit rang parmi les métaphysiciens les plus réputés de son temps, et par sa vaste correspondance, associa son nom aux noms des plus célèbres docteurs. Son portrait nous a été conservé dans les *Biographiæ professorum medicinæ in Academia Altorfiana*. J. J. Baieri. Norimb. et Altorf, in-4°, 1728. Ses œuvres ne comportent pas moins de 26 numéros. Voici les titres de quelques-uns de ses ouvrages :

Phiiosophiæ triumphus. Basil., 1573.
Medicæ prælectionis methodus. Franckf. 1581.
Emblemata physico-ethica. Norimb. 1575.
Alpsæ cæsæ. Vened. 1596.
Libellus de vita et morte. Norimb. 1586.
Cosmographia. — *Ouranographia*. Amberg, 1604.
De rerum Æternitate. Marburg, 1604.
Commentaria in Hippocratis lib. de hominis naturâ.
De terræ motu, etc.

Toute cette physique et métaphysique est bien oubliée de nos jours ; et quand on songe que dans cent ou deux cents ans, il en sera à peu près de même de la science actuelle, on se dit qu'il faut être bien véritablement philosophe pour travailler toute une longue vie à obtenir pareil oubli de la postérité. Disons-nous cependant que c'est à de pareils travaux qu'est dû ce que nous savons ; et que tout au moins cette maigre justice soit rendue à leurs auteurs.

Jean Nicolas Binninger, un peu plus jeune que ces deux premiers, naquit à Montbéliard le 23 août 1628. Comme ses devanciers, il s'appliqua à l'étude des sciences médicales, et suivit successivement les universités de Bâle et de Padoue. Il voyagea en Italie, et à son retour devint médecin du prince Léopold Frédéric. Il occupa la chaire de médecine et de physique au collège ou académie que le comte Georges avait ouvert à Montbéliard en 1670, et mourut au mois d'octobre 1692. On a de lui une thèse *de Peste*, mais son principal ouvrage est intitulé : *Observationum et curationum medicalium centuriæ*. Montisb. Cl. Hyp. 1673, in-12, port. Une notice intéressante lui a été consacrée en 1836 par le docteur H. Tuefferd, dans les Mémoires de la Société d'émulation de Montbéliard. Binninger fut la souche de toute une lignée de savants que nous retrouverons par la suite.

Il n'est pour ainsi dire aucun genre d'études auquel nos pères ne se soient appliqués. Richard Dinoth, né à Coutances en 1535, devint pasteur français à l'église Saint-Martin en 1575, et fut l'un des membres les plus distingués du Colloque. Il publia successivement une intéressante et impartiale histoire des guerres de religion en France et en Belgique. *De bello civili gallico*. Basil., 1582, in-4°. *De bello civili belgico*. Basil, in-4°, 1586. *De factis memorabilibus loci communes*. Basil., in-12. Malheureusement ces livres écrits en latin, comme presque tous les ouvrages contemporains, ont cessé d'être dans la circulation ; et, malgré des mérites réels, ne sont plus connus qu'à titre de curiosités littéraires.

Vers le même temps, Hugues Bois de Chêne, le conseiller Perdrix, Pierre Vessaux et enfin le comte Georges, écrivaient, l'un son *Recueil mémorable*, l'autre sa *Chronique de Montbéliard*, le troisième, le *Récit de ses négociations à la cour de France* pendant la guerre de 30 ans, et le dernier ses *Mémoires* de 1662 à 1672. Ces divers écrits forment pour notre histoire locale un ensemble de documents de la plus haute importance, et auquel il faudrait ajouter les trois volumes in-folio, non encore publiés, du *Livre des notaux,* conservés aux archives de la mairie avec le *Livre rouge* ou livre des inscriptions à la bourgeoisie de la ville. Les *Mémoires* du comte Georges n'ont pas été publiés. Vesseaux fut non seulement un chroniqueur, mais un homme politique et un négociateur. Son récit a été imprimé dans les Documents inédits publiés par l'Académie de Besançon ; les autres figurent dans les Mémoires de la Société d'émulation de Montbéliard, année 1854 et 1855. Nous pouvons citer encore dans cet ordre de faits, le récit de la *Prise d'Héricourt* par Claude de Rye en 1551, rédigé par le procureur général Charles Mercier, émigré de Montbozon, pendant la captivité qu'il eut à subir au fort de Blamont, de 1574 à 1581. A son retour à Montbéliard, Mercier composa un *Recueil des lois locales et des anciennes coutumes* qui s'étaient perpétuées dans le comté ainsi que dans la seigneurie d'Etobon ; enfin un *Rentier général et particulier* de la principauté. Son récit de la prise d'Héricourt a seul paru dans les Documents inédits, t. I. Il mourut en 1594.

Le chancelier Christophe de Forstner, plénipotentiaire aux conférences de Munster, fut l'homme politique le plus marquant qu'ait possédé Montbéliard. Nous lui devons une série d'ouvrages en latin qui témoignent d'un grand savoir historique, en même temps que d'une profonde connaissance des affaires politiques contemporaines. Sa famille était originaire de la Basse-Autriche, et lui-même était né au château de Birkenstein, le 7 octobre 1598. Il quitta son pays pour cause de religion, et entra au service du duc de Wurtemberg qui le fit vice-chancelier de Montbéliad en 1631 et chancelier trois ans plus tard. Il conserva ce poste jusqu'à sa mort survenue le 29 décembre 1666. Léopold Frédéric l'avait fait seigneur de Dambenois en 1645 ; et pendant sa longue carrière administrative, au milieu des désastres de la guerre et de la famine, il ne cessa de gouverner le pays avec une prudence et des capacités supérieures. Il était en relations continues avec Peiresc, Grotius, Puffendorf dont il fut l'hôte à Dambenois, et avec tous les publicistes de l'époque. Il sut par ses savants travaux, mériter leur estime, en même temps que par ses services et la sagesse de son administration, il obtenait la reconnaissance de ses princes et celle des habitants de la principauté. Notons quelques-uns de ses ouvrages.

C. Forstneri Austrii. Hypomneumatum politicorum centuria. Argentorat. Zetzner, in-16°, 1623.

C. Forstneri Austrii. Ad libros sex priores Annalium Taciti notæ politicæ. Argent. 1628, 1 vol. in-8°.

C. Forstneri Austrii. Epistolæ negotium pacis Osnaburgo - Monasteriensis concernentes. Montisb. 1657, in-12. Aut. édit. de 1667, contenant *De moderno imperii statu.*

C. Forstneri Austrii. Ad tres postremos libros Annalium Taciti notæ politicæ. Franckf. 1651, in-12. Le même Lugd. Batav., 1652, in-18.

Omissorum in notis ad Tacitum.

Epistola apologetica ad amicum contra secreti tentatores.

De principatu Tiberii liber, etc.

On trouve des lettres de Forstner dans différents recueils d'où elles ont été tirées et réimprimées au nombre de 69, dans le *Magazin zur Gebrauch der Staten und Kirchen geschichte* de J. F. Lebret. 10 v

Ulm u. Franckf. 1771 à 1787 — D'autres pièces sont insérées dans les *Patriotiches Archiv fur Deutschland*. Son éloge, écrit par Bœcler, a été imprimé à Montbéliard, par Hyp. 1669. On doit au même éditeur un recueil des discours prononcés à ses funérailles.

A ces divers écrits s'ajoutent quantité de thèses, de mémoires relatifs à différentes questions de politique et de jurisprudence, œuvres de nos jeunes légistes aux universités de Bâle, de Tubingue ou de Strasbourg. Abraham Marconnet, né le 11 janvier 1617, docteur es lois, et en dernier lieu, conseiller du duc de Saxe-Barby, publia plusieurs ouvrages estimés en leur temps, sur la politique, l'histoire et la littérature. On doit à Malblanc un traité *de Jurejurando*, imprimé à Altorf où il était professeur. Il n'y avait pas jusqu'aux instituteurs dans les villages qui ne prissent part à l'activité générale et ne fissent aussi gémir la presse: c'est ainsi que Daniel Vesseaux, de Saint-Julien, publiait son *Trésor d'arithmétique*, Montb. Foillet, 1608, in-12, et nous montrait combien, dès ce temps, jusque dans nos communes reculées, on se préoccupait de l'enseignement élémentaire.

Tous ces travaux sont graves et sérieux; quelques-uns même ne sont pas sans valeur; cependant ce fut la théologie qui donna naissance aux publications les plus nombreuses sinon les plus remarquables. En ces temps encore voisins de la Réforme, chacun, dans sa ferveur religieuse, voulait ajouter une pierre de plus à l'édifice, et le zèle allait parfois jusqu'au martyre. Toute la science de l'époque semblait d'ailleurs se concentrer chez les mêmes hommes, à la fois pasteurs et professeurs. Avant l'introduction dans le comté de la Confession d'Augsbourg, on fit usage, comme liturgie ou catéchisme, des livres publiés par les réformateurs français et particulièrement de ceux de Farel : *Manière et fasson qu'on tient es lieux que Dieu de sa grâce a visités*, 1533; et antérieurement déjà : *Summaire et briève déclaration d'aucuns lieux nécessaires à un chrétien*, que nous avons déjà mentionné et qu'on fait remonter aux années 1524 ou 1525. Mais bien que l'on fit depuis longtemps emploi du catéchisme, ce fut seulement en 1644 qu'on introduisit dans les églises l'usage de la catéchisation ou enseignement et examen sur le catéchisme. A l'emploi du livre latin de Jean Brent, 1560, succéda le catéchisme allemand du surintendant Gaspar Lutz, 1588. Vinrent ensuite l'*Institutio christianæ religionis*, imprimée à Tubingue dans la même année 1588; puis le livre des *Communicants*, traduit du latin de Lucas Osiander par Samuel Cucuel. Foillet, 1609. On eut le *Radius sciencæ Dei*, de Rayot; le *bibliche mitsch Speise;* les *Enchiridii locorum communium theologicorum*, de Paul Toussain, réimprimés à Bâle en 1628, mais dont la première édition paraît être de Montbéliard. De tous ces écrits, le plus répandu fut l'*Ecole sainte*, de Melchior Barthol, ministre et professeur au Collège de Montbéliard. Hyp., 1678, in-12. La seconde édition de son livre, saisie lors de l'occupation française, fut brûlée en place publique, et Barthol, accusé d'avoir prêché contre le dogme catholique, fut conduit au fort de Joux, 26 janvier 1685, où il resta prisonnier jusqu'à la fin de février. Craignant de nouveaux ennuis à Montbéliard, il se retira en Allemagne où il mourut en 1697, professeur au gymnase de Stuttgard.

Peu de villes, de l'importance de Montbéliard, ont présenté pareille abondance de productions littéraires. Le comte Georges, qui avait lu quinze cents fois la Bible, s'associa à son tour au mouvement religieux en publiant le traité de *La Bible close*, 1667, puis un second ouvrage en allemand sur la manière de comprendre les livres saints [1]. Outre ces travaux, dont une grande partie était destinée à l'enseignement, nous devons à Jean Arquerius ou L'Archer, originaire de Bordeaux et devenu pasteur à Héricourt, une savante publication en latin, contenant les *Canons* de tous les Conciles (1553), et un *Dictionnaire théologique*, imprimé à Bâle chez Oporin, 1567, fol. Enfin ajoutons les *Threni Davidici* a Conrado Maiclero (Macler). Tubingue, 1628 p. in-12.

Le premier règlement pour le culte dans nos églises, et pour l'enseignement religieux parut en 1559, p. in-12, sous ce titre: *l'Ordre qu'on suit en l'église de Montbéliard en instruisant les enfants et en administrant les sacrements*. On l'a attribué au surintendant Pierre Toussain. *L'Ordonnance ecclésiastique* qui parut quelques années plus tard, tout en affectant le caractère d'un règlement administratif, n'en est pas moins une sorte d'agenda ou de liturgie par les prescriptions religieuses qu'elle contient et les formes qu'elle impose au culte. Plus tard, en 1731, sortit des presses de J. J. Biber, une véritable

---

(1) Voici les ouvrages du comte Georges:

1. *Traité de la Bible close et d'Elie qui doit l'ouvrir*. Commentaire sur l'Apocalypse. Montbéliard, 1667, in-4°, 112 p.

2. *Comment on doit comprendre la Bible*. En allemand. Montbéliard, 1671, in-12.

3. *Journal manuscrit de 1662 à 1672*.

4. *Divers philosophes et théologiens*. Manuscrit.

5. *Dialogue du ménage d'un seigneur*. Manuscrit aux Archives nationales. Récit de tribulations intimes. Style lourd, incorrect.

Liturgie composée de prières et de formules pour les cérémonies religieuses et les exercices de piété. Dans le même temps, le recteur Jules Frédéric Duvernoy publiait en 1730, son *Instruction catéchétique pour l'usage et l'édification des fidèles*, traduite de l'allemand et contenant les principaux articles de la foi évangélique. Enfin en 1766, parut chez Becker, pour la célébration du service divin, un nouveau formulaire liturgique qui est resté en usage jusqu'à nos jours, et auquel on joignit l'*Histoire des souffrances de N. S. J. C.*, le *Symbole des Apôtres* et la *Confession d'Augsbourg*.

Ce serait entrer dans un détail fastidieux que de signaler tous les recueils de sermons, d'oraisons funèbres et de prières qui furent publiés à Montbéliard pendant les derniers siècles. Nous ne faisons ici que présenter le tableau de notre bibliographie locale; nous n'en rédigeons pas le catalogue. Bornons-nous donc à rappeler la *Semaine sainte* de Charles Duvernoy, dont la première édition remonte à 1636, et dont la sixième est de 1804. L'auteur, successivement pasteur à Héricourt, puis à Montbéliard où il était né et où il mourut le 3 novembre 1676, a laissé en outre un recueil de méditations et de prières intitulé: la *Journée sainte*, et trois discours sur *les armes* de la ville d'Héricourt, précédés d'un curieux récit de la prise de cette ville en 1637. Mont., Biber, 1700, in-4°. Cet opuscule devenu très rare, a été reproduit en 1857, dans les Mémoires de la Société d'émulation. Non moins rare est le recueil de tous les discours prononcés dans les églises du comté et du Wurtemberg à l'occasion de la mort du comte Georges, survenue le 11 janvier 1699. C'est un gros volume in-folio, de près de mille pages, avec le portrait du comte en tête. Mais l'ouvrage le plus connu et que l'on trouve encore sur quelques étagères dans les anciennes familles, est le *Prédicateur évangélique* de Jean Frédéric Nardin, né à Montbéliard en 1687, et mort pasteur à Blamont en 1728. Son livre, publié seulement en 1735, Bâle, in-4°, a eu deux éditions dont la seconde, de 1754, a été enrichie d'une vie de l'auteur par J. J. Duvernoy. On doit encore à Nardin un recueil de *Psaumes et de cantiques spirituels* publiés à Halle en 1740, par Choffin, d'Héricourt. En ces temps, on publiait très facilement, sans toujours y regarder de bien près, et il n'est guère de discours, pour peu qu'il sortît des rangs habituels, qui n'ait obtenu les honneurs de l'impression. On en a conservé des pasteurs Cucuel, Macler, Vurpillot, Viénot, Pelletier, Morel et d'autres en grand nombre; même pendant l'occupation étrangère, les presses des imprimeurs ne restèrent pas absolument oisives.

A Jacques Foillet mort en 1619, avait succédé son fils Samuel qui travailla jusqu'à 1632. Après lui vint un Hollandais nommé Samuel Speckhard, qui ne fit que passer à Montbéliard, de 1633 à 1634. Puis Lazare Zetzner, de Strasbourg, dont le nom se lit avec la mention de Montbéliard, sur une édition des *Notæ politicæ ad Tacitum* de Forstner. Gaspard Dietzeln, également originaire de Strasbourg, figure de 1653 à 1663, et nous trouvons son nom sur un discours intitulé : *Sions Trost oder Christige leigt predigt* von David Ehrentraut, Mumpelgart, 1653. — En 1650, le nom d'Antoine Pétrequin et la mention de Montbéliard, se rencontrent sur un ouvrage de Brunnius, avec le titre : *Questiones fidei Christianæ, græce et latine, conjunctæ pro scolis in ducatu Wurtembergensi et in Comitatu Montbelgardensi.* Ce Pétrequin paraît avoir été libraire plutôt qu'éditeur ou imprimeur. On trouve ainsi mentionnés dans les vieux documents, plusieurs noms qui ne figurent sur aucun ouvrage publié. — Claude Hyp, de 1664 à 1673, est un des imprimeurs dont le nom apparaît le plus fréquemment avec celui de Foillet; et après lui vient toute une lignée de Biber, originaires de Thuringe, établis à Montbéliard en qualité d'imprimeurs, de 1680 à 1748. Ils eurent pour successeurs Jacq. Michel Becker, de Wertheim en Franconie, puis son fils Jean Louis qui continua de travailler jusqu'à 1790. Mais déjà en 1776, était venu s'établir à Montbéliard, d'abord comme relieur de livres, bientôt après en qualité d'imprimeur et libraire, Jean Théophile Deckerr de Strasbourg, dont la descendance s'est perpétuée jusqu'à nos temps.

Quelques-uns de ces imprimeurs ne manquèrent ni de talent ni de hardiesse dans les entreprises; mais c'est à Jacques Foillet que sont dues les publications les plus nombreuses et les plus importantes. Il eut un instant à redouter la concurrence d'un autre réfugié français, Pyramus de Candolle, qui présenta au duc Jean Frédéric, le projet d'un vaste établissement typographique, dans lequel il se proposait d'imprimer l'*Historia plantarum* de Bauhin, le *Corpus juris*, le *Calepin* revu et augmenté de tous les caractères et langues de l'univers, et différents ouvrages. Médiocrement secondé par le gouvernement sous le patronage duquel il comptait se mettre, il renonça à ses projets et quitta Montbéliard. Nous avons déjà eu occasion de mentionner quelques-uns des ouvrages sortis des presses de Foillet: la *traduction française du Colloque*, l'édition des *Chansons spirituelles* de 1613 et de 1619, la plupart des ouvrages de J. Bauhin et de

Cl. Flamand; c'est encore à lui qu'est due l'*Introduction à la conformité des merveilles anciennes avec les modernes* d'Henri Estienne, sur les Hasles, 1607, p. in-12; — probablement aussi le *Missel* publié avec la mention de Mandeure, par les ordres de l'archevêque de Besançon Ferdinand de Rye ; — le *Trésor des Consolations,* de Samuel Cucuel, 1600, in-8°; — la *Ratio animorum conciliandorum* de Junius, 1596; — la plupart des écrits du surintendant Gaspar Lutz; — la première édition des *Franchises*, 1600, p. in-fol.; — l'ordonnance du comte Frédéric, touchant *les bois et forêts*, 1595, p. fol.; — divers mémoires relatifs aux procès pendants entre les princes de Montbéliard et la maison de Rye au sujet des quatre seigneuries, les *Allegationes juris* et autres; — les *Histoires* de Pierre Matthieu de Porrentruy, historiographe de France, 2 v. in-8°; — la *République de Machiavel,* 1 vol. in-12, 1588 et 1591, et le *De officio principis* du même, in-12, 1599, à la suite duquel sont ajoutées : *Agrippœ et Mecenatis orationes pro et contra monarchiam;* — la traduction française du gros livre intitulé : *Lieux en théologie* départis en trois livres par le docteur Hafenreder, 1 vol. in-8°, 1610; — l'*Histoire de l'Académie française* de La Primaudaye, in-8°, et la traduction allemande de l'ouvrage pour les éditeurs de Bâle, 2 vol. in-fol. ; — la traduction allemande de la *République de Bodin* pour les mêmes, 1 v. f.; — le *Galateu*s de La Case, in-18, 1616. — L'*Ordonnance criminelle de Charles-Quint*, in-12, 1610. — Les *Colloques* de Mathurin Cordier Lat. Gall. Germ., p. in-12, 1603. — Th. de Bry, *Opera misericordiœ figuris et iconibus representata*, Montbél., in-4°, 1605. — *Nouveaux pourtraicts de point coupé et dentelles* en petite et grande forme, nouvellement inventés et mis en lumière, 1598, in-4°.

— Jean de Serres, Dariot et Paracelse, Du Bellay, etc. — A son fils Samuel appartient *Rhetorica brevis methodus*, du recteur Guion Brisechoux, pet. in-12, 1623. La marque habituelle de ces imprimeurs est un cerf galopant dans une forêt; cependant plusieurs de leurs publications ne portent point de marque, ainsi la République de Machiavel. Celles qui touchent à l'administration portent les armes de la seigneurie. Ces éditions sont aujourd'hui rares et recherchées, et les prix en sont parfois assez élevés; elles sont généralement de beaucoup supérieures comme texte et comme typographie à celles de leurs successeurs.

Zetzner imprima les *Notæ politicæ ad Tacitum* du chancelier de Forstner; Speckardt, l'*Institutio puerorum in lingua latina* du recteur Brisechoux; Claude Hyp., les *Centuries* de Binninger et la *Logica peripathetica* de Bartholini a M. Tuefferdo recognita, nunc vero aucta a G. Brisechoux, 1669, 2° édit. in-12. Les almanachs qui sont devenus plus tard une spécialité de la maison Deckerr, commencèrent à paraître en l'année 1661 où Hyp publiait le *Berger astrologue,* in-8°. — J. Martin Biber imprima de nombreux factum et mémoires pour Léopold Eberhard et ses enfants illégitimes. Il essaya de faire paraître une gazette locale hebdomadaire, et imprima même, en hébreu, une dissertation intitulée : *Iniquum Christi judicium*, 1681. Mais ces tentatives pour relever l'imprimerie à Montbéliard, n'obtinrent qu'un médiocre succès; son journal n'eut qu'une durée tout éphémère; et, soit que les circonstances fissent obstacle, soit que la censure exercée par la Régence y mit une rigueur excessive, pendant toute la dernière partie du XVII° siècle et les commencements du XVIII°, l'art de la typographie ne fit que végéter dans notre ville, tellement qu'en 1730, J. J. Biber, le dernier des imprimeurs de ce nom, réprimandé par le conseil de Régence pour avoir imprimé des livres de piété catholiques, s'excusait en disant qu'il l'avait fait pour ne pas mourir de faim.

V

Ce sont surtout les imprimés de Becker que nous rencontrons dans la seconde moitié du XVIIIe siècle; mais comme à cette époque, un grand nombre d'hommes instruits, originaires de Montbéliard, étaient dispersés soit en Allemagne, soit en Russie, leurs œuvres naturellement publiées dans les villes où ils résidaient, sont aujourd'hui très difficiles à recueillir, et rendent presque impossible la reconstitution de notre bibliographie. On émigrait facilement à Montbéliard ; c'était même la conséquence forcée des ressources restreintes qu'offrait le comté; et tout ce qu'il y avait dans le pays de natures vivaces, d'esprits entreprenants ou désireux de se faire une position, s'en allait chercher fortune ou renommée au dehors, fût-ce aux grandes Indes.

Cependant vers la fin du siècle, et après le long silence imposé par les tribulations des temps antérieurs, lorsqu'enfin on put se remettre avec un peu de calme aux études et au travail, on vit apparaître quelques nouvelles publications; mais alors ce furent moins des ouvrages de théologie, sortis quelque peu de l'esprit du temps, que des travaux scientifiques, des œuvres d'histoire et d'enseignement.

Jules Frédéric Duvervoy, né en 1669, premier pasteur de l'église française de Montbéliard et recteur de l'école latine, décédé en 1734, publia, outre son *Instruction catéchétique* que nous avons déjà mentionnée, une *Grammaire latine*, in-8°, 1727, d'après les principes de Port-Royal, qui resta longtemps au Gymnase. Plus tard, Jean Georges Surleau, premier professeur d'histoire et de géographie dans cet établissement, puis recteur, en dernier lieu pasteur à Mandeure et inspecteur ecclésiastique, mort en 1826, fit paraître successivement un *Cours d'arithmétique*, in-8°, 1781; un *Cours abrégé de la Sphère et de Géographie universelle*, in-8°, 1782; enfin une nouvelle *Grammaire latine* suivie d'un *Traité de prosodie française*, Becker, in-8°, 1788. Cette grammaire remplace celle de Jules Fr. Duvernoy, et resta en usage dans nos écoles jusqu'à l'introduction de Lhomond qu'elle valait bien, et des autres manuels d'origine française.

Rappelons encore comme appartenant à peu près au même temps, la *Dissertatio inauguralis sistens seriem Comitum Montisbelgardensium*, soutenue à Strasbourg le 28 septembre 1762, par Léopold Eberhard Duvernoy, et qui mérita à son auteur la licence ès lois. Ce petit travail, d'une érudition sérieuse et vivement apprécié, fut traduit à la fois en français et en allemand; il avait fait concevoir de Duvernoy de belles espérances, malheureusement la mort vint le frapper à la fleur de l'âge et priva son pays d'un homme dont on avait, ce semble, beaucoup à attendre.

On doit encore de nombreux écrits à son parent J. J. Duvernoy, né à Étupes en 1709, d'abord corecteur du Gymnase, puis pasteur de l'église allemande et superintendant, décédé au moment de la réorganisation du culte, le 26 mai 1805. Nous avons de lui une réimpression des Sermons de Nardin qu'il accompagna d'une *Notice historique* sur ce pasteur. Becker, in-4°, 1754. Il collabora à la traduction de la *Géographie universelle* de Jean Hubner en société de J. F. Masson, co-recteur au Gymnase, de N. Nardin, décédé en Russie, et de Léopold Emmanuel Berdot auquel est dû l'article concernant Montbéliard et les environs. Bâle, 1762, 6 vol. in-8° et in-12. Duvernoy est l'auteur d'un abrégé de l'*Histoire des Eglises wallones et esclavones* où son nom figure dans un cartouche sous la forme : *Diu verno*. Ce travail fut placé comme introduction en tête de l'*Histoire abrégée de l'Eglise chrétienne* du baron de Seckendorf, qui venait d'être traduite par J. J. Paur, pasteur à Clairegoutte. Bâle, 5 v. in-12, 1784. — Puis un *Abrégé des livres historiques de l'Ancien Testament*, traduit de Jérémie Risler, 1799. — La *Sainte Doctrine des plus célèbres pasteurs réformés*. Montb. 1769. — Une *Traduction des lettres du chancelier Pfaff de Tubingue au jésuite Seedorf*, in-12. — Les *Faits mémorables de Frédéric le Grand*, etc. Ce pasteur très savant et très laborieux, s'était attaché aux doctrines moraves ou piétistes, et il s'appliquait à les faire prévaloir dans son église. Il était particulièrement secondé dans cette œuvre par les pasteurs Fries de Couthenans, Jaquin de Vandoncourt, Paur de Clairegoutte qui firent un instant de nombreux prosélytes dans le pays. Un rescrit du duc Charles Eugène, en date du 20 janvier 1747, chercha à arrêter les progrès de cette secte qui disparut d'elle-même par la suite.

G. Kilg, pasteur à Blamont, publia en 1750, une *Introduction à la connaissance géographique et politique des Etats de l'Europe*, 1 vol. in-8°. Il travailla ensuite à la traduction de la *Grande Géographie* de Busching, 12 vol. in-8°, et à divers mémoires relatifs aux différents survenus entre les protestants et les catholiques de la commune de Tavel [1]. C'était un homme de capacité, auquel les protestants du pays de Montbéliard durent un concours efficace lors de la reconnaissance de leur état civil par l'Assemblée nationale. — Enfin aux divers ouvrages de géographie déjà cités, ajoutons le *Cours* de Mme Renelle, née Bouillon, publié à Berlin en 3 vol. in-8°, 1786.

Dans les sciences naturelles, la tradition de J. Bauhin s'était perpétuée d'abord chez son gendre J. Henri Cherler, originaire de Bâle, qui pendant plusieurs années avait pratiqué la médecine à Montbéliard. Cherler travailla avec son beau-père à la grande *Historia plantarum* et en rédigea le *Prodrome*, imprimé avec l'édition d'Yverdon. Nous savons déjà que cette publication fut particulièrement l'œuvre de Dominique Chabrey, de Genève, premier médecin du prince (1636), et gendre du receveur général Jacques Mégnin. Après vingt ans de séjour à Montbéliard, Chabrey retourna en Suisse, afin de surveiller de plus près l'impression de l'ouvrage auquel il avait consacré ses soins et sa fortune; il en avait même donné un abrégé sous le titre de *Stirpium Icones et Sciagraphia,* Genève, 1666. Cette dernière publication ne répondit pas à la bonne volonté de l'auteur, et fit tort à l'ouvrage de Bauhin plutôt qu'elle ne lui profita. Haller l'appelait la *mala bestia Bauhini*, tant cette œuvre lui paraissait mauvaise.

---

[1] Mémoire en faveur des protestants d'Héricourt, Blamont, Châtelot, Clémont ; et Rapports à la Société d'agriculture du Doubs.

A ces premiers botanistes succéda le médecin Léopold Emmanuel Berdot à qui l'on dut une flore remarquable du pays de Montbéliard, ainsi que de nombreux travaux sur les eaux médicinales et les richesses minérales du comté. Il mourut le 13 avril 1787. Pierre Frédéric Bernard, originaire de Saint-Julien (1749), fut d'abord sous-gouverneur des fils du duc Frédéric Eugène, puis surintendant des beaux jardins que le roi Frédéric Guillaume avait créés à Stuttgart. De retour dans son pays, il consacra ses dernières années à la composition d'un herbier qui est resté un des fleurons du musée de Montbéliard. Il mourut le 10 mai 1825.

Les sciences comptèrent encore au nombre de leurs adeptes, deux membres de la famille Berdot : le premier, Charles-Emmanuel, fut comme l'avait été son père, médecin-physicien de la principauté et conseiller de Régence. Il est l'auteur de plusieurs mémoires dont le plus important est un *Abrégé de l'art des accouchements à l'usage des sages-femmes et des mères de famille.* Sur ses réclamations, un arrêté du Conseil en date du 13 juillet 1764, interdit aux sages-femmes, dont le service était organisé dans tous les villages depuis l'ordonnance du 7 novembre 1627, de priver de la vie les enfants mal conformés, avant qu'ils eussent été examinés par le médecin-physicien de la seigneurie. En 1774, en vertu d'une ordonnance du 22 août, il fonda dans une des salles de l'hospice, une école pour les sages-femmes qui subsista jusqu'à 1793, d'abord sous sa direction, puis sous celle de son fils. Le duc Frédéric Eugène avait fait de Berdot son premier médecin, et l'on a conservé de lui une volumineuse correspondance avec Albert de Haller, ainsi qu'un assez grand nombre de notices publiées dans les

Acta Helvetica. Il avait eu pour collègue dans son emploi auprès du prince, le docteur Raisin, gendre du surintendant Bonzen. Son fils, Charles Léopold Emmanuel se livra également à l'étude de la médecine, et publia sur cette matière différents mémoires, un, entre autres, sur les effets de l'opium sur les animaux. Né en 1765, il mourut en 1830, à Colmar où il avait passé ses dernières années.

Plusieurs membres de la famille Binninger que nous connaissons déjà par l'auteur des *Centuries,* se consacrèrent également à l'étude des sciences médicales. Georges, fils de Jean Nicolas, né à Montbéliard en 1654, décédé en 1687, est l'auteur d'une *Disputatio medica de Incubo,* 1678, et d'un *Index pathologicus* publié en 1682. — Léopold Emmanuel, né à Colmar en 1683, mort en 1725, était frère de Georges, mais d'un second lit. Il publia un travail *de Plicâ polonicâ,* Bâle, 1702. Nommé en 1706, premier médecin de Léopold Eberhard, en remplacement du docteur J. Gaspard Bauhin, il fut ensuite conseiller de Régence, et ses descendants parurent dès lors renoncer à la médecine pour s'occuper des affaires administratives.

Le plus marquant parmi ces savants fut l'anatomiste J. Georges Duvernoy ; nous pourrions presque dire un des précurseurs de Cuvier. Né à Montbéliard en 1691, il fut successivement professeur de médecine à Tubingue, puis professeur d'anatomie et de chirurgie à l'université de Saint-Pétersbourg. On a de lui une *Description des plantes qui croissent spontanément autour du château de Tubingue,* 1722, in-8°, et un grand nombre de travaux très savants, écrits pendant son séjour en Russie et publiés dans les Mémoires de l'Académie impériale de Pétersbourg. Dans sa vieillesse, il vint se fixer à

Kircheim où il mourut en 1759. Il avait eu pour élève pendant son séjour à Tubingue, le grand naturaliste Albert de Haller.

C'est aussi à la Russie particulièrement et à l'Allemagne que les Parrot durent leur situation scientifique. Christophe Frédéric, né à Montbéliard en 1751, fut professeur de mathématiques et de sciences économiques à l'université d'Erlangen. Il écrivit en latin plusieurs ouvrages de physique, de mathématiques et de géographie : le seul qu'il ait écrit en français est un *Catéchisme des pères et des instituteurs*. Son frère Georges Frédéric, après avoir fait ses études à Tubingue, fut appelé comme précepteur dans la famille d'Hericy en Normandie, où vint le remplacer Georges Cuvier. Devenu professeur à Dorpat, puis recteur de l'Université de cette ville, Parrot publia en allemand et en français plusieurs ouvrages de physique. Son fils Frédéric qui lui succéda dans ses fonctions universitaires, est l'auteur d'un voyage au mont Ararat dont il avait été le premier à atteindre la cîme. L'œuvre de ces savants professeurs est considérable, mais elle appartient tout entière à la Russie. Quant à J. Léonard Parrot, auteur de divers ouvrages en allemand, entre autres d'une *Notice statistique du Wurtemberg et de Montbéliard*, d'un *Mémoire sur l'origine et la langue des Livons, des Estoniens et des Lettons*, 1828, nous avons déjà eu occcasion de le mentionner et nous le retrouverons parmi les ruines de Mandeure.

J'abrège ce tableau autant qu'il est possible ; mais il est curieux de voir comment le goût des études s'est perpétué dans notre ville et par quelles phases il a passé. Les mêmes noms se reproduisent presque constamment, et chaque famille avait, pour ainsi dire, sa spécialité scientifique. Ainsi, tandis que les Binninger et les Berdot nous donnaient des médecins et des naturalistes, que les Duvernoy et les Surleau se vouaient plus particulièrement à la théologie et aux humanités, de leur côté les Rossel, les Bouthenot, les Goguel s'appliquaient aux diverses branches du droit et donnaient au pays des juges, des avocats, des conseillers. Nous avons conservé de nombreuses thèses de nos légistes; cependant en dehors de ces travaux généralement assez restreints, en dehors de quelques mémoires purement spéculatifs et surtout des nombreux documents rédigés en vue des perpétuels procès que la seigneurie eut à soutenir contre tous ses voisins, nous n'avons sur les matières de jurisprudence que peu d'œuvres de valeur et qui aient conservé quelque intérêt. L'ensemble de nos lois et ordonnances était loin certainement d'être sans mérite, surtout pour l'époque; nos conseillers et nos avocats, bien qu'ils fussent peut-être de médiocres orateurs, possédaient cependant des connaissances sérieuses; mais les affaires étaient généralement de trop peu d'importance, et le théâtre trop étroit pour comporter des études d'ensemble et des travaux dignes de laisser trace.

Nous aurions encore à citer bon nombre de citoyens qui, par leurs services et leurs habiles négociations au milieu des difficultés dont nous avons été constamment entourés, ont su mériter la reconnaissance de leurs compatriotes, parfois celle de leurs princes, souvent aussi leur ingratitude; et, sans même sortir du cadre bibliographique que comporte ce chapitre, nous trouverions encore, sans beaucoup chercher, les noms de bon nombre d'auteurs plus ou moins marquants à ajouter à notre liste. Mais il ne s'agit pas d'épuiser la matière, nous ne voulons, je l'ai dit, que l'exposer. D'autre part, plusieurs ont laissé manuscrits divers documents et mémoires qu'il y aurait intérêt à recueillir et dont pourrait certainement profiter notre histoire locale. Il est vrai que la très grande partie des pièces de valeur nous a été enlevée avec nos archives, et qu'il est très difficile d'en retrouver quelques débris oubliés ou égarés. M. de Gueldrich avait laissé jadis un travail historique dont le manuscrit s'est perdu, ou tout au moins est resté ignoré dans quelque collection particulière. Il reste divers écrits du procureur général G. David Rossel et de son frère le conseiller. Jacques Bouthenot avait aussi laissé des chroniques qui n'ont point été retrouvées. Son petit-fils, Charles Christophe, continua les travaux de son aïeul, et nous rencontrons la trace de différents mémoires dont les uns sont demeurés inachevés, tandis que les autres, y compris un travail sur Mandeure, sont égarés avec ceux de son grand-père. Il s'était constitué à la fin du siècle dernier, dans le but d'écrire l'histoire de notre pays, une société composée de M. Ch. Fr. Rossel, fils du conseiller, de M. Boigeol, ancien procureur général, de M. l'avocat Sam. Fr. Fallot et de M. Ch. Christ. Bouthenot, alors archiviste, quatre de nos citoyens les plus distingués; ils avaient réuni de nombreux matériaux, et on pouvait attendre de leurs lumières un travail consciencieux et intéressant. Les évènements de la Révolution, la mort successive des associés et les troubles de l'époque, empêchèrent de le mener à bonne fin. Cependant M. Fallot en avait rédigé certaines parties qu'ont pu mettre à profit les historiographes venus par la suite. Mais il n'en est pas moins infiniment à regretter que l'œuvre primitive, entreprise par des hommes qui tous avaient été mêlés aux affaires de l'ancien gouvernement, qui en connaissaient à fond tous les rouages, et qui avaient été les témoins de ses dernières années d'existence, n'aient pu accomplir la tâche qu'ils s'étaient imposée.

Nous ne voulons pas terminer cet article sans mentionner l'illustre auteur du traité des *Etudes,* Charles Rollin, dont le père quitta Montbéliard à la suite de quelques difficultés pour cause de religion, et dont nous pouvons du moins réclamer la famille.

Au reste, tous ces noms ne font que devancer une époque bien autrement riche pour nous en talents littéraires et en grandes illustrations scientifiques, celle que devaient éclairer de leur génie, ou tout au moins de leur grand savoir, Georges et Frédéric Cuvier, Laurillard, Duvernoy, Saigey, et à leur suite, dans un autre ordre d'idées, Masson de Blamont, Gustave Fallot, les deux Haag, Akermann, Burguy et bien d'autres que je voudrais nommer : brillante pléiade offerte à la France comme don de bienvenue au moment où elle nous accueillait dans son sein, et dont la gloire nous éclaire encore de ses reflets.

Ce paragraphe peut paraître bien aride et intéresser médiocrement beaucoup de gens ; cependant je ne m'en fais pas scrupule, d'abord parce que ce serait offenser la mémoire de ceux que j'ai nommés, et en second lieu parce que je sais fort bien que le lecteur, si jamais cet écrit tombe aux mains de quelqu'un qui s'avise de le parcourir, ne se gênera certainement pas pour passer outre quand il en aura goûté à sa suffisance. Je dis ceci à la fin du chapitre, il est aisé de comprendre pourquoi. Au reste, dans notre ville où les affaires commerciales et industrielles étaient des plus restreintes, et où les études au contraire constituaient une sorte de spécialité, il y avait justice à leur consacrer quelques instants. C'est d'ailleurs le privilège des auteurs tant mauvais soient-ils, de laisser après eux une œuvre qui leur survit et que nous pouvons apprécier, encore qu'elle ne soit pas toujours à leur honneur et gloire, tandis que les travaux de l'industrie, peut-être infiniment plus méritoires, plus utiles et plus ingénieux, n'en laissent pas moins dans l'oubli bien des noms dignes d'un meilleur sort, ou qui, s'ils y échappent, le devront précisément à l'écrivain qui a jugé à propos de les mentionner.

J'ai cité quelques noms, j'en pourrais citer d'autres; mais de tous ces écrits des temps passés, que reste-t-il à moins d'un siècle de distance; et, en dehors de l'intérêt de curiosité qui s'y attache, quelle peut être leur valeur?

Au moment où ils parurent, la plupart des ouvrages de science ou d'enseignement publié à Montbéliard, ne paraissent pas avoir été sensiblement inférieurs aux écrits contemporains sur les mêmes matières; peut-être même leur ont-ils été parfois supérieurs. Mais la science marche, et un livre nouveau, mieux au courant des progrès accomplis, fait oublier ses devanciers; et quel qu'aient été leur mérite en leur temps, les travaux des Bauhin, des Binninger, tout aussi bien que les livres de classe alors en usage, restent désormais enfouis dans la poudre des bibliothèques. — Je ne parle pas ici des livres d'enseignement religieux ou de pure édification; ils ont leur rôle à part et leur emploi spécial. Mais dans les ouvrages d'un caractère plus particulièrement littéraire, dans les sermons des pasteurs, dans les oraisons funèbres et dans les autres écrits où nous sommes en droit d'avoir quelques exigences de composition et de style, y a-t-il quelques mérites, quelques qualités d'éloquence, quelques traits saillants de nature à assurer leur avenir et à les sauver de l'oubli? On cite quelques fragments des sermons de Nardin où, à côté de longueurs qui les déparent, on trouve de l'émotion, du sentiment, et une franchise d'allure qui les fait lire encore avec intérêt. Il y a de belles pages dans nos liturgies, et les six éditions qu'a eues la *Semaine sainte* de Ch. Duvernoy en constatent la valeur comme livre d'édification. Quelques autres encore seraient à signaler : au reste, les réputations ne se font pas dans les petites villes; il n'y a pas d'illustrations de province, et pour notre monde protestant moins que pour tous autres. Aujourd'hui encore qu'est-ce qu'un livre qui sort de Montbéliard, et dont l'intérêt est limité aux bornes de son territoire?

Un fait assez curieux, c'est que pendant les trois siècles qui ont précédé notre réunion à la France, en dehors des sottises poétiques de Du Commun ou de l'auteur d'Yvan, de quelques pièces détachées, odes ou sonnets funèbres, et des essais dramatiques de Madame Renelle, il n'a pas été publié à Montbéliard un seul ouvrage purement littéraire, un seul ouvrage d'imagination, drame, roman ou autre; ce qui semble établir qu'en définitive les aptitudes de notre population ne sont pas tournées de ce côté, ou que nos doctrines religieuses en particulier ne s'y prêtaient pas.

Notre annexion à la France, en nous détachant des influences allemandes, modifia la manière d'écrire chez nos auteurs, sans la transformer complètement. Quels que soient d'ailleurs ses mérites, quelles que soient les critiques plus ou moins fondées qu'on peut lui adresser, il y aurait cependant quelque tort à dédaigner notre vieille bibliographie et à repousser un ensemble de travaux qui en fait ne manquent ni d'un fond sérieux ni d'une réelle originalité.

Quelques centaines de volumes ont été réunis sur les rayons de notre bibliothèque communale; bien des lacunes y subsistent encore qui ne peuvent être comblées qu'avec beaucoup de bonne volonté de la part des uns, de soins et de persévérance de la part des autres. Espérons que rien de tout cela ne fera défaut pour enrichir la collection, et offrir aux chercheurs les éléments nécessaires à notre histoire et à la peinture de notre physionomie locale.

QUATRIÈME PARTIE

ÉTUPES

Société d'Émulation de Montbéliard

LE CHATEAU D'ÉTUPES

I

La plupart des usages et des institutions qui subsistaient au XVIII° siècle, dataient de loin, et de là vient que souvent nous avons dû remonter assez haut dans les vieux temps pour en connaître les origines. Mais si l'on veut se faire une idée plus précise des années qui précédèrent la Révolution au milieu de nous, c'est à Etupes qu'il faut se transporter.

Il semble qu'à une distance de moins de cent ans, toutes les traditions du dernier siècle devraient être vivantes dans ce village, et qu'il suffit de frapper la terre du pied pour les en faire sortir. Il n'en est rien cependant; les derniers vestiges du château ont disparu, et avec lui se sont effacés les souvenirs; c'est à peine aujourd'hui si, à force d'insistance, vous obtenez des vieilles gens des réponses plus ou moins vagues.

C'est que bien des évènements sont venus dès lors souffler sur ces souvenirs. Les choses deviennent vieilles avec une rapidité qu'on ne remarque pas tout d'abord, mais dont on reste stupéfait dès qu'on essaie de s'en rendre compte. Les évènements graves font oublier ce qui précède; et, comme d'un autre côté, les périodes vides ne laissent dans la mémoire aucun trait saillant propre à marquer les étapes, à moins de cinquante ans, à moins de vingt-cinq ans de distance, l'éponge commence à passer, et fait place à des idées, à des sentiments nouveaux. D'ailleurs, l'histoire n'existe pas dans les villages ; il n'y a que la légende et la tradition fabuleuse qui survive à l'oubli et s'y perpétue.

Je sais bien qu'il est de mode aujourd'hui de rajeunir les vieilles choses et de tirer du grenier où déjà on les avait relégués, les vieux portraits et les images des ancêtres, de les rentoiler à grands frais et de les faire figurer à la place d'honneur au salon ou dans un cabinet d'étude, et plus ils seront vieux, plus aussi ils seront appréciés et recherchés. Que ce soit amour du bibelot pour les uns, vanité ou orgueil aristocratique pour les autres, il n'importe ; on veut avoir des aïeux d'où qu'ils viennent. Mais ce qui est de mode aujourd'hui, demain peut-être sera jeté et mis au rebut ; d'ailleurs il faut laisser aux curieux et aux chercheurs le soin de recueillir les vieux documents, de sauver du grand naufrage les anciens souvenirs, les archives de famille, les coutumes, les traditions d'autrefois et toutes ces vieilles choses dont on est devenu si friand depuis qu'elles ont commencé d'être rares. Y a-t-il quelque intérêt, quelque utilité à ces recherches ? Je le crois, parce qu'en définitive elles constituent un des éléments de l'histoire, et qu'en tous cas, il est bon de ne pas tout perdre, tout oublier. Et puis, quel que soit le sentiment qui nous guide, ce sont nos pères dont nous rassemblons les souvenirs ; ce sont leurs travaux, les évènements dont ils ont été les témoins, parfois les acteurs, que nous nous appliquons à reconstituer : toutes choses près de disparaître et qui déjà ne laissent après elles que des lambeaux épars et des vestiges plus ou moins effacés et confus.

Assurément nous n'avons pas à regretter les temps passés; les mauvais côtés y abondent, et cependant l'esprit s'affecte en présence de tant de morts et de ruines accumulées, à la pensée que ces temps où nous vivons et qui nous préoccupent si étrangement, seront dans bien moins d'un siècle, aussi vieux, aussi oubliés que le sont aujourd'hui pour nous les solennelles perruques de Louis XIV avec toute leur illustration et leur gloire. Mais encore qu'on se plaise à les faire revivre, que parfois même on s'oublie volontiers au milieu de ces vieilleries dont l'imagination nous fait par instant les contemporains, hâtons-nous de laisser ce sujet :

> D'en plus parler je me désiste,
> Ce n'est que vaine abusion.

Chaque siècle amène ainsi avec soi un nouvel ordre d'idées et transforme non pas seulement les hommes, leurs institutions, leurs œuvres, mais même l'aspect et la physionomie des lieux. Aux huttes gauloises, aux villas romaines qui peuplaient nos campagnes, ont succédé les forteresses du moyen-âge; il y eut un moment où nos collines hérissées de tours, figuraient comme un vaste cercle de créneaux. Chaque village avait son manoir fortifié. Héricourt et Blamont se cachaient derrière leurs remparts, et Montbéliard, entouré de ses hautes citadelles, apparaissait derrière ses vieux murs, comme un faisceau de lances. Mais voici qu'aux donjons des temps féodaux, ont succédé d'autres monuments d'un âge moins rude, et déjà cependant anéantis à leur tour. Les vieilles forêts celtiques et les futaies seigneuriales qui enveloppaient notre ville à peu près de tous les côtés, ont fait place à des champs cultivés, à des usines, à des routes, à des chemins de fer ; et tout cela et bien d'autres choses encore, en moins de cent ans, en moins de cinquante ans. Qu'en sera-t-il dans cent autres années ? le progrès s'ajoutera-t-il au progrès ? de nouvelles ruines viendront-elles s'entasser sur les anciennes ? Lorsque dans les soirs d'été on contemple la plaine du haut des terrasses où s'étendent aujourd'hui les vergers qui entourent la ferme du Parc, on voit s'élever du fond de la vallée, un brouillard bleuâtre qui d'abord voile les prairies et la rivière : successivement disparaissent les villages et les faîtes des collines. Seules les tours du du château de Montbéliard, derniers témoins des gloires passées, émergent de la brume et brillent encore un instant aux feux du jour. Bientôt la nuit les saisit et elles disparaissent à leur tour.

Le brouillard c'est le passé, l'avenir c'est la nuit ; entre les deux un rapide rayon.

Il y a cent ans, sur ces mêmes terrasses, à la place des vergers d'aujourd'hui, s'étalaient d'antiques futaies sous lesquelles bramaient les cerfs aux hautes ramures. Au sommet de la colline existait un rond-point d'où partaient des allées ombreuses, conduisant aux différentes portes par lesquelles on entrait dans l'enceinte des murs qui enveloppaient la forêt. Ces murs, construits par Schickard, s'appuyaient sur des tours élevées de distance à autre. Dans la petite vallée qui s'y trouve comprise, était un rendez-vous de chasse ; et, au delà, sur le plateau situé entre Bethoncourt et Charmont, s'étendait une autre forêt où l'on avait pareillement ménagé un espace central de forme rectangulaire, où aboutissaient les allées partant de la porte des Bourgeois, de la porte des fontaines, de celles de Bethoncourt et de Charmont.

Dans des temps plus reculés, on voyait au point culminant de la colline de la Chaux, vers le milieu du front, une pyramide que couronnait une statue de Minerve. Le comte Frédéric l'avait érigée en faisant planter de vignes les pentes jusqu'alors à peu près incultes du coteau. Je lis dans un vieux document qu'elle était de marbre vert, travaillée avec soin, tenant dans une main un glaive et présentant de l'autre les armes de Wurtemberg-Montbéliard. Sur le socle étaient gravées des inscriptions latine, française, allemande, indiquant la date de l'érection du monument et de la plantation des vignes. Il fut détruit lors de la guerre de Trente ans, et aujourd'hui, dans nos temps de civilisation et de progrès, ce sont des engins de guerre qui occupent à leur tour le plateau. Minerve a fait place à Bellone. Il y a quelques années, vers 1885, on trouva dans les vignes, immédiatement au-dessous de l'emplacement de la pyramide, une tête de femme à peu près de grandeur naturelle. On voyait encore la partie postérieure d'un cimier et une jugulaire assez bien conservée. Le reste avait été brisé, mais ce débris était simplement en pierre blanche et non en marbre vert.

Plus loin, au bord de l'Allan, dans un bosquet de vieux chênes, au milieu d'un parterre plein de roses, s'élevait l'élégant pavillon des Rêveries. La princesse Frédérique Sophie l'avait fait construire à la suite d'un songe, dans un de ces moments d'effusion sentimentale qui marquent si bien le caractère de l'époque. Le prince, voulant que le rêve de la duchesse devînt une réalité, s'en vint un matin trouver Pierre Maire de Sochaux, propriétaire du terrain : « Veux-tu, lui dit-il, me vendre ton pré ? Je te l'achète, mais à condition que tu ne seras pas trop juif. » On s'entendit pour quelques centaines de francs, et Pierre Maire, paré des couleurs jaune et noir de la maison de Wurtemberg, devint le gardien du pavillon qu'il fut chargé de surveiller et d'entretenir en bon état. Ainsi me l'a raconté son petit-fils. Il n'y avait dans la maisonnette qu'un salon et deux cabinets de repos, mais c'était gracieux, coquet, plein de fraîcheur et de soleil à la fois. On montait au salon par un escalier de quelques marches, et sur le perron ouvrait une porte à grandes verrières dans le style du temps. Du côté opposé de l'appartement était une seconde porte, pareille à la première, donnant sur le jardin. Derrière était la cuisine. Par suite de la rectification de la route lors de la construction du pont actuel, le pavillon autrefois à droite, serait aujourd'hui un peu à gauche du chemin. L'enclos contenait au plus cinq ou six arpents, enfermés par un mur que bordait une ligne de peupliers le long de la route et de la rivière. L'intérieur était ombragé de grands arbres et d'arbustes de toutes espèces semés au milieu des pelouses. Elles étaient arrosées par un ruisselet qui tantôt disparaissait sous des ponts de verdure, tantôt murmurait au soleil dans un lit de petits cailloux. Des vases, des marbres antiques, disposés dans de mystérieux réduits, apparaissaient de divers côtés aux regards des promeneurs. Les gazons étaient semés de fleurs et surtout de roses, objets des prédilections de la princesse. Parfois on donnait dans ce bel endroit de petites fêtes, et alors les vieux chênes s'illuminaient jusqu'à la cime, à la grande réjouissance des braves gens d'Exincourt et de Sochaux qui venaient admirer ce merveilleux spectacle. On appelait ce clos les petites Rêveries. Non loin de là était un bouquet de bois percé de larges avenues où pouvaient circuler en promenade les carrosses du temps : c'étaient les grandes Rêveries. Le pavillon situé à mi-chemin de Montbéliard et d'Etupes, était pour la princesse une retraite aimée où elle venait se reposer, lire et rêver au bruit des feuillages et des flots murmurant de la rivière. Aujourd'hui les derniers chênes du petit bois ont disparu : il fallait de l'argent à la commune de Sochaux pour construire son école ; le superflu a fait place à l'utile ; il n'y a pas à s'en plaindre, mais on peut regretter qu'ils n'aient pas pu subsister sans se faire tort l'un à l'autre.

II

Dès son arrivée à Montbéliard, le duc Frédéric Eugène avait songé à se faire bâtir pour la saison d'été, une demeure plus riante et plus ouverte que ne l'était le château des anciens comtes. L'emplacement d'Etupes avait été très heureusement choisi. La seigneurie possédait dans ce village des terres considérables désignées sous les noms de Bien la Dame et Bien des Comtes. Une partie avait été confisquée et réunie en domaine lors du cadastre prescrit en 1710 par Léopold Eberhard. A la mort de ce prince, elles avaient été reconfisquées, l'une sur Anne Sabine de Sponeck, l'autre sur les Coligny qu'il en avait gratifiés; mais elles n'avaient pas été restituées aux anciens détenteurs, soit qu'on n'eût pas reconnu leurs droits, soit qu'ils eussent été indemnisés d'autre sorte. Il y avait une maison sur le ruz, au milieu d'un petit parterre; et plus loin un pavillon bâti par Léopold Eberhard, avec une tour carrée à l'entrée des vergers: ces bâtiments disparurent en partie lors de la construction du château. Frédéric Eugène avait acheté ce domaine de son frère Charles pour la somme de 25,000 livres, et tout le village d'Etupes avec son territoire avait été érigé à son profit en fief masculin, avec moyenne et basse justice. Il y eut pour cette nouvelle mairie un bailli et un procureur fiscal en résidence à Montbéliard, mais se rendant à Etupes aux jours fixés pour la tenue des plaids et la perception des impôts. En 1774, le duc Charles ajouta au fief d'Etupes le village de Taillecourt, la ferme de Marche-la-Villers, et divers biens-fonds sur le territoire de Dasle. Il n'existait plus alors qu'un très petit nombre de fiefs dépendant du comté de Montbéliard, en outre de celui d'Etupes. On cite ceux d'Allanjoie et de Genéchié, celui de Dambenois, celui de Sochaux à la famille Jeanmaire, les terres dépendant de la Ville-Dieu à Valentiguey, le fief de Beutal créé en 1659 au profit de Jean Martin Seubert. Ce dernier, vendu après la paix de Riswick par le duc Georges qui en avait recouvré la possession, au conseiller Rossel, fut donné aux enfants d'Henriette Edwige de L'Espérance par Léopold Eberhard après qu'il eut contraint M. Rossel à le lui rétrocéder; il passa de là aux Waldner de Sirentz par suite de leur alliance avec les Coligny. Le château paraît n'avoir jamais été qu'une bicoque. — Le domaine de Seloncourt, érigé en fief par le comte Georges en 1663, avait été également donné par Léopold Eberhard à cette même Henriette de L'Espérance qui résidait dans l'un des deux châteaux existant alors dans ce village, tandis que sa sœur Sébastienne résidait dans l'autre. Le bien fut acheté par la famille de Wehlen d'où il passa à celle de Cléric. — Des quatre châteaux existant autrefois à Allanjoie, M. de Goll possédait le dernier survivant. Dambenois était encore entre les mains des Forstner: cette terre était un démembrement du fief plus important de Nommay, racheté par Louis Frédéric des sires de Grammont et de Franquemont qui en étaient détenteurs, et dont

FRÉDÉRIC EUGÈNE

DUC DE WURTEMBERG

la tour ne présente plus aujourd'hui que d'informes vestiges. Ainsi se groupaient autour d'Etupes les principales familles de Montbéliard. Le conseiller Duvernoy habitait Exincourt dont il avait construit le manoir; les de Thevenot avaient encore de grandes propriétés à Audincourt où ils occupaient une sorte de maison forte, voisine de la cure actuelle ; le conseiller Gropp et le docteur Raisin possédaient chacun une belle ferme à Grand-Charmont ; le conseiller Bouthenot avait acquis à Bethoncourt une grande partie des terres du fief des Jaquin. La vallée de l'Allan devenait ainsi le centre de la société aristocratique du pays ; et les princes eux-mêmes, une fois installés à Etupes, mettant de côté l'étiquette qui les entourait au château de Montbéliard, semblaient au milieu de leurs villageois, heureux de se faire aimables et accessibles à tous.

Cette rivière de l'Allan, née dans le Porrentruy, parcourt à son arrivée dans le pays de Montbéliard, une vallée ouverte dont le fond est tapissé de prairies. De chaque côté, elle est bordée de collines dont les faîtes sont couverts de forêts et les pentes de cultures variées. Dans les échancrures se cachent des villages entourés de vergers, arrosés par les ruisseaux qui sillonnent l'intérieur des plateaux. En face d'Etupes, l'Allan reçoit la Savoureuse qui lui vient du Ballon d'Alsace; de sorte que des terrasses du château bâti à mi-côte de la colline, on a devant soi la vallée que dessine cette rivière jusqu'aux remparts de Belfort et aux cimes violacées des Vosges qui ferment l'horizon du côté du nord ; à droite la vue se promène sur les méandres de l'Allan dans la direction de Fesches et d'Allanjoie; à gauche sur Sochaux, les Rêveries et sur le cercle de collines au centre desquelles se dressent les tours de Montbéliard, jusqu'au Mont-Bart dont les épaisses forêts terminent le tableau.

Le paysage mollement ondulé est réellement charmant ; et, lorsque l'étranger, arrivé le soir à Etupes, se réveillait le lendemain au soleil levant, en face de ces montagnes lointaines déjà inondées de lumière, de ces prés encore noyés de la rosée du matin, entrecoupés de bouquets d'aulnes et de saules sous lesquels étincelait la rivière, de ces villages semés sur les flancs des côteaux, montrant parmi les pommiers leurs vieilles maisons brunes et leurs clochers en coupole surmontés du coq traditionnel, en face de ces vieilles choses et de cette jeune nature paisible et animée tout à la fois, il était impossible de ne pas éprouver un sentiment de jouissance profonde et délicieuse. En été, c'étaient les faneuses que depuis les fenêtres du château, on voyait dès l'aube se répandre dans la campagne, retournant les foins et chargeant les chars ; plus tard, en automne, c'étaient les vaches du village que les bergers conduisaient à la pâture, c'étaient les vendanges aux vignes de la Chaux, les danses et les jeux après la récolte, puis les chants des pâtres au milieu du silence de la soirée ; et comme tout cela était bien fait pour ces esprits amoureux des champs, pour ces poètes bucoliques qui affluaient à Etupes, et quel beau cadre pour un château.

Dans les temps anciens, on allait de Montbéliard à Exincourt et à Etupes en sortant par la porte du Grand-Pont, et l'on suivait à mi-côte, par la ferme des Gouttes, un chemin à peu près parallèle à la ligne du canal : le sentier de Brevière abrégeait la distance. De même pour aller à Belfort, on sortait par la porte de la Rouchotte pour passer de là sous

Société d'Émulation de Montbéliard

FRÉDÉRIQUE DOROTHÉE
DUCHESSE DE WURTEMBERG

les murs du Parc et derrière la colline de la Chaux, du côté de Charmont. On évitait ainsi la plaine marécageuse et noyée à chaque inondation qui s'étend entre la ville et Sochaux. Cependant en 1607, Schickhard commença la construction du pont de Sochaux ; en 1616 fut établi le chemin qui va de ce village à Exincourt, et qu'on relia à la route de Belfort; enfin en 1719, on commença à construire la route qui va de Montbéliard à Sochaux pour gagner de là Etupes et Delle. Elle fut achevée en deux ans; jusqu'à Etupes, elle était bordée d'une double allée de peupliers plantés lors de la construction du château, et dont les derniers ont achevé de disparaître il y a quelque soixante ans. C'est cette route que le duc Frédéric Eugène s'avisa, dit-on, de faire couvrir de sel pendant le séjour du grand-duc Paul de Russie, pour procurer à Son Altesse Moscovite le plaisir d'une promenade en traîneau au milieu du mois d'août (1782). On commença aussi quelques travaux d'assainissement dans la vouaivre (Wavra, charte de Thierry II, 1162. Wabra 1181); cependant ce n'est que vers le milieu du siècle actuel qu'elle fut complètement débarrassée des eaux stagnantes et des pâtures boisées auxquelles ont succédé les prairies qui aujourd'hui s'étendent comme un tapis jusqu'au delà de Fesches et d'Allanjoie.

Le château d'Etupes fut commencé dans l'année qui suivit l'arrivée de la famille ducale à Montbéliard; les plans venus de Stuttgard furent exécutés sous la direction de Georges Louis Morel, géomètre; et dès le mois de décembre 1770, le duc Charles en séjour chez son frère, put visiter avec la princesse, les travaux déjà fort avancés. C'était un bâtiment assez vaste, composé d'une partie centrale avec deux ailes, enveloppant au midi la cour d'honneur qui s'ouvrait sur la grande route. L'édifice n'avait qu'un étage avec neuf fenêtres de façade dans la partie centrale, trois de face à chaque pavillon et trois sur les côtés à l'intérieur. Des constructions inférieures, occupées par un corps de garde et par différents services, achevaient d'envelopper cette cour à droite et à gauche, et liaient les pavillons à une grille coupée de pilastres sur lesquels reposaient des groupes de statues. A la porte veillaient deux sentinelles des dragons du prince, c'était à peu près toute la garde du château, un peu plus que chez le roi d'Yvetot. Le perron où l'on arrivait par un escalier de quelques marches, donnait accès à l'intérieur par trois portes vitrées, et chaque pavillon avait pareillement son entrée particulière et directe. Les salons et les appartements de réception étaient au rez-de-chaussée; au premier étaient les chambres à coucher et les appartements particuliers : dans une des ailes, un petit théâtre servait pour la représentation de pièces de société et pour des concerts dont, à l'occasion et dans les grandes circonstances, on faisait venir les artistes de Vienne.

Nous n'avons pas grands détails sur la disposition intérieure du château et sur son ameublement. Les plans n'en ont pas été conservés, du moins à ma connaissance; et si, dans les derniers temps, Mme d'Oberkirch, ainsi que M. Ch. Duvernoy, petit-fils du conseiller, peuvent nous dire avec vérité que l'élégance des salons en faisait oublier la richesse, nous avons cependant quelque raison de soupçonner qu'à l'origine le mobilier et la décoration en étaient assez modestes. Il est vrai qu'on nous parle de cheminées magnifiques, de panneaux en brèches ou en jaspes de diverses couleurs, de superbes peintures décoratives, de certaines salles entièrement lambrissées de marbre blanc dont on a longtemps recueilli les fragments dans les décombres. Qu'y a-t-il de fondé dans ces traditions? Il n'est pas impossible que l'aménagement intérieur ait comporté un certain luxe qui était assez dans les goûts du jour et dans les habitudes princières de l'époque; mais nos villageois d'alors et même nos bourgeois de la ville n'étaient pas difficiles en fait de splendeurs, et leurs souvenirs sont jusqu'à un certain point sujets à caution. Les impressions des vieillards ne sont souvent que des imaginations de leur enfance, et il peut être bon de s'en méfier. Quant au château lui-même, élevé quelque peu à la hâte, il semble avoir manqué de cette ampleur qui fait les vrais édifices; et selon toute apparence, ce fut seulement vers l'époque des mariages que l'on commença à introduire dans les appartements, un luxe de mobilier et de décors auquel la cassette de la grande Catherine paraît avoir contribué efficacement. Après que Sophie Dorothée fut devenue grande-duchesse de Russie, l'impératrice fit, dit-on, au prince, une pension de 60,000 livres. Alors seulement les beaux meubles, les grandes pièces d'orfèvrerie, les tableaux de prix vinrent peupler les salons et charger les dressoirs. Toutes les pièces précieuses furent naturellement transportées à Stuttgard au départ du prince, et une partie du mobilier fut vendue à Bâle. En 1802, l'aile droite du château existait encore à peu près en entier, et l'on voyait dans les chambres éventrées et à moitié démolies, pendre de grands lambeaux de tapisserie à fond bleu, chargés de bouquets de fleurs: l'enfant devenu vieillard, qui me racontait ces détails, eut bien voulu s'emparer de ces beaux bouquets, mais il n'osait pas.

C'était du côté du nord et donnant sur les jardins que se trouvait la principale façade. Elle se composait d'une partie centrale, faisant légèrement saillie sur deux bas côtés en retrait. Il n'y avait ni fronton décoré, ni sculptures artistiques : le toit, très peu élevé, était bordé d'une plante-bande avec des urnes aux angles. Les salons ouvraient par de grandes verrières sur une terrasse qui régnait tout le long du palais et d'où l'on descendait dans les jardins. Elle était bordée de vases de fleurs et de morceaux de sculpture antique ; la vue en était splendide ; mais c'étaient surtout les jardins qui faisaient la gloire d'Etupes.

Ils s'étalaient en pente douce depuis le château et le bord de la route jusqu'au fond de la vallée où ils se perdaient dans les prairies. Leur étendue était d'environ un demi kilomètre du sud au nord, jusqu'à l'extrémité du clos qui leur faisait suite dans cette direction, et de 600 mètres dans le sens parallèle à la route y compris un potager : au delà, du côté d'Exincourt, venaient des vergers. On en trouve les dessins gravés dans l'ouvrage intitulé : *Plans des plus beaux jardins d'Angleterre et de France*, par Ch. Kraft, 1809, Strasbourg, Levrault. Il en existe aussi un dessin au lavis, donné par le docteur Beurnier, et actuellement possédé par la bibliothèque de la ville. Une vue du château existe encore chez Mme D..., mais sans nom d'auteur, et un relief dû à M. Wild se trouve au musée de Montbéliard.

On descendait dans les jardins par un large escalier logé dans les talus gazonnés qui soutenaient la terrasse. De chaque côté de la maison, sur les ailes, étaient deux parterres, découpés suivant la mode du jour, en nombreux compartiments entourés de buis et de plates-bandes de fleurs. Un petit bassin en occupait le centre, et à chaque extrêmité se trouvait un cabinet de verdure en treillis, garni de plantes grimpantes. Devant la façade s'étendaient de grandes pièces de gazon inclinées vers la vallée et bordées de fleurs. Au centre, jaillissait un jet d'eau, et par delà, de nouvelles pelouses découpées, et entourées d'ifs, de thuyas et autres arbustes taillés en coupes ou en pyramides, se prolongeaient jusqu'au bord d'un large canal qui fermait cette partie du jardin et la séparait d'un pré qui occupait les dernières pentes de la colline. Toute cette partie du jardin, en face du pavillon central du château, était particulièrement disposée de manière à ménager la vue et à lui laisser toute liberté.

De chaque côté s'étendaient des espaces diversement disposés. Vers la gauche, à l'angle nord-ouest de la terrasse s'ouvrait une belle et large avenue, à l'extrémité de laquelle on pouvait apercevoir en perspective le village de Sochaux appuyé contre sa colline. Cette avenue traversait obliquement des terrains plantés en quinquonces et découpés en carrés par des allées de charmilles. — De l'autre côté, vers la droite, était un labyrinthe dont les sentiers ombreux s'enlaçaient en tous sens et prêtaient leurs secrètes retraites à toutes sortes de suprises. Sous d'épaisses futaies était une pièce d'eau richement encadrée, où des saules pleureurs venaient plonger leurs rameaux. Ailleurs, sous des berceaux se cachaient une statue, une volière pleine d'oiseaux rares, ou quelque cabinet d'étude enveloppé de silence. L'orangerie, que l'on citait comme une des plus belles de l'Allemagne, faisait suite au parterre attenant à l'aile droite du château. Dans cette même direction, à l'angle du clos, du côté du village, était un élégant pavillon rattaché à des cabinets latéraux par deux galeries semi-circulaires. C'était, dit-on, le lieu de prédilection de Son Altesse; il était entouré de fleurs et de gazons dont les extrémités allaient se perdre dans les sentiers de la forêt. Une petite butte, où l'on accédait par un chemin en colimaçon, dominait les arbres et permettait à la vue de se promener sur le village et sur les pentes avoisinantes. Le ruisseau glissait clair et limpide parmi les pelouses, tombait en bruyantes cascades sur les rochers, et plus loin disparaissait sous le bois pour venir former dans quelque clairière, un petit étang couvert d'iris et de nénuphars. Des ponts légers avaient été jetés ça et là sous les ombrages; ailleurs l'eau baignait de petites îles ingénieusement ménagées. Non loin était le pavillon construit par Léopold Eberhard que l'on avait épargné à cause de son originalité, et en particulier à cause d'un curieux escalier tournant qui lui avait valu le nom de la Tournelle.

Dans un endroit solitaire, on avait construit une cabane de charbonniers dont l'aspect rustique dissimulait le riche ameublement intérieur. La laiterie, en forme de chalet suisse, renfermait une remarquable collection de faïences italiennes, de majoliques et de vieux Saxe dont plusieurs pièces ont été conservées. Dans un coin du labyrinthe s'élevait un arc de triomphe construit avec les débris des monuments romains exhumés de Mandeure lors des fouilles exécutées sous les ordres de la duchesse. Quelques-uns de ces débris ont été transportés depuis à la ferme de la Grange où ils ont disparu. Le temple de Flore devait cette désignation à une statue de la déesse que protégeait un élégant treillage. Au moment de la réunion de toute la famille, lors de la visite du grand-duc et de la grande-

duchesse, on avait érigé en souvenir un grand
bloc de rocher sur lequel furent gravés quelques
vers de Florian. Un peu plus tard, en septembre
1785, la princesse qui voyait peu à peu s'éloigner
tous les enfants, fit encore élever sous un berceau,
par le sculpteur bisontin Gauser, une colonne entourée de guirlandes sur laquelle était gravée cette
inscription : AUX ABSENS. Cet édicule existe encore
dans les jardins de la Grange; mais le rocher, les
vers de Florian et la plaque sur laquelle étaient
gravés les noms des absents, ont disparu. — Sous
de vieux arbres était un tombeau consacré à une
amie; enfin, de tous les côtés c'étaient des marbres,
des morceaux d'architecture, des vases antiques,
et partout des fleurs, partout des touffes de roses.
Chacun dans la maison s'ingéniait pour orner, pour
embellir ce joli jardin où semblaient s'être donné
rendez-vous toutes les mignardises et les sentimentalités du temps, au risque de dépasser les bornes
du goût; il n'y avait pas jusque dans les prés voisins
où l'on n'eût disposé quelque gracieuse surprise
pour les promeneurs.

De chaque côté de la maison étaient les écuries,
les remises, les basses-cours, puis les bâtiments
de la ferme que le prince faisait exploiter. De
l'autre côté de la route, vis-à-vis la grille, s'ouvrait un double souterrain creusé dans la colline:
une des galeries conduisait à une glacière, l'autre
à une fontaine mystérieuse. Le côteau avait été
évidé en demi-lune devant la cour d'honneur, de
manière à faciliter la circulation des équipages. Sur
le plateau où l'on arrivait par un escalier dans le
talus, s'étendaient des vergers; puis venaient des
champs, des portions de potagers, des maisons de
gardes et de jardiniers, tout ce que comportait alors

l'entourage d'une maison princière. La France était alors merveilleuse de luxe et de magnificence. La richesse des équipages, des costumes, l'élégance des mobiliers et des édifices où depuis des siècles s'étaient accumulés tous les trésors des arts, n'avaient point d'égales ; c'était à qui rivaliserait de luxe et de prodigalité ; et, bien que n'appartenant pas à ce royaume, c'était la gloire des princes et de la noblesse étrangère de suivre du moins à distance les princes et la noblesse de France. Qu'est-il resté de ces splendeurs ? le feu des révolutions a passé sur elles, comme les feux du soleil passent sur les prairies et les dévorent.

Au bord de la forêt était un ermitage d'où la vue s'étendait sur la vallée du Doubs dans la direction d'Audincourt, et plus loin, sur les pentes boisées du Lomont. Près de là, une grotte tapissée de stalactiques et de cristaux qu'on voyait briller dans l'ombre, offrait un asile frais aux promeneurs ; d'autres retraites pittoresques étaient dissimulées dans les ravins et dans l'épaisseur des bois. Les environs d'Etupes, ombragés de grandes forêts, offrent de tous les côtés des promenades variées que les princes s'appliquaient à rendre intéressantes. Dans une gorge étroite était un étang où l'on pouvait prendre le plaisir de la pêche. Près de là, sous la futaie, dans un lit semé de cailloux de diverses couleurs, coulait la fontaine des dames, et plus loin, une clairière tapissée de mousse, offrait son silence et son ombre pour des repas champêtres. Ne voyez-vous pas d'ici la *cœnula* de Watteau ?

Cette cour de Montbéliard, quelque minime qu'elle fût, était d'ailleurs tenue sur un assez grand pied. En dehors des invités et des hôtes de distinction que l'on y recevait, les princes étaient toujours entourés de nombreux familiers et d'un personnel considérable. Il y avait un chambellan, un intendant, un gouverneur du château, un capitaine des gardes; la princesse avait à côté d'elle plusieurs dames d'honneur; puis venaient des gentilshommes de service, une femme de charge, un maître d'hôtel, des écuyers, des échansons, un sommelier, jusqu'à un couvreur de table, des coureurs, des timbaliers, des trompettes, etc. La garde du prince était faite par un petit corps de dragons qui lui appartenait en propre et qui, dit-on, était très bien monté. Enfin, à la maison étaient attachés un médecin, deux physiciens, un chirurgien-barbier, un apothicaire, un maître en fait d'armes, un maître à danser; et tout cela évidemment en dehors des nombreux laquais, cuisiniers, servantes ou autres qui peuplaient le château. Le duc tenait table ouverte, et les menus qui nous sont restés peuvent donner idée de la large hospitalité avec laquelle on était accueilli. (Voy. ci-après).

Etupes était d'ailleurs le rendez-vous de toute la noblesse des pays voisins. Autant la princesse aimait à recevoir les littérateurs et les artistes, autant le prince se plaisait aux joyeux chasseurs et aux francs buveurs. L'extrême affabilité, la cordialité même avec laquelle ils accueillaient leurs hôtes, en dehors de toute morgue tudesque, et sans autre étiquette que celle des convenances, rendaient le séjour de cette résidence le plus agréable du monde. On y vivait librement et joyeusement; aux jouissances intellectuelles s'associaient les plaisirs de la campagne; puis quand venait l'automne, les belles chasses à courre dans les grands bois de Dampierre et de Charmont où pullulaient chevreuils et sangliers. Telle était d'ailleurs la paix et la sécurité dans tout le pays, que la princesse Dorothée, celle qui fut plus tard impératrice de toutes les Russies, alors belle et grande jeune fille, élancée et fraîche comme une rose de ses jardins, s'en allait parfois, à pied, à travers les bois, seule avec une dame de compagnie, jusqu'à Beaucourt où le premier des Japy avait commencé de fonder les établissements qui, cent ans plus tard, devaient substituer dans notre pays l'aristocratie née de l'industrie à l'aristocratie féodale. Elle s'intéressait à ces travaux et parcourait les ateliers, tout en croquant à belles dents les noisettes dont elle avait rempli les poches de son tablier. Lorsque plus tard elle vint visiter la France sous le nom de comtesse du Nord, elle retourna à Beaucourt avec son mari qui, par les offres les plus séduisantes, chercha à gagner le vieux Japy, et à lui faire transporter à Saint-Pétersbourg l'industrie qu'il était en train de créer. L'œuvre était commencée à Beaucourt, elle y resta pour grandir et prospérer; mais lorsque par la suite des temps, la destinée eut porté la princesse au trône redoutable des tzars, bien souvent on l'entendit soupirer au souvenir de ses jeunes années, et répéter que si elle avait eu à choisir entre la vie simple et paisible qu'elle menait à Etupes au milieu des siens, et l'existence éclatante que lui avait faite la fortune, son choix n'eût pas été douteux. [1]

(1) Ces sentiments étaient peut-être vrais à la suite des épreuves qu'elle eut à traverser; mais au moment de son mariage, elle était tout à la joie d'une grande alliance et à la réalisation de ses jeunes rêves d'ambition. « J'ai grand chagrin de vous quitter, disait-elle à ses parents, mais je suis la plus enchantée des princesses de l'univers. » — (Mém. de Mme d'Oberkirch.)

Nous avons donné ci-devant quelques détails sur la cuisine bourgeoise dans la ville de Montbéliard ; disons aussi quelques mots du service du château, car rien mieux que la table ne donne idée de la tenue et du train d'une maison.

Dans les temps anciens, de même que dans la plupart des petites familles princières d'Allemagne, le régime à la cour était non pas seulement modeste, mais souvent pauvre et parcimonieux. Cela dépendait du tempérament et de l'appétit du souverain : peut-être même certains d'entre eux considérèrent-ils comme un devoir d'être les premiers à donner l'exemple de la soumission aux lois restrictives qu'ils avaient édictées ; et je doute fort que la table du vieux comte Georges offrit à ses hôtes au delà du strict nécessaire. Le duc Léopold Eberhard lui-même, qui ne passait pas pour un modèle d'ordre et de sobriété, avait par marché à forfait fixé la dépense de sa table à 8,200 francs par an, pour vingt personnes et deux repas, avec bon vin de Saint-Symphorien et eau de Lougres. Mais dans les repas de gala et lorsqu'on recevait des hôtes de distinction, ces limites étaient vite dépassées : mesdames de L'Espérance ne s'en faisaient pas faute. Ce fut un vrai gaspillage lorsque le prince reçut en 1720, la visite de son neveu Christian Ulrich de Wurtemberg-Œls. Il n'y eut folie que ne commit ce jeune prince, courant les rues la nuit, attaquant les passants, rossant le guet, jusqu'à vouloir enlever dans une revue les vieilles enseignes de la ville encore toutes trouées de balles reçues dans les guerres des temps passés. Ainsi croyait pouvoir en user avec des manants la noblesse d'alors : le magistrat se fâcha, ordonna de charger les armes et de faire feu sur quiconque oserait approcher des drapeaux.

On se le tint pour dit, et la revue s'acheva sans encombre. Du 1er septembre 1720 au 1er janvier 1721, on but au château 4,976 1/2 pots de vin, évalués 4,709 livres, à raison de 20 sol le pot, sauf l'Alicante compté à 3 livres, le Riquewihr à 10 sols et le vin du pays à 5 sols. Voici d'ailleurs, comme curiosité, la liste des vins consommés :

160 pots de vin de Katzendal.
990 » de vin du Marquisat.
2334 » de vin de la table.
403 » de vin de France.
124 » de vin de Champagne.
80 » de vin d'Arbois.
484 » de vin de Riquewihr.
3 1/2 » de vin de Saint-Laurent et d'Alicante en bouteilles.
374 » de vin du pays.
18 » de brandevin.

Pendant cette période, la table de Léopold Eberhard nourrit, au mois de septembre, 2,790 personnes, en octobre 2,836, en novembre 3,508, et en décembre 2,253 ; la dépense de la cuisine seule se monta à 1,354 livres par mois, ce qui ne semblerait peut-être pas aujourd'hui exorbitant. Qu'était-ce donc que tous ces gens à la charge du prince? Je ne le sais vraiment pas ; mais on comprend que de pareils excès, joints à tout le reste, alors que le peuple grignotait son pain noir dans de misérables cabanes, n'aient pas peu contribué à discréditer le gouvernement des princes.

Frédéric Eugène, pendant son séjour à Montbéliard, sut mieux garder les apparences et releva un peu la situation. Sous la haute direction de la princesse royale, la tenue du château fut digne et honorable. Nous ne saurions dire si la cuisine était raffinée et la chère délicate, mais ce que nous apprennent les menus qui nous sont restés, c'est que l'on y vivait largement et avec une profusion dont nous demeurons aujourd'hui émerveillés. On en jugera par les extraits qui suivent, encore ne s'agit-il que de repas ordinaires. Nous n'avons pas davantage la liste des vins, mais nous pouvons présumer qu'ils étaient à profusion comme le reste, et que cette table où figuraient au moins pour moitié les appétits germaniques, ne se laissait manquer de rien, des vins de France moins que de toute autre chose.

Le 3 novembre 1783 eut lieu dans les bois du Parc, une grande chasse suivie d'un dîner à la ferme de la Grange-la-Dame. Voici le menu de la journée :

A DINER
POUR LA PREMIÈRE TABLE
1 potage aux herbes.
1 potage aux quenelles de pain.

2 grands plats.
1 cimier de cerf, sauce aux cerises.
1 choux salés garnis de saucisses.
1 pièce de bœuf à la mode, extra.

8 entrées.
1 de fricandeau à la chicorée à la crème.
1 de deux perdreaux aux choux.
1 de côtelettes de veau glacées aux épinards.
1 aspic de saumon.
1 de poulets à la sauce brune.
1 de petits pâtés d'une bouchette.
1 de filets de racines au riz de veau.
1 d'une poularde au riz.

4 plats de rôts.
1 de quatre perdreaux.
1 de quatre bécasses.
1 de dindon gras.
1 de quatre poulets ordinaires.

8 entremets.
1 de pâté froid de perdreaux et de pigeons romains.
1 de jambon.
1 de deux langues fourrées de bœuf
1 de tourte aux confitures de cerises.
1 de cougelopf.
1 de petits moules de biscuit.
1 de choux-fleurs.
1 de marmelade de pommes glacée.

POUR LA SECONDE TABLE,
POUR
LES CHASSEURS ET DOMESTIQUES
1 bœuf à la mode.
1 jambon de Westphalie.
1 de 2 langues fourrées de bœuf.
1 des andouilles.
2 de deux pâtés froids de chapons et de cerf.

1 de deux rôtis de veau.
1 de deux lièvres.
1 de trois dindons.
1 de six poulets.
1 de deux gigots de mouton.
1 d'une cuisse de cerf à la daube.
1 d'une cuisse de sanglier.
1 d'une épaule de cerf.
1 de quatre tourtes aux pommes et aux confitures.
1 de deux biscuits.
1 de 2 grosses tourtes d'amandes.
1 de fromage.

POUR LA TABLE D'OFFICE

1 potage au pain bis.
1 de bouilli sauce hachis.
1 de mouton aux choux.
1 de truites et barbauds à la housard.
1 épaule de cerf rôti.
1 de beignets aux pommes.

A SOUPER
POUR LA TABLE

1 potage à l'orge.
1 terrine de tendrons de veau aux racines.

5 entrées.

1 de quartier d'agneau à l'anglaise.
1 fricassée de trois poulets.
1 de filet de bœuf à l'échalotte.
1 de côtelettes de veau pannées à l'oseille.
1 de ....

6 entremets.

1 épinards aux croutons.
1 compote aux poires.
1 beignets aux pommes.
1 choux-fleurs.
1 saumon en salade.
1 de tartelettes aux confitures.

4 plats de rôt.

1 longe de veau.
1 de poulets.
1 de gigot de mouton.
1 de brochet au bleu.

POUR LA TABLE D'OFFICE

1 potage à l'orge.
1 de côtelettes de mouton aux épinards.
1 de fricassée de veau.
1 rôti de poulet et d'un lièvre.
1 de riz à la crème.

. . . .

Le menu du lendemain 4 novembre se composait de la manière suivante :

A DINER
POUR LA TABLE

4 potages.

1 de bisque aux écrevisses.
2 du riz.
1 des herbes.

4 terrines.

2 de saurcraut garni de filet de bœuf et de saucisses.
1 de canards aux navets.
1 de fricassée de poulets.

8 plats ronds.

1 de perdreaux aux choux.
1 de dindon au riz.
1 de pâté chaud de pigeons.
1 de filet de bœuf sauce piquante.
1 de poularde à la macédoine.
1 de queue de saumon au citron.
1 de tendrons de veau dans un vol-au-vent.
1 de canard garni de légumes.

32 entrées.

2 côtelettes de veau grillées au jus.
6 de boudin mêlé.
4 de petits pâtés.

1 d'ailerons garnis de légumes.
2 de fricandeau, 1 garni de choux-fleurs, 1 à l'oseille.
1 de perdreaux aux truffes.
1 de canards aux navets.
2 de pigeons à l'italienne.
1 de poularde.
2 de filets de poulets.
2 de poulets gras garnis d'un ragoût aux écrevisses.
2 de salade de saumon.
2 de cuisses de poulets aux épinards et aux truffes.
1 de grandin garni d'un ragoût
1 de pigeon romain aux truffes.
1 de foie gras.
des huitres crues.

8 grosses pièces.
2 de gâteaux d'arbres.
2 de croquandes.
2 de gâteaux de mille feuilles.
1 de dindon à la daube.
1 de biscuit.

14 plats de rôt.
1 de brochet.
1 de hure de saumon.
2 de truite au bleu.
1 de reins de cerf.
1 d'oie grasse.
1 de dindon.
1 de lièvre.
1 de longe de veau.
1 de poulets gras.
1 de pigeons.
1 de poulet ord.
1 de grives, 16.

40 entremets.
6 de gelée.
4 de choux-fleurs.
2 de truffes, 1 à l'italienne, 1 au vin de Bourgogne.

2 des artichauds.
4 de compote.
1 de pommes à la portugaise.
2 de crème, 1 au caramel, 1 au chocolat.
2 de salsifis.
10 de pâtisserie.
2 d'épinards.
2 de saumoneaux.
1 de gelée à l'italienne.
des huitres grillées.

POUR LA TABLE D'OFFICE
1 potage au riz.
1 de bouilli.
1 de mouton.
1 de tourte aux poulets.
1 de lièvre.
1 de cougelopf.

A SOUPER
POUR LA TABLE
1 potage à l'orge.
1 terrine de canards aux navets.

6 entrées.
1 d'une poularde accompagnée.
1 de filets mignons à la Robert.
1 des estomacs de poulet glacés à l'oseille.
1 de trois pigeons.
1 d'ailerons.
1 de brochet aux anchois.

2 plats ronds.
1 de filet de bœuf.
1 de truites aux fines herbes.

8 entremets.
2 de gelées.
2 de compotes.
2 de pâtisserie.
1 d'épinards.
1 de choux-fleurs.

4 plats de rôt.
1 de lièvre.
1 de poulets.
1 d'agneau.
1 d'une perdrix et 8 grives.
Salades.

POUR S. A. SÉRÉNISSIME
1 potage aux boulettes.

A SOUPER
POUR MADAME DE DOMSDORF.
1 de gries au bouillon.

POUR LA TABLE D'OFFICE
1 potage à l'orge.
1 de choux-fleurs aux côtelettes.
1 de truites à l'huile.
1 de longe de veau.
1 de pâtisserie.

POUR LE DOMESTIQUE
1 épaule de sanglier à l'étuvée.

Ausgrabe.
80 de bœuf, etc.

III

Le duc Charles avait été un des premiers à venir voir l'installation de son frère à Etupes. Il y arriva le 29 avril 1771, et pendant son séjour, prolongé jusqu'au 26 août, s'occupa sérieusement des besoins du pays, et des réformes que réclamait la situation. Jusqu'à cette époque, ce prince avait été assez léger et prodigue à l'excès. Jeune, joli garçon, élégant cavalier, il avait dépensé des sommes folles à créer des jardins et à bâtir des palais à ses maîtresses : cependant tous ces travaux n'avaient pas été stériles. C'est lui qui édifia près de Stuttgard le château de la Solitude dont il fit sa résidence habituelle et où il installa l'Académie Caroline. Il fonda dans cet établissement plusieurs bourses au profit des jeunes gens du comté de Montbéliard, et Georges Cuvier, fils d'un maître d'hôtel de son frère Frédéric, fut des premiers à en profiter. Créée en 1782, cette institution ne subsista malheureusement que jusqu'à 1794 ; elle disparut sous l'administration du duc Louis, prince bigot et qui n'aimait pas l'instruction. La transformation qui s'était opérée dans l'esprit du duc Charles, avait été due particulièrement à l'influence de la comtesse de Heydenheim [1] qui

(1) Françoise de Bernardin, fille d'un pauvre baron des environs d'Aalen, née en 1748, au château d'Adelsmannfelden ; mariée en

devint sa seconde femme. Elle réussit à lui faire changer de conduite au point de l'étonner lui-même, et de mériter la reconnaissance de toute la famille qui lui voua une véritable estime. Le prince vint d'Etupes à Montbéliard où tous les tambours battaient aux champs et où l'on avait allumé toutes les chandelles et lampions pour le bien accueillir. Il fut reçu en grande cérémonie par les trois corps de la municipalité qui lui présentèrent un cahier de doléances auxquelles il promit de faire droit. Pendant plusieurs jours de suite, de neuf heures du matin à sept heures du soir, il donna audience à ses sujets, dans la grande salle du Conseil sur les Halles, écoutant avec une merveilleuse patience et une imperturbable gravité, les plaintes des bonnes femmes et les réclamations parfois les plus singulières. Lors d'une première visite en 1761, il avait accordé à la ville la perception et la jouissance de l'Angal ou impôt sur le vin, dans le quartier d'Entre-les-Portes, à la condition qu'elle établirait à ses frais la chaussée de la grande rue du Faubourg. Au départ de son second voyage, il laissa une ordonnance qui contenait d'importantes améliorations au régime de l'agriculture : nous en avons déjà parlé. Le discours qu'il prononça lors de sa dernière audience, témoigne de ses sentiments paternels pour ses sujets, et tous les assistants en furent profondément touchés. Il en existe encore à la bibliothèque de la ville, un bel exemplaire imprimé sur soie jaune et relié en satin bleu. Becker, imp. de S. A. S. 1771, in-4°.

1765 au baron de Leuthrum à qui le duc l'enleva. Elle devint sa femme le 2 octobre 1784, mais ne fut reconnue duchesse régnante qu'en 1786. Elle était d'une beauté médiocre, mais d'un esprit charmant et réunissant toutes les séductions.

On se sépara les meilleurs amis du monde et la cavalerie bourgeoise ne voulut le quitter qu'à la limite de ses Etats.

Dans les commencements de son séjour à Montbéliard, lorsque se faisait encore l'éducation des jeunes princes, la cour était surtout animée par la présence de cette bruyante et vive jeunesse. On recevait peu d'étrangers, à l'exception de quelques familles nobles de l'Alsace ou du voisinage, et la vie était à l'intérieur. On travaillait et la princesse elle-même s'occupait activement, veillant aux études comme à son ménage. Monsieur de Maucler, en sa qualité de gouverneur des jeunes princes, et les différents maîtres ou professeurs qui le secondaient, mirent beaucoup de zèle à l'accomplissement de leur tâche. Les élèves étaient intelligents, et Mme d'Oberkirch nous montre la princesse Dorothée devenue grande-duchesse, surprenant par son savoir Messieurs de l'Académie eux-mêmes. Il est vrai qu'à cette époque, académicien ne voulait pas dire savant. On avait alors à Montbéliard à peu près tous les éléments d'instruction nécessaires. La matinée tout entière, dès six heures, était consacrée aux études. Des professeurs venus de la ville, enseignaient les langues anciennes et modernes; M. Holland, esprit supérieur, et surtout philosophe distingué, auteur d'une réfutation du baron d'Holbach [1], était spécialement chargé des mathématiques, de la philosophie, de l'histoire. L'art de la guerre, la physique et la chimie étaient également l'objet d'études suivies. Il y avait au château une belle collection d'instruments servant aux ex-

---

(1) Holland. *Réflexions philosophiques sur le système de la nature*. Paris. Valade, 2 part. en 1 vol. In-12. Id. Londres.

périences [1]. Le 14 mai 1786, on lança dans le verger des petites Blanchisseries, au pied du château, le premier ballon qui eût paru à Montbéliard. Les jeunes princes s'y étaient vivement intéressés et avaient même mis la main à l'ouvrage. Il avait 12 pieds de haut sur 17 de circonférence, et était entouré à la base d'une galerie ornée de deux drapeaux, un rouge et un noir, avec des franges d'or, portant le chiffre de S. A. S. Il s'éleva très haut et et alla tomber près de Voujaucourt, à 6 heures et demie du soir, après une demi-heure de course. — M. Holland, mort jeune encore en 1784, à la suite d'un voyage en Russie où il avait accompagné le second fils de Frédéric Eugène, fut remplacé par

(1) Après le départ du prince, le prévost Berger, qui s'était passablement occupé d'électricité, et dont le grand plaisir était de charger de fluide le marteau de sa porte ou le bouton de sa sonnette, pour voir sauter les paysans qui venaient à ses audiences, fut chargé par le représentant Bernard de Saintes, d'inventorier le cabinet du château et de lui en faire rapport. Il y avait parmi les instruments en question, un beau plateau de résine destiné aux expériences d'électricité, et qui précisément manquait à son cabinet particulier. Il crut pouvoir se l'approprier, dans l'intérêt de la science, sans faire grand tort à la République : mais voilà qu'au moment où il l'emportait chez lui, il est abordé par un des émissaires du représentant qui l'invite à le suivre immédiatement à l'Hôtel-de-ville. Le pauvre homme, persuadé que son larcin a été dénoncé, qu'il est poursuivi pour détournement frauduleux, et que sa tête tout au moins est en danger, glisse sournoisement à tout hasard le malencontreux plateau sous le dos de son habit, de manière à le dissimuler autant que possible au premier regard, et suit l'oreille basse et assez inquiet, l'émissaire de Bernard. Il ne s'agissait pas précisément d'avoir la tête coupée, mais de déjeûner d'une paire de poulets en fricassée, seules victimes pour le moment de la cruauté du proconsul. Mais M. Berger dut rester pendant tout le repas avec le corps du délit collé sur le dos, ce qui ne laissait pas de l'ennuyer sensiblement, car il aimait à bien dîner et à digérer en paix.

la suite dans ses fonctions de sous-gouverneur par le botaniste Pierre Frédéric Bernard qui suivit les princes à leur départ pour le Wurtemberg. — C'était M. Werner qui donnait les leçons de dessin ; je ne sais qui enseignait la musique. Dans l'après-midi venaient d'autres exercices, les armes, l'équitation, de longues promenades dans la campagne ; et avec tout cela des jeux, du tapage comme chez de simples mortels. Le dimanche on suivait le culte au temple de Saint-Martin ou à l'église d'Etupes ; et, le soir, lorsque le loto n'était pas de mise, M. de Maucler qui, paraît-il, lisait fort bien, intéressait la cour par des lectures variées, choisissant tantôt parmi les auteurs en renom ou les anciens classiques, tantôt parmi les archives et les souvenirs de la famille. On avait des livres et on les aimait : la duchesse lisait beaucoup, et elle avait un goût prononcé pour tout ce qui touchait aux arts et à la littérature. Non seulement comme ses filles, elle brodait admirablement, mais elle aimait la musique, peignait et gravait avec un rare talent. Ce fut elle particulièrement qui encouragea les fouilles que faisait exécuter à Mandeure, Jean Léonard Parrot. Il ne restait absolument rien des collections recueillies autrefois par le comte Frédéric et par ses successeurs. Les plus belles pièces avaient été enlevées, lors de l'occupation de Montbéliard en 1676, et le reste avait été dispersé, pillé ou vendu sous le règne de Léopold Eberhard. Ainsi devaient disparaître à leur tour les collections de M. Parrot, semées à Besançon, à Mulhouse ou à Bâle. Ce que possède actuellement le musée de Montbéliard est la troisième ou quatrième collection formée des débris de de la vieille cité ; nous ne pouvons que glaner sur les traces de nos devanciers, et peu s'en est fallu encore que ces dépouilles si péniblement acquises, n'aient été enlevées lors de la dernière guerre, et ne soient allées rejoindre à Berlin ce que cette capitale possédait par avance. Les fouilles de M. Parrot avaient commencé en mars 1781 ; la princesse les prit à son compte en 1785, et elle se continuèrent jusqu'aux approches de la Révolution. Les résultats ne furent pas sans importance, et nous en avons le résumé dans un mémoire de M. Parrot que possède actuellement la bibliothèque de Besançon. Au moment où les travaux étaient en pleine activité, on conduisit à Mandeure le prince Henri de Prusse, frère de Frédéric II, et oncle de la princesse de Montbéliard. M. Parrot « eut la gloire d'offrir à ces hôtes illustres un repas champêtre au milieu des ruines du monde romain, et Son Altesse eut la gracieuseté d'accepter une Minerve en bronze d'un travail infiniment délicat. » Déjà dans les temps antérieurs, M. Parrot avait fait paraître sous les yeux du grand-duc Paul, un certain chariot qu'il appelait « son cabinet transportatif », où il avait réuni, dans des colonnes évidées en tiroirs, les pièces les plus précieuses de sa collection, « ce qui, ajoute naïvement M. Parrot, porta au comble l'admiration de S. A. Impériale. » Que sont devenus tous ces objets ? La collection particulière de M. Parrot, vendue ou dispersée par sa femme pendant sa longue absence hors de Montbéliard, s'est fondue dans divers cabinets ; quant à la collection formée par la duchesse, elle doit probablement exister encore, partie à Stuttgard, partie à Berlin [1], où

---

(1) M. Hirschfeld, professeur à l'Académie de Berlin, m'affirme qu'il n'y a rien dans cette ville, mais qu'il peut se trouver encore quelque chose de ces débris à Rheinsberg, résidence du prince Henri.

Mᵐᵉ Renelle nous dit qu'elle fut transportée, mais sans que les origines en fussent indiquées, et perdue dans la foule.

Les goûts artistiques et littéraires étaient entretenus à Etupes par les illustrations de tout genre qui visitaient cette résidence. Ce n'était pas seulement de hauts personnages politiques, tels que l'archiduc Maximilien d'Autriche, le prince Pierre de Holstein Oldenbourg, le prince de Hesse Darmstadt, le landgrave Philippe de Hesse Cassel, le duc Charles de Brunswick, la duchesse de Bourbon, toutes têtes plus ou moins couronnées, mais toutes aussi s'inclinant devant la majesté de l'empereur Joseph II et la gloire d'Henri de Prusse; à côté de ces puissants dynastes venaient d'autres illustrations qui, à défaut du rang et du pouvoir, avaient pour elles la renommée et la puissance de l'opinion: nous en connaissons déjà plusieurs. M. de la Harpe vint à Etupes à diverses reprises; mais sa vanité, son amour-propre et ses dénigrements amers ne réussissaient pas plus dans cette petite cour intelligente et généralement portée à la bienveillance, que ne plaisaient son air pincé et son nez barbouillé de tabac. On l'accueillait comme écrivain de talent, comme critique éminent, mais son caractère était peu goûté, et ne semble pas avoir mérité mieux.

L'abbé Raynal avait aussi ses adversaires : au milieu de ce monde entiché de noblesse et d'aristocratie allemande, sa philosophie creuse et déclamatoire aussi bien que son libéralisme jaloux, rencontraient une opposition assez prononcée, et on sait ce que compterait pour nous le libéralisme d'alors. « Il n'y a rien à faire avec des Huguenots, » disait-il; et, de fait, il trouvait chez eux un sentiment de la liberté aussi prononcé qu'il pouvait l'avoir lui-même, joint à des convictions qu'il n'avait pas, et d'autant plus énergiques et persistantes qu'elles s'appuyaient précisément sur ce sentiment de liberté dont il pensait avoir le monopole. Le libre examen étonnait le philosophe et surtout le prêtre catholique, qu'il contrariait sans que le premier trouvât rien à combattre, rien à démolir. Il y avait d'ailleurs bien des ménagements à garder devant les différents personnages qui composaient la famille de Montbéliard. Frédéric Eugène, tout en pratiquant très médiocrement, était cependant resté catholique comme son père, comme ses frères ; la duchesse, nièce du grand Frédéric, était protestante comme le reste de sa famille. Lors de son mariage, le roi avait exigé que les enfants fussent également protestants ; toutefois, on ne paraît pas y avoir tenu la main avec grande rigueur ; on n'a pas d'acte de communion des princes, et de là vient sans doute la facilité avec laquelle l'une adopta la religion grecque, l'autre le catholicisme en vue de son mariage avec l'archiduc François, tandis que la troisième demeurait protestante. Le zèle religieux n'était pas dans le vent qui soufflait alors ; d'ailleurs en Allemagne, la question de croyance, toujours subordonnée aux exigences de la politique ou même simplement des intérêts privés, était assez indifférente en présence des doctrines philosophiques qui prévalaient alors, et dont les tendances frisaient de bien près le dédain et le rejet de toute foi religieuse.

Le chevalier de Florian avec ses vers gracieux et sa littérature sentimentale, plaisait davantage que les philosophes et les critiques. Il était lui aussi dans l'esprit du jour, mais sous un autre aspect, et surtout dans l'esprit de la cour de Montbéliard. On y aimait sa personne, la délicatesse de ses sentiments, l'amabilité de son caractère. C'est à lui que sont dus les vers que la duchesse fit graver sur le monument élevé lors du voyage de la grande-duchesse. Ils ont disparu avec le rocher sur lequel ils étaient gravés. Mme d'Oberkirch et M. Duvernoy les ont reproduits : je ne les copie que parce qu'ils sont courts :

    Ici la plus heureuse et la plus tendre mère
    Réunit onze enfants, idoles de son cœur,
    Et voulut consacrer cette époque si chère
        De son amour, de son bonheur.
    Passant, repose-toi sous cet épais ombrage;
        Et si tu chéris tes enfants,
        Respire ici quelques instants,
        Tu les chériras davantage.

A ces noms, nous pouvons ajouter celui de Lavater qui nous a laissé le récit de son voyage à Montbéliard ; ceux de MM. Tronchin et Diodati de Genève, du philosophe Saint-Martin, de lady Craven devenue margrave d'Anspach, du fabuliste allemand Nicolaï secrétaire du grand-duc Paul, de Droz, de Perreciot de Besançon, etc. Le nom du vicomte de Wargemont, l'un des habitués de la maison, nous rappelle naturellement le petit poème du Loto d'Etupes, imprimé dans cette résidence et très rare aujourd'hui. C'est à Mme d'Oberkirch qu'en appartient la première idée, et la scène figure dans son récit non moins ingénieusement présentée que dans le tableau du vicomte. Tous deux d'ailleurs nous peignent d'une manière vive et spirituelle la vie facile qu'on menait à Etupes, en même temps qu'ils font défiler devant nous la liste des privilégiés, hôtes habituels du château. Veut-on savoir de quoi se composait ce petit monde de choix?

Voici d'abord la famille ducale que nous connaissons déjà; puis Mmes de Damitz et de Schack, dames d'honneur de la princesse, Mlle de Domsdorf, fille d'honneur, devenue plus tard femme de M. de Wargemont; le baron de Borck, chambellan, et la baronne, toujours amoureux l'un de l'autre; le baron et la baronne de Maucler, dont le fils Paul, resté au service de la Russie, naquit à Etupes; l'évêque *in partibus*, baron de Schwarzer, grand aumônier du prince; le capitaine Parrot, ancien officier au service de la Compagnie anglaise des Indes, alors gouverneur du château. Puis venaient les commensaux d'habitude, le comte de Baleuse, le marquis de Vernouillet fils naturel de Louis XV, les conseillers Rossel et Jeanmaire, le conseiller Duvernoy voisin de campagne; et en dehors de ce groupe, M. de Rathsamhausen abbé de Murbach et de Lure, M. de Beroldingen doyen du chapitre de Murbach, le baron de Wurmser qui portait le titre de Grand veneur, les barons Franz et Frédéric de Wurmser, le baron de Waldner et sa fille Mme d'Oberkirch, le comte et la comtesse de Wartensleben; et avec le vicomte de Wargemont, capitaine dans Royal étranger alors en garnison à Belfort, son oncle le marquis de Wargemont. C'était l'Alsace qui fournissait la grosse part : à cette liste, nous pouvons d'ailleurs ajouter la famille de Bulach, lord Howard, Mme de Ferrette chanoinesse d'Epinal, la duchesse de Mazarin dame de Belfort, M. Daguet d'Hieure commandant de Blamont pour le Roi, etc.

C'est Mme d'Oberkirch qui nous donne la plupart de ces noms, et nous nous expliquons aisément que la noblesse de sa parenté y occupe les premières places. Dans cette énumération, nous ne voyons figurer aucune des anciennes maisons nobles de Montbéliard, ni les Forstner, ni les Sponeck, et très en passant le baron de Goll qui ne laissait pas d'être en bons termes avec le château, mais probablement n'était pas des cousins de la dame. Nous ne rencontrons pas davantage les noms des pasteurs J. F. Morel et Jacq. Christophe Cuvier, dont les relations avec les princesses étaient cependant de tous les jours, soit pour les actes religieux, soit surtout pour les œuvres de charité. Même silence sur les docteurs Berdot et Raisin : décidément Mme d'Oberkirch ne connaît que les siens.

Le reste ne vaut pas l'honneur d'être nommé.

Tous ces gens qui fréquentaient la cour n'étaient pas d'ailleurs également gens de valeur et de mérite. Il y avait parmi eux à prendre et à laisser, et souvent leur titre consiste uniquement à avoir place dans les Mémoires de la baronne. Parfois aussi l'aristocratie et la noblesse entraient en lutte avec la bourgeoisie et la roture; on se chamaillait, on se lançait des traits plus ou moins acérés. On connaît la réponse mordante que fit le conseiller Rossel à M. de Wargemont qui l'avait quelque peu malmené dans son poème du Loto. Il y avait alors des sortes de susceptibilités que nous ne ressentons plus, et surtout, entre les différentes classes de la société, des jalousies qu'excitait l'orgueil hautain des uns opposé à l'orgueil plus humble mais non moins violent des autres. Les petites cours en étaient le théâtre comme les grandes. Les vers de M. Rossel sont cités en divers endroits; mais puisque l'occasion s'en présente, notons-les quand même ; dix vers de plus ou de moins n'importent pas.

Pour peindre avec tant d'art et d'ingénuité
Un jeu dont vos seuls vers font la célébrité,
Il ne fallait rien moins, ingénieux vicomte,
Que les rares talents dont vous êtes doué,
Talents dont aujourd'hui on est fort engoué
Et qui de vos rivaux feront toujours la honte.
. . . .
Mais permettez qu'ici je vous observe,
  Peut être en dépit de Minerve,
Que du pauvre Rossel votre esprit a manqué
  Le portrait et le caractère;
Il n'est, comme chacun peut l'avoir observé,
Pas plus Grec ni Fréron que vous n'êtes Voltaire.

Voici maintenant la conclusion du poème du Loto, assez rare et assez peu connu aujourd'hui pour en citer un fragment.

Le loto cependant approche de sa fin.
Les joueurs malheureux voyent avec chagrin
Les écus trop hâtés tour à tour disparaître.
Les lamentations vont commencer à naître.
Quoi ! déjà plus d'argent ! comment le concevoir !
Vous n'avez plus de ronds ! Ah ! je n'ai plus d'espoir !
Ainsi de tous côtés, chacun au capitaine
Adresse en gémissant et sa plainte et sa peine.
Rien ne l'émeut pourtant. Tels sont au sein des eaux
Ces rochers sourcilleux où sans cesse des flots
Se brise frémissant l'inutile furie ;
Mais on fait banqueroute et l'histoire est finie.
Que faire ! on recommence alors tout de nouveau.
Rien ne change ; toujours c'est le même tableau.
Ainsi de la gaîté dans le plus doux asile,
Où le bonheur régnait, parfait, pur et tranquille,
Je fis ces faibles vers, lorsque l'Europe en deuil
Accompagnait en pleurs Frédéric au cercueil.

Instants, hélas ! trop courts ! heureux temps de ma vie
Où s'exerçait ainsi ma muse trop hardie,
Vous êtes à jamais, par la main du bonheur,
Inscrits dans ma mémoire et gravés dans mon cœur.
Princesse, un mot de vous, dans le but de vous plaire,
M'inspira de ces vers le dessein téméraire.
Oh ! que ne puis-je ainsi, trop heureux à jamais,
Régler tous mes désirs et former mes projets.
Si d'un simple regard j'obtiens la récompense,
Elle aura de beaucoup passé mon espérance.

Je transcris encore les vers suivants, que je trouve dans un vieux cahier, écrits de la main de M. Rossel. Je ne sais s'ils ont été reproduits quelque part.

Vers
adressés par Monsieur de la Harpe, à Leurs Altesses Sérénissimes et Royale, à Etupes, en 1781.

Que ces lieux fortunés ont des maîtres aimables !
Quel spectacle nouveau ! J'ai vu dans ce séjour
Le bonheur que l'on croit étranger à la cour,
Et les antiques mœurs que l'on traite de fables.
Que la simplicité sied bien à la grandeur !
Que le charme touchant des vertus domestiques
Orne les héritiers des titres magnifiques
Dont tant de souverains ont fondé la splendeur.
Oh ! vous la soutiendrez, postérité guerrière
    Des Frédérics et des Henris,
Dignes imitateurs du plus illustre père
Vous, rejetons nombreux, vous, élèves chéris
    De la plus respectable mère.
Elle sait cultiver par des soins assidus
Les rameaux florissants d'une tige divine.
    La fécondité d'Agrippine
    Récompense Germanicus.

Et toi, Prince, l'amour de cet empire immense,
Monument des travaux d'un esprit créateur,
C'est ici que pour toi le ciel forma d'avance
L'objet qui dut remplir tous les vœux de ton cœur,
Du trône et des sujets devenir l'espérance
    Et le gage de ton bonheur.
Charmante Elisabeth ! quelle heureuse contrée
    S'embellira de tes attraits ?
Pour votre auguste sœur la fête célébrée
Du sort qui vous attend vous montre les apprêts.
C'est ainsi qu'une eau pure en sa fertile course,
Formant divers canaux qui fécondent les champs,
Fait circuler partout ses trésors bienfaisants,
Mais on n'en jouit pas sans en bénir la source.

Ces vers sont de M. de la Harpe, gardons-nous d'en douter. Mais bien que la cour d'Etupes fût d'origine étrangère, il ne faudrait cependant pas croire que toutes ces belles choses fussent débitées par des bouches allemandes et reçues par des oreilles allemandes. Ce serait nous les gâter : au siècle dernier, la langue française était partout bien venue, et il n'y avait pas d'éducation bien faite qui n'en comportât la connaissance. Frédéric II avait beau se battre contre la France, il n'en écrivait pas moins en français ; les lettres de la grande-duchesse sont en français, et toute la correspondance intime de la famille est également dans cette langue. On parlait à peu près exclusivement français à la cour, et l'accent tudesque y eût détonné. Elle avait adopté l'esprit, les habitudes, le caractère de son entourage français comme elle en avait adopté la langue, et tout était français dans les relations du château avec la bourgeoisie. Il n'y avait que le prince dont les notes rédigées en allemand, semblent indiquer une facilité plus grande à écrire dans cette langue.

C'était du reste un assez médiocre littérateur que S. A. S.[1], et tandis que la Royale, tout entichée de poésie se livrait à son goût pour les beaux-arts, lui-même, à la tête de quelques bons compagnons, chassait à courre dans ses bois, assez peu soucieux des choux et des foins de ses sujets. Aux dégâts commis par les sangliers qu'il fallait ménager sous peine de grosse amende, s'ajoutaient les dégâts commis par les chevaux, par la bande des chiens et des piqueurs. On avait beau les maudire les uns comme les autres, et les envoyer à tous les diables, le prince tenait à ses chasses et il fallut la Révolution pour l'en faire démordre. Souvent aussi, escorté des gentilshommes de sa cour et des seigneuries d'Alsace, on allait s'établir chez l'abbé de Murbach ou dans quelque autre grasse abbaye, que pendant un temps on pourvoyait d'un gibier abondant, et c'était à qui ferait des mieux à la chasse ou à table. Entre temps, on cultivait la petite villageoise, et nous savons que le prince ne s'y oubliait pas.

(1) On dit cependant qu'il aimait les sciences et qu'il était en correspondance avec plusieurs savants de France et d'Allemagne.

IV

En dehors des visites qui arrivaient soit à Etupes, soit à Montbéliard, l'histoire du château se résume en fêtes de famille à l'occasion des naissances et des mariages. Trois enfants étaient nés depuis l'arrivée du duc : c'était Charles Frédéric Henri, né le 3 mai 1770, sixième fils du prince ; Alexandre Frédéric Charles, né le 27 septembre 1771, et dont la naissance fut célébrée par l'inauguration du château d'Etupes; enfin, Frédéric Henri le dernier, né l'année suivante le 3 juillet 1772. Ce nom de Frédéric se retrouve chez tous les enfants du prince, comme celui d'Eugène avait été donné précédemment aux trois fils du duc Charles Alexandre, en mémoire du prince Eugène de Savoie dont il était le fervent admirateur. Maintenant c'est le nom du roi de Prusse et de son frère Henri, en même temps que celui du père et de la mère que nous retrouvons dans toute la lignée où il devenait en quelque sorte un nom patronymique, et il est parfois assez difficile de se reconnaître au milieu de tous ces Frédéric. Dans la ville même, ce nom prit racine si bien que pendant plusieurs générations, on le voit figurer sur tous les actes de naissance des filles comme des garçons avec pas mal de Dorothée ou Dorette.

Ainsi vont les évènements, en dehors de toutes les prévisions. Cette maison de Prusse, illustrée par les exploits de Frédéric II, était alors pour l'Europe un sujet d'admiration, et le roi, devenu vieux, jouissait de sa gloire au-dessus des jalousies qu'il avait désarmées. L'empereur Joseph II songeait à le prendre pour modèle ; la France avait ri de sa défaite à Rossbach, et lorsque le prince Henri vint plus tard à Paris, il y fut accueilli avec toute sorte d'amabilités. Une parenté étroite liait la maison de Montbéliard à la maison royale de Prusse et les relations étaient de tous les instants ; le prince Henri venait visiter sa nièce à Etupes, le roi avait pris à son service les deux fils ainés du duc, et c'était encore lui qui mariait les filles. Quelle suite étrange de circonstances a changé les situations ! Ce même peuple de Prusse, sous l'impulsion violente de ses chefs, est devenu pour l'Europe un objet de crainte et de suspicion qui la contraint tout entière à veiller l'arme au bras à sa sécurité : Frédéric II avait su imposer des bornes à son ambition et mériter par sa sagesse le respect même des vaincus. Est-il prudent d'abuser de la force et de pousser le succès aux dernières extrémités, plutôt que, par la modération et des ménagements bien entendus, de préparer les voies à la réconciliation ? c'est ce que l'avenir démontrera ; mais

Ce ne sont point là mes affaires.

Il y eut ainsi onze enfants, mais ils ne restèrent pas longtemps groupés autour du foyer paternel. Les trois fils ainés avaient quitté Montbéliard pour aller à Lausanne, avec M. de Maucler, terminer leurs études, et bientôt après vinrent les mariages. Il était question d'une alliance entre la princesse Dorothée et le prince héritier de Hesse Darmstadt, lorsque la

MARIE FŒDOROWNA

IMPÉRATRICE DE RUSSIE

première femme du grand-duc Paul de Russie mourut en couches; et le prince Henri de Prusse, alors à la cour de Catherine II, songea à cimenter le rapprochement de la Prusse avec la Russie par le mariage du grand-duc avec sa petite-nièce dont il connaissait le mérite et la beauté. Les négociations ne furent ni longues ni difficiles. Le grand-duc avait à peine atteint l'âge de treize ans que déjà sa mère s'était occupée de son établissement matrimonial, et elle avait dressé une liste des jeunes princesses d'Allemagne en situation d'aspirer au rang de grande-duchesse. Par un hasard singulier, la princesse de Montbéliard y figurait dans les premiers rangs, et l'impératrice avait même entamé certaines démarches qui amenèrent à Etupes son mandataire, le baron d'Assebourg, chargé de proposer délicatement à la duchesse de conduire sa fille à Saint-Pétersbourg et de confier son éducation à la tzarine en attendant que le mariage put se faire. Ces négociations n'aboutirent pas immédiatement soit que la princesse fût trop jeune, soit que sa mère ait hésité à l'abandonner, encore enfant, dans la cour dangereuse de Catherine. La mort de la princesse de Darmstadt, devenue Nathalie Alexiéwna, fit revivre dans l'esprit de l'impératrice ses anciennes visées sur la princesse de Wurtemberg. Elle avait hâte d'arracher son fils à ses regrets et d'assurer le trône à sa descendance. D'un autre côté, la présence à Saint-Pétersbourg du prince de Prusse qui venait de terminer avec plein succès des négociations bien autrement difficiles, relatives au partage de la Pologne, et que ses attentions délicates auprès du grand-duc dans les tristes circonstances qu'on venait de traverser, avaient achevé de mettre en grande faveur auprès de la souvoraine, se trouvait l'intermédiaire tout désigné pour mener l'affaire à bonne fin. Le roi se chargea de faire renoncer à ses prétentions le prince de Darmstadt dont il sut adroitement ménager les susceptibilités; toutefois avant de rien conclure, il fut convenu que les jeunes gens se rencontreraient d'abord à Berlin, et que la demande officielle n'aurait lieu que s'ils se convenaient après cette première entrevue.

Une si haute alliance qui devait mettre leur fille à la première place de l'Europe après la reine de France, comblait naturellement les vœux de la famille de Montbéliard et dépassait toutes ses espérances. La jeune princesse, tout entière à son triomphe et à la réalisation de ses rêves les plus ambitieux, s'exerçait au métier d'impératrice, et dans sa joie d'enfant, saluait tous les fauteuils pour apprendre à être gracieuse tout en ne rendant que ce qu'elle devait. Il y avait loin en effet de la petite fille courant les cheveux au vent dans les forêts d'Etupes, à la future souveraine de toutes les Russies. Ce ne fut pas toutefois sans grand déchirement de cœur qu'elle dut quitter sa famille, sa mère qu'elle aimait d'une tendre affection, et cette douce résidence où elle avait vécu heureuse et paisible. On la porta évanouie dans la voiture où son père et deux dames prirent place avec elle; la duchesse ne devait les rejoindre qu'après les promesses échangées. On arriva à Berlin le 12 juillet 1776.

Le grand-duc Paul était parti de son côté de Tzarskœ-Sélo, dès le 14 juin, avec une suite brillante et nombreuse où figuraient plusieurs illustrations de la cour de la tzarine, le feld-maréchal Pierre Roumantzof, vainqueur des Turcs au Danube, le général Nicolas Soltykoff, Alexis Naryschkine, le prince Alexandre Kourakine le fidèle ami de Paul. Dès la frontière de Prusse où le prince Henri était venu le recevoir, ce fut pour le grand-duc une fête perpétuelle. Le roi avait tenu à accueillir son hôte avec tous les honneurs propres à flatter son impériale alliée. Il alla au devant du prince jusqu'à la porte de son cabinet où son frère Henri le lui présenta. On se fit tous les compliments du monde; et bientôt après, au souper de la reine, Elisabeth-Christine de Brunswick, les deux futurs époux se virent pour la première fois. Une seconde entrevue eut lieu le lendemain au dîner, également chez la reine. Le grand-duc fut émerveillé de la beauté et de la grâce de celle qu'on lui destinait. Il s'en ouvrit dès le soir même au prince Henri qui en informa aussitôt Frédéric Eugène. L'impression n'avait pas d'ailleurs été moins bonne auprès de la princesse Dorothée, car encore que le grand-duc fut petit et loin d'être beau, il avait de l'esprit, il était près de devenir empereur, il s'était montré très empressé et très épris auprès de sa prétendue, toutes choses qui méritaient bien quelque considération et même quelque réciprocité. Le 23, le prince Henri, en sa qualité de mandataire de l'impératrice, fit officiellement la demande de mariage après avoir justifié de ses pouvoirs.

Depuis ce moment, ce ne fut plus à Berlin que fêtes, bals, représentations de gala où la jeune fiancée recevait par avance tous les honneurs dûs à la future souveraine. Les deux familles de Prusse et de Montbéliard étaient réunies presque au complet, et ce fut pendant quinze jours une suite non interrompue de visites, de compliments et de félicitations. En attendant son départ pour Saint-Pétersbourg, la princesse et ses parents allèrent habiter le château de Rheinsberg appartenant au prince Henri, qui revint leur en faire les honneurs aussitôt après avoir accompagné à la frontière le grand-duc fort impatient de revoir sa mère et de presser les préparatifs de son mariage. Les princes de Wurtemberg restèrent à Rheinsberg jusqu'au 12 août où ils se mirent en route pour conduire leur fille jusqu'à Memel. Ils arrivèrent au soir au château de Schwedt, siège de la famille paternelle de la duchesse, et où résidait le margrave Frédéric Henri, dernier représentant de sa maison. Il eut une grande joie de revoir des parents si proches et depuis si longtemps éloignés; mais il fallut se séparer bien vite, et le 29 août, les voyageurs arrivèrent à Memel où la princesse fut remise aux mains des dames dont Catherine avait composé la maison de sa belle-fille. Ce fut pour tous une grande douleur et les heures de cette dernière soirée qui précédait la séparation furent bien cruelles. Le lendemain, Sophie Dorothée n'était pas encore réveillée que déjà ses parents étaient partis et s'éloignaient à toute bride : ainsi l'avait voulu la princesse.

La future grande-duchesse arriva le 11 septembre au palais de Tzarskœ-Sélo dont la façade était toute dorée à neuf. L'impératrice vint la recevoir au pied de l'escalier, à sa descente de voiture et la serra dans ses bras; le grand-duc était radieux de bonheur. On l'instruisit dans la religion grecque, et comme elle n'avait jamais communié, elle adopta sans difficulté ses nouvelles croyances, et le mariage put être célébré dès le $^4/_{43}$ octobre 1776. Sophie Dorothée avait fait place à Marie Fédorowna, et c'est sous ce nom que nous la retrouverons désormais.

Le départ de la grande-duchesse laissa un vide

sensible à la cour de Montbéliard. Elle était vive, remuante, et il fallut la situation qu'elle occupa en Russie pour façonner à la diplomatie des cours cette nature ouverte et confiante, mais d'ailleurs pleine de tact et de dignité. Ce qu'elle parut avoir toujours conservé, c'est une bonté réelle, jointe à une bienveillance qu'elle ne cessa de témoigner à tous ceux des jeunes gens de Montbéliard qui la suivirent dans ses nouveaux Etats. Lors de son retour à Etupes avec le grand-duc, voyageant sous le nom de comte et comtesse du Nord, la ville de Montbéliard tint à honneur de les recevoir avec toutes les convenances possibles; il y eut à l'Hôtel-de-ville collation suivie de bal; et, tandis que son mari admirait les beaux fruits qui étaient servis, la grande-duchesse se plaisait à reconnaître les personnes qu'elle avait rencontrées autrefois chez son père; et tout le peuple joyeux de voir une fille de Montbéliard si bien établie, acclamait sur tous les tons les voyageurs.

Le prince Frédéric Guillaume, l'aîné des enfants, devenu gouverneur de Finlande, et par la suite duc régnant puis premier roi de Wurtemberg, avait épousé, pendant qu'il était encore au service de la Prusse, la princesse Auguste Caroline de Brunswick-Wolfenbuttel, à laquelle succéda plus tard Charlotte Mathilde d'Angleterre, fille aînée du roi Georges III. Ces événements sont étrangers à notre pays; cependant nous en retrouverons plus loin quelque trace.

Le 26 juin 1781 eut lieu le mariage de la princesse Frédérique avec le prince Pierre de Holstein, coadjuteur de Lubeck. C'était une princesse aimable, douce, de physionomie un peu mélancolique, mais charmante d'expression et de visage, bien que moins régulièrement belle que sa sœur aînée. Il y eut de grandes fêtes au château ; et, bien que cet établissement fut loin de celui de la princesse Dorothée, il fut pour tout le pays l'occasion de grandes réjouissances parce que c'était le premier qui se célébrait à Montbéliard. Malheureusement cette union ne devait pas être de longue durée ; la jeune duchesse mourut en couches quatre ans après. Le souvenir de ce mariage nous est resté dans un bel album relié en satin, où sont reproduits par M. Warner, peintre et architecte de la cour, les arcs de triomphe et les décorations de la fête célébrée le 29 juin au château de Montbéliard. Toutes ces belles choses, peintes en rose, rehaussées d'or et de vives couleurs, sont accompagnées d'un texte explicatif, calligraphié avec beaucoup de soin. En voici le titre et les premières lignes ; elles donneront idée du reste:

« Description et détail de l'Illumination de l'avenue et de la terrasse du Château, pour la fête donnée par S. A. S. Monseigneur le Prince Frédéric Eugène, duc de Wurtemberg, à Montbéliard, le 29 juin 1781, à l'occasion de l'auguste et heureux hyménée de S. A. Révérendissime et Sérénissime Monseigneur le Prince Pierre Frédéric Louis de Holstein-Gottorp, coadjuteur de l'évêché de Lubeck, et de S. A. Sérénissime Madame la Princesse Frédérique Amélie Auguste de Wurtemberg-Stoutgardt.

Porte d'entrée de l'Eglise du château. Cette porte est composée de deux arcades avec archivoltes, décorées des deux côtés de verdure ; elle est surmontée des armes des Sérénissimes maisons de Holstein et de Wurtemberg sous une couronne royale ; au bas des dites armes est un tableau représentant l'Amour et la Vertu qui conduisent les Augustes Epoux à l'autel de l'hymen. Au-dessus du dit autel, et à l'entour du Sérénissime Couple voltigent des génies et de petits amours tenant en main des couronnes de fleurs et des branches de myrthe, avec cette devise au bas :

L'amour et la vertu forment ces doux liens.

De chaque côté de ce tableau sont deux anges tenant chacun une bannière où se trouve le chiffre des Sérénissimes Epoux.

Cette porte conduit à la grande avenue qui des deux côtés est bordée d'arbres dont les fusts forment une colonnade garnie de lampions, de même que des pyramides qui se trouvent placées entre chacun d'eux. Derrière ces pyramides, les parapets sont illuminés dans la longueur de cent quatre-vingt-cinq pieds.

Par cette allée d'arbres et de pyramides, on parvient à un arc de triomphe de 45 pieds de hauteur, y compris la figure colossale représentant au-dessus de l'attique, l'amour conjugal sous la figure d'une femme qui tient à la main droite le portrait de son époux, tandis que la main gauche est placée sur son cœur. Aux pieds de cette figure, on voit d'un côté deux tourterelles et de l'autre un chien couché, emblèmes de la fidélité, avec ces vers :

De deux cœurs tendres et fidèles,
Les amitiés sont éternelles, etc. »

On commençait à peine à se remettre des fêtes de la noce, et la famille était réunie à Etupes auprès d'un boulingrin que le prince affectionnait particulièrement (7 août 1781), lorsque le maître de poste Titot, envoyé en courrier par le conseil de Régence, entre précipitamment, tout botté, et sans se faire annoncer, en s'écriant : « Monseigneur ! Monseigneur ! Sa Majesté l'Empereur est à Montbéliard et attend Votre Altesse. » On ne se le fit pas dire deux fois, raconte Mme d'Oberkirch, et un quart d'heure après, tout le monde était en carrosse. Déjà la veille deux voitures de la suite étaient arrivées à l'auberge du Lion-Rouge, tenue alors par Isaac Surleau, pour préparer le logement du souverain. Joseph II qui voyageait comme un simple particulier sous le nom de comte de Falkenstein, arriva à dix heures et demie du matin, sans qu'on eût le temps de prévenir d'avance à Etupes et d'assurer sa réception. Aussitôt arrivé, il fit commander une voiture à deux chevaux pour le conduire à cette résidence, de sorte que le prince le trouva au pied de l'escalier prêt à monter dans la voiture qui l'attendait déjà. Il était onze heures deux minutes. Le duc voulut fléchir le genou devant lui, conformément à ses devoirs de prince du Saint-Empire, mais l'empereur l'arrêta en lui disant : « Pas de cérémonies, mon cher duc, c'est le comte de Falkenstein qui vous rend visite. » C'était, comme on sait, un personnage assez excentrique que Joseph II. Très grand, se tenant très droit, il avait l'air extrêmement fier, tout en affectant le dédain de l'étiquette et une extrême simplicité. C'était un demi philosophe sur le trône, juste et modéré dans l'occasion, mais jaloux du pouvoir et de sa dignité autant qu'il était possible. Ce fut un bien gros évènement que l'arrivée d'un si haut personnage dans notre ville où il y avait assez rarement quelque chose de nouveau. L'empereur dîna à Etupes et revint le soir à dix heures coucher à son auberge. Tout le monde était sur pied, on avait allumé tous les lampions de la ville, on adressa des vers à Sa Majesté [1] : le lendemain,

---

(1) Je trouve dans le cahier de M. Rossel les vers suivants adressés à l'empereur. Le nom du poète n'y est pas, mais je ne vois que M. Rossel lui-même ou l'avocat Fallot pour les avoir façonnés :

le duc Frédéric Eugène et le prince de Holstein dans un evoiture, puis les princes Eugène, Guillaume et les autres vinrent assister au lever du souverain. Environ une heure après, ils repartirent pour Etupes où Sa Majesté alla les rejoindre à 11 heures. Il se promena dans les jardins où le public eut la satisfaction de le voir avec toute la cour et revint le soir après souper à Montbéliard, d'où il partit le lendemain à six heures du matin. A son départ, on apprit qu'il était venu demander pour son neveu François de Toscane, la main de la princesse Elisabeth. Elle fut emmenée à Vienne où on l'instruisit dans la religion catholique; et elle aussi fût montée sur le trône impérial, si la mort ne l'eût ravie au moment où son mari allait arriver au pouvoir.

J'abrège ce sdétails autant que possible: je ne veux pas refaire maladroitement les curieux récits de Mme d'Oberkirch. Initiée et même mêlée à toutes les affaires de la famille, elle est mieux que tout autre en situation de nous les faire connaître. Ce fut elle qui, quelques années après, ramena à des senti-

> Du premier des Césars les cohortes puissantes
> Faisant fuir à la fois les Gaulois, les Germains,
> Ont répandu jadis dans nos plaines sanglantes
> La terreur de son nom, la crainte des Romains.
> Dans ce jour fortuné de plus heureux auspices
> Amènent sur ces bords le plus grand des Césars,
> De l'univers entier l'amour et les délices,
> Encourageant partout la vertu et les arts.
> Il quitta de son rang la majesté suprême
> Pour se rendre accessible aux timides mortels.
> Sous le nom qui le cache on le bénit, on l'aime,
> Et nos cœurs à jamais lui dressent des autels.

(1) Elisabeth Wilhelmine Louise, née le 17 juillet 1765, fiancée en 1782, mariée le 6 janvier 1788, morte en couches le 19 février 1790, à l'âge de 25 ans.

ments de pardon le prince et la princesse, un instant fort irrités contre leur second fils Louis dont la conduite avait été assez irrégulière, et qui venait d'épouser, sans même attendre leur consentement, la princesse Marianne Czartoryscki. Il fallut toutes les grâces de la jeune femme pour leur faire oublier qu'elle n'était pas de famille régnante, et les faire passer sur l'équipée de leur fils. Cette union ne fut pas d'ailleurs de longue durée; les deux époux se brouillèrent, il fallut en venir à une séparation, et le prince Louis épousa en secondes noces Henriette de Nassau.

Le séjour du grand-duc Paul de Russie à Etupes et de la grande-duchesse a laissé dans le pays des souvenirs en partie reproduits dans les Mémoires de M#### d'Oberkirch, mais dont il me semble plus à propos de chercher le détail dans les récits du livre des Notaux, conservé dans les archives de la mairie de Montbéliard, et dont les textes peut-être moins piquants, mais beaucoup moins connus, paraissent cependant l'expression plus exacte de l'esprit de la population et de la nature des relations qui existaient alors entre elle et la petite cour d'Etupes.

On était en 1782, et il y avait six ans que la princesse Dorothée avait quitté sa famille pour devenir Marie Fœdórowna, lorsqu'on apprit que LL. AA. II. se proposaient de visiter les principales cours de l'Europe, et de s'arrêter au retour à Etupes avant de rentrer dans leurs Etats. Aussitôt tout fut en mouvement au château; le duc et la duchesse partirent pour Stuttgard où ils devaient voir leur fille à son passage, et revinrent immédiatement à Montbéliard où allait se grouper toute la famille pour recevoir les voyageurs. Déjà étaient arrivés le prince Frédéric Guillaume et sa femme la princesse

Augusta de Brunswick. On avait fêté leur bienvenue, et le 18 avril, à deux heures, le Magistrat, admis à l'audience de ces illustres époux, les avait complimentés par l'organe du sieur J. G. Meyer, maître-bourgeois en chef, au nom de la bourgeoisie de la ville.

« Cependant S. A. S. Monseigneur le prince Frédéric Eugène, ayant reçu des lettres des illustres voyageurs, fit l'honneur au Magistrat de l'informer qu'ils arriveraient sur la fin de juillet ou au commencement d'aoust, et celui-ci prit de suite toutes les dispositions nécessaires pour leur réception.

On fit commander deux cents hommes d'infanterie en uniforme bleu, à parements bleus, divisés en deux compagnies, et soixante hommes de cavalerie, en uniforme rouge, à parements et cols noirs, vestes blanches et culottes noires, qui formaient également deux compagnies; et on se proposait d'envoyer la cavalerie à la borne qui sépare le finage du village de Nommay de celui de Châtenois, pour escorter LL. AA. II. jusqu'à Etupes, le jour de leur arrivée.

Mais les Augustes voyageurs ayant conçu le dessein de surprendre LL. AA. SS. et royale, laissèrent un chacun dans l'incertitude du moment de leur arrivée qui devait être le 1er ou le 4e d'aoust; et ils réussirent ainsi à tromper agréablement leurs augustes parents en les allant surprendre à table dans l'orangerie, le premier aoust environ deux heures après midi, où l'on vit se répandre de part et d'autre des larmes de joie qui attendrirent toutes les personnes qui par hasard se trouvaient là.

Voici la manière dont ils s'y prirent pour les surprendre. Arrivés à Belfort, ils prirent une voiture au dit lieu, avec six chevaux de poste; au village de

Sochaux, ils firent dételer quatre chevaux, et avec les deux autres et un postillon qui servait de cocher, ils se firent conduire à Etupes sans aucun domestique. Ils descendirent à la porte du jardin et firent un détour pour parvenir à la porte de l'orangerie sans être aperçus: sitôt que le Magistrat sut leur arrivée, il envoya de suite une garde de cavaliers à Etupes qui fut continuée jusqu'à leur départ.

Le dimanche 4° aoust, les corps d'Etat ayant été admis à l'audience de LL. AA. II., elles furent complimentées en grande cérémonie au château d'Etupes, au nom de la bourgeoisie, par le sieur maitre-bourgeois en chef, J. G. Meyer, et au nom du ministère par le sieur J. G. Duvernoy, ministre de l'église allemande.

Le 13, arriva en cette ville, après midi, incognito, S. A. S^{me} Monseigneur le duc régnant de Wurtemberg, qui descendit à l'hôtel de M. le vice-président de Goll; il se rendit peu après son arrivée à Etupes, en revint le soir, et après avoir reçu le lendemain la visite de Monseigneur le Grand-duc qui entra en ville et en ressortit par la porte de la Rouchotte, accompagné de S. A. S^{me} Monseigneur le prince de Holstein, il alla encore dîner au château d'Etupes d'où il partit entre quatre et cinq heures de l'après-midi, pour ses Etats de Wirtemberg. Le vendredi 16, il y eut une illumination brillante au château d'Etupes avec un feu d'artifice qui fut tiré dans les jardins; et la fête se termina par un bal masqué auquel un grand nombre de personnes de cette ville furent invitées: la garde des cavaliers était nombreuse et tout se passa avec beaucoup d'ordre.

Le dimanche 18, LL. AA. II. firent leur entrée en cette ville au bruit du canon que le Magistrat avait fait placer au-dessus des vignes du Thiergarten, qu'on commença à tirer aussitôt qu'on les vit arriver à la borne du chemin de Sochaux, et au son de toutes les cloches de la ville.

Le cortège était brillant et consistait en dix-sept carrosses dont six à six chevaux et le reste à quatre chevaux, escortés par deux compagnies de cavalerie que le Magistrat avait envoyées à Etupes à cet effet, l'une en avant, l'autre en arrière du carrosse où étaient LL. AA. II. Les deux compagnies d'infanterie étaient rangées en haie dès la porte du château de cette ville à la porte Saint-Pierre, représentant un arc de triomphe décoré, en entrant depuis Sochaux, d'une figure représentant la Paix, au bas de laquelle on lisait ce quatrain :

> Sous les noms les plus inconnus
> En vain vous prétendez paraître ;
> Pour que l'on put vous méconnaître
> Il faudrait cacher vos vertus.

Et à gauche d'une autre figure faisant allusion à la constance, au bas de laquelle étaient les vers suivants :

> A travers un nuage épais,
> Le soleil par son influence
> Fait partout sentir sa présence :
> On le connaît par ses bienfaits.

L'architecture de la porte était couronnée par les armes de Russie, au-dessous desquelles étaient deux grandes figures : l'une représentant Minerve, l'autre Mars avec leurs attributs, au bas desquelles étaient ces vers :

> Le trône a-t-il plus de douceur ?
> Héritiers du plus vaste Empire,
> L'Europe entière vous admire
> Et vous régnez sur tous les cœurs.

Les côtés de l'intérieur de la porte ressemblaient à des pierres de taille. LL. AA. II. montèrent au château, et après s'y être arrêtées environ deux heures, redescendirent à l'Hôtel-de-ville, toujours escortées de la cavalerie, et où le Magistrat les attendait, ayant à sa tête M. le maire Jeanmaire, qui les complimenta à l'entrée, et auquel elles répondirent très gracieusement.

S. A. S^{me} Monseigneur le prince Frédéric Eugène dit alors à haute voix en s'adressant à SS. AA. II. : « Je suis garant des sentiments de la bourgeoisie de Montbéliard. »

LL. AA. II. et tous les princes et princesses qui les accompagnaient, montèrent à la chambre de MM. les notables, et pendant qu'elles s'occupaient à examiner de charmants meubles qu'on avait permis à un artiste de Neuvide d'exposer, le Magistrat fit illuminer l'Hôtel-de-ville d'une grande quantité de lampions, éclairant, au-dessus de la corniche, un tableau représentant les armes du Wirtemberg et de Russie, à chaque côté desquelles étaient deux figures emblématiques. Le chiffre de LL. AA. II. se trouvait au bas, et reposait sur une planche appuyée sur le balcon où on lisait ce quatrain :

> Les destins dans cet heureux jour
> Firent cette union si belle,
> Pour être le parfait modèle
> Et de l'hymen et de l'amour.

La cavalerie qui escortait les voitures s'était placée devant l'Hôtel-de-ville, et l'infanterie se trouvait au-devant d'elle, ce qui faisait un très beau coup d'œil.

Cette époque est d'autant plus remarquable qu'il se trouvait alors en l'Hôtel-de-ville neuf princes de la maison de Wirtemberg, savoir : Monseigneur le prince Frédéric père et ses huit fils, Monseigneur le grand-duc et Monseigneur le prince de Holstein, ses gendres, S. A. R. et ses trois augustes filles, et la princesse de Brunswick, épouse du prince Frédéric fils, avec tous les seigneurs et dames de la suite de LL. AA. II. et ceux de la cour de S. A. S^{me} Mgr le prince Frédéric.

Les bourgeois chacun en particulier, s'étaient empressés à décorer leurs maisons d'emblèmes et à illuminer de leur mieux. LL. AA. II. étant sorties de l'Hôtel-de-ville, remontèrent en voiture et allèrent ainsi avec toute leur suite de rues en rues, toujours escortées par la cavalerie, pour voir les illuminations et aux acclamations d'un nombre considérable de personnes. Les illuminations leur plurent tant, si vrai qu'elles en firent témoigner leur satisfaction au Magistrat.

Environ à dix heures, elles retournèrent à Etupes, la porte Saint-Pierre étant très bien illuminée. Le 23, à la suite d'une grande fête, il y eut encore un bal masqué à Etupes.

Le dimanche 25, LL. AA. II. avec tous les princes, seigneurs et dames de la cour, vinrent prendre le plaisir de la promenade au Grand-Jardin, où le Magistrat avait envoyé une garde de cavalerie et d'infanterie. Beaucoup de personnes s'y trouvèrent pour avoir la grâce de voir ces Augustes personnes qui leur firent beaucoup d'accueil.

Le 26, LL. AA. II. vinrent à l'église Saint-Martin pendant qu'il n'y avait pas de service, où elles furent reçues par Messieurs les Ministres qui les y attendaient. Pendant leur séjour dans ce pays, il y eût plusieurs parties de plaisir au Parc où S. A. S^{me} Mgr le prince Frédéric avait fait préparer plusieurs décorations ingénieuses.

Une société d'amateurs représenta au Grand-Cerf (au faubourg) trois pièces de théâtre dont l'une avait été composée à l'occasion de LL. AA. II. Toute la cour fut invitée et y assista.

Le 29, il y eut encore une grande fête à Etupes, qui se termina par un bal donné dans la forêt située près du pont de Sochaux. On avait à cet effet construit une maison en planches et de bois; le pont de Sochaux était garni de chaque côté de deux rangs de lampions de différentes couleurs; la maison et le jardin situés au bout du pont, dit les Rêveries, étaient agréablement illuminés d'une quantité prodigieuse de lampions. Depuis la dite maison jusqu'à celle construite pour le bal, il y avait un chemin d'environ cent toises, formé d'arcades supérieurement bien illuminées, ce qui faisait un coup d'œil des plus beaux. Bien des gens furent invités au dit bal, et le Magistrat avait envoyé un détachement de la cavalerie pour faire la garde, et tout se passa avec ordre.

Le 31, jour qui précéda le départ de LL. AA. II., elles firent remettre à l'hôpital deux mille quatre cents livres, douze cents à la Chambre de charité et deux mille quatre cents livres aux cavaliers, en faisant dire à ceux-ci que c'était pour boire un coup à leur santé; une boîte d'or du prix d'environ huit cents livres fut aussi donnée au sieur Dupuis, major de la cavalerie, et une autre d'environ six cents livres au sieur Verenet, premier capitaine de l'infanterie.

Enfin, le premier septembre au matin, nous les avons vus partir avec le regret de ne rien oser faire pour leur témoigner notre attachement et notre vénération, ce qu'ils avaient très expressément défendu.

Pendant le séjour de ces illustres Princes en ce pays, LL. AA. II. avec leur suite, le prince Frédéric père et S. A. R. son épouse ont occupé le château d'Etupes, où l'on avait construit pour la circonstance, un peu à gauche de l'ancien, un pavillon supplémentaire qui ne subsista qu'un petit nombre d'années ; le prince et la princesse de Holstein avec leur suite, logèrent dans la maison de la dame veuve de M. le Conseiller Duvernoy à Exincourt, et le Prince Frédéric fils et son auguste épouse dans la maison du sieur Menoth à Sochaux ; les princes Louis, Eugène, Guillaume, Ferdinand, Charles, Alexandre et Henri au château de cette ville. »

On sait par quelles douloureuses épreuves passa par la suite la future impératrice de Russie, et quelle sanglante catastrophe mit fin à une union qui s'était annoncée sous de si heureux auspices.

Cependant à mesure que les temps avançaient, le vide se faisait peu à peu au château de Montbéliard, que les princes quittaient l'un après l'autre, pour terminer leurs études d'abord, et ensuite pour se faire une position. Plusieurs d'entre eux adoptèrent la carrière des armes qui déjà avait été celle de leur père. Frédéric Guillaume servit pendant un temps dans les armées du roi de Prusse, qui l'aimait et appréciait ses brillantes facultés ; Eugène commanda l'armée de réserve dans la guerre de 1806, et Alexandre devint général au service de la Russie.

En l'absence de ses enfants, la princesse de Montbéliard voulut avoir auprès d'elle ses petits-enfants, et elle demanda à son fils aîné, devenu veuf, la petite Catherine, son second enfant, dont elle voulait faire l'éducation. Le mariage de ce prince n'avait pas été heureux. Il était violent et jaloux, unissant d'ailleurs de grandes capacités à de grands défauts :

de son côté, sa femme Augusta de Brunswick était légère, coquette, tout en demeurant parfaitement honnête. Tant qu'ils avaient vécu en Prusse, le ménage avait bien marché; mais lorsque, sur les instances de sa sœur, le prince fut venu en Russie pour y occuper le poste de gouverneur de Finlande, la situation changea : dans cette cour mondaine et galante à la fois de Catherine II, la jeune et belle princesse de Wurtemberg ne sut pas se défendre de certaines coquetteries qui provoquèrent la colère de son mari. Il commença par la séquestrer ; mais, au moyen de lettres qu'elle jetait par la fenêtre et qui furent ramassées par la police, elle parvint à faire parvenir ses doléances à l'impératrice qui la prit sous sa protection et adressa de vifs reproches au prince. Bientôt une nouvelle intrigue de cour tourna contre la malheureuse Augusta le courroux de la czarine qui l'exila. Elle était grosse, et Catherine qui ne plaisantait pas pour peu qu'on fît mine d'intervenir dans ses affaires privées, ne permit pas que l'on donnât à la princesse les soins que réclamait son état, et elle mourut au château de Polangen près de Riga, où on l'avait reléguée, le 29 septembre 1788, à l'âge de vingt-quatre ans. Son cercueil, jeté sous un hangar, dédaigné par Catherine, oublié par Marie Fœdorowna qui, paraît-il, n'aimait pas sa belle-sœur, resta pendant vingt-huit ans abandonné, jusqu'au moment où son fils, devenu roi de Wurtemberg, le fit enterrer lors d'un voyage qu'il fit à Saint-Pétersbourg en 1816. C'est dans cette ville qu'était née Catherine, sœur cadette de ce dernier. Au milieu des agitations qui troublaient sa famille, ses premières années avaient été assez tristes. Frédéric Guillaume avait quitté la Russie à la suite des reproches que lui avait adressés l'impératrice et s'était retiré à Lausanne avec ses deux enfants. Catherine était sa préférée, mais elle en avait peur, et de fait, tout en jouant avec elle, il ne laissait pas, comme le lion, de laisser parfois sortir ses griffes. C'est alors que sur les instances de la princesse de Montbéliard, il consentit à se séparer de sa fille et à la lui confier.

Catherine avait alors cinq ans, et pendant dix ans, de 1788 à 1798, elle vécut auprès de son excellente grand'mère et de son grand-père qui avaient reporté sur elle toute leur affection. C'était alors une charmante petite fille avec ses grands yeux bleus, son air mutin, et ses beaux cheveux blonds rabattus sur le front. Son séjour à Montbéliard fut le beau temps d'une vie si éprouvée par la suite, à commencer du jour de son arrivée à Stuttgardt où elle dut abandonner sa petite robe légère avec laquelle elle courait dans les jardins d'Etupes, pour la haute coiffure, la lourde robe à paniers et l'affreux corset, véritable instrument de torture, que prescrivait encore l'étiquette des cours allemandes.

Au moment de son arrivée à Montbéliard, le château avait quelque peu perdu de son animation d'autrefois, mais c'était toujours la même maison hospitalière et bienveillante. On continuait à s'y occuper d'art, de littérature et suivant l'expression de l'auteur à qui nous prenons quelques-uns de ces détails, « on y menait une existence que rendaient douce la dignité gracieuse d'une grande dame et la bonté chevaleresque d'un vieux militaire. » (Baron du Casse : *La reine Catherine de Westphalie*. Revue historique. 1888, mars-avril.) On enseigna à la jeune fille le français, et dès lors, elle a toujours parlé, écrit et pensé en français ; elle conserva seulement l'habitude de prier en allemand. Elle s'inspira des vertus de sa grand'-mère ; et plus tard, lorsque les hasards de la fortune l'eurent jetée au milieu de cette vie éclatante et mondaine de la cour de Napoléon, elle y conserva une pureté de mœurs qu'elle devait certainement à sa première éducation, et qui, en dehors de toute austérité affectée, la fit aimer et respecter de tous, même de son mari, et la maintint digne et supérieure dans la bonne comme dans la mauvaise fortune. Ses lettres récemment publiées, témoignent d'ailleurs d'une finesse de tact et d'une justesse d'appréciation tout à fait remarquables; mais une fois sortie d'Etupes qu'elle aima et dont elle garda le souvenir, elle nous échappe, et nous n'avons d'ailleurs à nous en occuper que comme d'une gracieuse apparition dans cette résidence.

V

La cour venait habituellement passer l'hiver au château de Montbéliard, mais c'était Etupes qui restait la résidence de prédilection. Quand on l'avait quitté, on avait hâte d'y revenir ; et en ce moment où nous touchons à la Révolution, et où va disparaître le vrai XVIIIe siècle, il y a plaisir à prolonger notre promenade sous ses bois, et à jeter un coup d'œil dans l'intérieur peut-être un peu triste, mais si calme de ses habitations.

Le village s'ouvre à la porte même du château, sur les collines et dans le pli de terrain que dessine le ruisseau qui l'arrose, au moment de déboucher dans la vallée de l'Allan. L'église paroissiale bâtie sur la pente du côteau, le domine encore aujourd'hui de son clocher en coupole à quatre pans ; près de là était la vieille maison occupée jadis par le pasteur et un peu plus loin l'école. De même que dans presque toutes nos communes, il y avait au pied de l'église un terrain vague, dépendant ou voisin du cimetière, habituellement hanté par les chèvres qui en broutaient les hautes herbes et par les enfants qui venaient s'y ébattre au sortir de l'école. On appelait ce lieu le Communal ; c'était là que dans les temps anciens, les notables de l'endroit, assis après le prêche, sur des troncs renversés, à l'ombre de quelques vieux arbres, venaient délibérer sur les intérêts publics sous la présidence de leur maire ou de leur syndic. On y choisissait le maître d'école, le garde-champêtre ; on discutait les réparations à faire aux bâtiments communaux, aux chemins, la répartition des impôts; on nommait les syndics, les prudhommes et les autres représentants de l'autorité. Les femmes admises parfois à ces assemblées, y péroraient au mieux et à grand foison de paroles : comme dans les ménages, leur voix y devenait souvent prépondérante. En 1771, Etupes était encore un tout modeste endroit de 259 habitants; en 1794, sa population s'était élevée à 387 ; et, encore que son territoire fût fertile et étendu, c'était, comme toutes les autres communes du pays, un village pauvre, d'autant plus que la majeure partie des terres et les meilleures, appartenaient à la seigneurie et dépendaient des fermes du prince. Il en était ainsi dans un bon nombre de nos villages où les terres seigneuriales occupaient encore de vastes espaces et rognaient d'autant les terres des particuliers. Nous ferons d'ailleurs remarquer qu'en parlant d'Etupes, nous n'entendons cependant pas nous en occuper exclusivement, et que si nous nous attachons à décrire cette commune, c'est uniquement parce que nous y sommes.

Toutes les maisons ou peu s'en faut, y avaient encore leur toit de chaume, couronné d'iris et descendant presque au niveau du sol. Quelquefois la couverture était faite de planchettes de bois, nommées échannes, clouées sur des rondins et des branchages faisant offices de lattes. Les murs, en pierres, mais assez peu crépis, étaient percé de petites fenêtres carrées, à moitié couvertes par l'avant-toit, et garnies de petites vitres encadrées de plomb, quand ce n'était pas de papier huilé. Ces maisons étaient bâties sur un plan assez uniforme : elles se composaient d'un corps de logis dont le vaste pignon donnait sur le verger ou le jardin, avec une porte de dégagement venant de la cuisine, à côté d'un cul de four formant comme une excroissance dans le mur. Assez fréquemment cette porte devenait l'entrée principale. La façade regardait la rue ; elle avait une ou deux fenêtres presque au ras de terre. A côté, s'ouvrait la porte habituelle de la maison, protégée par un auvent, et donnant accès dans un couloir ou porche qui conduisait à la cuisine, de sorte qu'on pouvait entrer dans cette pièce soit depuis le jardin, par le côté, soit depuis la rue, par le porche. On pénétrait de là dans la chambre de ménage ou poêle, située sur le devant, mais sans issue directe sur le couloir. Dans la cuisine, habituellement voûtée en berceau, était un vaste manteau de cheminée où l'on se réunissait le soir, à la veillée, pour filer ou tiller le chanvre, à la lueur d'un feu flambant qui dispensait de la lumière de la lampe. C'est là que se racontaient les traditions des anciens temps, les méfaits des revenants et des sorciers ou les commérages du jour. Au plafond pendaient, comme au temps de Baucis, quelques bandes de lard, des oignons, des régimes de maïs ou des torchis de chanvre. A côté du porche était la porte de la grange, protégée par un large avant-toit sous lequel, en hiver et dans les temps de pluie, le maître du logis venait travailler au milieu de ses charrues et de ses instruments de labourage. On entrait de là dans l'écurie, basse et resserrée autant qu'il était possible, et éclairée par une étroite meurtrière.

A l'intérieur du logis était un mobilier encore bien primitif. Dans le poêle, un banc avec une table de chêne, deux ou trois escabelles, une grande armoire où se ramassaient les vêtements, et une planchette ou étagère sur laquelle dormaient quelques grossiers ustensiles de ménage d'un usage habituel, peut-être même quelques vieux livres, un psautier, la *Semaine sainte* de Ch. Duvernoy, ou encore quelque Bible ancienne, reliée en veau brun à fermoirs de cuivre, usée par de longs services, mais encore vénérée et assez souvent ouverte par le grand-père qui en relit les histoires dans les jours de dimanche et de communion. Au fond de la chambre est un lit à colonnes cannelées, garni de courtines bleues, où sous un épais duvet dort une grande partie de la famille, et peut-être pour les jeunes enfants, un petit berceau très bas, qui disparait sous le lit des parents quand il n'en est pas besoin. Une fois grands les garçons couchaient au foin.

Dans un coin de la cuisine, on trouve la huche au pain, et au bel endroit figure le dressoir ou méterot chargé d'objets divers, écuelles, gobelets d'étain, plats de terre fleuronnées, tasses, assiettes en grossière poterie, quelquefois même en bois, et dont on faisait d'ailleurs assez peu d'usage, car tous pêchaient au plat. De vieux landiers ou chenets garnissaient le foyer; les cuillers étaient en bois ou en fer, de forme ronde, mais de fourchettes il n'était pas question. On amenait son morceau de lard sur une mince tranche de pain noir, faisant office d'assiette, et l'on mangeait à la pointe du couteau ; le tout d'ailleurs était des plus rustique.

On montait au grenier par un escalier assez semblable à une échelle. Là se trouvait une soupente ou chambrette dans laquelle logeait la fille de la maison ; et à côté était tout un ramassis de vieilles choses, coffres, bahuts, ferrailles rouillées, pots fêlés, débris de toute sorte, mis au rebut avant d'être détruits ou brûlés. Au-dessus de la grange et de l'écurie étaient les récoltes, le foin, la paille, comme encore aujourd'hui. Des appentis adossés à la maison servaient de hangars pour les charrues, de buchers, d'écuries pour les poules et d'étables à cochons ; près de la porte, on voyait quelquefois un mortier en pierre où les femmes pilaient le gruau dont elles faisaient la bouillie ; puis un banc de bois où l'on venait se reposer le soir en été. A quelques pas de là, un vaste fumier, objet de soins tout particuliers, témoignait par son amplitude de l'importance de la dot qu'avait à attendre la fille du logis.

Tel était le type ordinaire des maisons de village ; on les appelait des cheminées sans doute parce que l'immense cheminée qui occupait la moitié de la cuisine, en était le lieu central et la pièce essentielle ; c'est comme si l'on eût dit le foyer domestique. Ces vieilles constructions sont rares aujourd'hui ; on n'en rencontre plus que quelques échantillons plus ou moins accommodés aux besoins actuels. C'est à Bart que nous avons rencontré celle que nous venons de décrire ; la faitière de la grange porte la date de 1631. Cependant la disposition générale se voit encore assez fréquemment dans les constructions du jour : d'un côté le corps d'habitation, à l'autre extrémité les écuries, au centre la grange. L'entrée sur le pignon est assez souvent supprimée et remplacée par une porte de dégagement derrière la maison. Quelques-unes aussi, sortes de pigeonniers à un ou deux étages, avec leurs fenêtres à meneaux, présentaient comme un ressouvenir du XVI° siècle et des maisons fortes des anciens temps : il fallait pour atteindre la porte, gravir un escalier de plusieurs marches, comme pour un donjon. Avec cela, les poules picoraient, le coq chantait sur le fumier, on entendait beugler les veaux, et les canards barbottaient dans la mare qui inévitablement salissait le devant du logis : tout cela composait un ensemble des plus rustique, mais non dépourvu de saveur et de charme.

La présence des princes à Etupes avait cependant introduit dans ce village un certain bien-être et quelques améliorations dans le régime. On bâtissait avec plus de soin, on cultivait avec plus d'intelligence. Dans les vergers et les jardins s'introduisaient des espèces de fruits et de légumes de qualité meilleure qu'auparavant. On voyait même dans les jardinets, devant les maisons, quelques fleurs de giroflées, des pavots, des œillets, des touffes de roses trémières, marques d'une situation plus prospère et du progrès moral de la population. Il suffit de quelques fleurs ainsi brillant au soleil, pour constater l'aisance dans un village; le pauvre courbé sous le faix du jour et en quête de son pain, a bien le temps de songer à son agrément et à l'embellissement de son jardin. Etupes était devenu chef-lieu de mairie, chef-lieu de justice seigneuriale et capitale d'un petit fief constitué par le duc Charles au profit de son frère; la famille du prince s'intéressait aux gens du village, les aidait de conseils et d'argent, secondait les essais, encourageait les travaux. Chaque matin, la royale faisait comparaître sa femme de charge, Mme Haendel, avec sa belle robe de gourgouran et ses rubans couleur feu, et s'enquerrait de tout ce qui se passait soit à la ville, soit à la campagne; c'était la gazette du jour; Pierrot épousait-il Charlotte ? la gelée avait-elle brûlé les fleurs des pommiers ? une pauvre famille avait-elle sollicité les secours de Son Altesse ? Ces secours, nous l'avons dit, ne se refusaient jamais; les princesses pénétraient dans les plus pauvres cabanes y portant de l'argent, du pain, des consolations. La charité était de mode à cette époque et la cour de Montbéliard ne restait pas en arrière; ajoutons à son honneur que pour les princesses ce n'était pas seulement affaire de mode.

Mais en même temps qu'on s'intéressait aux souffrances, on prenait part aussi aux joies et aux plaisirs. Malgré les défenses et inhibitions du Conseil ecclésiastique, malgré les anciennes ordonnances quelque peu tombées en désuétude, et, bien que le pasteur, du haut de la chaire, continuât de tonner contre ces œuvres de Satan, on dansait parfois le dimanche dans les granges, et les hôtes du château ne dédaignaient pas toujours d'aller voir sauter nos villageoises. Le prince lui-même à qui les jolies filles n'étaient pas indifférentes, jetait volontiers en passant un coup d'œil sur ces réjouissances. Il est vrai qu'en présence de ces abominations, était encore intervenu un arrêté du Conseil, en date du 7 juin 1773, signé de Goll et F. A. de Sponeck, et s'exprimant en ces termes : « A ces causes, et pour arrêter le cours de pareils abus, le dit Conseil fait très expresses défenses et inhibitions à tous les cabaretiers et autres particuliers, dans les villages de la campagne, de souffrir aucuns joueurs de violon et aucunes danses dans leurs maisons ou dans leurs granges, les dimanches et jours de fête, à peine de 10 livres d'amende pour chaque contrevenant, défendant sous la même peine à tout joueur d'instrument, de jouer... » etc. Mais des arrrêtés du Conseil on ne s'inquiétait mie.

Déjà une ordonnance de 1546 avait essayé de supprimer les fêtes patronales, mais elle n'avait point été observée. C'était surtout en ce jour que se montrait dans toute sa joie et dans tout son luxe campagnard, la population de nos villages. Huit jours à l'avance, on frottait, on balayait la maison du haut en bas; la batterie de cuisine était remise à neuf, les seaux étaient écurés à fond, et les cuivres, quand il s'en trouvait, resplendissaient comme de l'or. On mettait des rubans neufs à la quenouille et au rouet qui commençait à remplacer les fuseaux; on le chargeait de la plus belle ovre qu'on pût trouver. Pour ce grand jour étaient ménagées les plus brillantes toilettes : le petit bonnet brodé étincelait de paillettes d'or sur la tête des jeunes femmes. Elles avaient préparé une chemise de toile fine, où figurait au col, brodé en belles lettres rouges, le nom de la propriétaire; les manches bouffantes et d'une blancheur éclatante, venaient arrêter leurs plis dans une bride, élégamment brodée, que fermait au-dessus du coude, un double bouton en cristal ou en argent : cette bride portait le nom de *laitotte*. Le corsage en drap, et assez souvent en soie, était découpé en carré sur la poitrine, et laissait voir le linge blanc à larges plis empesés, comme chez les Bernoises. Dans les temps froids, elles couvraient leurs épaules d'un mantelet en droguet qui se laçait sur la poitrine et se terminait derrière le dos par deux petits pans ou lapottes. La jupe en futaine ou en verquelure, descendant jusqu'à la cheville, était soutenue chez les vieilles femmes par deux brassières croisées. Le dimanche on portait des souliers. En ce jour-là, toute la communauté en grande toilette se rendait dès le matin à l'église que dans leur patois les gens du village appelaient encore le moutiers [1]. Depuis 1783, le pasteur Jacques Christophe Cuvier avait remplacé Jean Frédéric Morel, décédé, et il devait à son tour desservir la paroisse jusqu'à 1821. Les princesses arrivaient de leur côté en grand équipage; on écoutait respectueusement le prêche et les exhortations débitées du haut de la chaire, mais elles n'empêchaient pas les réjouissances. Chaque famille avait convié à la fête ses parents et amis du voisinage. On avait pétri pour leur bienvenue des gâteaux de froment, des pains ou fouasses dorés, au lait et au beurre. Le meilleur jambon avait été mis en réserve depuis la Noël; on l'avait soigneusement fumé au genièvre, avec le lard dont une tranche dorée couronnait un grand plat de choux. C'était jour de fête, on ne ménageait rien; mais en temps ordinaire, du lait caillé, une grosse

(1) Les vases de communion de l'église d'Etupes sont un don de la princesse à l'occasion de la naissance de son petit-fils, l'empereur Alexandre I. Ils ont échappé aux réquisitions de Bernard de Saintes, ainsi que ceux d'Allanjoie, offerts par Mlle de Gueldrich, ceux d'Etobon, de Chenebier, de Valentigney et de quelques autres villages. Un ordre de la régence de 1616 avait prescrit de remplacer par des vases en vermeil ceux d'un métal plus commun. Cette prescription ne fut observée que dans quelques communes, et, encore aujourd'hui comme alors, la plupart des vases sont en étain. Ceux d'Etupes sont en vermeil: ils se composent d'une petite coupe de 16 cent. de haut sur 11 cent. de diamètre, d'une patène et d'une petite boîte ou ciboire pour les hosties. L'inscription rappelle la circonstance à l'occasion de laquelle ils ont été donnés; elle est gravée sous le pied de la coupe et contient ces lignes : DONNÉ EN MÉMOIRE DE L'HEVREVSE DÉLIVRANCE DE MA CHÈRE FILLE LA GRANDE-DVCHESSE DE RVSSIE, ACCOVCHÉE A PÉTERSBOVRG LE 23 DÉCEMBRE 1777 D'ALEXANDRE PAVLOVITZ. — Il existe dans cette église un autre calice en argent, haut de 18 cent., datant de 1617 et portant les noms du maire Perin Marcoux, de Perin Marconnet le jeune, de Claude Pechin, jurés, et de Claude Bourgongne, ancien. Le nom du pasteur n'y figure pas.

soupe au pain noir, quelque grossier légume à l'eau composaient tout le festin. Les pommes de terre étaient encore un luxe. Le dimanche, dans les bonnes maisons, on ajoutait parfois un morceau de bœuf ou de porc et un verre de piquette du cru. Sur le communal étaient installés des marchands forains venus de Montbéliard ou de Delle; des jeux de bagues ou de quilles étaient organisés en dépit des prohibitions consistoriales, et bientôt les sons d'un violon campagnard appelaient à la danse jeunes garçons et jeunes filles. Les ajoulottes succédaient jusqu'au soir aux bourrées et aux courantes; et tout cela à la grande satisfaction des étrangers et des curieux qu'émerveillaient les mœurs antiques et originales de nos campagnes. Pendant ce temps, de braves buveurs achevaient leur journée au cabaret, contant les histoires du vieux temps ou discutant la récolte prochaine.

VI

Ainsi se sont écoulés dans notre pays les derniers temps qui ont précédé la Révolution française. Mais qui donc eût dit, en présence de cette paix profonde dont nous étions entourés, que nous touchions aux évènements les plus graves qui eussent jamais ébranlé l'Europe? que non-seulement la France dans sa toute puissance, mais même notre humble comté de Montbéliard, si petit, si étranger à tout ce qui se passait au dehors, allaient être secoués jusque dans leur base, voir leurs institutions renversées, un ordre de choses séculaire bouleversé de fond en comble, et un monde nouveau se substituer à un régime que sa durée semblait avoir affermi à tout jamais? Mais si la durée est une preuve de solidité, elle n'implique cependant pas une existence éternelle, et c'est elle aussi qui prépare la décrépitude et la caducité.

D'aucuns, je le sais, en assez grand nombre, ont regretté ces vieux temps, et naturellement ceux-là surtout qui avaient été mêlés aux affaires, qui avaient approché de la cour, ou pour lesquels il pouvait y avoir encore des dîmes, des vassaux, des corvées, des droits seigneuriaux de toute sorte. Tel n'était pas, d'un autre côté, le sentiment de ceux qui avaient tout à redouter de l'exercice de ces mêmes droits, et qui pouvaient craindre de se voir de nouveau à la merci de cette présomptueuse noblesse, dont ils avaient eu tant de peine à vaincre les résistances et à détruire les privilèges. Passe encore si les abus ne s'étaient produits qu'avec mesure, comme aux derniers temps dans notre pays de Montbéliard, où la bienveillance du seigneur compensait jusqu'à un certain point ce qu'il y avait encore d'excessif dans les pouvoirs dont il disposait. Je ne parle pas de la ville où les libertés étaient pour le moins aussi étendues qu'elles le sont aujourd'hui; et encore pouvait-on toujours redouter quelque caprice du prince; car, à voir la manière dont Léopold Eberhard en avait usé avec les bourgeois, et ce qui s'était passé en mainte autre occasion, on sentait qu'en définitive la sécurité, la paix, la liberté de tous restaient encore pour beaucoup à la merci du souverain et de son bon plaisir.

Cependant on parut pendant un temps s'attacher à l'état de choses existant parce qu'on savait ce qu'on avait et qu'on ne savait pas où l'on allait. Il y a évidemment dans tout ordre de choses établi des améliorations possibles; mais notre population prudente, attachée à ses institutions et généralement fidèle dans ses affections, craignait d'autant plus de se laisser entraîner aux influences extérieures qu'elle n'avait pas toujours eu à se féliciter de l'intervention des étrangers dans nos affaires.

D'un autre côté, la Révolution aussi bien que l'annexion à la France, eurent également parmi nous de chauds artisans, soit que ce fût ambition de leur part, amour des nouveautés ou antipathie du régime existant; soit que plus éclairés et voyant plus loin que leurs concitoyens, ils eussent le pressentiment de ce que préparait l'avenir et des avantages qui devaient résulter de notre annexion à un grand Etat. Il est rare que les contemporains se fassent d'une situation donnée une idée parfaitement exacte. Les uns regardent par le gros bout de la lunette, les autres par le petit : ils voient tantôt de trop loin, tantôt de trop près. Je ne sais lesquels jugent le plus sainement : en tous cas, il ne peut appartenir qu'à quelques hommes supérieurs de discerner le vrai point de vue, et à la postérité de ratifier leurs jugements. Pour nos pères, la question qui se posait était certainement obscure, difficile ; et des tiraillements en sens opposé qu'elle faisait naître, parut résulter un moment d'incertitude et d'attente qui maintint la tranquillité dans le comté, alors que tous les pays environnants étaient déjà bouleversés, pleins d'espérance à la fois, de fièvre et d'anxiété.

Il y aurait sans doute quelque intérêt à rechercher quels étaient ces avantages qui devaient naître pour nous de notre réunion à la France ; mais ce n'est pas le sujet qui nous occupe en ce moment ; nous en donnerons une idée par la suite. Toutefois avant de sortir du cercle que nous parcourons, nous voulons revenir un instant en arrière pour résumer ce qui précède, et essayer de nous rendre compte des impressions et des sentiments qui prévalaient dans la population au temps où nous sommes parvenus. Je trouve dans de vieux papiers un Mémoire manuscrit, sans nom d'auteur et sans date précise, mais qui me paraît être de la main de Samuel Frédéric Fallot, avocat au conseil de Régence, et qui remonte évidemment au temps immédiatement antérieur à l'occupation par la

France. Il répond assez exactement à notre objet, pour que nous croyons à propos d'en reproduire quelques traits :

« Le bonheur auquel les hommes sont appelés ici-bas, dépend des avantages plus ou moins grands que la société à laquelle ils sont attachés peut leur procurer. Les lois qui dirigent ces sociétés et qui assurent le plus solidement aux membres qui les composent le plus grand bonheur, sont celles qui garantissent à tous une sage liberté, l'égalité des droits, la seureté des propriétés ; et le gouvernement le plus avantageux est celui qui, en assurant l'inviolabilité des personnes et des propriétés par des magistrats et les moyens de répression nécessaires, exige cependant la contribution la plus insensible et les privations les moins onéreuses.

« Les habitants de la principauté de Montbéliard sont sans doute de tous les peuples de l'Europe celui qui jouit, dans la latitude la plus étendue, de ces grands avantages. Quoique le pays soit sous l'autorité d'un souverain, il n'est pas de république plus libre, et qui jouisse plus complétement de ses droits naturels. Les Franchises qui ont été accordées aux bourgeois de la ville depuis cinq siècles passés, et que leurs souverains se sont fait un devoir de maintenir, sont un monument de la vraie liberté. Ce sont les bourgeois qui nomment chaque année leurs représentants au nombre de dix-huit pour l'élection des magistrats chargés de l'administration de la justice et de la police dans la ville et dans la banlieue. C'est cette municipalité qui, dans les cas de nécessité relatifs uniquement aux besoins de la ville, et non sur demande du souverain qui ne peut, de son autorité, lever aucune espèce de contribution ni dans la ville ni dans le pays, fixe de concert avec le corps des dix-huit et celui des notables, les contributions toutes temporaires et qui cessent dès qu'il a été pourvu aux dépenses qui en ont fait l'objet.

« Le souverain a son représentant au tribunal du Magistrat, mais sans voix délibérative ; et, pour assurer d'autant mieux les droits des bourgeois, on peut appeler de ce tribunal à un autre établi dans la même ville par le souverain, et, dans des cas déterminés, au souverain lui-même.

« Rien ne gêne en aucune façon la liberté des bourgeois. Le souverain lui a donné une telle extension, que nul ne peut être arrêté ou incarcéré qu'en cas de flagrant délit, après information et jugement du Magistrat, mais jamais pour dettes ; et, si un des bourgeois veut quitter la ville, le prince est obligé, en lui donnant congé, de faire reconduire l'émigrant, à ses frais, pendant une nuit et un jour, où qu'il veuille aller.

« Le seul impôt direct réservé par le souverain, consiste en 12 deniers par toise de façade que les bourgeois doivent payer annuellement. Le souverain est chargé de l'entretien des ponts, du pavé des places publiques, sans rétribution directe. Chaque quintal de marchandises qui arrive en ville, paye trois deniers de droits de douane, et les grandes voitures, six sols. Cela rapporte seulement les frais d'entretien d'un dépôt public et de la personne qui en a la direction.

« Les habitants de la campagne sont gouvernés avec une douceur relative et proportionnelle à celle dont jouissent les habitants de la ville, quoique sous le régime immédiat du souverain qui leur accorde un tribunal particulier dont les membres sont pris parmi les cultivateurs. Ces juges se rassemblent dans la ville chaque quinzaine, sous la présidence d'un prévôt; et l'on peut appeler de leurs jugements au tribunal du conseil de Régence.

« Chaque semaine, un tribunal composé de conseillers de Régence, sous le nom de Justices sommaires, écoute les parties, cherche à les concilier, et souvent, en leur faisant droit immédiatement, évite des discussions fâcheuses.

« Les frais de justice sont si modiques que les étrangers ne peuvent assez s'en étonner.

« Les lois du pays sont les plus simples et les plus conformes à la jouissance des droits de l'homme; et la modicité des peines pécuniaires prouve qu'elles ont été établies pour maintenir le bon ordre et rappeler au devoir les contrevenants, et nullement dans l'intérêt du fisc.

« L'impôt de la campagne envers le souverain, qui ne peut être augmenté, consiste dans une somme de 12 livres pour chaque charrue de 4 bœufs de traits et au-dessus, avec quelques menues redevances. Cette somme se subdivise pour ceux qui ont moins de 4 bêtes, et qui alors payent en raison de 3 livres par bête, de sorte que le plus riche cultivateur paye au plus, pour tout, environ 24 livres; et le particulier, non cultivateur, quelle que soit son industrie, ne paye que huit livres par an, ce qui est insensible pour les contribuables.

« La dixme est perçue à la 11ᵉ gerbe; elle est employée aux frais du culte, de l'éducation publique, d'études au cloître de Tubingue, aux pensions des veuves d'officiers et de fonctionnaires. Elle n'est point un impôt au profit du souverain, mais un capital entre les mains de dépositaires, chargés de subvenir aux dépenses de nécessité. Les autres propriétés, prés, vergers, maisons, terres incultes, ne payent pas la dixme, mais une redevance de un sol par journal.

« L'on ne connaît point dans le pays de Montbéliard les milices ou enrôlements forcés qui enlèvent les citoyens à leur famille ; et les pères et mères y goûtent le plaisir d'élever leurs enfants et de jouir d'eux... Enfin les habitants de la principauté possèdent, sous le gouvernement d'un prince, père de son peuple, tous les biens que les hommes, vivant en société, peuvent se promettre : ils ont la paix, la tranquillité, une heureuse médiocrité qui les préserve des vices trop souvent la suite de l'abondance et de la richesse.... »

Ne dirait-on pas l'âge d'or, ou quelque nouvelle Salente impatronisée à Montbéliard et survivant aux temps fabuleux ? La scène était prête pour réveiller Astrée, et nous montrer de nouveau la bonne dame parcourant la terre. Notre auteur adjure ensuite la République française de respecter un Etat inoffensif, avec lequel elle a toujours eu des rapports de bon voisinage, et hors d'état de lutter contre une nation redoutable, mais généreuse et dévouée à la liberté des populations qui l'entourent. Qu'en ce qui concerne la principauté de Montbéliard, quelque changement que ce soit, apporté au au régime auquel elle est soumise, ne peut que réduire la somme de bonheur dont elle jouit.

VII

Ainsi, c'est au moment même où nos pères pouvaient avec plus de raison que jamais compter sur le maintien du régime existant, qu'au contraire tout allait être bouleversé, transformé. Si, depuis le traité de Versailles en 1748, les seigneuries n'avaient pas toujours joui d'une entière sécurité, si les tiraillements des pouvoirs leur avaient fait parfois une position difficile, jamais dans le comté proprement dit, le bien-être n'avait été plus grand, la tranquillité plus réelle et la paix mieux assise. Il semblait que l'on se fût repris à vivre joyeusement et avec confiance dans un monde que ne troublait aucun nuage. La famille ducale avait vu de graves évènements s'accomplir dans son sein, mais ils avaient été généralement heureux plutôt que malheureux ; et le peuple, tout en s'associant aux joies et aux tristesses de ses princes, était cependant resté étranger à ces scènes de famille, ou du moins n'en avait ressenti le contre-coup que d'une manière insensible et sans que ses intérêts y fussent engagés pour la moindre chose. Pendant les dernières années, il ne s'était produit dans le pays aucun fait grave de nature à inquiéter les esprits : non pas assurément que tout fût pour le mieux, et qu'au milieu des incertitudes et des préoccupations qui flottaient encore vagues dans notre entourage, Montbéliard restât comme un Eldorado, comme une sorte d'oasis de félicité précieusement gardé à titre d'échantillon. Chez nous aussi il y avait, comme ailleurs, inquiétude et souci de l'avenir; comme ailleurs, il y avait bien des vieilles choses à faire disparaître; mais il y a loin de quelques améliorations de détail à une révolution, d'autant plus que si les uns voulaient détruire, d'autres voulaient conserver, estimant non sans raison, que la paix et la prospérité des dernières années en faisaient une obligation, qu'il fallait avant tout sauvegarder nos franchises, assurer la situation religieuse et nous garer des impôts qui pesaient si lourdement sur le peuple de France.

Sans doute ces doctrines surannées survivant aux temps féodaux, et cette vieille législation du comte Frédéric, encore toute empreinte de la barbarie du moyen-âge et des sévérités de la Réforme, n'étaient plus en rapport avec l'esprit du jour et l'état moral de la population. Déjà même d'importantes et sérieuses modifications y avaient été apportées; mais ce n'était pas assez. Malheureusement il est de l'essence du pouvoir et de ceux qui l'entourent, de maintenir ce qui existe, encore qu'il y ait abus, comme il est dans l'esprit de ceux qui se trouvent éloignés du centre, de chercher à s'en rapprocher même par la violence, ne fût-ce d'ailleurs que pour substituer un abus à un autre. En fait, les uns sont conservateurs sous prétexte du bien, en réalité parce qu'ils détiennent et qu'ils veulent garder; les autres sont novateurs sous prétexte du mieux, en réalité parce qu'ils veulent accaparer et posséder à leur tour. Qu'il y ait dans le nombre des hommes de conscience et de conviction dans leurs actes, c'est ce que nous ne contestons nullement ; mais en pareille matière, il est toujours bien difficile de discerner ce qui appartient aux ambitions personnelles et à l'intérêt privé.

Au fond, le plus grave inconvénient de notre situation, c'était notre isolement et l'impossibilité où nous étions d'établir avec nos voisins des relations utiles et profitables. Notre état politique en souffrait non moins que l'extension de nos affaires industrielles ou commerciales, je dirai même que le progrès et le large développement intellectuel de la population.

Dans les temps anciens où chacun vivait pour soi et chez soi, où l'individualisme était de droit commun, et où chaque seigneur n'aspirait qu'à établir une barrière infranchissable entre ses Etats et ceux du voisin, notre situation avait été celle de toute autre seigneurie, peut-être même comptait-elle parmi les plus favorisées. Les terres du comté étaient restées longtemps à l'état de terres allodiales, et les princes, féaux des empereurs d'Allemagne, avaient même essayé de s'affranchir de ce dernier lien. Ils n'y avaient pas réussi, et, à la suite de luttes plusieurs fois renouvelées, ils avaient été contraints par Rodolphe de Habsbourg, de se reconnaître non plus seulement comme féaux, mais comme vassaux directs de l'Empire. Mais à la distance où Montbéliard se trouvait du siège du pouvoir, cette vassalité resta plutôt nominale qu'effective. Au XVIIe siècle, le comté fut dévasté par les armées impériales tout comme par les Suédois ; et lorsque Louis XIV eut conquis l'Alsace et la Comté de Bourgogne, et que le pays fut devenu une enclave de la France, les empereurs se trouvèrent absolument hors d'état d'y exercer une protection efficace ; d'ailleurs ils ne s'en souciaient guère. Notre annexion à la France fut ainsi la conséquence naturelle de notre situation, et en réalité un simple retour de nos populations à leur patrie d'origine. Ce que nous pouvions redouter, ce n'était pas la France à laquelle nous appartenions moralement et physiquement, mais le gouvernement royal arbitraire, absolu, fanatique, et en toute occasion si redoutable aux protestants. Dès lors Montbéliard compris dans les terres de la République, enveloppé dans son système de défense, en reçut la protection qui lui était due ; et, si son territoire ne put échapper aux invasions que le sol entier de la France dut subir, il cessa cependant d'être entre les deux empires une sorte de champ clos sacrifié aux uns comme aux autres. Dans l'intervalle notre comté, rattaché aux départements voisins, avait contracté de ce côté des relations nouvelles et plus étendues ; les questions religieuses qui si longtemps nous avaient éloignés de l'Alsace et de la Bourgogne, étaient mises à néant. Pour la République, il n'y avait ni catholiques ni protestants ; tous se confondaient sous le titre de citoyens, et les différences de doctrine ou de culte disparaissaient dans le grand mouvement social qui unifiait les provinces sous une loi commune et les entraînait dans le même tourbillon.

C'étaient pour nous de graves résultats : l'union politique était un fait accompli ; les lois de tolérance auxquelles notre pays n'était pas resté étranger, avaient brisé les barrières religieuses ; l'ensemble administratif était constitué ; nous y avions gagné des droits plus étendus et mieux déterminés ; enfin en partageant ses gloires, en nous associant à ses épreuves et à ses douleurs, nous avions formé avec notre nouvelle patrie, un lien de sentiment et d'affection qui désormais ne pouvait se rompre. Avec l'ancien régime avait d'ailleurs disparu tout un ensemble d'usages locaux, de réglementations particularistes, de barrières et d'obstacles apportés aux affaires, qui semblaient naître à plaisir, et qui n'avaient en réalité d'autre résultat que d'établir de voisin à voisin une méfiance, je dirai presque une hostilité en quelque sorte permanente.

Ce n'était pas tout encore : les révolutions sont pour les peuples comme des coups de fouet qui les réveillent et les stimulent. A peine étions-nous rentrés dans le sein de la grande patrie française que se produisaient les grands travaux de Cuvier et de ses élèves, comme si l'épanouissement complet des aptitudes indigènes eût attendu ce moment pour se montrer dans son éclat. Dans un petit pays où l'horizon des esprits se proportionne en quelque sorte à l'horizon politique de l'Etat, il y a peu de place pour les conceptions des hommes supérieurs, et les intelligences ne semblent s'ouvrir qu'en raison de l'espace qui leur est offert. D'ailleurs les grands travaux qui marquèrent la fin du XVIIIe siècle, et substituèrent la science sérieuse à l'empirisme des vieux temps, joints au vaste contingent d'idées neuves qui nous arrivaient de l'orient comme de l'occident, de la France comme de l'Allemagne non moins remuées l'une que l'autre, nous étaient comme un levain qui échauffait les intelligences et en fécondait l'activité. Paris devenait non seulement notre capitale, mais comme un foyer de lumière qui attirait tous les regards. Cependant nous aussi nous y apportions notre rayon : en 1792, Cuvier avait publié son premier mémoire ; nos gloires devenaient celles de la France, et c'était les mains pleines que nous lui demandions accueil.

Le mouvement industriel qui s'est produit parmi nous depuis une quarantaine d'années, a été comme une suite et une conséquence des progrès de la science. Ses découvertes recevaient ainsi leur application pratique ; toutefois, au commencement du siècle, ce fut particulièrement l'agriculture qui parut profiter du changement de régime. Lors de la vente des terres seigneuriales et des forêts du domaine, confisquées à titre de biens nationaux, nos villages avaient fait des acquisitions importantes qui contribuèrent beaucoup à les enrichir. Les anciennes fermes du prince furent en partie démembrées, en partie conservées et rachetées par des particuliers qui y firent pendant un temps de bonnes affaires. Leur prospérité dura jusqu'au moment où le grand développement imprimé à l'industrie porta les esprits dans une autre direction ; et, par suite de l'augmentation des prix de main-d'œuvre, enleva aux terres une partie des forces dont elles avaient besoin, de façon que ces deux sources de production les plus fécondes, au lieu de s'entr'aider, en vinrent à s'exclure et à se nuire réciproquement.

A leur tour, les petites industries que la culture avait ménagées, et qui de leur côté lui laissaient les forces nécessaires, s'en allaient dépérissant dans leur lutte avec les grands établissements, dont les moyens puissants de production et de fabrication économique rendaient la concurrence impossible. On serait bien embarrassé aujourd'hui de reconstituer dans notre ville les corps de métiers d'autrefois, gantiers, mégissiers, tisserands, chaudronniers, même les serruriers ou les menuisiers. L'ouvrier s'est substitué à l'artisan, comme le travail par la machine à l'atelier a remplacé le travail des bras à domicile. La masse y a gagné d'être mieux vêtue, mieux logée et à meilleur marché; mais les petites industries et le petit commerce ont dû fermer boutique, et l'agriculture commence à vendre ses charrues dont personne ne veut.

Ainsi changent les temps, ainsi se transforme l'existence. Il serait curieux de rapprocher la situation industrielle telle qu'elle est actuellement dans nos pays, de ce qu'elle était il y a cent ans, ou même cinquante ans, et de signaler les étranges mouvements qui se sont produits dès lors dans la répartition de nos populations. En 1775, Audincourt avait 369 habitants, 683 en 1794 par suite de l'extension de l'industrie des forges; aujourd'hui sa population dépasse 5,000 âmes, et ce village est devenu la troisième localité du département. Beaucourt en 1748, avait 224 habitants; Hérimoncourt 194 en 1709, 322 en 1787; Seloncourt 243 en 1748; Valentigney 294 en 1709, 485 en 1794, aujourd'hui 2,300. Au contraire, dans les villages exclusivement agricoles, par le fait même de l'émigration vers les localité industrielles, la population tend à s'amoindrir plutôt qu'à augmenter. Ces tendances et ces transformations sontelles un bien, sont-elles un mal? c'est ce que nous dira l'avenir.

L'année 1788 vit briller les derniers beaux jours de l'antique monarchie d'Henri IV et de Louis XIV. Vainement le gouvernement du roi s'était-il efforcé, en essayant de tous les ministres et de tous les systèmes, de trouver un terrain qui lui permit de poser les bases des réformes devenues nécessaires; il n'y avait pas réussi et la convocation des Etats-Généraux avait été tentée comme suprême ressource.

Ce n'était pas encore la Révolution, mais un acheminement vers elle. Des concessions et des réformes faites à temps eussent-elles réussi à la prévenir ou tout au moins à la détourner? je ne sais ; en tout cas, et de longue date la marche des temps et le mouvement des esprits y conduisaient. Il ne faudrait pas en effet s'imaginer que pendant cette longue période du moyen-âge et des siècles qui suivirent, alors que les passions se heurtaient avec une violence qu'aucun frein moral ne contenait, la pensée humaine fut restée inactive. En aucun temps, en aucun lieu elle ne demeure stationnaire, mais on eût dit qu'elle était comme enserrée de digues trop puissantes pour s'affranchir et s'épanouir librement. A différentes époques, des tentatives furent faites et obtinrent des résultats plus ou moins persistants. L'affranchissement des communes, l'institution des Etats-Généraux, les efforts des Réformés en vue de la liberté de conscience furent comme des manifestations successives du mouvement des esprits et de la marche constante des populations vers le progrès. Mais, tandis qu'en France les résultats obtenus disparaissaient sous l'autorité absolue des rois, au contraire, dans notre petit Etat de Montbéliard, ils nous restaient acquis pour la plupart, tellement que lorsque le Représentant de la République vint nous dire qu'il nous apportait la liberté, le chef de la cité put lui répondre avec beaucoup de raison : « Nous la connaissons déjà, et dès longtemps. »

A l'avènement de Louis XVI, il s'était produit comme une détente; pendant un temps on parut oublier la gravité de la situation, et tous ceux qui n'étaient pas directement intéressés ou mêlés aux affaires, vivaient les uns dans l'indifférence, les autres dans une sorte de monde idéal et de ciel bleu, persuadés d'ailleurs que les nuages dont l'horizon était chargé se dissiperaient et que tout finirait par s'arranger pour le mieux. Là-dessus on voguait sur la foi des zéphyrs : on composait des idylles, de molles élégies, on chantait les bois et les prés ; M. de Florian écrivait ses pastorales, Bernardin de Saint-Pierre rêvait de Virginie ; on se croyait revenu à l'âge d'or ; la petite cour de Sceaux donnait le ton, et quand je parle de Sceaux, je pense à Etupes. Comment se fait-il que M. de Florian n'ait pas choisi Exincourt ou Allanjoie pour en faire un cadre à quelque Galatée, comme M. Masson fit plus tard de Glay et de Blamont pour Alise et Gonderic ? Il y a par moments un souffle de sentimentalisme qui passe dans l'air, et l'on dirait parfois qu'il s'alimente, comme par un effet de contraste et de réaction, des dangers menaçants et des violences mêmes du jour. C'est ainsi qu'après avoir éclairé d'un rayon de fête les jours qui précédèrent la Révolution, il continua d'inspirer les poètes au milieu même de ses journées les plus brûlantes ; et l'on s'étonnerait avec raison de voir ces rêves de l'imagination prendre ainsi corps dans les esprits et se substituer à la réalité des choses, s'ils n'étaient effectivement l'expression d'une face de la nature humaine, un retour à l'idéal en présence des convulsions qui agitent les peuples et du brutal matérialisme des évènements.

Qui n'a pas vécu avant la Révolution n'a pas connu le bonheur de vivre, a dit quelque part Talleyrand ; et il y eut en effet un moment où les éléments les plus opposés parurent se rapprocher et où l'on put croire à un véritable accommodement entre les partis. Ce moment dura peu ; le terrible hiver de 1791 fut comme le précurseur de la tempête. Il n'entre pas dans notre cadre d'aborder cette nouvelle phase de notre histoire, et de retracer les moments pénibles que la Révolution fit naître pour nous. S'ils eurent d'heureuses conséquences, les temps qui en furent les témoins n'en sont pas moins difficiles et douloureux. Ainsi en est-il d'ailleurs de toute transformation sociale et de tout progrès qui s'accomplit : ce n'est qu'au travers de l'épreuve et de souffrances quelquefois bien longues, souvent même bien cruelles, qu'apparaît enfin le résultat désiré et une amélioration sensible dans l'ordre des choses. Je sais bien que nous ne voyons le progrès qu'au travers des luttes et des circonstances qui l'ont amené, et que nous n'imaginons pas qu'il eût pu se produire peut-être par un chemin beaucoup plus facile, et comme conséquence naturelle de la pente où nous marchons. Quoiqu'il en soit, ne jetons pas trop la pierre aux nations livrées aux douleurs des révolutions et parfois même aux crimes qui les accompagnent; elles ne sont que les exécuteurs d'une loi suprême qui s'impose à elles, et les peuples qui les blâment, tout en recueillant peut-être des premiers le bénéfice des souffrances dont elles sont fatalement victimes, ne songent pas que leur tour peut venir.

Pendant un temps, notre pays de Montbéliard va cesser de s'appartenir. Jouet des évènements, inquiet et tourmenté à l'intérieur par des sentiments et des opinions contradictoires, il devient pour son entourage un objet d'attaques violentes, de suspicions et de tracasseries inévitables au milieu de l'agitation des esprits, des jalousies et des passions qui les troublent. Pendant un temps, les princes wurtembergeois essayeront de lutter et de résister au flot montant; mais les temps sont accomplis, les beaux jours d'Etupes touchent à leur fin, et ses jardins ont vu fleurir leurs dernières roses. [1]

(1) Le château d'Etupes, acheté par un juif de Mulhouse, nommé Dolfuss, qui y avait établi une fabrique de maroquin, fut démoli par ordre de la Convention qui avait décrété la destruction de tous les châteaux ou édifices rappelant l'ancien régime. Ce juif avait fait enlever quelques tuiles, pensant que cet acte de bonne volonté suffirait, et qu'il pourrait ainsi sauver le reste du bâtiment, mais des ordres formels le mirent en demeure d'en achever la démolition. Les restes du château furent alors rachetés par un sieur Kœlig et deux individus d'Audincourt qui revendirent le sol au colonel Beurnier avec la ferme attenante. Les matériaux du palais servirent à la construction de plusieurs maisons à Audincourt et à Sochaux. Une seconde ferme dans le village fut achetée en commun par le colonel Beurnier et son frère François, inspecteur des forêts; les portions de terre qui s'en trouvaient détachées, échurent à différents particuliers; enfin on vendit aux enchères partie à Bâle, partie à Montbéliard, ce qui restait du mobilier. Les procès-verbaux des vacations subsistent encore. Quelques années auparavant, on avait démoli ce qu'on appelait le nouveau château, bâti dans les jardins pour loger la suite du grand-duc Paul; et ce fut seulement dans les premières années du siècle actuel que disparut la tour sur le ruz, ancienne construction épargnée lors de l'aménagement des jardins.

TABLE DES MATIÈRES

Pages

Première Partie. — La ville et ses habitants.

I.	— Chapitre préliminaire	5
II.	— L'Etat de Montbéliard	13
III.	— Les princes.	29
IV.	— Le château.	39
V-VI.	— L'ancienne ville. L'Hôtel de ville	51-73
VII.	— L'habitation. Le mobilier	91
VIII.	— Le ménage. La table	107
IX.	— Agriculture. Industrie. Corporations	119
X.	— Monnaies. Poids et mesures. Foires	137
XI.	— Le costume	157
XII.	— Fêtes ; bals	169

Deuxième partie. — Les Institutions.

I.	— Organisation de la commune	181
II.	— Les fonctionnaires	193
III.	— L'Eglise.	201
IV.	— L'enseignement public	211
V.	— Lois et réglements	239
VI.	— Les finances	265
VII.	— La vie bourgeoise. Anciennes familles. Armes	281
VIII.	— Usages anciens	303

TABLE DES MATIÈRES

Pages.

PREMIÈRE PARTIE. — LA VILLE ET SES HABITANTS.

I. — Chapitre préliminaire	5
II. — L'Etat de Montbéliard	13
III. — Les princes	29
IV. — Le château	39
V-VI. — L'ancienne ville. L'Hôtel de ville	51-73
VII. — L'habitation. Le mobilier	91
VIII. — Le ménage. La table	107
IX. — Agriculture. Industrie. Corporations	119
X. — Monnaies. Poids et mesures. Foires	137
XI. — Le costume	157
XII. — Fêtes ; bals	169

DEUXIÈME PARTIE. — LES INSTITUTIONS.

I. — Organisation de la commune	181
II. — Les fonctionnaires	193
III. — L'Eglise	201
IV. — L'enseignement public	211
V. — Lois et réglements	239
VI. — Les finances	265
VII. — La vie bourgeoise. Anciennes familles. Armes	281
VIII. — Usages anciens	303

Pages.

TROISIÈME PARTIE. — LES LETTRES.

I. — Observations préliminaires. Les arts . . . 319
II. — Poésie 337
III. — Revue rétrospective. Le colloque. . . . 355
IV. — Les sciences. L'imprimerie à Montbéliard. 365
V. — Les lettres au XVIII siècle. 383

QUATRIÈME PARTIE. — ETUPES.

I. — Les Rêveries 399
II. — Le château d'Etupes. 407
III. — La vie au château. Les hôtes. Le loto. . 427
IV. — La famille ducale. Les mariages. . . . 443
V. — Le village d'Etupes 465
VI. — Résumé . . . . , 475
VII. — Conclusion 483

ERRATA

Page 16, ligne 2, lis. 1505; l. 27, lis. Riquewihr. — P. 25, l. 30, lis. 1778. — P. 31, l. 33, lis. Gingins. — P. 58, l. 16, lis. 1739. — P. 59, l. 23, lis. roue. — P. 77, l. 4 et 5, lis. HANC et ÆDIFICAVIT. — P. 95, l. 33, lis. pentures. — P. 127, l. 8, lis. vers le même temps. — P. 135, l. 31, lis. 1770. — P. 138, l. 23, lis. 1734. — P. 146, l. 24, lis. 1 lit. 154. — P. 209, l. 31, lis. et... — P. 232, l. 13, lis. 1615. — P. 325, l. 28, lis. interruptions. — P. 335, l. 33, lis. Caspar. — P. 357, l. 10, lis. par la charte. — P. 368, l. 30, lis. Briot; les ouvrages de Gaspar. — P. 374, l. 19, lis. Milch. — P. 377, l. 29, lis. Leichenpredigt.

PLANCHES

		Pages.
I.	— Montbéliard avant 1676.	1
II.	— Le château	39
III.	— Le temple St-Martin tel qu'il devait être.	57
IV.	— Bords de la Luzine à Montbéliard	78
V.	— Maison Forstner; derrière le temple Saint-Martin	84
VI.	— Ancien buffet à l'Hôtel de ville	147
VII.	— Une bourgeoise de Montbéliard en 1777.	162
VIII.	— Collegium. Eglise catholique actuelle.	231
IX.	— Un bourgeois de Montbéliard en 1777.	284
X.	— Armes du comté.	297
XI.	— Jean Bauhin. Gravure de Nicolas Briot.	367
XII.	— Le château d'Etupes	399
XIII.	— Le prince Frédéric Eugène	408
XIV.	— La princesse Frédérique Dorothée.	411
XV.	— L'impératrice Marie Fœdorowna.	445

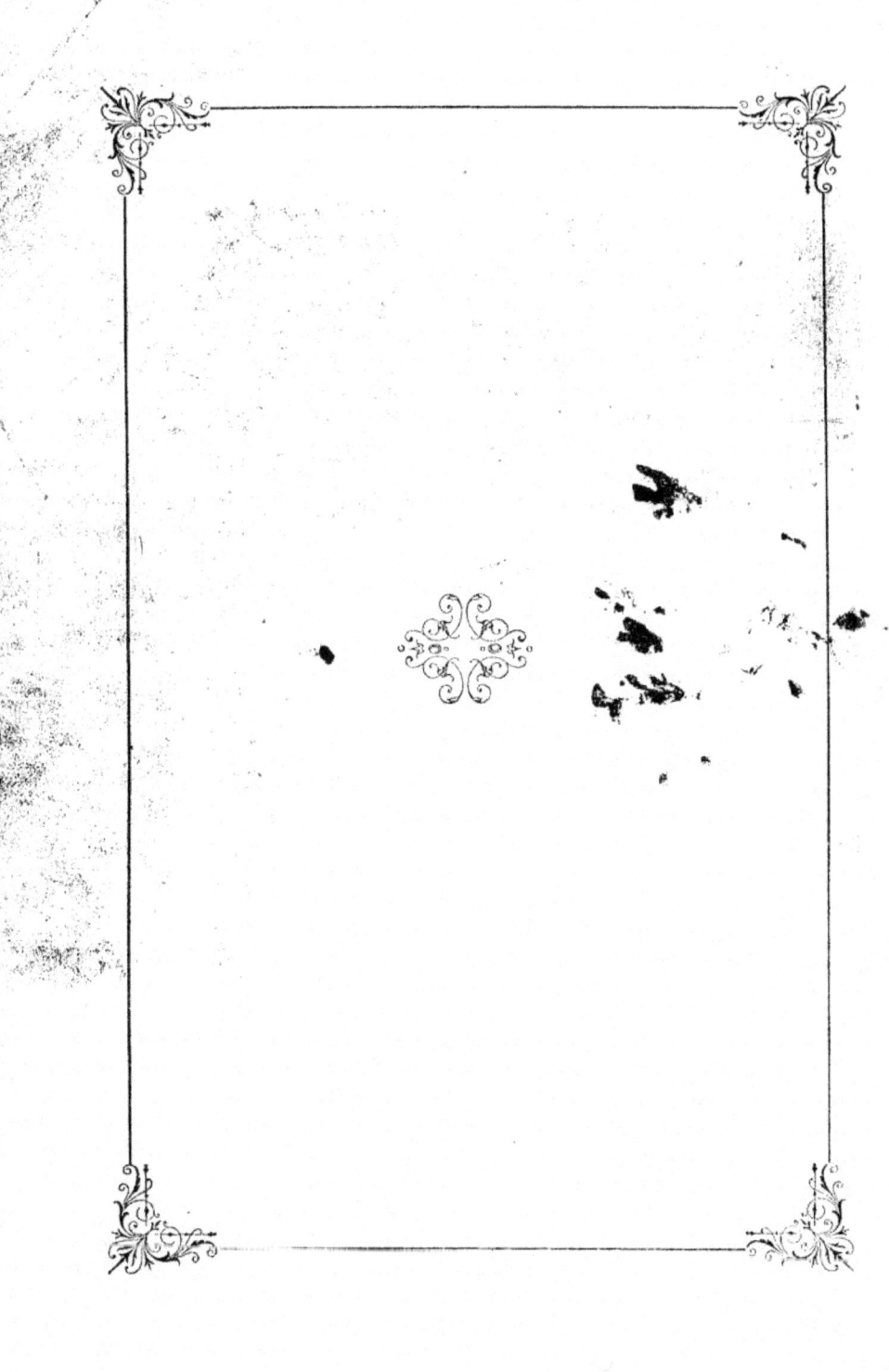

www.ingramcontent.com/pod-product-compliance
Lightning Source LLC
Chambersburg PA
CBHW071413230426
43669CB00010B/1536